UM DIÁLOGO SOBRE A JUSTIÇA

A JUSTIÇA ARQUETÍPICA
E A JUSTIÇA DEÔNTICA

LUIS MANUEL FONSECA PIRES
RICARDO MARCONDES MARTINS

UM DIÁLOGO SOBRE A JUSTIÇA

A JUSTIÇA ARQUETÍPICA E A JUSTIÇA DEÔNTICA

Belo Horizonte

2012

© 2012 Editora Fórum Ltda.

É proibida a reprodução total ou parcial desta obra, por qualquer meio eletrônico, inclusive por processos xerográficos, sem autorização expressa do Editor.

Conselho Editorial

Adilson Abreu Dallari
André Ramos Tavares
Carlos Ayres Britto
Carlos Mário da Silva Velloso
Carlos Pinto Coelho Motta (*in memoriam*)
Cármen Lúcia Antunes Rocha
Cesar Augusto Guimarães Pereira
Clovis Beznos
Cristiana Fortini
Dinorá Adelaide Musetti Grotti
Diogo de Figueiredo Moreira Neto
Egon Bockmann Moreira
Emerson Gabardo
Fabrício Motta
Fernando Rossi
Flávio Henrique Unes Pereira
Floriano de Azevedo Marques Neto

Gustavo Justino de Oliveira
Inês Virgínia Prado Soares
Jorge Ulisses Jacoby Fernandes
José Nilo de Castro
Juarez Freitas
Lúcia Valle Figueiredo (*in memoriam*)
Luciano Ferraz
Lúcio Delfino
Marcia Carla Pereira Ribeiro
Márcio Cammarosano
Maria Sylvia Zanella Di Pietro
Ney José de Freitas
Oswaldo Othon de Pontes Saraiva Filho
Paulo Modesto
Romeu Felipe Bacellar Filho
Sérgio Guerra

Luís Cláudio Rodrigues Ferreira
Presidente e Editor

Coordenação editorial: Olga M. A. Sousa
Revisão: Adalberto Nunes Pereira Filho
Bibliotecário: Ricardo Neto – CRB 2752 – 6ª Região
Indexação: Leila Aparecida Anastácio – CRB 2513 – 6ª Região
Capa, projeto gráfico: Walter Santos
Diagramação: Karine Rocha

Av. Afonso Pena, 2770 – 15º/16º andares – Funcionários – CEP 30130-007
Belo Horizonte – Minas Gerais – Tel.: (31) 2121.4900 / 2121.4949
www.editoraforum.com.br – editoraforum@editoraforum.com.br

P667d   Pires, Luis Manuel Fonseca

           Um diálogo sobre a justiça: a justiça arquetípica e a justiça deôntica / Luis Manuel Fonseca Pires ; Ricardo Marcondes Martins. Belo Horizonte : Fórum, 2012.

           278 p.
           ISBN 978-85-7700-536-9

           1. Filosofia do direito. 2. Teoria geral do direito. 3. Filosofia. I. Martins, Ricardo Marcondes. II. Título.

                                              CDD: 340. 01
                                               CDU: 340. 12

Informação bibliográfica deste livro, conforme a NBR 6023:2002 da Associação Brasileira de Normas Técnicas (ABNT):

PIRES, Luis Manuel Fonseca; MARTINS, Ricardo Marcondes. *Um diálogo sobre a justiça*: a justiça arquetípica e a justiça deôntica. Belo Horizonte: Fórum, 2012. 278 p. ISBN 978-85-7700-536-9.

SUMÁRIO

APRESENTAÇÃO
Luis Manuel Fonseca Pires, Ricardo Marcondes Martins............................ 9

CAPÍTULO I
JUSTO DIREITO, DIREITO JUSTO – ONDE A JUSTIÇA?
Luis Manuel Fonseca Pires... 11
1   Introdução – Questões zetéticas... 11
2   Justiça, direito, moral e religião... 15
3   Resenhas da justiça... 18
4   Justiça, justo direito, direito justo... 22
5   A procura da justiça.. 29
5.1   O (re)início de um caminho – A teoria das ideias inatas..................... 31
5.2   O encontro com a consciência – A justiça nos conteúdos
       arquétipos da alma humana.. 34

CAPÍTULO II
DIREITO E JUSTIÇA
Ricardo Marcondes Martins.. 43
1   Introdução... 43
2   Justiça e direito... 47
3   Injustiça e contradição performativa.. 50
4   Postulado normativo.. 54
5   Os planos da existência e da validade.. 55
6   Justiça e existência normativa... 57
7   Justiça e validade normativa... 64
7.1   Breve evolução histórica... 64
7.2   Ponderação.. 68
7.3   Discricionariedade.. 70
7.4   Aspectos normativos.. 72
7.5   Subjetividade... 73
7.6   Sentimento... 77
7.7   Legitimidade pelo procedimento.. 79
7.8   Calibração.. 81
7.9   Sensibilidade... 83
7.10   Devido processo legal.. 85
8   Justiça e arquétipos.. 87

CAPÍTULO III
JUSTIÇA ARQUETÍPICA – INSTINTO, INTUIÇÃO E
SENTIMENTO DE JUSTIÇA – A CONSCIÊNCIA DE JUSTIÇA
Luis Manuel Fonseca Pires... 93
1   O diálogo com Ricardo Marcondes Martins e o porquê deste
         capítulo.. 93
2   Evolução (da consciência) das espécies 97
2.1   O darwinismo e suas lacunas.. 100
2.2   A física e a filosofia – A hipótese Deus.................................... 102
2.2.1   O biologos (Francis Collins) 105
2.2.2   A teoria quântica e a consciência 107
2.2.2.1 *Quantum* e consciência 111
2.2.2.2 A evolução criativa das espécies... 116
2.2.3   A hipótese – Deus como Consciência primária e a justiça uma
         lei natural 120
2.2.3.1 O acesso ao inconsciente coletivo, a pretensão de correção
         e a "injustiça intolerável"... 126
3   As razões da justiça... 131
3.1   Instinto de justiça 134
3.2   Intuição de justiça 138
3.3   Sentimento de justiça... 141
3.3.1   E o ódio?.. 144
4   A justiça na evolução em espiral da consciência 145

CAPÍTULO IV
JUSTIÇA DEÔNTICA
Ricardo Marcondes Martins... 149
1   Introdução... 149
2   Dogmática jurídica 151
3   Ciência jurídica.. 153
4   Justiça – Uma virtude humana 161
5   Justiça e os três modelos dogmáticos....................................... 162
6   Existência e validade 162
7   Justiça na teoria da norma – A existência normativa.............. 167
7.1   Pretensão de justiça e contradição performativa.................... 167
7.2   Pragmática da injustiça intolerável 172
7.3   Conteúdo da injustiça intolerável 179
7.4   Injustiça intolerável e a consciência coletiva 183
7.5   Mínima eficácia social 185
7.6   Autonomia da injustiça intolerável.. 188
8   Justiça na teoria da interpretação – Validade normativa.............. 189
8.1   Justitia ou Diké? 192
8.2   Dialética – O método da justiça 194
8.3   Equidade 197
8.4   Igualdade ou justiça geral e igualdade ou justiça particular........ 198
8.5   Princípios materiais e formais – O neoconstitucionalismo............ 205

8.6	Interpretação correta	211
8.6.1	Teoria do legislador racional	212
8.6.2	Teoria da interpretação criativa	214
8.7	Justeza	219
9	Justiça na teoria da argumentação – Decodificação normativa	226
9.1	Modos canônicos de agenciamento do poder	226
9.2	Metacódigo	229
9.3	Legitimidade	231
9.4	Metacódigo forte	234
10	Sentimento de justiça	238
11	Retribuição	239
12	Justo silêncio	243

CAPÍTULO V
LABIRINTOS DO ÓDIO
Luis Manuel Fonseca Pires 245

1	Amizade	245
2	Nossas crenças	246
3	Virtudes e heróis	249
4	Caminhos à verdade	252

REFERÊNCIAS 255

ÍNDICE DE ASSUNTO 269

ÍNDICE ONOMÁSTICO 275

APRESENTAÇÃO

Um diálogo.

Antes de tudo, a um diálogo é a que nos dispusemos. *Ouvir*, sem preconceitos, a concepção de justiça do outro; *criticar*, não pelo apelo ególatra à ideia defendida, mas com o propósito de verificar a solidez da estrutura do pensamento ao qual nos opomos; *pensar* sobre a própria proposta, a necessidade de reformulações, correções, admitir os equívocos, esclarecer as obscuridades, alinhavar novos argumentos em reforço e evolução das assertivas feitas.

Portanto, não apresentamos um livro em coautoria.

Mas sim um livro-diálogo.

Um livro no qual as ideias de dois autores sobre a justiça, a *justiça arquetípica* e a *justiça deôntica*, são frequentemente confrontadas, às vezes alinhadas, mas sempre dialeticamente elaboradas. Perspectivas distintas, mas discursos que guardam o mesmo desiderato, querer/ entender o justo.

O que o leitor pode esperar depende fundamentalmente da postura adotada. Mas podemos compartilhar nossa experiência e algo sugerir:

Ouça. Numa *epoché* fenomenológica na qual em exercício permanente de suspensão dos pré-juízos seja possível pôr-se em objetivo apenas o desejo de perceber a justiça.

Critique. Examinem-se os argumentos, cuidadosamente sejam ponderados os fundamentos, desarticulem-se e recomponham-se as propostas ora apresentadas.

(Re)Pense. Sobre tão candente e imarcescível tema pelo qual parece percorrer por si a humanidade desde sua mais remota e incerta origem à contemporaneidade, a justiça.

De toda sorte, o diálogo prosseguirá, isto é certo.

Luis Manuel Fonseca Pires
Ricardo Marcondes Martins

CAPÍTULO I

JUSTO DIREITO, DIREITO JUSTO – ONDE A JUSTIÇA?

LUIS MANUEL FONSECA PIRES

1 Introdução – Questões zetéticas[1]

Onde a justiça?

O que pretendo neste capítulo é discorrer sobre onde, qual a fonte, a sede da justiça. As significações da justiça extraem-se de um lugar-comum? Parece-me que sim.

Pois a despeito das mais variegadas escolas filosóficas proporem-se a definir a justiça e o justo,[2] embora se encontre um sem-fim de pensamentos que almejam responder a esta capital questão da humanidade — o que é a justiça?, o que é o justo? —, mesmo a reconhecer-se (e reconheço) não ser o tema justiça assunto que encontre uma resposta definitiva, apesar de todas estas considerações, entendo ser possível, sim, identificar a fonte da justiça, do justo.

---

[1] Como leciona Tercio Sampaio Ferraz Jr., as questões zetéticas são as que "têm uma função especulativa explícita e são infinitas", em oposição, portanto, às questões dogmáticas que apresentam "uma função diretiva explícita e são finitas". O enfoque zetético, diz o autor, objetiva "saber o que é uma coisa" (*Introdução ao estudo do direito*, 4. ed., p. 41).

[2] O que o farei infra, no item 4 deste capítulo.

De pronto, pois, quem me lê percebe que me distancio das correntes historicistas, pois não me parece ser a história do ser humano, o momento vivido por cada sociedade, o manancial da essência da justiça — mas, mais adiante, retornarei a esta abordagem.

Indago, então, onde a justiça porque tenciono refletir, e compartilhar com o meu amigo e coautor, Ricardo Martins, e especialmente com o leitor, se existe uma fonte comum a servir às respostas sobre a justiça, e o justo.

Cada indagação a seu tempo, claro que formularei — mais por compromisso pessoal, por exigência que me imponho em qualquer diálogo — uma noção de justiça, uma noção de justo. Não com a pretensão de encerrar tão acirrados e insolúveis temários, pois o reconhecimento da aporia destas noções talvez seja o pouco em comum entre aqueles que seriamente se propõem a discuti-los. Não há, é certo, como privar à perene discussão ideias que expressam uma liberdade imanente. Mas é preciso circunscrever — ainda que por convenção — o que queremos dizer por "justiça", por "justo". Um mínimo. O suficiente a evitar na mente de cada leitor conceitos prévios tão díspares — e estas expressões podem, sim, fomentá-los — de modo a até comprometer o cerne e o objetivo deste capítulo, saber onde se inscreve a justiça.

O meu intento, portanto, é indagar — e assinalar uma resposta, confesso desde logo — sobre onde, é dizer, qual a fonte de tantas definições da justiça e do justo. E a relevância da perquirição salta à vista. Se houver, como creio que existe, um manancial comum do qual os múltiplos sentidos emergem, uma torrente inicial sincrônica, então me parece ser compreensível identificar o porquê de certas propostas sobre a justiça e o justo recorrentemente tornarem a ser defendidas, mesmo sob uma roupagem mais elaborada ou acrescida de outros elementos e nuanças que aprimorem pensamentos anteriores.

E ainda mais relevante: se existe um lugar-comum onde se inscrevem as noções de justiça e justo, então é intuitiva e inevitável a admissão de que a humanidade, ainda a titubear, mesmo que retrograda um tanto a cada avanço conquistado, a humanidade haverá, com o burilar constante, com o dessorar dos equívocos históricos, haverá de paulatinamente aperfeiçoar-se na compreensão — o que implica aplicação — da justiça e do justo.

Se há uma fonte perene — e pretendo sustentá-la não por um idealismo passional, mas por razões científicas que me conduzem a tanto — da justiça, decerto podemos perceber que por mais brutal e obscura que se apresente alguma passagem da história da humanidade, por mais profunda e enceguecida de ódio ou ignorância a experiência de certo povo em determinado tempo, por mais atroz, desumano e carente de fraternidade o momento no qual a sociedade toda se engolfe, ainda há uma sede perenal da qual é possível extrair — ao menos em parte — significações legítimas sobre a justiça e o justo.

Pois se assim não fosse, se alternativamente admitíssemos as noções de justiça e justo de acordo com a construção cultural da humanidade, como fruto do avanço histórico (no sentido mais clássico do historicismo),[3] então estes termos (justiça e justo) flutuariam ao sabor do tempo e das paixões. Justiça e justo seriam o que cada sociedade entende por tal. Em tempos priscos, a justiça seria o arbítrio do chefe de família, soberano sobre a vida da mulher, dos filhos e dos escravos; em tempos próximos, justiça seria a eliminação de prosélitos de certas convicções religiosas, ou de grupos étnicos, ou de quem nascesse com irreversíveis doenças mentais.

A fonte da justiça e do justo não pode — algo, mesmo intuitivamente, provoca-nos esta percepção — singrar ao sabor da sabedoria ou da estupidez da humanidade. Equívocos são cometidos, crimes são perpetrados, progride-se e em seguida se retrocede, ora pela estultice de poucos que concentram o poder, ora pelo báratro difuso que parece dominar as massas e extirpá-las da percepção de que são seres racionais, tais como o são os perseguidos e acutilados por suas diferenças sociais, econômicas, étnicas e culturais. Da dominação do inimigo e sua subjugação à condição de escravo, dos bárbaros circos romanos nos quais cristãos eram dilacerados por feras em horrendos espetáculos à diversão pública, das guerras carnificinas em nome das religiões mundanas, dos regimes fascistas e nazistas, e de outros tantos autoritários ainda em marcha pelo orbe, exemplos não faltam a mostrar que "justiça" e "justo" não se tracejam conforme o simplíssimo senso comum então em vigor na cultura da sociedade.

Existe uma fonte objetiva — comum a todos, em todas as culturas, por todos os tempos — a ser gradualmente percebida pela humanidade. Ora dela a humanidade mais se aproxima, ora se distancia. Como se o ser humano, mergulhado em lânguida escuridão, sôfrego por se compreender e encontrar-se, pudesse, gradual e permanentemente, espraiar

---

[3] Como diz o jurista e filósofo francês, Michel Villey: "Nada prova que os verdadeiros 'problemas' da filosofia tenham mudado com a história. Isso pode ser verdade no que se refere aos 'problemas' 'de ação' que respondem a situações contingentes e particulares. Mas os problemas filosóficos (que são problemas no mais autêntico sentido da palavra) são de essência especulativa. E justamente aquilo sobre o que a filosofia especula, é aquilo que encontramos de mais 'estável' na realidade: o universal — a estrutura permanente das coisas" (*Filosofia do direito*: definições e fins do direito: os meios do direito, p. 39).

fechos de luz que lhe permitisse perlustrar o ambiente circunstante. A realidade é a mesma, imutável; o que se alternam são as luzes que se consegue irisar e, consequentemente, o tanto que se consegue enxergar.

E as razões do tema deste capítulo para o todo da obra são evidentes: este problematizar filosófico — onde se inscreve a justiça? — é crucial à apreensão de como se deve aplicar o direito. Pois apenas fictamente é possível isolar o direito destas especulações filosóficas. A clivagem da justiça que antecede o ordenamento jurídico da justiça positivamente definida não logra ser absolutamente estanque. Não há "justiças" de origens diversas.

A justiça, esta constante, é o que deve informar, e portanto enformar, o direito posto. Mesmo que o direito sirva de filtro a definir o quê e em qual extensão é a justiça ordenadamente prescrita — porque apenas parcela da justiça é interiorizada ao sistema positivo —, ainda que admitamos, é claro, que o direito faz um recorte, uma eleição do que deve ser a justiça junto à sociedade, ainda assim a virtude performativa de realizar o justo é inarredável de qualquer sistema jurídico. Pois o direito posto é sempre o desejo de realizar a justiça.

De tal sorte, preciso — todos precisam — refletir onde se encontra, onde devo buscar as legítimas significações da justiça. A percepção da justiça em momento anterior à sua positivação é imprescindível a orientar, racional e emocionalmente, a interpretação e aplicação do direito. Debruço-me sobre o direito posto. Comprometo-me a realizar o que foi acendrado como valor lídimo porque inscrito em normas formais. Mas esta operação não é mecânica. Depende de mim, do ser humano, para valorar. Preciso — todos precisam — saber de onde dimanam os significados possíveis da palavra "justiça".

Em suma, se o direito almeja uma pretensão de correção, se o direito posto quer ostentar uma virtude performativa[4] de realização da justiça, então nada mais natural — e esperado — do que indagar onde se inscreve esta constante, a justiça.

---

[4] Robert Alexy considera a "pretensão de correção" como fundamental ao direito para reconhecer a relação conceitual entre o direito e a moral, o que é imprescindível à pretensão de justiça idealizada pela ordem jurídica (*La pretensión de corrección del derecho*: la polémica sobre la relación entre derecho y moral, *passim*). A expressão "virtude performativa" é utilizada por Paul Riceour (*O justo*, p. 187, v. 1). Com efeito, mesmo ao se enfocar no direito posto, é comum acreditar que o sistema quer realizar o justo. Pode-se criticar ou rechaçar a justiça deste ou daquele dispositivo, de certa lei, daquele código, mas é natural *sentir* que a despeito das deficiências a serem assinaladas, não obstante a discordância pessoal alimentada por uma ou outra norma, integra-se ao senso comum o sentimento de que o direito posto *quer* — ou *deveria* — realizar o justo.

2 Justiça, direito, moral e religião

Se quero reflexionar sobre a fonte da justiça, as breves anotações deste item são indispensáveis. Rememoro que a justiça, no curso da história, não se associa ou se contrapõe apenas ao direito. A moral e a religião também se imbricam. Estes signos — justiça, direito, moral e religião — implicam-se, confundem-se, polarizam-se, posicionam-se em sentidos diametralmente opostos. A aproximação e o distanciamento de sentidos são frequentes.

Ilustro isto com a lembrança do renomado historiador francês do século XIX, Fustel de Coulanges, que ao analisar com singular felicidade a historiografia da civilização evidencia a presença da religião como a pedra angular na formação da cidade e do seu estatuto jurídico. Para os gregos, romanos e hindus a lei, diz ele, surge como parte da religião.[5] Reproduzo suas palavras:

> O homem não estudou sua consciência e disse: isto é justo, aquilo não o é. O direito antigo não nasceu assim. Mas o homem acreditava que o lar sagrado, em virtude da lei religiosa, devia passar de pai para filho, e desta crença resultou a propriedade hereditária da sua casa. O homem, ao enterrar seu pai no seu campo, julgava que o espírito do morto, tomando posse desse terreno para sempre, reclamava da posteridade culto perpétuo; assim resultou que o campo se tornasse domínio do morto e lugar dos sacrifícios, propriedade inalienável de certa família. A religião dizia: o filho continua o culto, não a filha; e a lei repetiu com a religião: o filho herda, a filha não; [...] A lei surgiu deste modo, apresentando-se por si própria e sem o homem necessitar ir ao seu encontro. Brotou como conseqüência direta e necessária da crença; era a própria religião, aplicada às relações dos homens entre si.[6]

Em proficiente estudo, Fabio Konder Comparato[7] igualmente assinala a ausência rígida de uma separação entre as esferas privada e pública da vida dos cidadãos em civilizações antigas. A importância enaltecida dos costumes, como em Aristóteles, a sobrepor-se até mesmo às leis escritas, é exemplo de que a lei verdadeira fundava-se em uma vontade superior à humana, guardava, pois, inquebrantável caráter religioso.

---

[5] *A cidade antiga*, p. 202.

[6] *Idem*, p. 205.

[7] *Ética*: direito, moral e religião no mundo moderno, p. 51-55.

A sagrada aliança do Sinai é verdadeiro contrato entre Deus e os homens e externa componentes inquestionavelmente jurídicos do monoteísmo hebraico. Jesus Cristo deixa clara a necessidade de discernir o tributo a César dos compromissos com Deus,[8] mas a moral cristã, religiosa, inspira comportamentos sociais, o que, em última análise, influi nas concepções jurídicas a serem idealizadas.

Novamente, Fabio Konder Comparato:

> Aquilo que hoje denominamos direito objetivo, e que os antigos chamavam genericamente lei (nómos, lex), regulava indistintamente e de modo minucioso, sem exceções, todos os aspectos da vida social: a família, a educação, os ritos religiosos, as artes, os ofícios técnicos, a atuação do cidadão tanto na paz como na guerra. [...] Daí por que não se podia entrever distinção alguma — e muito menos separação ou limites — entre religião, moral e direito.[9]

Nesta toada, o historiador Paolo Prodi recorda que o processo penitencial relacionado à heresia, o pecado público por excelência, apresentava em sua origem nos primórdios da formação da Igreja Católica um duplo objetivo: o restabelecimento da justiça e a conversão pública do pecador.[10]

Assim se impulsiona nos séculos a humanidade. A queda do Império Romano, o bosquejo da formação do Estado em torno da noção de soberania, a constituição da monarquia absolutista; desenvolvem-se as doutrinas de Estado e do direito sob a pretensa origem divina atribuída ao monarca como representante de Deus. A "juridicização da consciência" — expressão utilizada por Paolo Prodi[11] — gradualmente desdobra-se a partir do século XVII, anunciam-se propostas jurídicas de primar pela laicidade do Estado, mas a justiça continua a colear entre o sacro e o divino, entre os imperativos sociais e jurídicos.

Tenta-se apartar em compartimentos isolados a política e a ética (moral) na doutrina de Nicolau Maquiavel (século XVI), mas a tese é artificial e produz consequências nefastas porque o governante, sem se prender a qualquer preceito ético, não se submete nem mesmo às leis que editou. A concepção relativista da moral em Thomas Hobbes (século XVII) é explicitamente anunciada. A maldade intrínseca do ser humano, para

---

[8] *Mateus*, cap. 22, vers.15-22, e *Marcos*, cap. 12, vers.13-17.

[9] *Idem*, p. 63.

[10] *Uma história da justiça*, p. 31.

[11] *Idem*, p. 355 *et. seq.*

Maquiavel e Hobbes, ou a bondade natural, em Jean-Jacques Rousseau, são brevíssimos apontamentos a recordar-nos a presença das discussões ético-morais que velada ou acintosamente sempre permearam a produção filosófica destes e outros tantos pensadores.

O direito natural, expressão, ao menos em parte, do racionalismo segundo o qual "acima ou ao lado de um direito empírico, desenrolado na experiência, existe um Direito Ideal, um Direito Racional, ou um 'Direito Natural'"[12] — e com traços encontráveis na antiguidade, como em Ética a Nicômaco de Aristóteles —, é o sublinhar na história desta permanente permuta entre o físico e o metafísico.

A proposta positivista encetada no século XIX — sob o influxo da lei dos três estágios de Auguste Comte: a assertiva de que o estágio teológico representaria a infância da humanidade, o metafísico a juventude, e o positivismo a maturidade — revelou-se, sobretudo na primeira metade do século seguinte, profunda falácia. Deitar a vista sobre o mundo sensível, dessumir as leis físicas e depositar neste suposto purismo científico toda a verdade alcançável do ser humano produziu resultados nefastos. O reducionismo, a convicção de que todos os fenômenos são frutos de sistemas que, a despeito de complexos, sempre são decompostos em partes mecânicas e materiais, conduziu o ser humano a tristes experiências.

E exemplo disto no direito encontra-se com a teoria pura do direito que ao propugnar a pureza metodológica da ciência jurídica reduz a norma jurídica ao fundamento de validade que atribui certa competência a determinada autoridade para, em uma relação hierárquica e escalonada, piramidal, emitir outra norma jurídica. O direito neste prisma dinâmico o é apenas e exclusivamente enquanto modelo formal. As normas apenas se limitam a atribuir competências. Não importa, para este modelo de ciência jurídica, qual o seu conteúdo. Todavia, em que pese a notável contribuição prestada por Hans Kelsen à evolução da ciência jurídica, o pragmatismo desta doutrina foi fragorosamente assombroso ao se constatar a legalidade (formal) dos regimes fascista e nazista.[13]

Em paralelo a este vão isolacionismo científico, a ciência moderna nos albores do século XX, sobretudo ao empuxo da física quântica, apoia-se numa visão monista do mundo, mas não pela matéria como fundamento da realidade, e sim — eis o novel paradigma — pelo primado da consciência.

---

[12] REALE. *Filosofia do direito*, 19. ed., p. 97.

[13] O que, registre-se, não foi de modo algum a intenção de Hans Kelsen.

A consciência — e dela melhor cuidarei mais à frente — apresenta o que o físico Amit Goswami, Ph.D. em física nuclear, professor titular do Instituto de Ciências Teoréticas da Universidade Oregon, nos Estados Unidos da América, denomina de causação descendente: a capacidade de criar a realidade manifestada pela escolha das diversas possibilidades oferecidas. Portanto, a consciência — diz ele — não é mais um epifenômeno do cérebro, mas a base da própria existência.[14] A física quântica anuncia: o observador interfere (por sua consciência) no objeto observado.

Enfim, estas breves e humílimas divagações outro propósito não apresentam senão introduzir a proposta de que não é por outra razão a não ser a mútua e permanente implicação de todas as realidades e projeções do ser humano — o que se dá por uma força comum, a consciência —, que justiça, direito, moral e religião sofrem recíprocas influências.

Por certo se deve propugnar os recortes necessários ao estudo e compreensão de cada fenômeno, mas é impossível a negação de que contatos existem e resultam de uma origem comum — o onde —: a inscrição destas noções perenes na consciência do ser humano.

Portanto, não obstante a interpretação e a aplicação do direito ter por compromisso científico o direito posto, a eficiente realização do direito justo, mesmo respeitadas as balizas normativas (em expressão de Kelsen, a moldura), ainda que se perscrutem os valores albergados no sistema jurídico e os fatos que animam a situação em análise em correspondência com os tipos-normativos, não obstante este indispensável rigor à ciência jurídica não se pode prescindir de indagar o que é a justiça e do que dela foi transposto à ordem positiva com o desejo de performar o justo direito.

Porque a justiça não se afere mecanicamente, porque a consciência humana é que percebe e realiza (produz) a realidade, a compreensão e a admissão do entrelaçamento e as permutas entre a justiça, a moral, o direito e a religião não esmorecem as indagações filosóficas. Ao reverso, enriquecem-nas.

3 Resenhas da justiça

Mas o que é a justiça?

O intento, neste item, é singelo. Pretendo apenas debuxar certas concepções de justiça. Anotarei — e serei célere — algumas distintas linhas de reflexão sobre o assunto.

---

[14] *A física da alma*, p. 27.

Quero colacionar, em resenhas, teorias diferentes para avivar-me — e ao leitor — a lembrança de sendas diversas. Como neste capítulo a reflexão filosófica é o escopo, então a pluralidade de propostas sobre o que é a justiça parece-me adequada a introduzir o pensamento sobre a fonte da justiça. De todo modo, deixarei ao item seguinte para aventurar-me a lançar algumas assertivas minhas sobre as noções de justiça e do justo.

Das lições de Platão — ora a reproduzir as do seu mestre, Sócrates, ora a tê-lo como personagem-protagonista que veicula as suas próprias ideias —, das ponderações feitas sobre a importância do trabalho a promover a justiça nas cidades, da necessidade da divisão da força de produção entre as habilidades de cada cidadão, da relação — e equilíbrio — entre o indivíduo e a polis, há uma linha clara e contundente a ser destacada. Pois é da afirmativa de Trasímaco de que "a justiça não é nada além da vantagem do mais forte" que se provoca a pensar se e por qual motivo deve-se ser justo.

Se o injusto supera seu dessemelhante e o semelhante, mas se o justo apenas supera o dessemelhante, então o justo assemelha-se ao sábio e bom, enquanto o injusto ao ruim e inculto; a justiça — diz Platão — é virtude e sabedoria, ao passo que a injustiça externa o vício e a ignorância. Cada coisa tem sua função a cumprir, e esta função específica é o que se denomina virtude, em oposição ao mal cumpri-la que se chama vício. E a virtude da alma, diz ele, é a justiça, e o seu vício a injustiça; por isto, o justo é feliz, e o injusto torna-se infeliz.

Aristóteles, em sua reconhecida sistematização, relaciona as espécies da justiça: integral ou total e particular, e nesta se desdobra a distributiva e a corretiva, e desta última tem-se a comutativa e a reparativa. Distingue ainda a justiça política da doméstica, a natural da legal (aquela a esta corrigir pela equidade). Afirma que a justiça é a obediência às leis — o que inclui a justiça natural que, ao contrário de inúmeras significações dadas a esta expressão ao longo da história, para o estagirita não era um valor perene, mas sim variável ao influxo das transformações da sociedade. A virtude da justiça, no entanto, encontra-se na atuação com habitualidade — a própria origem de éthos: hábito — e com *animus*, isto é, com consciência à teleologia social que inspira a justiça natural e repara e efetiva o justo legal.

Em Thomas Hobbes os tempos são outros, e as perspectivas filosóficas também. O pacto social é a submissão ao soberano para evitar o que o estado de natureza fatalmente conduziria: a guerra de todos contra todos. O contrato social, portanto, decorre da necessidade de paz. E a justiça é absolutamente condicionada a esta obrigação política:

não há como dela se tratar a não ser sujeita à noção de soberania. O ser humano busca a paz, e para isto deve renunciar à ampla liberdade que usufrui por meio do contrato social. Contrato este — na concepção do Leviatã — do qual o soberano posta-se fora, personifica a soberania, e representa a própria justiça.

Em sentido diverso, ainda que também se centre na noção de contrato, John Locke, o filósofo do liberalismo, opõe-se ao absolutismo de Hobbes e apresenta o fundamento teórico da democracia moderna. Afirma que o contrato social não é estipulado apenas entre os cidadãos, como dizia Hobbes, mas também entre estes e o Estado, e por isto o soberano não está acima da lei, mas deve observá-la; e o objetivo do Estado é salvaguardar os direitos fundamentais (liberdade e propriedade privada) preexistentes ao estado civil porque já se encontram no estado de natureza pré-social. Locke não aceita a ideia defendida por Hobbes de que a sociedade é um evento artificial. Ao reverso, o estado civil, o contrato social que a todos abarca, representa o aperfeiçoamento da sociabilidade, do instinto gregário, como impulso insuperável do ser racional. Locke acreditava que no estado natural os homens eram felizes e iguais, mas por ser inevitável a evolução sem violação às esferas de direitos recíprocos, e porque a sociabilidade é instinto natural, apenas a coerção permitiria a indispensável manutenção dos direitos naturais — e daí ser imprescindível o contrato social. Portanto, todos — mesmo o soberano — devem amoldar-se à justiça do estado civil que, em última análise, tem sua razão de ser nos direitos naturais.

Na doutrina de Jean-Jacques Rousseau a justiça é compreendida como noção fundamental às instituições políticas e sociais com vista à manutenção da igualdade e da liberdade no contrato social. Da passagem da natureza ao estado civil encontram-se os germes da decadência da sociedade. O homem nasce bom, mas se torna vicioso pela má influência da sociedade. O homem natural (indivíduo hipotético em vida isolada no estado de natureza) é superior ao civilizado sob o enfoque ético porque vive em perfeito equilíbrio com a natureza, não necessita do superficialismo proporcionado pela sociedade. A sociedade política, diz ele, gera a desigualdade social na distribuição dos bens primários. Por certo, para ele, a ordem social não é natural. A sociedade surge quando o estado de natureza é insustentável. Riqueza, poder, conhecimento, estes valores dividem-se iniquamente, e a bondade natural do estado primevo não convém à sociedade civil, e por isto é que a desigualdade, quase nula no estado natural, firma-se e esparge-se em escalada exponencial na sociedade civilmente organizada. Neste contrato social,[15] compete à justiça assegurar os direitos naturais para conter a tendência às desigualdades.[16]

A propriedade individual, que afirma ter sido "inventada", tem peculiar significado em suas postulações. Não é um direito natural, afirma o pensador. Mas verdadeiro roubo da coletividade que deixou de gozar o que a todos era comum, pois a natureza não poderia ser arbitrariamente dividida. Para a natureza ser recuperada imprescindível é firmar um novo contrato que garanta a igualdade e a liberdade dos homens. Note-se que o contrato social não aspira retornar ao estado de natureza, mas sim refundar um novo pacto social que reconduza a liberdade do homem,[17] direito natural, à vida em sociedade. O papel da justiça, neste contexto, associa-se a esta missão de realizar a liberdade.

E é também a liberdade — ainda que por outra senda bem diversa — a inspirar Immanuel Kant. O direito, para este eminente filósofo, é o conjunto das condições por meio das quais o arbítrio de um pode harmonizar-se com o arbítrio do outro segundo uma lei universal de liberdade. Se a minha ação ou estado pode coexistir com a liberdade de cada um segundo uma lei universal, comete injustiça contra mim quem me impede a tanto. Assevera, em uma de suas máximas, que se deve agir externamente de modo que o livre uso de seu arbítrio possa coexistir com a liberdade de cada um segundo uma lei universal.

A perspectiva aqui relembrada quanto à justiça em Kant limita-se ao que ele trata sob o imperativo hipotético, a imposição exterior (jurídica) da obrigação justa, e não ao justo moral do imperativo categórico que igualmente foi objeto de suas profundas reflexões.[18]

E por aqui me parece suficiente ficar, pois o propósito deste item, como acima adiantei, não foi o de arvorar-me a discutir criticamente as diversas divagações filosóficas sobre a justiça. De cada autor, sem dúvida alguma, haveria muito mais a tratar. Estas linhas servem mais à guisa de introdução às minhas particulares especulações que

---

[15] O contrato a fundar a sociedade deve garantir a liberdade individual e o respeito às normas comuns. Vigerá, então, o *princípio da reciprocidade*: cada qual deve renunciar à liberdade em favor dos outros porque assim eles também o farão.

[16] A superioridade ética do homem selvagem é inquestionável em seu pensamento. A maldade resulta do que entende ser a artificial natureza das relações em sociedade. Afirma ele, peremptoriamente, que a propriedade privada é a causa do egoísmo e da inveja.

[17] É preciso que cada associado renuncie à liberdade e a aliene ao todo; este direito natural deve transformar-se em liberdade civil.

[18] Dizia ele que duas coisas comovem o seu espírito: o céu estrelado e a constatação da força da lei moral interior. O céu estrelado evoca a infinidade da natureza e a eternidade, e a lei moral a consciência íntima do cumprimento do dever que se impõe, porque comum a todos os seres humanos, e com universalidade.

a seguir encetarei. Meras resenhas, portanto, e em geral bem estreitas, a servirem-me, e ao meu amigo Ricardo Martins, e principalmente ao leitor, à lembrança da infinitude de caminhos que o assunto "justiça" proporciona.

4 Justiça, justo direito, direito justo

Mesmo que me preocupe pensar onde a justiça se encontra, qual a sua sede, sua fonte, é claro que singelas definições sobre "justiça" e "justo", sempre não definitivas e portanto ao largo de qualquer pretensão de esgotamento,[19] convêm sejam expostas. Parece-me pertinente ao menos estipular, convencionar, com o leitor e o meu interlocutor imediato, Ricardo Marcondes Martins, a que nos referimos ao mencionarmos os signos "justiça" e "justo". Enfim, a convenção de um mínimo significativo é indispensável a aclarar e conduzir o diálogo a objetivos comuns: saber onde se inscreve a justiça.

Com este propósito, entendo — e proponho convencionarmos — por justiça o que, de modos distintos e perspectivas diversas, em comum se encontra em um sem-fim de divagações filosóficas, isto é, trata-se do respeito ao que pertence a cada um e a promoção do bem comum.

Nas palavras de Fabio Konder Comparato, recordo os ensinamentos de Jesus Cristo e de Mahatma Gandhi que aproveito ao tema. Diz o jurista:

> Para Jesus, a Torah e os profetas resumiam-se afinal em dois mandamentos. O primeiro e maior deles, sobre o qual sempre existiu rigorosa unanimidade, é de amar Iahweh de todo o coração, toda a alma e toda a força. O segundo, "semelhante a ele", acrescentou, consistente em amar o próximo como a si mesmo.[20]

> Ora, o amor à verdade exige do satyagrahi o repúdio ativo e permanente de toda injustiça. A ahimsa não se reduz, portanto, simplesmente àquela apathéia, a pregada pelos estóicos na Grécia antiga, isto é, a superação das paixões, de modo que a pessoa não se deixe escravizar pelas coisas ou fatos sobre os quais não tem poder algum, tais como a morte ou a

---

[19] Pois tal como diz Tercio Sampaio Ferraz Jr.: "De modo análogo, a justiça enquanto código de ordem superior, totalizante e unificador não admite uma asserção do tipo: essa é verdadeira justiça (material). Isso significaria que excluiríamos certas possibilidades, mas ao fazê-lo estaríamos pressupondo que a determinação do que é a justiça material depende de um critério que está fora dela. Se isso fosse possível, a justiça já não seria código totalizante e unificador da existência moral. O sentido da justiça, assim, é perfeito e, ao mesmo tempo, inacabado. Inacabado porque nada existe, para além dele, que, junto 'com ele, possa constituir um' ponto terminal" (*Estudos de filosofia do direito*, 3. ed., p. 261-262).

[20] *Ética*: direito, moral e religião no mundo moderno, p. 75.

dor; a beleza ou a feiúra; a riqueza ou a pobreza de nascimento; a glória ou a obscuridade. Ao contrário da pregação budista, ou da filosofia estóica, não se cuida, na doutrina da firmeza na verdade, de permanecer indiferente (adiáphoros, na terminologia dos estóicos) diante de tudo isso, e de procurar alcançar aquele estado de absoluta tranqüilidade de almas, o nirvana budista, ou a ataraxia, tão louvada pelos adeptos da escola cética e pelos epicuristas. De forma alguma. A doutrina gandhiana não admite que o satyagrahi vire as costas ao mal e se refugie dentro de si. Ela exige, ao contrário, uma ação incessante contra a injustiça, em qualquer de suas modalidades, levada avante com o respeito integral à dignidade humana, não só da vítima, como também do vilão.[21]

Amar o próximo como a si mesmo, a busca da verdade, nortes a indiscutivelmente servirem a impor a cada um o respeito pelo que ao outro pertence, e acutilar-nos à caridade fraterna de proporcionar o melhor possível ao nosso semelhante. Da tradição judaica e mesmo de outras expressões de religiosidade que apregoavam não fazer ao próximo o que não se gostaria que lhe fosse feito transmuta-se, com o mestre nazareno e reafirma-se com os ensinamentos gandhianos, em postura ativa: não basta não fazer mal ou cometer injustiças ao próximo, é preciso promover o bem e a justiça.[22]

Platão, rememorado linhas acima, é igualmente lembrado por Fabio Konder Comparato quanto à definição clássica da ideia de justiça, atribuída a Simônides, e acolhida pelos juristas romanos, que consiste em dar a cada qual o que lhe é devido. Platão analisa esta assertiva em seu sentido vulgar de fazer o bem aos amigos e maltratar os inimigos, o que conduz, conclui ele, a graves contradições. Pois tal como o músico que ao expressar sua arte não torna os outros homens avessos à música, igualmente o homem justo, ao praticar a justiça, não pode prejudicar os demais porque se tornaria injusto. Principalmente por ser a justiça a

---

[21] *Idem*, p. 398-399.

[22] *Mateus*, cap. 22, vers. 7-12, 33-40. Para Gandhi a ahimsa, a não violência, é o meio ao encontro — o apego — à verdade, a satyagraha. O desafio da ahimsa, sublime expressão do amor, não é só deixar de provocar a violência material, mas ainda a verbal, a mental e a emocional. Por isto, é muito mais do que um estado negativo; é fazer o bem mesmo a quem nos quer ou nos faz algum mal. Mas a propósito da afinação destes dois grandes mestres da humanidade, a comunhão de Gandhi às lições de Jesus é inegavelmente confirmada quando ele disse que se toda a literatura espiritual da humanidade perecesse, e só se salvasse o Sermão da Montanha, nada estaria perdido. A perspectiva passiva da regra de ouro, de inegável expressão moral, pode ser ilustrada em lição de Confúcio, no texto que compila seus ensinamentos, Os analectos, capítulo 12, 12.2: "Aquilo que não deseja para ti mesmo não imponhas aos outros", e ainda no capítulo 15, 15.24: O que não desejas para ti, não faças aos outros".

virtude específica do homem, a virtude humana por excelência, e por isto "em hipótese alguma o homem justo pode prejudicar os outros, sejam eles seus amigos ou inimigos".[23]

A conclusão de Platão proporciona uma primeira noção do âmago da justiça: não faça aos outros o que não quer que eles te façam.[24] Jesus Cristo e Gandhi invertem a máxima e impulsionam à ação: faça ao próximo o que gostaria que fosse feito a ti.

A justiça, nota-se, é em si altruística. Como ainda disse Aristóteles, a justiça é a única virtude que se ocupa do bem alheio. É, portanto, a virtude perfeita. Pois não basta abster-se de praticar injustiças. É preciso cometer ações justas. Como assevera Eduardo C. B. Bittar ao analisar a doutrina do filósofo de Estagira, a prática da justiça, imersa na eticidade do ser (em sua habitualidade), "transborda da esfera privada para lançar seus reflexos sobre a esfera pública, sobre o coletivo".[25]

É a promoção do bem comum pela noção aristotélica de justiça distributiva, um fragmento da justiça particular, que serve a pessoas determinadas, entre dois ou mais sujeitos em desigual relação em razão da subordinação de uns a outros de modo a necessitar da repartição de benefícios e obrigações em sociedade.

Confluem, então, todas estas ensinanças à percepção de que a justiça é vocacionada ao bem comum.

Sendo assim, proponho que nos entendamos. Definimo-la. Adotarei por significado de justiça o que é corrente e recorrente, em doutrinas morais, filosóficas e religiosas, e que mesmo sob o risco de uma simplificação exagerada, mas que me parece adequada a pelo menos traçar a sua essência, permite-me dizer que a justiça é o respeito ao que a cada qual lhe cabe, e ainda o é a promoção do bem de modo a reduzir as diferenças de oportunidades. Em síntese, a justiça é o respeito ao que pertence a cada um e a promoção do bem comum.

Mas me resta, ainda, propor um significado à palavra "justo". Pois para o fim deste estudo apartar "justiça" e "justo" tem um desiderato relevante.

Tomarei o "justo" como a representação do ajuste da justiça a casos particulares. Como Ricardo Marcondes Martins em outra oportunidade afirmou, justo é a exata medida, a harmonização perfeita,[26] a

---

[23] *Ética: direito, moral e religião no mundo moderno*, p. 525.

[24] O que outros pensadores, de diversas culturas, mas igualmente precedentes ao cristianismo já anunciavam, tal como Confúcio (551-479 a.C.).

[25] *Curso de filosofia aristotélica*, p. 1.043.

[26] Princípio da moralidade administrativa. *In*: ADRI; PIRES; ZOCKUN (Coord.). *Corrupção, ética e moralidade administrativa*, p. 312.

"'composição perfeita' de todos os valores reputados importantes para a felicidade de cada pessoa isoladamente considerada".[27]

De volta a Aristóteles, ao relacionar a justiça legal — resultante da ação do legislador — e a justiça natural — não universal, como definida séculos depois por doutrinas do direito natural, mas sim variável em função da cultura social —, afirma que aquela deve derivar desta. A justiça natural precede e supera a justiça legal porque externa a legitimidade social da disciplina das relações humanas em sociedade. E para a harmonização das diferenças entre a justiça natural e a justiça legal, sobretudo para a correção de equívocos do legislador, vale-se da noção de equidade (*epiéikeia*).

É a equidade um sinônimo de justo. Particularizar a justiça. Ajustá-la.

Não me refiro, portanto, ao caminho enveredado por John Rawls que define a justiça — e, por conseguinte, a equidade — como um contrato social, numa perspectiva deontológica, que extrai os conteúdos dos princípios de justiça por um procedimento equitativo. Como bem observou Paul Ricoeur, dar "uma solução procedimental à questão do justo é o objetivo declarado de 'Théorie de La justice' de Rawls".[28] A equidade, na doutrina de John Rawls, é o procedimento de deliberação, legitimado pelo "véu da ignorância",[29] que permite a definição dos princípios da justiça.

O que encampo, e proponho convencionarmos como significado ao menos para o propósito deste estudo, é a concepção de equidade, sinônimo de justo, como o simples ajuste da justiça ao ser particularizada.

O direito justo é a interpretação e aplicação das normas jurídicas postas com a imprescindível lembrança de que a ideia da justiça continua — não há como ser diferente — a animar a sua concreção. É a equidade no sentido aristotélico que bem se representa pela régua de Lesbos.[30]

---

[27] *Idem*, p. 313.

[28] *O justo*, v. 1, p. 67.

[29] A fábula do "véu da ignorância" consiste em pressupor, nesta *procedimentalização* em busca dos princípios da justiça, que numa posição original de igualdade (não em um momento histórico, mas hipotético) ninguém conhece o lugar que ocupa na sociedade, sua classe, condição socioeconômica, mesmo sua força de trabalho e até aptidões intelectuais, não se conhece sequer as inclinações pessoais, psicológicas e emocionais. Neste contexto é que são escolhidos os princípios da justiça. Claro que por desconhecerem (as partes envolvidas neste processo) as doutrinas e concepções de bem das pessoas que representam é preciso que existam "motivos apropriados" a orientar a definição dos princípios de justiça, e estes motivos são os "bens primários" que o autor relaciona (*Justiça como equidade*, p. 82-83, 124).

[30] Na Grécia antiga usavam os operários uma régua flexível — a "régua de Lesbos" — para a medição de blocos de granito. A valia deste instrumento era a possibilidade que apresentava de amoldar-se às irregularidades do objeto a ser medido.

Equidade singularmente percebida por Luis Recaséns Siches, em sua doutrina da lógica do razoável, ao dizer que deve ser o "único método que sempre e necessariamente se emprega na interpretação e individualização das normas jurídicas gerais".[31] Em todo e qualquer caso, reputado simples ou difícil. A conversão da norma "geral" em "individual" deve ser a "mais justa" individualização da prescrição.[32] Não se trata, como lembra o autor, da equidade (a lógica do razoável) como uma "correção da lei", mas sim a interpretação razoável do direito posto.[33] Efetivamente, só a norma jurídica "individualizada" — que para ele é a aplicação ao caso concreto da norma geral — representa a norma perfeita e completa e contém uma "plenitude de sentido" porque articula a norma geral com a realidade da vida que "é sempre concreta e particular".[34]

Com estas primeiras reflexões, realinhemos as definições de justo direito e de direito justo:

A justiça serve ao ser humano em todos os seus campos do saber. Às ciências em geral, às reflexões filosóficas, às doutrinas morais, às religiões. Ao ser tratada pelo direito, ao ser feito o recorte das infindas significações deste signo, a justiça, para fins de identificação de um conjunto de prescrições normativas que impõem obrigações e autorizam a quem lesado exigir o cumprimento do seu direito, a justiça é particularizada em algum grau.

Mesmo por normas gerais e abstratas de um ordenamento jurídico, a justiça (o respeito ao que pertence a cada um e a promoção do bem comum), precedente à ordem positiva, é determinada. Do todo que dela — da justiça — se divaga em busca de saber a sua extensão — que parece sem-fim —, são feitas as escolhas do que será incorporado ao sistema jurídico. Estas escolhas são uma particularização da justiça. A justiça jurídica — a justiça para o direito — passa a guardar um sentido delineado, particularizado.

Qualquer sistema normativo-jurídico, o conjunto de regras e princípios jurídicos que visam regular a vida em sociedade, deve idealizar a justiça. É a mencionada virtude performativa. Haveria uma severa contradição se uma ordem jurídica inaugurada deliberadamente quisesse promover e assegurar o injusto. Não. Mesmo com falhas, ainda que cometa injustiças em pontos isolados do sistema, o desejo do

---

[31] *Introducción al estudio del derecho*, p. 244.

[32] *Idem*, p. 216.

[33] *Idem*, p. 239.

[34] *Idem*, p. 208.

conjunto deve ser a justiça. A promulgação de uma Constituição almeja juridicamente realizar a justiça. É o anúncio (jurídico) da justiça. Quer ser, a Constituição, justa.

Decerto. Em toda ordem jurídica, em qualquer norma inaugural de um sistema positivo — tal como o é a Constituição —, a justiça em alguma medida é individualizada. É o justo: o ajuste da justiça para a definição de normas de comportamento. E porque tratamos da particularização feita pelo direito, trata-se do justo direito.

Ou dito inversamente, o justo direito é a positivação jurídica da justiça. A apropriação feita pelo direito de segmentos e frações da justiça para a produção de uma ordem jurídica é uma forma de particularizá-la. O resultado é a consubstanciação do justo direito, é dizer, da justiça ajustada no âmbito jurídico.

As correntes não positivistas, da qual a doutrina de Robert Alexy[35] é exemplo, contribuem à compreensão desta inter-relação da justiça com o direito. Conforme assinala este jurista, aos dois elementos clássicos do positivismo, a legalidade conforme o ordenamento e a eficácia social, deve-se acrescer um terceiro: a correção moral.

A relação entre o direito e a moral, nas lições de Robert Alexy, é apreciada pela perspectiva do participante (e não do mero observador do sistema) em quatro instantes distintos: na formulação do sistema jurídico, em sua satisfação de pretensão, na formulação das normas jurídicas, e ainda na satisfação destas. Se apenas em relação ao primeiro momento é que a tese da vinculação entre moral e direito apresenta-se como uma conexão classificadora — isto é, a insustentável injustiça impede o reconhecimento do sistema como jurídico —, os outros formulam, ao menos, uma conexão qualificadora: a insustentável injustiça na satisfação da pretensão do sistema jurídico ou da norma jurídica, ou mesmo na própria formulação de pretensão desta última, embora sejam juridicamente reconhecidas, são defeituosas.[36]

---

[35] *Conceito e validade do direito, passim.*

[36] *Idem*, p. 31. Ordens jurídicas acintosamente ofensivas à dignidade do ser humano, como é exemplo o regime nazista, violam a *virtude performativa*. Apresentam irremediável *contradição performativa* a justificar, inclusive, a desobediência civil. A ausência de relação entre moral e direito, neste exemplo, externa uma violação de *conexão classificadora*: trata-se de uma *insustentável injustiça* que obsta o próprio reconhecimento da natureza jurídica da sistematização prescritiva imposta. Ainda em lembrança à doutrina deste autor, vale recordar que em sua proposta destaca-se o papel do que denomina de *argumento da correção* que consiste na afirmação de que "tanto as normas e decisões jurídicas individuais quanto aos sistemas jurídicos como um todo formulam necessariamente a pretensão à correção" (*Op. cit.*, p. 43).

Assim, a ordem jurídica anuncia-se, impõe-se. É o justo direito. Mas por si sós as normas nada resolvem. É pela atuação do intérprete — seja a autoridade judicial, ou mesmo particulares ao produzirem contratos diuturnamente — que o justo direito incide em casos ainda mais particulares. Agora não se trata de extrair significações possíveis da justiça para a elaboração de normas gerais e abstratas — a produção, em outras palavras, de um justo direito —, mas sim de aplicá-las, estas prescrições jurídicas, o justo direito, a situações fáticas determinadas, situações reais e concretas. Particulariza-se mais uma vez. Do justo direito para uma relação entre pessoas determinadas. É o ajuste do justo direito ao caso individualizado. Materializa-se, se escorreitamente aplicado, o direito justo.

A passagem — uma vez mais, por nova particularização — do justo direito (normas gerais e abstratas) ao caso concreto, com a interpretação e aplicação das normas jurídicas, deve aspirar ao direito justo. O contrato licitamente celebrado entre as partes, ou a sentença proferida para solucionar determinado conflito, são ajustes do sistema positivo, é a concreção do direito justo.

A relação de dependência escalonada é vislumbrada. A justiça é tratada pelo direito. Prescreve-se um sistema jurídico. É o justo direito porque a justiça é ajustada à ideação de elaborar-se uma ordem jurídica. Estas normas positivas incidem em situações concretas. Particulariza-se, uma vez mais. Ajusta-se, novamente. É a passagem do justo direito ao direito justo.

A justiça é a fonte perene de qualquer ordem normativa. E o é, portanto, da ordem jurídica. O justo direito é o ideal aspirado de expressar, na seara do direito, em normas gerais e abstratas, particularidades das significações da justiça. Toda ordem positiva deve almejar ser uma ordem justa (pelo ajuste da justiça); o sistema jurídico-positivo deve representar o justo direito. E ao incidirem algumas normas específicas em uma situação determinada, numa relação fenomênica particularizada, há outro ajuste: o justo direito pretende — deve pretender — materializar-se em um direito justo.

A justiça em sua concepção jurídica é um fragmento da justiça geral, é o justo direito. O justo direito ao reverberar e realizar-se em uma situação individual é o direito justo.

Em remate, então, pode-se dizer que a raiz do direito — do sistema jurídico, o justo direito, e da interpretação e aplicação nas normas jurídicas, o direito justo — é sempre a justiça. O direito comporta em sua estrutura a virtude performativa de ser e realizar a justiça. Daí, em suma, a importância de refletir onde se inscrevem os escorreitos sentidos da justiça, o que o faremos no próximo item.

5 A procura da justiça

Definimos, por convenção que propus, o que se entender por "justiça", "justo", "justo direito" e "direito justo". Chegamos, portanto, ao cerne deste capítulo: onde a justiça?

Qual a fonte, qual a sede da justiça? Onde ela se inscreve?

É fruto de alguma concepção subjetivista? Parece-me que não. Vale-nos lembrar que esta corrente, muitas vezes denominada de relativismo, apresenta um número significativo de desdobramentos a tentar justificar como lídimas as tonitruantes mutações das noções de justiça ao longo do tempo e em sociedades diversas. Fala-se em relativismo semântico para dizer que o próprio significado dos predicados morais relaciona-se aos padrões em julgamento; relativismo pressuposicional que realça e apoia-se nas convenções em sociedade; relativismo pragmático que simplesmente nega a possibilidade de emitirem-se soluções a respeito do que são crenças ou práticas em comunidades distintas das nossas; relativismo de apreciação, relativismo de juízos morais etc.[37]

Não me convencem, e por mais largos que sejam os contornos envidados por muitas destas escolas relativistas, os esforços que se embrenham para tentar explicar algumas trágicas passagens da história da humanidade. Segregações por origem social ou econômica, perseguições e dizimações de povos por motivações étnicas ou religiosas, estruturações sociais que comportam e admitem a escravidão, o poder de vida e degredo de um (*pater familiae*) sobre os demais (mulher, filhos), sanções revestidas de autoridade estatal que impõem a forca, a fogueira, o suplício na roda, o esquartejamento, a guilhotina e outras aflições cruéis. O relativismo esbarra, nestas e em outras tantas passagens, na impossibilidade de justificá-las. E se imperam na mente e na cultura de povos por anos, décadas e mesmo séculos, se encontram mínima reprovação no seio social, passam, estes desatinos, a expressar a "justiça", o "justo"? Acredito piamente que não.

O objetivismo, por outro lado, é a única explicação sensata. Ainda que se apresentem, e estou certo que é o caso, muitas dificuldades à prova, em um primeiro momento intui-me afirmar — sobretudo porque racionalmente rechaço o subjetivismo — que a justiça tem uma significação objetiva e de transcendência: é eterna, imutável, e portanto universal.

---

[37] Cf. HURD. *O combate moral*, p. 58 *et seq.* A autora trata das correntes filosóficas que se propõem a investigar a moral, mas entendo pertinente estender as mesmas bases à perquirição de tema próximo e que encontra as mesmas dificuldades semânticas, a *justiça*.

Quiçá, portanto, pela intuição que vislumbro na seara das teorias objetivas, em especial da teoria das ideias inatas, a melhor proposição filosófica à compreensão da justiça.

Mas é claro que o valor da perquirição filosófica derruir-se-ia se se mantivesse isolado na intuição. Mesmo com a consideração — que me parece relevante, mas não suficiente — do que racionalmente não serve à apreensão das significações da "justiça" (o subjetivismo), ainda assim a definição unicamente apoiada na exclusão (exclusão que leva ao objetivismo transcendente) não seria, reconheço, o suficiente.

Se não serve simplesmente excluir pela razão as proposições subjetivistas, se a singela intuição é obviamente insuficiente ao imprescindível rigor metodológico, então é necessário encontrar parâmetros científicos que validem a proposta de significações objetivas — leia-se: eternas, imutáveis e universais — da justiça. Nesta busca pessoal, mas compartilhada com o leitor, inicio (reafirmo), pela intuição, com a filosofia platônica. Em particular, com a teoria das ideias inatas. A proposta é antiga e conhecida. Mas me parece ser mais do que o reinício de uma leitura. Creio ser o início porque não a utilizava o eminente filósofo, como já vimos acima,[38] para propriamente tratar da justiça. A sugestão que faço, no entanto, é associá-la ao tema. Mas é início, ainda e primordialmente, porque a meta é concertá-la com a noção de conteúdo arquétipo do inconsciente coletivo, o que o farei no item seguinte.

De todo modo, seria mera opção — intuitiva, e sempre muito particular; aparentemente, aleatória — afirmar-me adepto a uma explanação objetiva por simplesmente acolher a teoria de Platão das ideias inatas. Todavia, procuro prosseguir no caminho. Deixo o campo da intuição — essencial, mas insuficiente —, e avanço.

Pois acredito ser possível fazê-lo. A ciência contemporânea fornece-nos vigorosos parâmetros a intumescer a pertinência da especulação filosófica de mais de dois milênios da escola platônica. Os alicerces encontro na psicologia analítica, em particular na proposta de Carl Gustav Jung sobre os conteúdos arquétipos da alma humana, o que creio servir a cientificamente legitimar a teoria platônica e proporcionar a identificação da consciência como a fonte perene, imutável e universal da justiça. A física quântica, em modestíssimas assinalações que faço, igualmente se perfila entre as validações científicas às reflexões filosóficas. Mas a aproximação possível e desejável que escolhi e tomo por meta anelada é mesmo o encontro entre as teorias de Platão e Jung. Filosofia e psicologia, enfim, em uma dialética enobrecedora para a procura de uma solução a um dilema humano, no qual se inscreve a justiça.

---

[38] Supra, capítulo I, item 3.

5.1 O (re)início de um caminho – A teoria das ideias inatas

O início de um caminho: a teoria das ideias inatas, de Platão, para vislumbrarmos a sede da justiça, a consciência.

Por ora, e como afirmei no item precedente, a consciência como fonte da justiça tendo por fundamento esta teoria, a das ideias inatas, é afirmação intuitiva. Recuso os pretensos teoremas subjetivos; identifico-me profundamente — apreendo intuitivamente — com a filosofia platônica como indicativo pertinente à definição objetiva da justiça. O contato com a ciência — a psicologia analítica, em especial — é definitivo à confirmação desta intuição, mas será feito no item seguinte.

Necessário, por enquanto, associar a teoria das ideias inatas à consciência.

Platão rechaça a hipótese de que as ideias possam derivar dos sentidos. As ideias são simples representações mentais. A origem das ideias é então justificada conforme a doutrina da reminiscência (anamnese): conhecer, para a alma, é o que se sabia antes de encarnar. Conhecer é recordar. Sustenta o filósofo, por estas assertivas, que a alma não adquire conhecimentos do mundo exterior, do meio fenomênico que a cerca. Apenas recorda. Sabia antes, esqueceu-se ao reencarnar, recorda-se ao viver.

As ideias são o modelo perfeito das coisas, de tudo que se encontra no universo e pode, pela apreensão sensível, ser recordada. Todo o conhecimento do que nos cerca no plano sensível é resultado da apreensão, por semelhança ou diferença, no cotejo com o protótipo ideal. O modelo ideal é as ideias inatas, olvidadas estas pela alma ao retornar ao corpo, reconhecidas (recordadas) ao serem confrontados os traços na ambiência dos sentidos.

As ideias são formas incorpóreas e imateriais. Imutáveis e perenes. Difere-se, pois, o sensível do inteligível. O diálogo platônico das atividades de cognição do sujeito é centrado nos atos mentais. O real de um objeto é algo imaterial, uma forma inteligível, essência pura, em última análise, uma ideia. Ou melhor, uma ideia inata. Existe em si mesmo. Mas é pelo pensamento (inteligência, alma) que se a conhece e se a contempla.

É a consciência do ser — acrescento eu — que o conecta à ideia pura. Se o conhecimento depende desta interação da alma com o plano inteligível, com as ideias inatas, então é mesmo pela consciência que se apreende o que é a justiça. Ou mais especificamente, e como veremos no item seguinte, é na consciência inconsciente, no inconsciente coletivo que se encontra gravada a ideia inata de justiça com todas as suas lídimas significações, com toda a extensão e profundidade de sentidos.

Mas retorno, com Marilena Chauí, a Platão. Em um primeiro estágio do conhecimento:

> Essa correspondência entre a natureza do objeto, a operação de conhecimento e a alma é o que leva Platão a afirmar que a alma "participa" da mesma natureza do objeto conhecido e que pode conhecê-lo porque é de mesma natureza que ele. [...] aquele que conhece e o conhecido por ele são de mesma natureza (tudo — quem conhece e o que é conhecido — é sensível).[39]

E em "grau de conhecimento superior" a alma passa "de hipótese em hipótese ('diánoia') até a visão intelectual ('nóesis') do não-hipotético e incondicionado, o 'eîdos'".[40]

Portanto, a alma, por meio da apreensão intelectual — leia-se: da consciência —, consegue perceber a essência, a forma ideal, a ideia inata. No caso, a ideia inata da justiça. É a consciência do ser que se expande para atingir o inconsciente coletivo do qual extrai a essência dos bens que se projetam no plano sensível.

O mito da caverna, no Livro VII da *República* de Platão, sintetiza a sua teoria do conhecimento. Como afirma Marilena Chauí, em Platão o "conhecer a verdade é ver com os olhos da alma ou com os olhos da inteligência".[41]

A alma — a consciência humana — pode conhecer as ideias inatas. Na caverna, agrilhoados e voltados a olhar a parede do fundo, conhecem os seus habitantes apenas as projeções das sombras de homens, mulheres e animais. Estes prisioneiros julgam ser as sombras a fiel representação da realidade. Atribuem-lhes nomes, definem-nas conforme as conhecem: como imagens distorcidas da realidade. Desconhecem, pois, a essência, as ideias correspondentes.

Tal a percepção da justiça. No curso da jornada da humanidade, aferrados ao preconceito, orgulho, ganância, em uma palavra, à ignorância, o ser humano descreve e apega-se à sombra bruxuleante e disforme da ideia de justiça. Acredita na sombra. Sua imagem altera-se ao sabor do oscilar da luz do fogo que projeta as imagens. A justiça ora contempla a escravidão, a discriminação, ora se mostra vingativa e impiedosa, muitas vezes sectária e pedante. Parece ser a justiça, mas é sua sombra — às vezes tão distorcida que longe e opostamente se encontra do que realmente seja.

---

[39] *Introdução à história da filosofia*, 2. ed., p. 255.

[40] *Ibidem*.

[41] *Ibidem*, p. 258.

Então a justiça por nós vivenciada só representa uma das mais sublimes virtudes ao participar, ainda que em alguma medida, da ideia em si (ideia inata) de justiça. Insista-se: as ideias inatas existem por si próprias. Precedem e superam as coisas sensíveis. As mutações não se encontram na ideia, mas no quanto dela nos distanciamos porque tomamos a sua sombra por ela própria.

São sombras. A essência da justiça, a sua ideia, é sempre a mesma. Quando algum prisioneiro desvencilha-se das correntes, sobe a íngreme vereda, em um primeiro momento fica cego à luz do sol, mas logo se apercebe, ao menos em parte, do que é a justiça, e depois, ao retornar e narrar o que viu, passamos a ter outra compreensão. Como um feixe de luz que rompe a escuridão, apenas ao se perlustrar fora da caverna captamos parcela do sentido desta ideia inata, a justiça. Vez por outra a humanidade, por porção significativa da sociedade, e em outras tantas pelo gênio de alguns dos seus pares, liberta-se, emerge ao umbral da caverna e apercebe-se de parcela da essência da justiça.

A caverna é o mundo sensível, o fogo a projetar as sombras é o reflexo da luz verdadeira, o mundo fora da caverna é o inteligível onde se encontram as ideias inatas. O conhecimento, o conhecer-se, é um ato de libertação e iluminação pelo contato com as ideias inatas. Novamente, Marilena Chauí: "os olhos foram feitos para ver, a alma foi feita para conhecer".[42]

É da consciência, portanto, o contato com as ideias inatas.

Pois é mesmo ao associarmos o umbral da caverna à própria consciência do ser humano — a consciência inconsciente — que a teoria das ideias inatas, em início apenas intuitivamente apta a esclarecer a sede da justiça, robustece-se em credibilidade científica. Encontra-se a filosofia transcendente (as ideias inatas) com a ciência (psicologia analítica).[43] Na própria consciência, em particular nos conteúdos arquétipos do inconsciente coletivo, há o limiar da caverna.

A ascensão à entrada da caverna não é a indicação de um plano místico. Mas é sim a imersão na própria consciência. O aclive do mito da caverna é a representação do declivamento do ser humano em sua própria consciência até atingir os conteúdos arquétipos do inconsciente coletivo. A ideia de homem, de cavalo, dos seres e coisas fora da caverna, da luz do sol são as imagens, valores, ideias gravadas no inconsciente comum, em estruturas — arquétipos — compartilhadas por todos os seres humanos — a coletividade.

---

[42] *Introdução à história da filosofia*, 2. ed., p. 262.

[43] Afasto-me, portanto, da concepção influenciada pelo positivismo que vislumbra a filosofia como uma "enciclopédia das ciências". Sem autonomia, portanto.

A justiça, a ideia inata da justiça, que se encontra fora da caverna localiza-se no interior da própria consciência humana. Na consciência inconsciente, nos conteúdos arquétipos do inconsciente coletivo. Vale lembrar, a propósito, que "arquétipo" advém do grego *arkhétypos*, e etimologicamente significa "modelo primitivo", "ideias inatas".

É o que com mais vagar cuidarei a seguir.

5.2 O encontro com a consciência – A justiça nos conteúdos arquétipos da alma humana

No curso da história reverberam-se em correntes filosóficas, morais e políticas, pensamentos e leituras os mais diversos sobre o papel da consciência do ser humano em sua realidade fenomênica.

Alguns chegam mesmo a afirmar, como o faz Karl Marx, que não é a consciência que determina a existência, e sim esta àquela.

De modo similar, no historicismo de José Ortega y Gasset diz-se que o homem não tem uma natureza, não é corpo, nem alma, muito menos psique, consciência ou espírito, o homem não é coisa alguma. É apenas um drama. A vida, afirma-se, é um fazer.[44] A existência necessita de um permanente fazer — o homem em gerúndio, um fazendo. É este afazer que leva este filósofo a crer e sustentar que o indivíduo não apresenta uma natureza, pois é história.[45] O viver, para ele, é um constante e inevitável decidir o que seremos. Não há como deixar de escolher — há liberdade, mas não para deixar de decidir —, pois a existência é um constante afazer.

Pensadores como John Locke rechaçam a possibilidade de verdades evidentes e a sua apreensão pela intuição, pois o aprendizado empírico (a experiência física) bastaria para explicar todas as formas de aquisição do conhecimento. A refutação a princípios inatos, a verdades universais, escora-se neste ledo engano do primado da existência sobre a consciência humana.

Neste passo, e diante da ingente e aparentemente invencível possibilidade de definir a justiça, Gustavo Zagrebelsky, magistrado e presidente da Corte constitucional italiana, professor de Direito Constitucional na Universidade de Turim, define a justiça como experiência pessoal que é compreendida apenas diante da experiência da injustiça. A referibilidade à experiência pessoal, para ele, é condição à compreensão

---

[44] *Historia como sistema*, p. 41-42.

[45] *Idem*, p. 55.

da justiça: "a experiência, justamente, da justiça ou, melhor, de aspiração à justiça que nasce da experiência da injustiça e a dor que dela deriva".[46] Particularmente, parece-me que esta proposta não se distancia muito dos demais exemplos que ilustram o distanciamento que se estabelece da consciência como fonte da justiça.

Todavia, estas e outras propostas materialistas que sustentam a vida na existência física, exterior e material — determinista, empirista ou histórica —, e o fazem em parte por influência do arrebatamento e deslumbre do ser humano ao ingressar nos séculos das luzes e das razões (XVIII e XIX),[47] sofrem profundos abalos ao serem contrastadas por estudos científicos durante o século XX que nos conduzem a reencontrar a consciência como o cerne da existência.

Em sentença de C. J. Jung: "a psique existe, e mais ainda: é a própria existência".[48]

Notáveis contribuições da física quântica e da psicologia junguiana conduzem-nos a reconhecer à consciência o seu devido papel: é o centro da existência do ser humano.

A física quântica possibilita o que Amit Goswami denomina de idealismo monista: é a consciência, e não a matéria, a base de tudo o que existe. A consciência determina a existência, e não o inverso. Diz ele: "todo o mundo da experiência, inclusive a matéria, é a manifestação material de formas transcendentais de consciência".[49] A ciência contemporânea, sobretudo apoiada em estudos da física quântica, apoia a visão monista do mundo: existe apenas uma substância a formar a realidade, a consciência — e não a matéria.

Persistem na ciência, portanto, as críticas ao dualismo legado por René Descartes em sua crença de que o mundo compõe-se em sua totalidade por duas substâncias, a matéria (*res extensa*) e o pensamento (*res cogitans*), este sem extensão e indivisível, consciente de si, e aquela extensa, divisível, sem consciência de si, portanto sem liberdade porque é mecanicamente determinada.

---

[46] La idea de justicia y la experiencia de la injusticia. *In*: ZAGREBELSKY; MARTINI. *La exigencia de justicia*, p. 26.

[47] Recorde-se o positivismo de Augusto Comte e o que denominou de *lei dos três estágios*. O estágio teológico representa a infância da humanidade, o metafísico a juventude, e o positivismo a maturidade. Em sua origem a humanidade explicava todo evento natural pela intervenção de potências sobrenaturais (teológico), e com o nascimento da filosofia na Grécia as explicações também eram abstratas (metafísico), mas o terceiro estágio, *positivo* ou *científico*, renuncia a perguntar sobre a íntima natureza das coisas e limita-se aos resultados fecundos e a individuar as leis que regem o mundo físico.

[48] *Psicologia e religião*, 6. ed., p. 14.

[49] *A física da alma*, p. 23.

No entanto, se antes se apoiava no monismo de que a matéria é a base da existência, o novel paradigma é o primado consciência.

A matéria, afirma Goswami, tem natureza de onda e pode estar em mais de um lugar ao mesmo tempo, e este paradoxo resolve-se quando se percebe que as ondas da matéria são ondas de possibilidades: estão em dois lugares ou mais ao mesmo tempo apenas em possibilidade. Assim, "objetos quânticos existem como superposição de possibilidades até que nossa observação cause a realidade da potencialidade, gerando um evento real e localizado dentre os diversos eventos possíveis".[50]

Prossegue ele para esclarecer que objetos quânticos podem dar saltos descontínuos (ora aqui, depois ali), o que é chamado de salto quântico. Quando os objetos quânticos são adequadamente correlacionados influenciam-se reciprocamente de modo não local (sem sinais pelo espaço, sem um tempo definido), o que significa dizer que objetos quânticos correlacionados estão relacionados em um domínio que transcende o tempo e o espaço: é a não localidade, o que implica transcendência. A potencialidade existe em um domínio atemporal, enquanto a realidade existe no tempo.

Se os objetos — segundo a física quântica — são ondas de possibilidades (ou funções de onda), então o ato de o observador contemplar o fenômeno engendra uma única realidade. A observação consciente, diz-nos Goswami, faz com que se manifeste o evento real dentre os vários possíveis eventos — o ato de observar, em última análise, faz com que a possibilidade entre em colapso e torne-se realidade.[51]

De tal sorte, é a consciência — cientificamente reconhecida — que define a existência.

E a contribuição de Carl Gustav Jung a respeito — e que nos serve à localização do primado da justiça — é decisiva.

Para este psiquiatra e fundador da psicologia analítica, os arquétipos são "fatores formais responsáveis pela organização dos processos psíquicos inconscientes: são os *patterns of behaviour* (padrões de comportamento)".[52] É a designação que atribui a "certas formas e imagens de natureza coletiva, que surgem por toda parte como elementos constitutivos dos mitos e ao mesmo tempo como produtos autóctones individuais de origem inconsciente".[53]

---

[50] *A física da alma*, p. 26.

[51] *Idem*, p. 41.

[52] *Sincronicidade*, p. 15.

[53] *Psicologia e religião*, 6. ed., p. 89-90. O autor esclarece que esta noção de ideias originárias pré-conscientes não é proposta originalmente sua, pois o tema foi também objeto de referência de outros pensadores, e o próprio termo "arquétipo" é usado por Cícero e outros da antiguidade clássica. De fato, como anotei no tópico precedente, "arquétipo" decorre do grego *arkhétypos* cujo significado é "modelo primitivo", "ideias inatas".

A perspectiva de Jung não é filosófica, metafísica, mas científica, e encontra-se harmoniosamente com a filosofia platônica das ideias inatas.

Pois reconhece C. J. Jung que algumas ideias ocorrem em todas as épocas e por toda parte, e independem da tradição ou da migração, e sequer são criadas pelo ser humano. Simplesmente, ao homem, ocorrem-nas. Ou, como diz ele, "irrompem, por assim dizer, na consciência individual".[54]

O inconsciente apresenta uma existência psíquica que independe da própria consciência. Como afirma C. J. Jung, a personalidade humana é formada de duas partes: a consciência e a inconsciência. A primeira é relativamente definível e determinável, mas o inconsciente gera o reconhecimento de caracteres indefiníveis e indelineáveis da personalidade humana.[55]

Com estas premissas, pode-se dizer que há uma imagem, uma ideia inata da justiça. O primado da justiça e as significações possíveis e legítimas deste símbolo encontram-se em arquétipos da estrutura da inconsciência coletiva.

Os arquétipos — retomo a C. J. Jung — apresentam uma "carga específica": "desenvolvem efeitos numinosos que se expressam como 'afetos'".[56] O afeto é a provocação de uma parcial "baixa de nível mental", o que permite a elevação de "determinado conteúdo a um grau supranormal de luminosidade" ao mesmo tempo em que em igual quantidade reduz a energia de outros conteúdos da consciência a ponto de torná-los obscuros e inconscientes.[57]

O afeto produz então certa restrição da consciência, uma diminuição de sua orientação, mas enseja, em igual medida, a penetração sutil do inconsciente no espaço equivalente.

Como o prisioneiro da caverna do mito de Platão que ascende ao liminar e depara-se com uma realidade circundante antes não percebida conscientemente por ele (pois só a conhecia por sombras), é possível dizer que o ser humano, prisioneiro de sua realidade empírica, pode igualmente se livrar destas amarras, submergir ao inconsciente coletivo e deparar-se com fatores formais que são a fonte que se projeta e enforma o mundo fenomênico.

Há, portanto, um modelo primitivo de justiça; uma ideia inata desta virtude. Não se localiza em algum espaço místico ou inacessível,

---

[54] *Psicologia e religião*, 6. ed., p. 9.
[55] *Idem*, p. 45.
[56] *Sincronicidade*, p. 15.
[57] *Idem*, p. 15.

mas junto ao próprio ser humano, em sua consciência, a causa primeira e síntese de sua existência.

Na medida em que dimensões da justiça, gravadas em conteúdos arquétipos do inconsciente comum a toda a coletividade, fluem pelos efeitos numinosos que provocam afetos (a "baixa de nível mental" da consciência), tal como o homem de Platão que retorna ao interior da caverna a contar aos demais a imagem real do homem, do cavalo, da natureza, do mesmo modo o ser humano, por se dar conta da imagem real (ideia inata) da justiça — ao menos da parte que apreendeu —, anuncia escorreitamente o seu significado.

As sombras da escravidão, do sectarismo, do egoísmo, da barbárie desvanecem-se na proporção em que a sociedade torna-se consciente do que consta sobre a noção de justiça nos arquétipos do inconsciente coletivo. Por um movimento simultâneo que se manifesta em parcela expressiva da sociedade, ou pelo vislumbrar de alguns poucos que solitariamente engolfam-se no inconsciente coletivo (e narram aos demais, como no mito), a justiça gradualmente é conscientemente percebida. O plano exterior paulatinamente se aproxima de sua ideia inata, do seu conteúdo arquétipo. Da gradual redução do limiar de consciência que permite emergir da inconsciência os valores universais e objetivos da justiça.

É certo. A escravidão, a imposição de penas cruéis, o barbarismo de sacrifícios humanos não foram, em tempo algum (pouco importa se expressavam o senso comum da época ou de uma nação), representações da justiça. São descompassos entre opções eleitas e materializadas e as ideias inatas de justiça.

Esta percepção que parece ter intuído Voltaire a dizer que "a moral é uma só, vem de Deus; os dogmas são diferentes, vêm de nós".[58] Depois de relacionar uma série de barbarismos perpetrados sob o pálio da justiça anunciada por órgãos do Estado, desde as desvairadas penas de mutilações do corpo em vida, o lançar do condenado ainda vivo à fogueira, não raras vezes por infrações frutificadas da intolerância contra a liberdade de pensamento e de crença, e não poucas, ainda, em que os acusados eram inocentes, o filósofo sentencia: "crime é sempre crime, tenha ele sido ordenado por um príncipe no enceguecimento da cólera, tenha ele sido autorizado por diplomas selados a sangue-frio com todas as formalidades possíveis".[59]

---

[58] *O preço da justiça*, p. 2.
[59] *Idem*, p. 80.

A história, portanto, não constrói as significações da justiça, nem pelo quefazer constante e propulsor do cotidiano experienciado, muito menos por vivenciar a injustiça. A história é o registro do constante e perene evolver da consciência humana, e na medida em que o ser humano apercebe-se dos valores e sentidos da justiça inscritos nos conteúdos arquétipos do inconsciente coletivo pode novas experiências vivenciar.

Consciente, o ser humano é livre. Livre para escolher. A consciência produz a sua existência. Realiza-se a alternativa entre as possibilidades hipoteticamente possíveis. Individualmente é assim, coletivamente também o é. A história de cada um soma-se à dos seus compares: é a história da humanidade.

Não é o senso comum, não é a história, repito, que faz a justiça. É a alma humana; ou melhor, da alma humana. Enquanto se aparta das ideias inatas de justiça — inscritas nos arquétipos do inconsciente coletivo —, são opções determinadas (frutos da consciência livre) que não espelham a verdadeira justiça. Se a escolha recai em opção que realmente retrata — sente-se — ser a justiça, então se trata da reprodução, pela emersão dos arquétipos inconscientes coletivos, da ideia inata de justiça.

As significações do primado da justiça emergem do inconsciente à consciência e desta forma é que se tornam (conscientemente) conhecidas. O estreitamento do nível de consciência com a correspondente expansão do inconsciente — a "baixa do nível mental" — permite que dos arquétipos do inconsciente coletivo os valores da justiça clareiem-se na mente (consciente) do ser racional. Como assevera C. J. Jung:

> O tônus do inconsciente como que se eleva, criando facilmente um declive em que o inconsciente pode fluir para a consciência. A consciência cai, então, sob a influência de impulsos e de conteúdos instintivos inconscientes. Geralmente estes últimos são complexos cuja base última é o arquétipo.[60]

A virtude justiça encontra-se, pois, inscrita em arquétipos do inconsciente. Inscrevem-se na alma humana, em seu inconsciente, nos arquétipos comuns à coletividade, os significados e os sentimentos da "justiça". São ideias inatas. Sentidos objetivos — por isto, universais — porque independem da experiência humana. Encontram-se gravados no inconsciente coletivo. Do fluxo de migração da ideia inata de justiça, do inconsciente (dos arquétipos coletivos) ao consciente, apercebe-se o ser racional, sente o ser, conscientiza-se do que é a justiça.

---

[60] *Sincronicidade*, p. 24.

Sendo assim, a justiça a ser idealmente materializada na Constituição (como fonte da justiça jurídica), a performar um sistema justo, o justo direito, não é histórica, não é empírica, não é produto cultural. O direito é produto da cultura, mas a justiça que o inspira, não.

A fonte da justiça é transcendente (sob a teoria das ideias inatas) porque não se encontra no plano consciente, e sim no inconsciente coletivo (na linguagem da psicologia analítica). Por isto, é objetiva (não depende de épocas, não depende da compreensão humana); por consequência, é universal (por ser objetiva, igual sempre e por todos os tempos), isto é, comum a todos os povos.[61]

Se a Constituição de uma nação realmente logra atingir as expressões da ideia inata da justiça é outra história. Quando o faz, quando se tem o justo direito — porque reflete, na particularidade daquele ordenamento jurídico, a ideia da justiça —, há uma virtude performativa. Se não a realiza, tem-se uma contradição performativa[62] — pois a Constituição quer (deve) ser justa.

A liberdade de decidir é do ser humano. No átimo da escolha, provocado pela alma humana, por sua consciência, particulariza-se uma destas possibilidades. É o colapso — produzido pela consciência humana — que define a realidade cultural. Das ondas atemporais e não espaciais os seres humanos realizam a opção eleita.

Quando o colapso produzido pela consciência produz um direito ressonante com a ideia de justiça gravada nos arquétipos do inconsciente coletivo, temos o justo direito. Quando não, uma contradição performativa porque não se esperava um injusto direito; o resultado da leitura das sombras projetadas em muito se distanciou das imagens que se localizam fora da caverna.

Mas se se produziu um justo direito, ainda assim não há certeza da performance da justiça. O direito deve ser aplicado aos casos

---

[61] Um esclarecimento terminológico faz-se necessário. Nas lições de Miguel Reale, *transcendente* "põe-se lógica e ontologicamente além da experiência", enquanto o *transcendental* "é algo cuja anterioridade lógica em relação à experiência só se revela no processo ou por ocasião da experiência mesma" (*Introdução à filosofia*, p. 82). Noutra passagem: "A 'transcendência (relacionada ao transcendente) implica a aceitação e a cognoscibilidade de um mundo de fins ou de valores além daqueles que se tornam objeto de nossa experiência concreta. A 'transcendentalidade' (de transcendental) indica apenas as 'qualidades a priori' do espírito, como condição de conhecer" (*Op. cit.*, p. 103).

[62] Oportunamente, uma vez mais, Voltaire: "Dizem que os executores, os fautores da justiça, devem obedecer cegamente; que não cabe a eles examinar se o suplício de que são apenas instrumentos é justo ou não. Eu vos digo que essa gente é tão criminosa quanto os juízes, quando põe em execução uma sentença reconhecida como evidentemente injusta e bárbara no tribunal da consciência de todos os homens" (*O preço da justiça*, p. 81).

concretos, às situações particulares. Uma vez mais se particulariza. Da justiça particularizada em um sistema jurídico, o justo direito, é na sua interpretação e aplicação aos casos individuais, em cada conflito determinado, que a justiça — que informa e enforma o justo direito — aspira o momento culminante de sua razão de ser: a promoção do direito justo.

O direito justo é o justo direito em cada situação individual. É a justeza do justo direito. A justiça, a ideia da justiça inscrita nos conteúdos arquétipos do inconsciente coletivo, continua a animar o direito. Agora, partindo-se das escolhas feitas pelo sistema jurídico positivo — diante das ondas de possibilidades possíveis —, as normas gerais devem, ao serem individualizadas ao caso singular, reproduzir com a mais intensa e viva disposição a ideia da justiça.

CAPÍTULO II

DIREITO E JUSTIÇA

RICARDO MARCONDES MARTINS

1 Introdução

Pretendo apresentar aqui minha visão sobre a relação existente entre o direito e a justiça. O método de trabalho possui uma particularidade significativa: assenta-se num diálogo com o Prof. Dr. Luis Manuel Fonseca Pires. Explico: neste opúsculo enunciarei não apenas uma visão sobre a referida relação, mas, a partir de uma sincera discussão,[1] apresentarei e explicarei minhas divergências com as

---

[1] Chaïm Perelman e Lucie Olbrechts-Tyteca distinguem *discussão* de *debate*: na discussão os interlocutores buscam honestamente e sem preconceitos a melhor solução de um problema controvertido; no debate cada qual se preocupa com o triunfo de sua tese (*Tratado da argumentação*: a nova retórica, p. 41-42). Tercio Sampaio Ferraz Jr. chama a primeira de *discussão-com* e o segundo de *discussão-contra* (*Direito, retórica e comunicação*, 2. ed., p. 34-40). Como resumi em outra oportunidade: "Se a interação entre o orador e o ouvinte se baseia na igualdade, ambos discutem um com o outro; se se baseia na diferença, ambos discutem um contra o outro. Na discussão-com a fundamentação busca o convencimento, ou seja, despertar um sentimento que se funda na verdade. Na discussão-contra a fundamentação busca a persuasão, ou seja, despertar um sentimento que se funda no interesse". (Racionalidade e sistema normativo na teoria pura e na teoria pragmática do direito. *Revista Trimestral de Direito Público – RTDP*, p. 179-180). O diálogo com o Prof. Luis Manuel aqui desenvolvido, por óbvio, consiste numa *discussão* e não num *debate*, ou seja, numa *discussão-com*. Sem embargo, essa distinção teórica torna-se, na prática, *artificial*. Os interlocutores, humanos, como estão convencidos de que sua opinião é a correta, tendem a procurar, de forma *emotiva*, adesão a ela. Com efeito, Perelman e Olbrechts-Tyteca, primeiro, observam:

posições apresentadas pelo DD. Professor. Não se trata, pois, de um estudo a quatro mãos, em que ambos os autores se impõem a concordância de entendimentos ou, noutros termos, não se trata de um estudo sobre a justiça escrito por dois autores. Não! Trata-se de dois estudos sobre a justiça, estruturados a partir de uma discussão cujo único compromisso é a liberdade de pensamento e de crítica. Os autores não se impõem a convergência, mas a sinceridade, ou seja, a apresentação de suas convicções pessoais sobre o tema, sem que a posição do outro importe em qualquer constrangimento. Máxima liberdade de pensamento exercitada com respeito — eis as regras do discurso que ora se desenvolve.

A proposta não é comum na ciência do direito, o exame de um assunto nesses termos por dois professores que mantêm relação de amizade é, especialmente na ciência jurídica brasileira, raríssimo. Uma proposta como essa leva, quase sempre, ao fim da amizade. Diante desse risco, poder-se-ia indagar: por que assumi-lo? A proposta assenta-se em importantes bases teóricas, que merecem ser, ainda que sucintamente, enunciadas. Foi Karl Popper quem melhor caracterizou o conhecimento e a ciência. Conhecimento, diz ele, é a busca da verdade e não da certeza.[1] A diferença é significativa, jamais podemos estar totalmente certos de que não cometemos um erro. Como nunca podemos estar totalmente certos, é inútil buscar certezas. O que significa verdade? Não adoto um conceito transcendente nem imanente de verdade,[3] mas discursivo: "um enunciado é verdadeiro quando, nas exigentes condições de um

---

"aquele que defende um determinado ponto de vista está, o mais das vezes, convencido de que se trata de uma tese que é objetivamente a melhor e de que seu triunfo é o triunfo da boa causa" (*Op. cit.*, p. 42). E pouco adiante, concluem: "a distinção entre um diálogo que tende à verdade e um diálogo que seria uma sucessão de defesas de teses é difícil de manter. Ela só poderia sustentar-se mediante uma distinção, prévia e exata, entre a verdade e o erro, distinção essa que, salvo prova de má-fé, a própria existência da discussão torna difícil de estabelecer" (*Op. cit.*, p. 43). Em suma: o diálogo aqui empreendido é uma discussão-com, mas é próprio dos partícipes de um diálogo comportarem-se como se estivessem numa discussão-contra.

Diante dessa ressalva, esta observação dos dois pensadores da Escola de Bruxelas cresce em importância: "com muita freqüência, aliás, uma discussão com outrem não é mais do que um meio que utilizamos para nos esclarecer melhor" (*Idem*, §9º, p. 46). De fato, registro com a máxima sinceridade: espero desta discussão não apenas expor minha opinião, mas aprofundar meu pensamento sobre o árduo tema da justiça. Não um triunfo das próprias ideias, mas um aprimoramento delas.

[2] POPPER. Conhecimento e formação da realidade: a busca por um mundo melhor. *In:* POPPER. *Em busca de um mundo melhor*, p. 13-49.

[3] Pelo conceito *transcendente* de *verdade* esta seria a concordância do conteúdo do pensamento com o objeto; pelo conceito *imanente*, ela seria a concordância do pensamento consigo mesmo. Sobre ambos: HESSEN. *Teoria do conhecimento*, 2. ed., p. 119-129.

discurso racional, resiste a todas as tentativas de refutação".[4] Diante da ontologia da verdade, o conhecimento científico, diz Popper, é sempre hipotético, um saber conjectural, e o método científico é um método crítico: "o método da busca por erros e da eliminação de erros a serviço da busca da verdade".[5] Trata-se de uma descrição precisa, a tese científica é uma proposta de solução de um problema apresentada à crítica racional da comunidade científica. A proposta, assim, fica eternamente sujeita à crítica, quer dizer, à tentativa de refutação.[6] Ela é, por definição, aceita apenas temporariamente, enquanto sua refutação não obtiver o consenso da comunidade científica.

Comumente o diálogo científico é efetuado não perante um ouvinte concreto, mas perante o que Chaïm Perelman e Lucie Olbrechts-Tyteca chamam de "auditório universal".[7] Quer dizer, o cientista apresenta sua tese à discussão, mas não com um interlocutor específico.[8] A intelectualidade é narcísica e, por isso, raramente consegue efetivar a discussão com partícipes concretos. Ademais, na ciência do direito, o diálogo concreto entre os cientistas encontra outro obstáculo, é ilusão

---

[4] O conceito é de Jürgen Habermas (Verdade e justificação: a virada pragmática de Richard Rorty. *In*: HABERMAS. *Verdade e justificação*: ensaios filosóficos, p. 254). A explicação do filósofo merece transcrição: "Quando, no decorrer de um processo de argumentação, os envolvidos se convencem de que, dispondo de todas as informações pertinentes e depois de pesar todas as razões relevantes, esgotaram o potencial de objeções possíveis contra 'p', não há motivos para continuar a argumentação. Em todo caso, não existe mais um motivo racional para *manter* uma atitude hipotética em relação à pretensão de verdade levantada para 'p', mas que foi temporariamente suspensa. Do ponto de vista dos atores, que haviam provisoriamente assumido uma atitude reflexiva a fim de restabelecer uma compreensão de fundo parcialmente abalada, a desproblematização da pretensão de verdade controversa significa a licença para retornar à atitude de agentes que estão enredados numa relação mais ingênua com o mundo" (*Idem*, p. 256-257). Há, assim, uma retradução de "asserções discursivamente justificadas em certezas de ação restabelecidas" (*Idem*, p. 259). Quer dizer: "uma justificação bem-sucedida em nosso contexto leva a pensar que uma opinião justificada é verdadeira independentemente do contexto" (*Idem*, p. 258-259). Habermas, apesar de não reduzir a verdade à justificação, vislumbra uma relação interna entre elas. Sua teoria sobre a verdade é aqui adotada integralmente.

[5] POPPER. Conhecimento e formação da realidade: a busca por um mundo melhor. *In*: POPPER. *Em busca de um mundo melhor*, p. 15.

[6] POPPER. *A lógica das ciências sociais*, 3. ed., p. 16.

[7] *Tratado da argumentação*: a nova retórica, §7º, p. 34 *et seq.*

[8] Nas palavras de Chaïm Perelman e Lucie Olbrechts-Tyteca: "Certos auditórios especializados costumam ser assimilados ao auditório universal, tal como o auditório do cientista dirigindo-se aos seus pares. O cientista dirige-se a certos homens particularmente competentes, que admitem os dados de um sistema bem definido, constituído pela ciência em que são especialistas. Contudo, esse auditório tão limitado é geralmente considerado pelo cientista não como um auditório particular, mas como sendo realmente o auditório universal: ele supõe que todos os homens, com o mesmo treinamento, a mesma competência e a mesma informação adotariam as mesmas conclusões" (*Tratado da argumentação*: a nova retórica, §7º, p. 38).

supor que a ciência jurídica é elaborada apenas com pretensão cognitiva, ela pretende influenciar os operadores do direito e, pois, tem nítido caráter operativo.[9] Consequentemente, se é natural o engajamento nos partícipes de uma discussão, na ciência do direito ele é comumente mais acentuado; discussões concretas entre dois cientistas, raras em qualquer seara científica, são raríssimas na ciência do direito.

O método ora adotado é, por essas razões, incomum, mas plenamente justificado. Ao invés de apresentar a tese ao auditório universal e esperar que alguém da comunidade científica a leia e a critique e que após haja a leitura da crítica e enunciação da contracrítica e assim por diante, num longo processo, demorado e tortuoso, ela é diretamente apresentada ao interlocutor concreto. À comunidade científica não se propõe apenas uma tese, mas uma discussão completa; algo, portanto, infinitamente mais rico. E a adoção do método certamente não arranhará a amizade que une os autores, ambos compreendem a ciência como uma eterna discussão; ambos, cientistas do direito, dão, ao menos neste estudo, mais ênfase ao aspecto cognitivo do que ao operativo. Toda discussão científica exige e pressupõe o respeito,[10] mas neste

---

[9] Tercio Sampaio Ferraz Jr. chamou o intuito operativo próprio dessas Ciências de *caráter criptonormativo*: "Quer-nos parecer, porém, que, enquanto pensamento tecnológico, o *dever-ser* que acompanha implícita ou explicitamente as proposições da teoria jurídica dá-lhes o caráter *criptonormativo* a que já nos referimos, isto é, faz das teorias jurídicas teorias com função de resolver do modo mais satisfatório possível uma perturbação social" (*A ciência do direito*, 2. ed., p. 55). Sobre o tema *vide*, em especial, meu *Regulação administrativa à luz da Constituição Federal* (p. 15).

[10] Após apresentar sua tese sobre a natureza do conhecimento, Karl Popper observa, com muita propriedade: "Torna-se possível que a seleção das melhores teorias, das melhores adaptações, também ocorra sem violência. Podemos agora eliminar falsas teorias por meio da crítica não-violenta. Evidentemente, a crítica não-violenta ainda é coisa rara: a crítica costuma ser semiviolenta, mesmo quando seu campo de batalha é o papel. Contudo, já não há motivos biológicos para uma crítica violenta, apenas motivos contra ela" (Conhecimento e formação da realidade: a busca por um mundo melhor. *In*: POPPER. *Em busca de um mundo melhor*, p. 49).

É, sem embargo, perfeitamente *normal* que quem esteja *convicto* de suas opiniões, quem afirme depois de muito refletir, seja *enfático*. Não se deve confundir a *ênfase da convicção* com a *atitude desrespeitosa*. Um exemplo: quem tem convicção íntima, em relação ao direito brasileiro, de que as teorias jurídicas *neoliberais*, além de atentatórias à Constituição vigente, facilitam a corrupção, costuma argumentar com ênfase contra elas, mas nem por isso deixa de respeitar os neoliberais. Perceba-se: a *liberdade intelectual* possibilita que se diga "considero sua fala um favorecimento à corrupção", sem que disso se extraia a imputação de "corrupto". A frase popularmente atribuída a Voltaire retrata bem a postura do verdadeiro cientista: "je ne suis pas d'accord avec ce que vous dites mais je défendrai jusqu'à la mort votre droit de le dire" — "não concordo com uma só palavra do que dizeis, mas defenderei até a morte o vosso direito de dizê-las" (PAIVA (Org.). *O pensamento vivo de Voltaire*, p. 107). Essa frase é, por alguns, atribuída a Stephen G. Tallentyre, *in* The friends of Voltaire (BOLLER JR.; GEORGE. *They Never Said It*: a book of fake quotes, misquotes, and misleading attributions, p. 124-126).

diálogo o respeito às opiniões do interlocutor, mais do que meramente pressuposto, é afirmado expressamente. Numa síntese, este estudo sobre a justiça configura um contraponto ao estudo de Luis Manuel Fonseca Pires e alicerça-se na liberdade e no respeito intelectual.

2 Justiça e direito

Feitas essas considerações sobre o método adotado, fazem-se necessárias algumas observações sobre o corte metodológico empreendido. Estou convencido de que não há apenas uma maneira de abordar o tema da justiça, mas ao menos duas maneiras distintas: ao se indagar sobre o justo, a pergunta pode ser formulada à luz de um direito positivado ou independente dele. O segundo enfoque pode ter cunho religioso ou agnóstico. Quem assume uma crença religiosa, acredita na existência de uma "justiça" além dos seres humanos, tem fé na justiça divina, justo seria a vontade de Deus; o filósofo não se prende à pressuposição da divindade e procura critérios racionais para a justiça. Ambas as abordagens, a religiosa e a filosófica, não se atrelam a um direito positivado e, por isso, devem ser diferenciadas da abordagem jurídica. Trata-se de equívoco comum, não se deve confundir ecologia e ambientalismo com direito ambiental, urbanismo com direito urbanístico, economia com direito econômico, administração com direito administrativo, ciência das finanças com direito tributário e financeiro. No tema da justiça o equívoco é mais corrente, muitos pensadores tratam da relação entre a justiça e o direito a partir de um enfoque religioso

---

A diferenciação entre *liberdade de manifestação* e *necessidade de respeito* foi efetuada com primor pelos Ministros Carlos Britto e Marco Aurélio nos votos proferidos no HC nº 82.424/ RS. Nas palavras de Carlos Britto: "Sucede que não é crime tecer uma ideologia. Pode ser uma pena, uma lástima, uma desgraça que alguém se deixe enganar pelo ouropel de certas ideologias, por corresponderem a um tipo de emoção política ou de filosofia de Estado que enevoa os horizontes do livre pensar. Mas o fato é que essa modalidade de convicção e conseqüente militância tem a respaldá-la a própria Constituição Federal. Seja porque ela, Constituição, faz do pluralismo político um dos fundamentos da República Federativa do Brasil (inciso V do art. 1º), seja porque impede a privação de direitos por motivo, justamente, de convicção política ou filosófica (inciso VIII do art. 5º)" (STF. *Crime de racismo e anti-semitismo*: um julgamento histórico do STF, p. 158). Do magistral voto do Min. Marco Aurélio destaca-se: "à medida que se protege o direito individual de livremente exprimir as idéias, mesmo que estas pareçam absurdas ou radicais, defende-se também a liberdade de qualquer pessoa manifestar a própria opinião, ainda que afrontosa ao pensamento oficial ou ao majoritário" (*Op. cit.*, p. 173). A exigência de respeito ao interlocutor, base de toda discussão científica, não pode obstar a livre manifestação do pensamento. A exigência de respeito, não raras vezes, é um infeliz cala-boca de opiniões discordantes. Dito isso, registro: este estudo apesar de respeitoso é proferido com a ênfase própria da diuturna reflexão.

ou filosófico. É de se presumir que o leitor que lê o texto de um jurista busque uma leitura jurídica. Por isso, deixo para os teólogos o exame religioso da justiça, e para os filósofos o exame filosófico.[11] Como jurista, sinto-me habilitado apenas para o exame jurídico.

Essa assertiva exige algumas explicações adicionais. A palavra "direito" possui vários significados. André Franco Montoro discrimina cinco realidades diferentes: norma, faculdade, justo, ciência e fato social.[12] Não basta, portanto, afirmar que o estudo da justiça será efetuado sob um enfoque jurídico; devo esclarecer qual a concepção de direito será adotada. Adoto uma premissa positivista[13] ou normativista: direito é o conjunto de normas vigentes numa dada comunidade. Pretendo discutir a relação entre a justiça e um conjunto de normas vigentes, vale dizer, e um direito positivado, no caso, o direito brasileiro. O estudo é dogmático[14] e, pois, de teoria do direito

---

[11] Uma abordagem filosófica da justiça é efetuada por David Schmidtz, *Os elementos da justiça*. Expõe sua *teoria* a partir de *quatro elementos primários*: a) os princípios da *igualdade* afirmam que as pessoas devem ser tratadas igualmente; b) os princípios do *merecimento* afirmam que as pessoas devem receber aquilo que merecem; c) os princípios da *reciprocidade* afirmam que quando alguém nos faz algo, estamos em débito; d) os princípios da *necessidade* definem uma classe de coisas necessárias e declaram que uma sociedade somente é justa se tais necessidades forem satisfeitas, na medida em que for humanamente possível satisfazê-las (*op. cit.*, p. 19). Schmidtz tenta explicar a justiça a partir de critérios racionais, desvinculados de um direito positivo. Apresenta, pois, uma *teoria filosófica da justiça*.

[12] *Introdução à ciência do direito*, 22. ed., p. 33 *et seq.*

[13] Recuso o *conceito estrito de positivismo*. Robert Alexy afirma que o ponto comum de todas as teorias positivistas é a separação entre o direito e a moral, utilizando, pelo contexto, o signo "moral" como sinônimo de justiça (*Conceito e validade do direito*, p. 24). Sua assertiva não é correta: restringe o positivismo ao positivismo jurídico *stricto sensu*. Há, porém, o positivismo jurídico *lato sensu*. Dimitri Dimoulis assim o define: "grupo de teorias que consideram o direito como conjunto de normas formuladas e postas em vigor por seres humanos" (*Positivismo jurídico*: introdução à teoria do direito e defesa do pragmatismo jurídico-político, p. 276). Posta assim a questão, observo: quem concebe o *direito* como um *conjunto de normas* adota uma postura *positivista*, ainda que vislumbre uma conexão necessária entre direito e justiça.

[14] Sobre os enfoques dogmático e zetético vide Tercio Sampaio Ferraz Jr. (*Introdução ao estudo do direito*: técnica, decisão, dominação, 5. ed., p. 39-51). Nas palavras do nobre filósofo: "Temos, portanto, duas possibilidades de proceder à investigação de um problema: ou acentuando o aspecto *pergunta*, ou acentuando o aspecto *resposta*. Se o aspecto *pergunta* é acentuado, os conceitos básicos, as premissas, os princípios ficam abertos à dúvida. [...] No segundo aspecto, ao contrário, determinados elementos são, de antemão, subtraídos à dúvida, predominando o lado *resposta*" (*Op. cit.*, p. 40-41). E logo após explica: "*Zetética* vem de *zetein*, que significa perquirir, *dogmática* vem de *dokein*, que significa ensinar, doutrinar. [...] O enfoque dogmático revela o ato de opinar e ressalva algumas das opiniões. O zetético, ao contrário, desintegra, dissolve as opiniões, pondo-as em dúvida. Questões zetéticas têm uma função especulativa explícita e são infinitas. Questões dogmáticas têm uma função diretiva explícita e são finitas. Nas primeiras, o problema tematizado é configurado como um *ser* (que é algo?). Nas segundas, a situação nelas captada configura-se como um *dever-ser* (como dever-ser algo?). Por isso, o enfoque zetético visa saber o que é uma coisa. Já o enfoque dogmático

e não de filosofia do direito.[15] Coerentemente, me referi no item anterior à ciência jurídica[16] e não à filosofia do direito. Interessa-me, pois, examinar a relação entre a justiça e o direito positivo brasileiro.

Dou um exemplo: há quem considere a herança um instituto injusto.[17] Ela contradiz um dos critérios racionais apresentados por David Schmidtz: o merecimento.[18] Abstraídas as crenças religiosas, o herdeiro não é rico porque mereceu ser rico, mas porque teve sorte. Do ponto de vista racional, pode-se dizer que é mais "justa" a riqueza advinda do trabalho e do esforço pessoal do que a riqueza advinda da herança. Schmidtz fornece interessantes subsídios para justificar a herança: numa sociedade justa, argumenta, procura-se minimizar a distância entre as titularidades das pessoas (direitos que elas têm em virtude de determinado título) e aquilo que elas merecem, "mas não a custo de comprometer a capacidade das pessoas para formar expectativas estáveis com relação a seus títulos e, deste modo, prosseguir suas vidas de maneira pacífica e produtiva".[19] A herança contrariaria os princípios do merecimento, mas não os princípios da titularidade, e a justiça decorre de um equilíbrio entre esse diversos princípios. Por

---

preocupa-se em possibilitar uma decisão e orientar a ação" (*Op. cit.*, p. 41). O enfoque da Ciência do Direito é sempre *dogmático*: assume alguns conceitos como indiscutíveis, dentre eles, por exemplo — num sistema que adota o modelo constitucionalista como o sistema jurídico brasileiro —, a *supremacia da Constituição*.

[15] Discordo, portanto, de Gregorio Robles, para quem a dissociação entre Teoria do Direito e Filosofia do Direito está superada (*Introducción a la teoría del derecho*, 6. ed., p. 13). A filosofia do direito, ao contrário da teoria do direito, não está atrelada a um *conjunto de normas vigentes* e, pois, a um direito positivo. A diferenciação aqui efetuada entre o exame da justiça por um enfoque jurídico e por um enfoque filosófico só faz sentido se adotada a diferenciação entre teoria do direito e filosofia do direito.

[16] Lourival Vilanova distingue ciência do direito e direito positivo: "As *normas* estão no mundo do direito positivo, e as *descrições de normas* no nível do conhecimento jurídico. Linguagem *descritiva* aqui; linguagem *prescritiva* ali. A ciência não é fonte formal ou técnica de produção de direito positivo, nem o jurista-cientista titular-de-órgão produtor de normas. O conhecimento da ciência física é descritivo de um mundo que, em si mesmo, está estruturado, digamos, onticamente, não deonticamente: os fatos físicos são como são; os jurídicos, como devem ser. Essa é uma irredutibilidade fenomenológica" (*As estruturas lógicas e o sistema de direito positivo*, p. 65). A diferenciação foi difundida por Hans Kelsen: "Na afirmação evidente de que o objecto da ciência jurídica é o Direito, está contida a afirmação — menos evidente — de que são as normas jurídicas o objeto da ciência jurídica, e a conduta humana só o é na medida em que é determinada nas normas jurídicas como pressuposto ou conseqüência, ou — por outras palavras — na medida em que constitui conteúdo de normas jurídicas" (*Teoria pura do direito*, 6. ed., p. 109). A Ciência do Direito é o ramo do saber que tem por objeto o direito positivo, ou seja, o conjunto de normas vigentes em uma dada comunidade.

[17] Segundo Orlando Gomes, dentre eles estão: Lassale, Saint Simon e Menger (*Sucessões*, 9. ed., p. 2).

[18] *Os elementos da justiça*, p. 47 et seq.

[19] *Idem*, p. 105.

outro lado, argumenta Schmidtz, o merecimento não se apoia apenas num modelo compensatório, mas também promissório: "algumas vezes merecemos X com base no que fazemos após recebermos X".[20] Nesses termos, o brilhante professor do Arizona tenta justificar a herança e os demais benefícios que obtemos por "sorte". Do ponto de vista jurídico, porém, a discussão é completamente impertinente.

De fato, o constituinte brasileiro positivou a herança no inc. XXX do art. 5º. Trata-se, no direito positivo brasileiro,[21] de um direito fundamental e, assim, de uma norma petrificada. Ainda que a justiça interfira na atuação do poder constituinte, conforme adiante explicado, parece-me indiscutível que essa interferência não afeta a positivação da herança. O jurista brasileiro não pode ignorar a existência da regra constitucional do inc. XXX do art. 5º. Eis os problemas a serem examinados: há uma relação entre a justiça e as normas positivadas? A injustiça impede a positivação e, assim, interfere na existência das normas? A injustiça gera invalidade, interfere na validade das normas? Se sim, como saber se uma norma é justa ou injusta? A análise jurídica da justiça tem por objeto essas quatro perguntas. Respondê-las, enfim, é a pretensão deste estudo.

3 Injustiça e contradição performativa

Afirma o Prof. Luis Manuel Fonseca Pires que a não realização da justiça importa numa contradição performativa. Discordo: como regra geral, normas jurídicas injustas não configuram contradições performativas. Para entender essa assertiva, deve-se compreender o que, afinal, significa "contradição performativa". Trata-se de uma teoria desenvolvida por John L. Austin, no clássico *Como fazer coisas com palavras*. Há enunciados linguísticos que não descrevem ou registram nada, nem são verdadeiros ou falsos; o ato de expressá-los consiste em realizar uma ação ou parte dela.[22] Por exemplo: não há outra forma de realizar um juramento a não ser pronunciando as palavras "eu juro";

---

[20] *Idem*, p. 61.

[21] Sem embargo, os juristas procuram justificar racionalmente a positivação da herança. Ela, argumenta-se, é uma extensão da propriedade privada (GOMES. *Sucessões*, 9. ed., p. 924) e, pois, importante para a realização de uma vida digna (PERLINGIERI. *O direito civil na legalidade constitucional*, §301, p. 924). Maria Berenice Dias alude que além de ser uma forma de proteção da propriedade, a herança é uma forma de proteção da família (*Manual das sucessões*, p. 23-25).

[22] *Cómo hacer cosas con palabras*, p. 49.

não há uma forma de fazer uma aposta a não ser pronunciando as palavras "eu aposto". Os tradutores (para o espanhol) Genaro R. Carrió e Eduardo A. Rabossi preferem traduzir o neologismo *"performative"* por "realizativo".[23] Austin derivou *performative* do verto *to perform*; os tradutores derivaram realizativo do verbo realizar. Contudo, o signo "performativo" consagrou-se no vernáculo e não há motivo para enfrentar a tradição linguística.[24] Explica Austin: performativo deriva de realizar, que é o verbo usual que antepõe ao substantivo "ação" e, assim, indica que emitir a expressão é realizar uma ação.[25] Nem sempre basta pronunciar as palavras, acrescenta Austin: "sempre é necessário que as circunstâncias em que as palavras se expressam sejam apropriadas, de alguma maneira ou maneiras".[26] Não basta dizer, devem estar presentes as circunstâncias apropriadas; sem elas não há uma falsidade, mas um infortúnio. Um exemplo didático: quem diz "eu prometo, mas não vou cumprir a promessa", não promete.

Austin expõe, então, sua teoria dos infortúnios linguísticos. Discrimina seis condições necessárias para que uma expressão linguística performativa seja afortunada: A.1) Tem que haver um procedimento

---

[23] *Idem*, p. 48.

[24] Ferdinand de Saussure bem explica a *tradição linguística*, em passagem cuja importância merece transcrição integral: "A resistência da inércia coletiva a toda renovação linguística. A língua — e esta consideração sobreleva todas as demais — é, a cada momento, tarefa de toda a gente; difundida por u'a massa e manejada por ela, é algo de que todos os indivíduos se servem o dia inteiro. Nesse particular, não se pode estabelecer comparação alguma entre ela e as outras instituições. As prescrições de um código, os ritos de uma religião, os sinais marítimos etc., não ocupam mais que certo número de indivíduos por vez e durante tempo limitado; da língua, ao contrário, cada qual participa a todo instante e é por isso que ela sofre sem cessar a influência de todos. Esse fato capital basta para demonstrar a impossibilidade de uma revolução. A língua, de todas as instituições sociais, é a que oferece menos oportunidades às iniciativas. A língua forma um todo com a vida da massa social e esta, sendo naturalmente inerte, aparece antes de tudo como um fator de conservação". E, em seguida: "Não basta, todavia, dizer que a língua é um produto de forças sociais para que se veja claramente que não é livre; a par de lembrar que constitui sempre herança de uma época precedente, deve-se acrescentar que essas forças sociais atuam em função do tempo. Se a língua tem um caráter de fixidez, não é somente porque está ligada ao peso da coletividade, mas também porque está situada no tempo. Ambos os fatos são inseparáveis. A todo instante, a solidariedade com o passado põe em xeque a liberdade de escolher. Dizemos *homem* e *cachorro* porque antes de nós se disse *homem* e *cachorro*. Isso não impede que exista no fenômeno total um vínculo entre esses dois fatores antinômicos: a convenção arbitrária, em virtude da qual a escolha se faz livre, e o tempo, graças ao qual a escolha se acha fixada. Justamente porque o signo é arbitrário, não conhece outra lei senão a da tradição, e é por basear-se na tradição que pode ser arbitrário" (*Curso de lingüística geral*, 24. ed., p. 88). Por causa da *tradição linguística*, muitas vezes é preferível insistir na fixação do significado de um signo do que pretender bani-lo.

[25] *Cómo hacer cosas con palabras*, p. 51.

[26] *Idem*, p. 53.

aceito que possua certo efeito convencional; dito procedimento deve incluir a emissão de certas palavras por parte de certas pessoas em certas circunstâncias. A.2) Em um caso dado, as pessoas e as circunstâncias particulares devem ser as apropriadas para recorrer ao procedimento particular que se emprega. B.1) O procedimento deve levar-se a cabo por todos os participantes de forma correta. B.2) E em todos os seus passos. Γ.1) Nos casos em que, como sucede frequentemente, o procedimento requeira que quem o usa tenha certos pensamentos ou sentimentos, ou seja dirigido a que sobrevenha certa conduta correspondente de algum participante, então quem nele participa e recorre ao procedimento deve ter nas circunstâncias tais pensamentos ou sentimentos, ou os participantes devem estar animados pelo propósito de conduzirem-se de maneira adequada; Γ.2) Os participantes têm que comportar-se efetivamente assim no momento oportuno.[27] Com a transgressão das regras "A" e "B" o ato em questão não é realizado satisfatoriamente, o ato é nulo e sem valor; com a transgressão das regras "Γ" o ato é levado a efeito, não é nulo, mas há um abuso do procedimento. Daí a classificação dos infortúnios proposta por Austin: a não observância das regras "A" e "B" configura desacertos; a não observância das regras "Γ" configura abusos. Nos desacertos do tipo "A" há um problema com o procedimento (má invocação – atos não autorizados) ou porque não há um procedimento (A.1) ou porque este não pode ser feito na forma que foi intentado (A 2 – má aplicação). Nos desacertos do tipo "B" há o procedimento e ele é aplicável à situação, mas houve falha na execução do rito (má execução – atos afetados) ou porque há um vício na realização da cerimônia (B.1 – atos viciados) ou porque a cerimônia não foi levada a cabo de forma completa (B.2 – atos inconclusos). Os abusos ("Γ") dividem-se em atos insinceros (Γ.1) e não cumprimentos (Γ.2): o procedimento exige que os partícipes tenham certos sentimentos, pensamentos ou intenções e eles não os têm ou não se comportam como se os tivessem no momento oportuno.

A teoria dos infortúnios de Austin foi utilizada por Robert Alexy para explicar a vinculação entre o direito e a justiça. O constitucionalista alemão enuncia dois exemplos. Suponha-se uma Constituição cujo art. 1º estabeleça: "X é uma república soberana, federal e injusta". Ou então, uma sentença cujo dispositivo estabeleça: "condeno o réu à pena de prisão, mas esta condenação contraria a ordem jurídica".[28] Os dois

---

[27] *Idem*, p. 59-60.

[28] ALEXY. La crítica de Bulygin al argumento de la corrección; Sobre la tesis de una conexión necesaria entre derecho y moral: la crítica de Bulygin. *In*: ALEXY; BULYGIN. *La Pretensión de corrección del derecho*: la polémica sobre la relación entre derecho y moral, p. 53-84, 95-115.

exemplos geram um desconforto; quem lê esses enunciados linguísticos sente que há algo errado. De fato, eles configuram típicas contradições performativas ou, mais precisamente, infortúnios na modalidade de abusos ou, mais precisamente ainda, atos insinceros (Γ.1). Os atos de promulgar uma Constituição e proferir uma sentença são atos performativos. Não basta a enunciação, para que uma Constituição seja promulgada e uma sentença seja proferida devem ser observadas circunstâncias apropriadas. Os dois exemplos de Alexy indicam que é inerente ao direito uma pretensão de correção ou uma pretensão de justiça. Se o ato jurídico nega essa pretensão, incorre numa contradição performativa. Nos dois exemplos dá-se algo similar ao que ocorre ao dizer "prometo, mas não pretendo cumprir a promessa". Dizer "prometo" pressupõe pretender cumprir a promessa. Quando se afirma, na enunciação, que não se pretende cumpri-la, não se realiza o ato de prometer. Diz Austin: é um processo que se autoanula, uma afirmação compromete a outra afirmação, uma realização compromete a outra realização. Da mesma forma, promulgar uma Constituição é pretender realizar a justiça. Ao enunciar que o Estado será injusto, compromete-se o ato de promulgar a Constituição. Editar uma sentença é pretender dizer corretamente o direito, ao enunciar que ela não o faz, compromete-se o ato de editar uma sentença. Mas observo: não se pode dizer que não houve a promulgação de uma Constituição ou a prolação de uma sentença; não se trata de um desacerto, mas de um abuso. O que fazer diante dele? A parte contraditória é simplesmente considerada não escrita. O jurista olha para o texto constitucional ou para o texto da sentença e despreza as referidas contradições internas.

As contradições performativas explicam a vinculação do direito à pretensão de justiça. Disso não decorre que toda norma injusta configure uma contradição performativa. Só há essa contradição quando houver a negação da pretensão. Por óbvio, o juiz pode equivocar-se na interpretação do direito, nem por isso incidirá num abuso. O próprio Austin assinala: decisão equivocada nada tem a ver com infortúnio.[29] Essa distinção, importantíssima, será retomada adiante. Antes, aprofundarei um pouco o exame dessa "pretensão de justiça".

---

[29] "Pero podemos estar frente a un 'mal' veredicto; éste puede ser *injustificado* (en el caso de un jurado), o bien *incorrecto* (en el caso de un árbitro). Y así nos encontramos con una situación muy desdichada. Pero con todo *no* es infortunada en ninguno de los sentidos que hemos visto: el acto no es nulo (si el árbitro dice 'Fuera de juego', es fuera de juego; su decisión es definitiva), ni insincero" (AUSTIN. *Cómo hacer cosas con palabras*, p. 89-90).

4 Postulado normativo

Esses juízos necessários à realização do ato de promulgar uma Constituição, pressupostos epistemológicos dela, são elementos normativos que fazem parte do sistema jurídico. São elementos normativos sim, mas especiais, pois independem de positivação. A inserção numa Constituição de um artigo que estabeleça "X é um Estado justo" é redundante. Assim como é redundante afirmar na Constituição sua supremacia. Com efeito, tanto a justiça como a supremacia constitucional consideram-se presentes no sistema, haja ou não expressa enunciação. Esta seria meramente didática, vale dizer, justificável apenas do ponto de vista pragmático; do ponto de vista sintático, a enunciação é redundante. Esses elementos também não podem ser retirados do sistema, como independem de positivação, não podem ser suprimidos. Assim, supondo-se a enunciação expressa da supremacia ou da justiça no texto constitucional, uma emenda que revogasse o respectivo dispositivo não teria o efeito de retirar a supremacia ou a justiça do sistema. A emenda retiraria tão somente o enunciado expresso; sobreviveria intacto o conteúdo do enunciado. Esses elementos normativos, pressupostos epistemológicos do sistema normativo, necessários à realização do ato de editar uma Constituição, são chamados de postulados normativos.[30] A justiça é, portanto, um postulado normativo. Desse postulado não se extrai que o direito só é direito se for justo, mas que o direito pressupõe uma pretensão de realização de justiça. Enfatizo, não a realização, mas a pretensão de realização.

---

[30] O tema na doutrina brasileira foi pioneiramente tratado por Celso Ribeiro Bastos: "Postulado é um comando, uma ordem mesma, dirigida a todo aquele que pretende exercer a atividade interpretativa. Os postulados precedem a própria interpretação e, se se quiser, a própria Constituição. São, pois, parte de uma etapa anterior à de natureza interpretativa, que tem de ser considerada enquanto fornecedora de elementos que se aplicam à Constituição, e que significam, sinteticamente, o seguinte: não poderás interpretar a Constituição devidamente sem antes atentares para estes elementos. Trata-se de uma condição, repita-se, da interpretação" (*Hermenêutica e interpretação constitucional*, 2. ed., p. 95-96). E adiante: "essa série de elementos são realmente pressupostos do sistema constitucional, a serem devidamente preservados e respeitados pela interpretação, e que se passa a analisar sob essa designação genérica de *postulados*" (*Op. cit.*, p. 100). O saudoso constitucionalista, porém, considerava a justiça um *princípio constitucional* e não um *postulado* (*Idem*, p. 145). Desde longa dada sustento que muitos dos chamados princípios constitucionais são postulados. Em relação à proporcionalidade, foi o que defendi em A norma *iusfundamental* (*Revista Brasileira de Direito Constitucional – RBDC*, p. 554-558); em relação à *razoabilidade* e à *segurança jurídica*, em meu *Efeitos dos vícios do ato administrativo* (VI-4 e VIII-5.7, p. 166-174, 306-307); em relação à *justiça*, em meu Princípio da moralidade administrativa (*In*: ADRI; PIRES; ZOCKUN (Coord.). *Corrupção, ética e moralidade administrativa*, p. 309-310). No mesmo sentido, *vide*: ÁVILA. *Teoria dos princípios*: da definição à aplicação dos princípios jurídicos, 9. ed., p. 121 *et seq.*

Se o constituinte negar expressamente um postulado normativo, incidirá numa contradição performativa, de modo que só restará ao jurista desprezar a negativa, considerá-la não escrita. Trata-se, portanto, de limites não apenas ao poder reformador, perceba-se, mas ao próprio constituinte originário.[31] A violação do postulado, todavia, não ocorre apenas com a enunciação expressa de sua negação. Vale dizer, o constituinte não nega o postulado da justiça apenas quando insere no texto constitucional um dispositivo similar ao apresentado por Alexy ("X é um Estado injusto"), caso em que a negação da pretensão de justiça é expressa e direta. Pode o constituinte enunciar uma norma que atente de forma aberrante ao postulado da justiça, de modo a negar-lhe acolhimento; ou seja, em vez de diretamente negar a pretensão de justiça, nega-a de forma indireta. Suponha-se, por exemplo, uma regra constitucional com o seguinte conteúdo: "as pessoas miseráveis serão exterminadas pelo Estado no prazo de 15 dias, contados da promulgação desta Constituição". Enunciar essa norma é, por óbvio, equivalente a afirmar que o Estado é injusto. A diferença é que a regra da negação expressa afirma diretamente a não pretensão de justiça, enquanto essa regra afirma-a indiretamente. Normas como essa também configuram, por esse motivo, contradições performativas. Em resumo: o postulado da justiça impõe ao direito a pretensão de justiça; esse postulado pode ser negado expressa ou implicitamente; nos dois casos, configurar-se-á uma contradição performativa e os enunciados devem ser considerados não escritos.

5 Os planos da existência e da validade

A teoria da justiça de Alexy pode ser sensivelmente aprimorada a partir de uma distinção fundamental. Ele incidiu no mesmo erro de Kelsen ao não distinguir o plano da existência do plano da validade.[32]

---

[31] A afirmação de que o poder constituinte originário é ilimitado, equívoco infeliz repetido à exaustão aos jovens que iniciam os estudos jurídicos, há muito já foi desmentida pela boa doutrina. Por todos, adverte José Horácio Meirelles Teixeira: "Mas esta ausência de vinculação, note-se bem, é apenas de caráter jurídico-positivo, significando apenas que o Poder Constituinte não está ligado, em seu exercício, por normas jurídicas anteriores. Não significa, porém, e nem poderia significar, que o Poder Constituinte seja um poder arbitrário, absoluto, que não conheça quaisquer limitações. Ao contrário, tanto quanto a soberania nacional, da qual é apenas expressão máxima e primeira, está o Poder Constituinte limitado pelos grandes princípios do Bem Comum, do Direito Natural, da Moral, da Razão" (*Curso de direito constitucional*, p. 213). Todo postulado normativo é um limite ao poder constituinte originário imposto pela razão.

[32] Nas palavras de Kelsen: "Com a palavra '*vigência*' designamos a *existência* específica de uma norma". E pouco adiante: "podemos exprimir a vigência (*validade*) de uma norma dizendo

Deveras, os dois juristas utilizam o signo "validade" para se referir à existência das normas jurídicas. A diferenciação dos planos facilita de modo extraordinário o entendimento do fenômeno jurídico e importa num significativo avanço científico. A teoria dos três planos (existência, validade e eficácia) foi sistematizada por Pontes de Miranda, tendo em vista os fatos jurídicos.[33] A extensão às normas jurídicas, antevista pelo próprio Pontes de Miranda,[34] foi efetuada dentre outros por Marcelo Neves.[35] Conforme expliquei em outra oportunidade, a norma que possui dois elementos, conteúdo e forma, e observa quatro pressupostos, objeto, editor normativo, mínimo de eficácia ou recognoscibilidade

---

que certa coisa deve ou não deve ser, deve ou não ser feita" (*Teoria pura do direito*, 6. ed., p. 28-29, grifo meu). Como expliquei em outra oportunidade: "Norma válida, na célebre teoria [na teoria pura], é a norma editada de acordo com o preceituado por uma norma de superior hierarquia; em última análise, é a norma criada segundo a forma determinada pela norma fundamental. Mas, se a norma for incompatível com a Constituição e, desse modo, contrariar a norma fundamental, será válida até que sua validade seja anulada pelo órgão competente. A norma é inválida, porque contrária à Constituição, e válida, porque sua invalidade ainda não foi reconhecida pelo órgão competente" (*Efeitos dos vícios do ato administrativo*, p. 121, esclareci). Esse grave obstáculo lógico é perfeitamente resolvido com a diferenciação dos planos.

[33] *Tratado de direito privado*, t. I, §2.3, p. 52-54; §9.1, p. 72-73; t. 4, §356.1, p. 35-36; t. V, §529.2, p. 102.

[34] *Idem*, t. IV, §359.1, p. 48.

[35] Eis a lição do ínclito constitucionalista: "Do ponto de vista interno, uma norma pertence ao ordenamento jurídico: 1) quando emana de um *ato* formal de órgão do sistema, isto é, de órgão previsto direta ou indiretamente no núcleo normativo originário, e ainda não foi desconstituída por invalidade ou revogada; 2) quando resulta de *fato* costumeiro a que o núcleo normativo originário, direta ou indiretamente, atribui efeito normativo. Em outras palavras, pertencem ao sistema jurídico todas as normas que possam retrotrair imediatamente ao núcleo normativo que estabelece os órgãos e/ou fatos básicos de produção jurídica" (*Teoria da inconstitucionalidade das leis*, p. 43). O autor utiliza o signo *pertinência* ao invés de *existência* porque considera, com razão, que a *teoria ponteana* elaborada para os atos jurídicos (na verdade, para os *fatos jurídicos*, cf. expliquei em meu *Efeitos dos vícios do ato administrativo* [p. 124]), necessita de adaptações quando estendida às *normas jurídicas*. Pouco depois, explica: "cabe ressaltar que as normas provenientes de ato de vontade de órgão do sistema, isto é, órgão previsto direta ou indiretamente no núcleo normativo originário, nem sempre 'regressam' perfeitamente, através dos processos de derivação-fundamentação formal e material, ao complexo normativo originário. Daí porque podem pertencer invalidamente (defeituosamente, viciosamente, irregularmente) ao sistema jurídico quando, embora emanem de ato de órgão previsto direta ou indiretamente no núcleo normativo originário e, portanto, a este núcleo retrotraiam num sentido estritamente formal-orgânico, não 'regressam' regularmente ao complexo normativo-originário, por não se conformarem completamente aos demais requisitos formais e às exigências substanciais de produção normativa previstos no ordenamento jurídico. Neste caso, o suporte fáctico do ato normativo é suficiente (há manifestação de vontade normativa do órgão a que o sistema atribui função de produzir normas), mas deficiente (há irregularidades em outros aspectos do processo de elaboração normativa e/ou em relação ao conteúdo da norma). A norma pertinente inválida permanecerá no sistema enquanto não seja expulsa por invalidade através de ato normativo específico de órgão do sistema, ou não ocorra a sua revogação" (*Op. cit.*, p. 43-44).

social e não concretização de intolerável injustiça, existe no mundo jurídico, é uma norma jurídica.[36] Isso não significa que ela seja válida. A norma existente pode ser válida ou inválida, quer dizer, estar de acordo com o direito globalmente considerado ou contrariá-lo.[37]

Este estudo não comporta o exame de todos os aspectos da existência e da validade, apenas de um deles: a justiça. E, em relação a ela, afirmo: o exame da relação entre a justiça e o direito exige distinguir os planos da existência e da validade. Como regra geral, a norma injusta é norma jurídica, pertence ao sistema, existe. Daí a pergunta: a injustiça pode desqualificar o caráter normativo, afetar o deôntico a ponto de impedir que a norma ingresse no mundo jurídico? Já antecipei a resposta: a injustiça pode sim impedir o ingresso da norma no mundo jurídico, pode afetar a existência ou pertinência da norma. Mas não qualquer injustiça, somente a injustiça intolerável, a não concretização de intolerável injustiça é pressuposto de existência das normas jurídicas.

6 Justiça e existência normativa

Sem a distinção dos planos, o debate sobre a relação entre o direito e a justiça foi reduzido à existência. O discurso de muitos positivistas tornou-se irrefragável: se a injustiça importasse sempre na inexistência jurídica, não haveria segurança, o direito obviamente não cumpriria sua função magna de pacificação social. Posta a questão nesses termos, os juristas passaram a adotar em coro uníssono a tese da separação: justiça nada teria a ver com o direito. Esse posicionamento foi amplamente majoritário durante a primeira metade do século XX. Tudo mudou com o Estado nazista, que foi um Estado, ao menos formalmente, legalista: as leis raciais, de 15 de setembro de 1935, foram adotadas pelo Reichstag numa sessão extraordinária em Nuremberg;[38] muitos professores de

---

[36] Discordo, portanto, parcialmente de Marcelo Neves: não basta que a norma seja editada por quem é qualificado pela Constituição como *produtor de normas* para que ela ingresse no mundo jurídico e, pois, pertença a ele, *exista*. Faz-se necessário que ela possua os dois elementos, conteúdo e forma, e obedeça aos quatro *pressupostos* assinalados. Todos esses aspectos, elementos e pressupostos de existência, foram abordados em meu *Efeitos dos vícios do ato administrativo* (cap. V, p. 124 *et seq.*), tendo em vista os *atos administrativos*. A teoria ali exposta, com as adaptações devidas, pode ser estendida a todas as *normas jurídicas*. Trata-se, assim, das *linhas gerais* de uma *teoria da existência das normas jurídicas*.

[37] Trata-se de uma simplificação. Há normas desconformes ao direito e, apesar disso, válidas. Deveras: toda norma desconforme ao direito é viciada, mas nem toda é inválida. Em rigor, norma inválida é aquela dotada de um vício que imponha ao Estado o dever de corrigi-lo. Cf. meu *Efeitos dos vícios do ato administrativo* (cap. V-4.2, p. 144-145).

[38] É o que informa RIGAUX. *A lei dos juízes*, p. 109.

direito apoiaram o regime nazista;[39] a jurisprudência aceitou e aplicou as leis nazistas, sem as considerar inválidas.[40] Quer dizer, o Estado nazista possuía leis formalmente editadas pelo Parlamento, consideradas válidas pela doutrina e pelo judiciário. Com o fim do nazismo, os efeitos decorrentes do cumprimento dessas leis foram levados ao judiciário alemão. Tornou-se um argumento recorrente: "eu não posso ser condenado pelo que fiz, pois apenas cumpri a lei".[41] A Ciência Jurídica entrou em crise.

Gustav Radbruch era um dos juristas que pregava a radical separação entre o direito e a justiça. Mudou de opinião por causa do nazismo. Passou a defender que a injustiça, como regra, não desconstitui o deôntico; mas a injustiça aberrante, intolerável, esta sim desqualifica o jurídico.[42] Consagrou-se, então, a fórmula fundamental de Radbruch:

---

[39] O apoio de Carl Schmitt ao regime nazista é conhecido de todos, mas ele não foi o único. Rigaux informa que a *jurisprudência dos interesses* de Philipp Heck foi atacada por Julius Binder, Karl Larenz, Ernest Forsthoff e Wolfgang Siebert como sendo incompatível com a orientação nacional-socialista do novo direito. Heck defendeu se primeiro expressando sua adesão ao projeto de renovação do direito; depois argumentou que, ao contrário da acusação dos ilustres professores, seu método não tem inspiração judaica (RIGAUX. *A lei dos juízes*, p. 126-127). O debate apresentado por Rigaux é um ótimo exemplo da triste cooptação do meio acadêmico pelos nazistas.

[40] Afirma Rigaux: "O exame minucioso apenas da jurisprudência do Reichsgericht demonstra que não só a mais alta jurisdição alemã jamais expressou a menor restrição às leis raciais, mas aplicou-as extensamente, afastando-se com essa finalidade de certas soluções tradicionais em outras matérias do direito penal". E pouco adiante: "As câmaras penais do Reichsgericht aderiram com convicção à política racista e anti-semita do III Reich. A idéia segundo a qual a Blutschutzgesetz, que é uma das leis raciais, é 'uma das leis fundamentais do Estado nacional-socialista' é afirmada pelo acórdão de 5 de dezembro de 1940". E conclui: "o alcance 'constitucional' da legislação racial foi reconhecido duas vezes pelo Reichsgericht e pelo Reichsarbeitsgericht" (*A lei dos juízes*, p. 116, 130). Sintetiza Rigaux com precisão: "o anti-semitismo e o racismo fizeram a lei nos anfiteatros universitários e nas salas de audiência" (*Op. cit.*, p. 129).

[41] Observa Rigaux: "Podemos inicialmente perguntar-nos se a legalidade interna do sistema foi respeitada. Segundo uma primeira resposta, rigorosamente kelseniana, basta que os juízes tenham falado. As decisões judiciárias que não hesitaram em se alinhar ao novo legalismo, sem nunca se interrogar sobre as irregularidades da produção das normas, encerraram definitivamente o debate. Sem dúvida poderíamos reconstituir o que as cortes e os tribunais deveriam ter feito em virtude de normas superiores que eram obrigados a respeitar, mas semelhante cisão entre as normas e maneira pela qual são interpretadas e aplicadas não está em harmonia com a doutrina do positivismo jurídico" (*Op. cit.*, p. 122).

[42] Nas palavras dele: "El conflicto entre la justicia y la seguridad jurídica debió resolverse con la primacía del derecho positivo sancionado por el poder, aun cuando por su contenido sea injusto e inconveniente, a no ser que la contradicción de la ley positiva con la justicia alcance una medida tan insoportable, que deba considerarse 'como falso derecho' y ceder el paso a la justicia" (RADBRUCH. Arbitrariedad legal y derecho supralegal. *In:* RADBRUCH. *Relativismo y derecho*, p. 35). Noutro estudo: "Cuando las leyes niegan conscientemente la voluntad de justicia, por ejemplo, cuando los derechos humanos son arbitrariamente conculcados, carecen tales leyes de validez, el pueblo no está obligado a obedecerlas y los juristas deben tener el coraje de negarles el carácter de derecho". E pouco adiante: "Pero

direito intoleravelmente injusto não é direito. Robert Alexy examina essa fórmula a partir de duas perspectivas: a do observador e a do participante. A distinção é similar à efetuada por Hebert L. A. Hart entre o ponto de vista externo e o ponto de vista interno.[43] Pela perspectiva do observador, quem examina a ordem jurídica indaga como uma questão é enfrentada pelos juristas; trata-se, perceba-se, de uma análise sociológica e não jurídica, que se limita às "regularidades observáveis de comportamento". Pela perspectiva do participante, quem examina a ordem jurídica indaga não como uma questão é enfrentada pelos juristas, mas como ela deve ser enfrentada, trata-se de uma análise jurídica, em que as normas são consideradas, também para quem as examina, "padrões jurídicos de comportamento". Do ponto de vista de um observador, diz Alexy, normas intoleravelmente injustas, individualmente consideradas, são normas jurídicas se assim forem consideradas pelos operadores do direito da respectiva comunidade.[44] Globalmente, o sistema jurídico só deixará de ser um sistema jurídico, para o observador, se ficar evidente a inexistência de uma pretensão de correção.[45] Se a injustiça aberrante tornar óbvio que não existe no sistema uma pretensão de correção, esse sistema descaracterizar-se-á como jurídico, mesmo para um mero observador. Quer dizer, do ponto de vista do observador a fórmula de Radbruch só se aplica ao direito globalmente considerado, ao sistema como um todo, e não às normas individuais. Do ponto de vista do participante sustenta Alexy a irrestrita adesão à fórmula de Radbruch, não apenas para o sistema, mas também para as normas individualmente consideradas. Enfatiza: o caráter jurídico, do sistema ou da norma, só se perde quando a injustiça for extrema, quando a contradição com a justiça alcançar um grau insustentável.[46] Essa tese foi acolhida pelo Tribunal Constitucional Alemão.[47]

---

en la conciencia del pueblo y de los juristas debe estar profundamente grabado que puede haber leyes en tal grado injustas y nocivas para la comunidad, que ellos deben negarlas el carácter jurídico" (RADBRUCH. Cinco minutos de filosofía del derecho. *In*: RADBRUCH. *Relativismo y derecho*, p. 73).

[43] *O conceito de direito*, p. 98-101, 151.

[44] *Conceito e validade do direito*, p. 37.

[45] *Idem*, p. 41-42.

[46] Alexy analisa a fórmula de Radbruch sob oito argumentos: linguístico, da clareza, da efetividade, da segurança jurídica, do relativismo, da democracia, da inutilidade e da honestidade. Após exaustivo exame, conclui pela correção da fórmula (*Conceito e validade do direito*, p. 49-76).

[47] É o que informa François Rigaux: "O Tribunal Constitucional adota em 1957 uma via média: 'a segurança jurídica proíbe reduzir a nada todo direito vigente de 1933 a 1945, devem-se somente excluir do legado as disposições e as decisões intoleráveis" (*BverfG*, fev. 1957; *BverfGE*, 6, 132, 170, 198-199) (*A lei dos juízes*, p. 135).

A pergunta que se faz é: o que vem a ser essa injustiça intolerável? Trata-se da violação ao núcleo essencial dos direitos humanos básicos.[48] Com essa expressão empreendo três reduções semânticas à expressão "intolerável injustiça". Primeira: não basta a violação a um direito fundamental, deve haver violação a um direito humano. Os direitos fundamentais estão positivados expressa ou implicitamente numa Constituição, são normas de direito constitucional positivo. Comumente, no catálogo de direitos fundamentais de uma Constituição encontram-se muitos direitos que não são direitos humanos. Estes são direitos morais que estão no núcleo das teorias da justiça e têm natureza universal; são normas de direito internacional público positivadas nas Declarações de Direitos Universais. O reconhecimento dos direitos humanos advém da evolução da espécie humana, da história da humanidade, considerada em sua unidade; há, pois, certo consenso universal sobre a imprescindibilidade desses direitos para a pessoa, daí independerem das concepções culturais, religiosas ou políticas de cada povo. São, por isso, imposições da comunidade internacional aos constituintes de todos os Estados, autênticos limites ao poder constituinte originário.[49]

Segunda: não basta a violação a um direito humano, deve haver a violação de um direito humano básico. Prevalece o entendimento de que todo direito humano consiste numa concretização da dignidade da pessoa humana.[50] A basicidade do direito humano decorre de sua vinculação à dignidade da pessoa humana, de modo que quanto mais indispensável o direito for à concretização da dignidade, mais básico ele o será. Trata-se, portanto, de conceito relacional. A partir desse critério — da importância do direito para concretização da dignidade humana — é possível efetuar em abstrato uma hierarquização dos direitos, válida, insisto, apenas no plano abstrato: direitos humanos básicos são, nesse sentido, os direitos de maior hierarquia. Se a enunciação desses conceitos é complexa, sua percepção é intuitiva: em rigor, todo jurista sabe quais são os direitos humanos básicos.

Terceira: não basta a violação de um direito humano básico, deve haver a violação do núcleo essencial do direito humano básico. O conceito de núcleo essencial é controvertido, pela teoria absoluta existe

---

[48] Cf. meu *Efeitos dos vícios do ato administrativo*, cap. V-2.5, p. 133-138.

[49] A distinção entre direitos fundamentais e direitos humanos aqui efetuada fundamenta-se na doutrina de Robert Alexy (Direitos fundamentais no Estado constitucional democrático. *Revista de Direito Administrativo*, p. 58-62) e, Martin Borowski (*La estructura de los derechos fundamentales*, p. 30-31).

[50] Nesse sentido, por todos, SARLET. *Dignidade da pessoa humana e direitos fundamentais na Constituição Federal de 1988*, p. 79 *et seq.*

uma determinada esfera do direito que jamais pode ser restringida, um núcleo duro que deve ser mantido intacto independentemente das circunstâncias fáticas e jurídicas; pela teoria relativa o núcleo essencial decorre de um procedimento de ponderação e, dependendo das circunstâncias, direitos mais pesados podem afastar totalmente o direito considerado.[51] A meu ver, a teoria absoluta viola o axioma da relatividade dos valores;[52] por isso, adoto a teoria relativa: somente a ponderação das circunstâncias fáticas e jurídicas poderá indicar o núcleo essencial do direito humano. Enfim, intolerável injustiça consiste na violação do núcleo essencial de direitos humanos básicos. Quando o conteúdo da norma jurídica importa nessa violação, a norma não adquire caráter jurídico. Ou, noutros termos, norma com esse conteúdo não entra no mundo jurídico, não se juridiciza, é, enfim, norma juridicamente inexistente. Essa doutrina, com outras palavras, há muito é sustentada por Celso Antônio Bandeira de Mello.[53]

Na maioria das hipóteses, essa teoria é desnecessária. Como expliquei em outra oportunidade, a existência das normas jurídicas depende de outro pressuposto: o mínimo de eficácia social ou de recognoscibilidade social. As normas jurídicas devem ser minimamente reconhecidas pela sociedade como normas jurídicas.[54] Normas que violam o núcleo essencial de direitos humanos básicos, comumente, não são reconhecidas como normas jurídicas pela comunidade e, assim, são inexistentes em decorrência da falta de um mínimo de eficácia social. Concordo, nesse ponto, com Luis Manuel Fonseca Pires: a aberrância da injustiça quase sempre diz respeito a um arquétipo, tema que retomo adiante. Em duas situações o pressuposto da não concretização de intolerável injustiça possui aplicação autônoma. Primeira: quando a intolerabilidade da injustiça for controversa.[55] Segunda: quando o consenso sobre a intolerabilidade

---

[51] Sobre as duas correntes, *vide*, por todos: BIAGI. *A garantia do conteúdo essencial dos direitos fundamentais na jurisprudência constitucional brasileira*, p. 78-85; CANOTILHO. *Direito constitucional e teoria da Constituição*, 4. ed., parte III, título 3, cap. 4, B-III.2.2.6, p. 448-449.

[52] Sobre ele, *vide* meu *Efeitos dos vícios do ato administrativo*, cap. VIII-5.6.2, p. 300-303.

[53] Para o notável professor paulista são inexistentes os atos correspondentes a "condutas criminosas ofensivas a direitos fundamentais da pessoa humana, ligados à sua personalidade ou dignidade intrínseca e, como tais, resguardados por princípios gerais de Direito que informam o ordenamento jurídico dos povos civilizados" (*Curso de direito administrativo*, 28. ed., cap. VII-153, p. 473).

[54] Cf. meu *Efeitos dos vícios do ato administrativo*, cap. V-2.4, p. 131-132. Esse pressuposto também é aceito por ALEXY. *Conceito e validade do direito*, p. 105-108.

[55] Essa possibilidade de *controvérsia* não provoca irreparável dano à *segurança jurídica*. Explica Robert Alexy: "É possível até mesmo sustentar que são concebíveis casos nos quais não se pode dizer com total certeza se existe uma injustiça extrema. Contudo, em comparação com as inseguranças às quais a recognição do direito está associada de forma bastante genérica,

surgir posteriormente à edição da norma. Nesses casos, a configuração da inexistência dependerá da ponderação dos princípios incidentes quando do exame da norma. No primeiro caso, diante do princípio do *in dubio pro reo*, há forte razão *prima facie* contrária à caracterização da intolerabilidade, sendo possível estabelecer a seguinte regra: quanto maior for a dúvida sobre a intolerabilidade da injustiça, maior será o peso das razões contrárias à sua caracterização.

A segunda hipótese aventada faz dessa teoria uma importante garantia contra o uso desatado do poder. Muitas vezes, os agentes públicos encarregados de cumprir normas atentórias ao núcleo essencial de direitos humanos básicos vivenciam condições políticas e sociais favoráveis ao cumprimento. É comum que sejam, pelos ditadores do momento, até mesmo constrangidos a executá-las: num regime ditatorial, quem não cumpre normas intoleravelmente injustas acaba sendo vítima de intolerável injustiça. Pois bem, o pressuposto da não concretização de intolerável injustiça faz com que os juristas tenham um forte motivo para não cumprir essas normas, a consciência de que no futuro, após a cessação do regime político injusto, com a mudança das circunstâncias sociais, poderão ser responsabilizados. O fundado receio na futura responsabilização é um importante estímulo à recusa no cumprimento de normas intoleravelmente injustas e, pois, no apoio aos regimes totalitários.[56] Os agentes públicos devem ser responsabilizados pelas graves injustiças que cometem, independente do fato de as circunstâncias políticas e sociais lhes serem favoráveis.

Caso paradigmático é o das sentinelas do muro de Berlim. O nº 89 do Regulamento de serviço nº 30/10 do Ministério da Defesa Nacional

---

isso quase não tem importância. Por isso, a tese não positivista da vinculação leva, quando muito, a uma perda mínima da segurança jurídica". E, logo em seguida: "Ao avaliar a questão da aceitabilidade desse dano mínimo à segurança jurídica, há que se considerar que esta última, embora seja um valor muito alto, não é o único. O valor da segurança jurídica deve ser sopesado com o da justiça material. A fórmula de Radbruch diz respeito a uma ponderação que, em princípio, dá prevalência à segurança jurídica, invertendo a hierarquia somente em casos extremos. Contra isso só pode objetar aquele que considera a segurança jurídica um princípio absoluto, o que, como qualquer persecução de um princípio absoluto, contém certa dose de fanatismo" (*Conceito e validade do direito*, p. 63-64).

[56] Nas palavras de Robert Alexy: "Suponhamos que um juiz se encontre diante da questão de dever ou não pronunciar uma condenação penal por crime de terrorismo, condenação essa que seja respaldada por uma injustiça legal. Ele não é nem santo nem herói. O destino do réu pouco lhe interessa; importa-lhe o seu próprio. De acordo com todas as experiências históricas, ele não pode excluir o colapso do Estado injusto e preocupa-se com o que lhe poderia acontecer. Se tiver de supor que um conceito não positivista de direito é majoritária ou geralmente aceito e que, segundo esse conceito, a norma na qual ele pode basear a condenação por terrorismo não é direito, ele correrá o risco relativamente grande de, mais tarde, não conseguir justificar-se e ser processado" (*Conceito e validade do direito*, p. 61-62).

da Alemanha Oriental determinava às sentinelas o abatimento de quem transpassasse ilegalmente a fronteira. Muitas pessoas foram alvejadas ao tentar atravessar a fronteira. Após a queda do muro e a unificação da Alemanha, essas sentinelas foram acusadas de homicídio e processadas. Daí a questão: se o Regulamento era uma norma jurídica, a conduta das sentinelas estava acobertada por uma excludente de ilicitude, elas agiram no estrito cumprimento do dever legal; se o Regulamento era uma norma inexistente no mundo jurídico, não existia essa excludente e as sentinelas cometeram homicídio. Perceba-se: sempre existiu no direito alemão o princípio da irretroatividade da lei penal, as sentinelas não poderiam ser punidas por uma norma existente hoje, mas inexistente na época dos fatos. A punição só é possível se perante o direito da época a conduta era criminosa. No caso, a conduta foi criminosa porque a norma permissiva era intoleravelmente injusta, pois atentória ao núcleo essencial do direito à vida, direito humano básico. Atirar em alguém desarmado, que não oferece perigo à sociedade, apenas porque atravessa a fronteira não é apenas injusto, é intoleravelmente injusto. Conclui-se: a injustiça intolerável implica a inexistência da norma jurídica e, por isso, justifica a condenação do agente, sem que isso importe na violação do princípio da irretroatividade da lei penal.[57]

Sintetizo: o sistema jurídico é indissociável de uma pretensão de correção ou de justiça, chamada de postulado da justiça; quando essa pretensão é negada, viola-se esse postulado e incorre-se numa contradição performativa; se é enunciado de forma expressa, por exemplo, que o Estado é injusto, nega-se diretamente a pretensão: o enunciado é considerado não escrito; se é editada uma norma intoleravelmente injusta, nega-se indiretamente essa pretensão: a norma é considerada

---

[57] Nesse sentido, *vide* o excelente estudo de Robert Alexy (Derecho injusto, retroactividad y principio de legalidad penal: la doctrina del Tribunal Constitucional Federal alemán sobre los homicidios cometidos por los centinelas del Muro de Berlín, p. 197-230). O caso é analisado também por Kai Ambos (*Direito penal*: fins da pena, concurso de pessoas, antijuridicidade e outros aspectos, §5º, p. 135-161). Herbert L. A. Hart, considera essa argumentação *desoneta*. Para ele, a norma existia no mundo jurídico na época dos fatos e o que houve foi a violação do princípio da *nulla poena sine lege*. Caso se opte pela relativização desse princípio, diz Hart, que se faça de forma honesta: "um caso de punição retroactiva não deve fazer-se aparecer como um caso vulgar de punição por um acto ilegal ao tempo da sua prática" (*O conceito de direito*, 3. ed., p. 228). Alexy responde de forma satisfatória: a injustiça extrema é tão evidente que qualquer um pode reconhecê-la claramente e, por isso, não há como afirmar uma retroatividade oculta (*Conceito e validade do direito*, p. 74). Com efeito: há no argumento de Hart uma grande *hipocrisia*. Quem pratica uma *injustiça extrema* sabe (ou deve saber) que se trata de uma *injustiça intolerável*. Sabe, portanto, que sua conduta não está acobertada por uma norma existente no sistema jurídico. Desonesta é a defesa do infrator, não a futura punição.

inexistente; a injustiça torna-se intolerável quando importa na violação do núcleo essencial de um direito humano básico, caso em que a injustiça desqualifica o deôntico: impede que a norma entre no mundo jurídico. Enfim, a injustiça, quando aberrante, importa na inexistência do direito.[58]

7 Justiça e validade normativa

A justiça não interfere apenas no plano da existência jurídica, interfere também no plano da validade. Ante o exposto até aqui, a maioria esmagadora das normas jurídicas injustas existe no mundo jurídico, pois só a injustiça intolerável afeta a existência. Existem, mas são inválidas! Quer dizer, não é correto afirmar que toda norma injusta não é direito, mas é correto afirmar que toda norma injusta não é direito válido. Do ponto de vista prático, a relação da justiça com a validade possui maior relevo do que a relação com a existência, a primeira está presente em toda decisão jurídica, a segunda só está presente em casos limites. Apesar disso, há abundante e significativa doutrina apenas no que tange à existência. A relação da justiça com o plano da validade foi tratada com certo descaso pelos doutrinadores. Muito provavelmente pela dificuldade do tema. Se no plano da existência apresentam-se respostas precisas para a relação entre a justiça e o direito, no plano da validade o assunto ainda se mostra tormentoso. Esforçar-me-ei para enfrentá-lo.

7.1 Breve evolução histórica

A ciência do direito desenvolveu-se a partir da ideia de sistema. Durante muito tempo, o direito foi visto como uma arte, como mero exercício de retórica. Precisou desvincular-se da arte de argumentar e de convencer. Tardou também para adquirir autonomia e desvincular-se dos estudos sociológicos, com muito custo o realismo foi superado, direito deixou de ser identificado com o estudo de como os conflitos sociais são resolvidos em determinada época e em determinado local, assunto próprio da sociologia. Sem sombra de dúvida, Hans Kelsen foi o grande responsável pela consolidação do direito como uma verdadeira ciência, e isso só foi possível com a consagração da orientação normativista,

---

[58] Este estudo não comporta a exposição dos *efeitos da inexistência*. Sobre eles *vide* meu *Efeitos dos vícios do ato administrativo*, cap. XII, p. 641-662.

difundida pela teoria pura. O direito foi reduzido a um conjunto de normas e, como tal, sujeito a uma sistematização, não um mero conjunto, mas um ordenamento. A importância de Kelsen para a teoria do direito é, por isso, inegável.[59] A ciência do direito passou a ser o estudo desse conjunto normativo, tomado como um verdadeiro sistema.[60]

Kelsen consolidou a Ciência Jurídica, mas cometeu um desastroso equívoco filosófico. Todo seu pensamento foi construído a partir de uma premissa, o absoluto relativismo da moral.[61] Que os valores são relativos, não se discute.[62] A premissa de Kelsen é outra, além dos valores serem relativos, a própria moral é relativa e essa relatividade é absoluta. Ele, pode-se dizer, absolutizou a relatividade dos valores, além de relativos, os valores seriam todos subjetivos. Para Kelsen não existe nenhum grau de objetividade valorativa, os valores morais, todos eles, em seu pensamento, dependem do juízo de cada um, variam de pessoa para pessoa;[63] a moral é, por definição, sempre dependente do pluralismo. Daí, insistiu à exaustão, escolher entre um juízo moral e outro, e sempre há vários a serem escolhidos, é tão somente uma questão de escolha. Diante disso, o agente normativo é livre para escolher e, efetuada a escolha, o aplicador do direito deve, sempre, tão somente, ater-se à escolha positivada. Eis sua proposta: uma separação radical entre a moral e o direito. Kelsen dedicou a maior parte de sua produção científica à confirmação dessa premissa. Era, sem dúvida nenhuma, alguém dotado de extraordinária capacidade intelectual. Seus argumentos foram tantos e tão inteligentes,

---

[59] Por todos, *vide* FERRAZ JR. Prólogo. *In*: COELHO, Fábio Ulhoa. *Para entender Kelsen*, p. 13-20.

[60] A história da Ciência do Direito identifica-se com a história da aplicação do conceito de *sistema* ao direito. Sobre esta, *vide* a magistral obra de LOSANO. *Sistema e estrutura no direito*: das origens à escola histórica; LOSANO. *Sistema e estrutura no direito*: o século XX.

[61] Kelsen distinguiu a *moral* da *justiça*. Para ele, uma norma só pode ser considera uma norma de justiça quando prescreva um determinado comportamento de um indivíduo para outro indivíduo (*O problema da justiça*, p. 4). Não acolho essa distinção. Para mim, a diferença entre *moral* e *justiça* baseia-se em outro critério (Princípio da moralidade administrativa. *In*: ADRI; PIRES; ZOCKUN (Coord.). *Corrupção, ética e moralidade administrativa*, p. 305-334). Considero, por isso, que os signos "moralidade" e "justiça", na análise do *pensamento de* Kelsen, podem ser associados.

[62] Sobre as características dos valores e dentre elas a *relatividade*, *vide*: RESWEBER. *A filosofia dos valores*, p. 22. Faço um aclaramento: atribuir *relatividade* a todos os valores não significa negar *objetividade* a certos valores, muitos valores *valem* independentemente das valorações feitas pelos indivíduos. O *valor* pode ter uma *validade objetiva* e, ainda assim, um *peso relativo*: ele existe independentemente da valoração das pessoas, mas sua importância depende da análise dos demais valores que com ele conflitam nas circunstâncias concretas. Ao separar *relatividade* de *subjetividade* e atribuir os atributos da *objetividade* e da *relatividade* aos valores, acolho as críticas de Johannes Hessen ao *relativismo axiológico* (*Filosofia dos valores*, p. 80-88).

[63] A premissa encontra-se em sua *Teoria pura do direito*, p. 100-103.

a análise empreendida foi tão séria, que convenceu muitos e durante muito tempo.[64]

O equívoco kelseniano evidenciou-se na análise crítica do período nazista. Pela premissa adotada, o que foi feito com o povo judeu pode ser considerado moral ou imoral, dependendo do juízo político de quem edita a lei: como não existe uma moral impositiva, os campos de concentração, dependendo do ponto de vista adotado, podem ser considerados compatíveis com a moral, tudo depende do pluralismo, do juízo político de cada um. O exemplo é suficiente para evidenciar o equívoco, há um vasto campo em que se alguma pessoa discorda, tem uma opinião diversa, essa opinião deve ser rechaçada. Noutros termos, não importa o que alguns ou muitos pensam, o que foi feito com o povo judeu pelos nazistas foi imoral e essa condenação moral deve ser imposta a quem discorde. A partir do nazismo a humanidade não tolerou mais o equívoco da absolutização do relativismo valorativo, existe uma moral universalizável.[65] A física moderna relativizou de forma definitiva o conhecimento humano, tudo passou a ser relativo! Nem tudo, no campo moral, o relativismo deve ser rechaçado.[66] A premissa kelseniana no

---

[64] Não foi apenas no capítulo II da *Teoria pura do direito* que Kelsen dedicou-se ao tema. Na segunda edição da *Teoria Pura*, em 1960, ele incluiu à obra um extenso apêndice em que examinou praticamente todas as teorias sobre a moral e, de modo engenhoso, astuto, admirável até, procurou enfrentar todas. No Brasil esse texto foi publicado autonomamente sob o título *O problema da justiça*. Examinou o tema da justiça na obra de Platão com invulgar fôlego: *A ilusão da justiça*. Produziu, além disso, vários ensaios sobre o tema, muitos deles reunidos na obra: *O que é a justiça?* Em suma: a abordagem do assunto vai muito além do texto da *Teoria Pura* e evidencia que Kelsen era intelectual sério, pensador digno do mais elevado respeito. O brilhantismo de sua análise dificultou o enfrentamento do tema pelos que o sucederam.

[65] Um bom panorama das barbáries nazistas é dado pelo filme *A lista de Schindler* (Schindler's list) de Steven Spielberg (1993). A questão nazista evidencia o acerto da assertiva: a *relativização moral é imoral*. Noutros termos: valores são relativos, mas nem todos são subjetivos; há valores *objetivos*.

[66] Sobre o relativismo moral, transcrevo a clara exposição de José Juan Moresso: "El relativismo como una doctrina global es, efectivamente, una concepción muy inestable que probablemente se autodestruye. La proposición con arreglo a la cual todo es relativo es o bien absolutamente verdadera o bien relativamente verdadera. Si lo primero, entonces no todo es relativo; si lo segundo, entonces el relativismo no puede ser una doctrina global. Cabe, sin embargo, que algunos relativismos locales sean plausibles. Las proposiciones referidas a la moda en el vestir son relativas a algún marco de referencia. Así la proposición que dice que la minifalda está de moda es verdadera si referida al marco de la Inglaterra de finales de los sesenta del pasado siglo y falsa cuando se refiere a la España de inicios de los cincuenta. Pero, ¿son todas las proposiciones morales relativas a diversos marcos de referencia? [...] Ahora bien, en el caso de los desacuerdos morales, por una parte, no disponemos de criterios de adecuación para la delimitación de los marcos, a veces se dice que son las diversas culturas, a veces que se trata del yo de cada uno y sus convicciones, otras veces que son las teorías morales que cada uno acepta; y por otra parte, los debates acerca de la corrección moral de la guerra de Irak o de la práctica de la ablación del clítoris no se terminan arguyendo que éstas son las convicciones en mi cultura o en mi foro interno. 'Aquí lo hacemos así' no es un buen argumento en moral" (*La Constitución*: modelo para armar, p. 25).

presente momento histórico está sepultada. Ao afastar essa premissa, após o nazismo, a Ciência do Direito vivenciou uma crise.

Já me referi à crise sobrevinda ao Estado Nazista. O legalismo nazista gerou uma profunda crise de paradigma. O positivismo, enquanto isenção valorativa absoluta, não era mais aceitável. Uma das consequências já foi aqui apresentada, passou-se a aceitar a fórmula de Radbruch. Essa, porém, foi a mudança de menor amplitude. Os efeitos do nazismo sobre a ciência jurídica foram muito mais significativos. A primeira reação marcante à crise deu-se com a obra *Tópica e jurisprudência*, de Theodor Viehweg. Nela, a lei é reduzida a um mero argumento, a um topoi, o que logo foi considerado incompatível com a segurança almejada pelo direito. O avanço deu-se com a obra de Josef Esser, *Princípio e norma na elaboração jurisprudencial do direito privado*, em que se vinculou a aplicação do direito a critérios de racionalidade fundados numa análise valorativa. O direito não se esgotaria na atuação do legislador, não há apenas subsunção, mas uma necessária análise valorativa pelo magistrado. Esser abriu caminho para os chamados métodos concretistas. Vários podem ser citados, a metódica estruturante de Friedrich Müller,[67] a concretização constitucional de Konrad Hesse,[68] a abertura constitucional de Peter Häberle,[69] a ponderação constitucional de Robert Alexy.[70] Todos esses métodos adotam duas premissas: 1. o texto normativo não é apenas um topoi, mas um elemento que deve ser levado a sério na aplicação do direito; 2. a aplicação do direito não se restringe ao cumprimento das normas abstratas, mas envolve uma análise valorativa à luz do caso concreto.

De todos os métodos concretistas, considero o de Alexy o mais apropriado. Certa vez um renomado professor me perguntou por que adotar o método desse autor e não o método de Müller. É óbvio que a escolha do método não deve se dar da mesma forma que se escolhe o sabor do sorvete: baunilha ou chocolate, ponderação constitucional ou metódica estruturante. Ao cientista cabe conhecer todos os métodos, pois todos apresentam elementos relevantes para a compreensão do fenômeno normativo. Mas, sem dúvida nenhuma, é a ponderação o método mais consentâneo com o caráter normativo do direito. Relembro a premissa

---

[67] Sobre ela, *vide*: MÜLLER, Friedrich. *Métodos de trabalho de direito constitucional; O novo paradigma do direito*: introdução à teoria e metódica estruturantes do direito; *Teoria estruturante do direito I*.

[68] Sobre ela, *vide*: HESSE. *Elementos de direito constitucional da República Federal da Alemanha*, §2º, p. 53-75.

[69] Sobre ela *vide*: HÄBERLE. *Constitución como cultura; Pluralismo y Constitución*.

[70] Explicada em sua obra prima: *Teoría de los derechos fundamentales*.

aqui adotada: direito foi aqui considerado um conjunto de normas. Por conseguinte, o método concretista principal para compreensão do fenômeno jurídico é o mais adequado à concepção normativista. Deveras: todos os métodos concretistas são relevantes, mas enquanto o método da ponderação é a base para compreensão da aplicação do direito, os demais são instrumentais ou secundários.

7.2 Ponderação

O método da ponderação permite compreender a relação entre o direito e justiça no plano da validade. Difundiu-se o entendimento de que a Constituição compreende um conjunto de valores expressos e implícitos. Esse conjunto de valores está positivado, os valores positivados passaram a ser chamados de princípios jurídicos.[71] Há três espécies de princípios: a) princípios relativos a direitos subjetivos, como, por exemplo, o princípio da privacidade; b) princípios relativos a bens coletivos, como, por exemplo, o princípio da proteção ao meio ambiente; c) princípios formais, que atribuem aos princípios materiais, aos princípios relativos a direito subjetivo e aos princípios relativos a bens coletivos, um peso (uma importância) maior no plano abstrato.[72]

Etimologicamente, justiça vem do substantivo latino *justitia, ae,* e dele vem o adjetivo *justus, a, um.*[73] Justo é o que é suficiente, perfeitamente adequado. Por isso, a expressão "roupa justa" quer dizer "roupa que se ajusta bem", "na medida certa". Da análise etimológica é possível extrair que justiça diz respeito a um juízo de valor sobre a adequação de algo, de ajustamento ao mais apropriado. A aplicação do direito pressupõe a ponderação de todos os valores jurídicos (dos valores extraídos do sistema normativo vigente ou, noutras palavras, dos princípios jurídicos). Daí a relação entre o direito e a justiça no plano da validade, a norma jurídica só é válida se justa, vale dizer, se corresponder a uma ponderação ótima dos valores juridicizados. Eis o primeiro passo, justiça no plano da validade é a decisão resultante de uma ponderação ótima, é a solução

---

[71] Sobre o conceito de *princípio*, vide meu *Abuso de direito e constitucionalização do direito privado*, p. 13-21.

[72] A classificação é de Robert Alexy. Sobre as duas primeiras, *vide*: ALEXY. *El concepto y la validez del derecho*, 2. ed., p. 179 *et seq*. Sobre a terceira, *vide*: ALEXY. *Teoría de los derechos fundamentales*, p. 86, nota 24. Sobre as três e em especial sobre os princípios formais, *vide* meu: *Abuso de direito e constitucionalização do direito privado*, p. 38 *et seq*.

[73] Cf. CUNHA. *Dicionário etimológico nova fronteira da língua portuguesa*, p. 459; FARIA. *Dicionário latino-português*, 2. ed., p. 538.

perfeitamente adequada ao conjunto de valores expressos e implícitos no sistema normativo vigente.

O direito é instrumental, em última análise, ele existe para que as pessoas sejam felizes.[74] É um instrumento dos seres humanos. Não um instrumento de opressão, como pensava Nietzsche.[75] Ainda que muitas vezes ele seja utilizado para oprimir, não é esse o uso adequado à sua essência. Quando o direito é utilizado como instrumento de opressão, há uma utilização indevida. Do ponto de vista científico, o direito existe para a felicidade das pessoas, não de apenas algumas, não da classe dominante, não apenas dos poderosos, mas de todas as pessoas. Por conseguinte, a ponderação, corretamente efetuada, deve refletir a composição perfeita de todos os valores reputados importantes para felicidade de cada pessoa isolada e coletivamente considerada. A solução deve refletir a medida perfeita do grau máximo de felicidade possível para todos. Exige-se um perfeito equilíbrio, uma perfeita composição de interesses. Exige-se, enfim, uma decisão justa. Eis o segundo passo: justiça no plano da validade é a decisão que na medida do possível contribua para a máxima felicidade de todas as pessoas, é, portanto, a composição perfeita dos interesses humanos.

A incorreta compreensão desse conceito de justiça pode importar em dois grandes equívocos. Pode parecer que a aplicação do direito independa da técnica, aplicar o direito seria apenas decidir segundo o próprio coração. Chamarei esse equívoco, perigosíssimo, de incompreensão formal. Outrossim, pode parecer que a aplicação do direito sempre importe em apenas uma possibilidade, de modo que inexistiria campo para a atuação política. Chamarei esse equívoco de incompreensão material. Ambos os equívocos afetam a relação entre o direito e a justiça no campo da validade. Ao incidir no primeiro equívoco, o julgador aniquila a ciência jurídica; ao incidir no segundo equívoco, o julgador aniquila a separação de poderes e a divisão de competências. O resultado desses equívocos é tão grave que muitos preferem, por causa deles, negar a

---

[74] Afirmou com absoluto acerto o conspícuo professor Celso Antônio Bandeira de Mello: "todo o direito é para realizar a felicidade do homem e a felicidade do homem começa com o respeito ao homem, respeito à dignidade do homem, nenhuma teoria que favoreça a antítese disso pode ser aceita" (*Depoimentos magistrais*: visão de futuro, informação verbal. Disponível em: <http://www.direitodoestado.com.br>. Acesso em: 04 jul. 10.

[75] Nas palavras dele: "desde o ponto de vista histórico, o direito terreno é o emblema da luta dos sentimentos ativos contra os reativos, a fim de obrigá-los a capitular. Onde quer que exista a justiça, vemos um poder forte em frente de outros poderes fracos, procurando pôr um termo aos insensatos furores do ressentimento às mãos vingadoras" (*A genealogia da moral*, dissertação segunda, p. 70).

relação entre o direito e a justiça no campo da validade. Admiti-la, para muitos, é legitimar a opressão do julgador. Esses equívocos devem ser afastados com cuidado. Primeiro: a justiça não é incompatível com a ciência! Segundo: a justiça não é incompatível com a discricionariedade!

7.3 Discricionariedade

Começarei afastando o segundo equívoco mencionado. É inerente aos valores o caráter relativo, a importância de um valor depende das circunstâncias e dos demais valores. Valores são imbricativos, o valor de um depende do seu choque, do seu conflito com os outros.[76] A relatividade, contudo, nos termos já expostos, não implica a subjetividade. A valoração pode ser objetiva ou subjetiva. É tanto um equívoco supor que a valoração seja sempre subjetiva (no campo moral nem tudo é relativo), como supor que seja sempre objetiva (cada um tem uma experiência de vida, uma individualidade e uma própria visão de mundo, que deve ser respeitada, decorrência direta do pluralismo político). A valoração em muitas hipóteses é objetiva, independe da opinião de cada um, e em muitas hipóteses é subjetiva, depende da opinião de cada um. Essa diferença é fundamental para compreender o fenômeno jurídico.

Quando se abre a possibilidade de escolha, quando a valoração não é objetiva ou redutível a apenas uma possibilidade, configura-se a discricionariedade. Sendo tanto admissível uma escolha valorativa quanto outra, o direito imputa a escolha ao agente competente. Nesse campo, de valoração subjetiva, impõe-se apurar quem é o agente competente para escolher: o constituinte originário, o constituinte reformador, o legislador, o administrador. Efetuada a escolha pelo agente competente no âmbito da discricionariedade, ela deve ser respeitada. O sistema normativo garante a competência discricionária por meio dos chamados princípios formais fundamentais. Sempre que um desses agentes competentes, dentro da sua competência, exerce uma escolha valorativa, a opção recebe um peso adicional.

Suponha-se que o constituinte decida concretizar o valor "P1" pelo meio "M1". O constituinte originário é limitado por todos os postulados jurídicos. Ao positivar sua escolha, respeitadas as limitações à sua competência, "P1" é acrescido de um peso adicional dado

---

[76] Sobre as características dos valores, *vide* meu: *Efeitos dos vícios do ato administrativo*, cap. VIII-5.6, p. 298-306; *Abuso de direito e a constitucionalização do direito privado*, p. 35-38.

por "PFco", segundo o qual as ponderações do constituinte devem ser respeitadas (P1 + PFco). Suponha-se que o constituinte derivado, reformador da Constituição, concretize o valor "P2" pelo meio "M2". O constituinte derivado é limitado por todas as cláusulas pétreas expressas e implícitas. Ao positivar sua escolha, respeitadas todas as limitações às suas competências, "P2" é acrescido de um peso adicional dado por "PFd", segundo o qual as ponderações do constituinte reformador devem ser respeitadas (P2 + PFd). Suponha-se que o legislador concretize o princípio "P3" pelo meio "M3". O legislador é limitado por todas as normas constitucionais. Ao positivar sua escolha, respeitadas todas as limitações às suas competências, "P3" é acrescido de um peso adicional dado por "PFl", segundo o qual as ponderações do legislador devem ser respeitadas (P3 + PFl). Suponha-se que o administrador público concretize o princípio "P4" pelo meio "M4". O administrador é limitado por todas as normas constitucionais e legislativas. Ao positivar sua escolha, respeitadas todas as limitações às suas competências, "P4" é acrescido de um peso adicional dado por "PFa", segundo o qual as ponderações do administrador devem ser respeitadas (P4 + PFa).[77] Perceba-se: as ponderações jurídicas devem respeitar os limites impostos ao exercício da competência e o peso dos princípios formais fundamentais.

Sem embargo, toda norma abstrata, quer dizer, toda ponderação realizada no plano abstrato é sempre *prima facie*. Isso significa que se no caso concreto um princípio oposto for mais pesado do que o princípio concretizado pela regra abstrata e o princípio formal que lhe dá primazia, o princípio oposto deve prevalecer (exemplo: P4 > P3 + PFl ou até mesmo P4 > P1 + PFco). Por que necessariamente toda norma abstrata é *prima facie*? Porque a discricionariedade só é respeitada enquanto a valoração for subjetiva. Quando a valoração for objetiva, cessa, necessariamente, a discricionariedade. Na doutrina brasileira, Humberto Ávila chegou a conclusão similar, ao estudar no campo do direito tributário a relação entre a padronização e a igualdade.[78] Um exemplo didático: sacrifícios

---

[77] Cf. meu *Abuso de direito e a constitucionalização do direito privado*, p. 40-44. Há um princípio formal fundamental para a liberdade dos particulares (*op. cit.*, p. 62 *et seq.*), cuja análise vai além dos limites do presente estudo.

[78] Nas palavras de Humberto Ávila: "Todas as considerações a respeito dos requisitos da padronização, especialmente aquelas concernentes à necessidade e à compatibilidade, põem em evidência que a busca da igualdade particular é um dever constitucional a ser perseguido, salvo se for impossível ou extremamente oneroso fazê-lo. Nesse caso, entretanto, a procura pela igualdade geral é admitida, contanto que seja continuamente cotejada com a igualdade particular, quer por meio da vinculação anterior e posterior com os fatos efetivamente ocorridos, quer mediante a inclusão de cláusulas eqüitativas de retorno. Daí se

humanos para fins religiosos não são permitidos. É até possível que para alguns o valor da liberdade religiosa se sobreponha ao valor da vida. A prevalência da vida sobre a liberdade religiosa não é subjetiva, mas objetiva: independe do juízo de cada um. Esse exemplo é um típico exemplo fácil. Há, porém, casos muito difíceis.

7.4 Aspectos normativos

Os princípios formais fundamentais, além de afastarem a incompreensão material, são suficientes para afastar a incompreensão formal, a ponderação envolve uma análise técnica. A aplicação do direito não pode prescindir do exame das competências estabelecidas no sistema. O valor concretizado em abstrato (Px) só pode ser afastado em concreto se o peso do princípio formal (PF) que dá primazia ao cumprimento da regra abstrata for afastado pelos valores opostos (Pz). Contudo, não existem apenas os chamados princípios formais fundamentais, garantidores da competência normativa. Existem inúmeros princípios formais especiais, que simplesmente aumentam o peso dos princípios materiais. O princípio da confiança legítima e o princípio da estabilidade das relações, por exemplo, aumentam o peso dos princípios concretizados pelo ato inválido. O princípio da supremacia do interesse público sobre o privado aumenta o peso dos princípios relativos a bens coletivos. Deve o jurista observar, na ponderação, todos os princípios especiais incidentes. O direito exige conhecimento técnico, exige estudo diuturno.

---

dizer que o modelo de igualdade adotado pela Constituição é um modelo moderado de igualdade particular: modelo de igualdade particular, porque o contribuinte deve ser tratado de modo diferente na medida que ele se diferenciar dos demais, tanto de acordo com as características particulares que dizem respeito a ele (capacidade contributiva), quanto daquelas que concernem ao seu caso (dimensão real do fato), e mesmo quando há razões para perseguir a igualdade geral, a igualdade particular não é abandonada, mas permanece como contraponto para a generalização; modelo moderado, porque a igualdade particular poderá deixar de ser perseguida em caráter exclusivo, quando for impossível ou extremamente onerosa a fiscalização de tributos e, por conta disso, as particularidades dos contribuintes e dos casos não puderem ser verificadas" (*Teoria da igualdade tributária*, p. 110). A teoria de Ávila sobre a igualdade no direito tributário brasileiro pode ser estendida, nos aspectos gerais, para todo direito: trata-se, na verdade, de uma teoria jurídica da justiça. Com efeito: as normas abstratas, chamadas na teoria do autor de padronização, não podem ser desprezadas, mas são sempre *prima facie*, quer dizer, são sempre passíveis de verificação no caso concreto. As especificidades do caso concreto podem exigir que a padronização seja afastada. A relação entre a justiça e o direito exige a adoção de um modelo moderado de igualdade particular não apenas no campo do direito tributário. O estudo de Ávila revela algo muito interessante: a justiça exige a consideração das particularidades e, pois, a diferenciação. Justiça, portanto, não se associa, ao contrário do que muitos preconizam, à igualdade.

Ponderar corretamente não é tarefa simples. Reconhece-se, com tristeza, que o direito não é levado a sério. A maioria esmagadora dos juristas é completamente ignara em relação à ciência do direito. Quando as decisões jurídicas são tomadas apenas com os olhos voltados para o coração, já é motivo de aplausos; no mais das vezes, elas são tomadas com os olhos voltados para os interesses pessoais. A ciência jurídica não se confunde com a sociologia, pouco importa que na realidade o direito seja aplicado por inaptos, trata-se de uma ciência voltada para o deôntico e não para o ôntico.

A ponderação não permite o desprezo pelos textos normativos, nem pelas competências estabelecidas. O fato de que toda norma abstrata é *prima facie* e pode ser afastada diante do caso concreto não importa numa permissão de desprezo pela norma abstrata. Esta deve ser considerada na ponderação. Os pesos dos princípios formais devem ser cuidadosamente verificados, o que exige um denso conhecimento global do sistema, o que demanda uma vida dedicada ao estudo do fenômeno normativo. Dir-se-á: na prática, isso é impossível, pois muitas vezes o direito deve ser cumprido por pessoas que não são cientistas do direito. Esse fato é verdadeiro, mas não infirma a teoria exposta por causa de um importante expediente prático, quando a ponderação é óbvia, sua enunciação é dispensada. Na esmagadora maioria das vezes que um motorista atravessa um sinal vermelho, deve ser multado. A norma abstrata que impõe a sanção administrativa é aplicável. Não há necessidade de que o agente administrativo enuncie uma densa ponderação para dizer o que é óbvio para todo mundo. Agora, se o motorista atravessou o sinal e, no caso concreto, a multa não deve ser aplicada tendo em vista a incidência de princípios opostos, aí sim, a ponderação pode fazer-se necessária. A desnecessidade de enunciação expressa da ponderação quando esta for óbvia, torna o direito factível.

7.5 Subjetividade

Retomo: há vários valores positivados implícita e explicitamente no sistema constitucional vigente. O sistema apoia-se num postulado normativo segundo o qual esses valores devem ser concretizados na maior medida possível. O sistema exige a concretização ótima desses valores. Essa concretização ótima deve respeitar as ponderações do constituinte originário, quer dizer, deve respeitar os traços do sistema constitucional vigente. Esses valores não foram positivados de modo equivalente, no plano abstrato, no nível da Constituição da República, eles possuem diferentes pesos. Apenas para que fique claro, a dignidade humana não possui no texto da Constituição a mesma importância, o mesmo peso, que a economicidade. Essas diferenças de peso, no plano abstrato da Constituição da República, devem ser consideradas. Pois bem: a) há vários valores positivados na Constituição; b) eles estão positivados de forma diferente, de modo que no plano abstrato, uns valores são mais importantes que outros; c) esse conjunto de valores, observadas essas diferenças de peso, deve ser concretizado de forma ótima, perfeita, de modo que cada valor seja concretizado na maior medida possível, considerando-se o embate com os demais valores e as circunstâncias fáticas. A valoração que os juristas devem fazer para aplicar o direito é a valoração sobre essa concretização, trata-se de um juízo sobre a ótima concretização dos valores constitucionais expressos e implícitos.

Pois bem, é essa valoração sobre a concretização ótima de todos os valores pertencentes ao sistema que pode ser objetiva ou subjetiva. Muitas vezes, nos termos expostos, para o sistema, a escolha entre uma forma de concretização e outra é considerada própria do pluralismo político, depende da visão de mundo, da ideologia, das concepções de cada um. Nesses casos, a escolha é imputada ao agente competente, campo dos princípios formais fundamentais, já explicados. Muitas e muitas vezes, para o sistema, a escolha independe do pluralismo. Trata-se de uma análise complexa, a objetividade pode não apenas estar na escolha entre um valor e outro, vida ou liberdade religiosa, mas no meio de concretização de um determinado valor. A valoração sempre (é um postulado fundamental do sistema) deve buscar a ótima harmonização de todos os valores constitucionais, considerados os diferentes pesos que eles possuem no sistema constitucional. Este é um dado importantíssimo, uma decisão sobre a forma de concretização de um valor é incorreta quando houver outra forma de concretização mais apropriada para a ótima concretização de todo o sistema valorativo. O jurista não pode concretizar um valor com os olhos fechados para os demais valores.

É claramente perceptível a dificuldade em definir quando há objetividade. Saber quando uma forma de concretização é, de fato, melhor do que outra para a optimização sistêmica dos valores constitucionais, de modo que esse juízo sobre a melhor forma não dependa apenas da opinião de cada um, mas deva ser imposto a todos, independentemente da opinião de cada um, é um problema tormentoso. Não há uma fórmula matemática para indicar a resposta. E eis o grande problema da ciência do direito, a resposta sobre a objetividade valorativa apresenta sempre um acentuado grau de subjetividade.

Por isso, com um brilho irretocável, o Min. Carlos Ayres Britto afirma que as decisões jurídicas não são fruto apenas do pensamento, mas do sentimento.[79] A ponderação não é apenas um ato da razão, mas também do coração. Para chegar à decisão justa, faz-se, inegavelmente, necessária a sensibilidade para as questões humanas. Como não se trata apenas de um pensar, mas também de um sentir, a decisão jurídica é sempre subjetiva. Pontuo: a decisão sobre a objetividade valorativa, se o sistema impõe uma decisão independentemente da opinião do agente competente, é sempre subjetiva.[80]

Daí a difícil pergunta: como se chega à decisão justa? A doutrina, em geral, responde essa questão de modo uníssono, por meio do postulado da proporcionalidade. Em síntese, trata-se de um procedimento de decisão divido em três fases: a adequação, a necessidade e a proporcionalidade em sentido estrito, em que cada fase é subsidiária em relação à outra. Primeiro, verifica-se se o meio é adequado à concretização do fim; se não for, a medida é considerada inadequada e, portanto, desproporcional. Depois, verifica-se se existe outro meio que, sendo tão eficaz para a concretização do valor em questão, dificulte de modo menos intenso a concretização dos demais valores; se existir, o meio é considerado desnecessário e, portanto, desproporcional. Finalmente, apura-se o peso dos valores incidentes e decide-se se outro valor não impede a concretização pretendida.[81] Em relação a essa última fase, Alexy enunciou a chamada lei da ponderação: "quanto maior é o grau de não satisfação ou de afetação de um princípio, tanto maior tem que ser a importância da satisfação do outro".[82] O postulado da proporcionalidade é um expediente importante, isso é inegável. Mas é hipocrisia supor que ele dê uma resposta plenamente satisfatória à pergunta proposta.

---

[79] Em trabalho notável, afirmou com brilho arrebatador: "se o cérebro humano se manifesta ora com inteligência ora como sentimento porque as duas coisas juntas são o que ele efetivamente é, também assim o direito ora se manifesta como justiça da lei (vida pensada) ora como justiça do caso concreto (vida vivida), porque as duas coisas são o que ele efetivamente é. A justiça da lei a ser descoberta pela inteligência (mente, intelecto), a justiça do caso concreto a ser intuída pelo sentimento (alma, coração). Os dois envolvidos no mesmo e altaneiro empenho de alcançar um ponto de unidade que deixe para trás a própria dualidade por eles originariamente formada" (*O humanismo como categoria constitucional*, p. 72-73).

[80] Após denso estudo, Luis Manuel Fonseca Pires também afirmou o caráter essencialmente subjetivo de toda interpretação: "Para nós, portanto, a interpretação jurídica realmente não ocorre pela aplicação de alguma equação matemática; ocorre, sim, com a atuação do próprio intérprete, sujeita a todas as suas vicissitudes e virtudes" (*Controle judicial da discricionariedade administrativa*: dos conceitos jurídicos indeterminados às políticas públicas, p. 56).

[81] Sobre o tema *vide*, por todos: BERNAL PULIDO. *El principio de proporcionalidad y os derechos fundamentales*; RAMÍREZ-ESCUDERO. *El control de proporcionalidad de la actividad administrativa*, p. 206 et seq. *Vide*, em especial, meu *Efeitos dos vícios do ato administrativo*, cap. VI-4.4, p. 166-174.

[82] ALEXY. *Teoría de los derechos fundamentales*, p. 161.

De fato, esse postulado não indica por que um valor é mais pesado do que outro. Esse postulado não fornece nenhum critério racional para a atribuição dos pesos, das importâncias aos valores considerados. A proporcionalidade indica a necessidade de ponderar, mas não fornece nenhum critério para realização da ponderação. Alexy forneceu um critério, importante, sem dúvida, mas insuficiente. A restrição de um valor tem que ser proporcional à concretização de outro valor. Mas não há critério racional satisfatório para saber por que optar por um valor em vez do outro. Acredito, sinceramente, que a ciência jurídica jamais fornecerá critérios racionais que tornem essa ponderação objetiva. Ela sempre será subjetiva. Essa ponderação é, como eu disse, um misto de pensar e sentir, exige sensibilidade para as questões humanas.

Como chegar à resposta justa? Primeiro: conhecendo o sistema normativo e todas as imposições que ele apresenta. Quer dizer, considerando os diferentes pesos em abstrato dos valores positivados na Constituição; considerando os diferentes pesos atribuídos pelos princípios formais especiais; considerando todas as competências estabelecidas u os pesos dos princípios formais fundamentais e, pois, respeitando os casos em que, para o sistema, a decisão é, necessariamente, subjetiva e, pois, discricionária. Mais, analisando as circunstâncias fáticas e jurídicas com imparcialidade, assunto que retomarei adiante. E, finalmente, fechando os olhos e sentindo a situação.

A justiça sempre foi simbolizada por uma balança com dois pratos colocados no mesmo nível. Os gregos colocaram essa balança com dois pratos, sem o fiel no meio, na mão esquerda da deusa Diké, que sempre é apresentada em pé, com os olhos abertos e segurando uma espada na mão direita. Para os gregos o justo existe quando os pratos estão em equilíbrio (íson), daí a palavra isonomia: justo, para os gregos, é o que é igual. Os romanos colocaram a balança, com um fiel no meio, nas mãos da deusa Iustitia, que é sempre apresentada sentada, com os olhos vendados, segurando a balança com ambas as mãos e declarando o direito quando o fiel está completamente vertical. Direito (*rectum*) é o perfeitamente reto, reto de cima a baixo (de + *rectum*). O símbolo romano é muito superior ao grego. A deusa romana não é cega, ela é vendada. Justamente porque a melhor forma de escutar duas partes em conflito é fechando os olhos, é sentindo e não apenas pensando. Ela não segura uma espada e, sim, procura, com ambas as mãos, o equilíbrio da balança, escutando as partes em conflito.[83] Justiça é, de fato, o equilíbrio perfeito, obtido a partir da consideração de todos os valores em conflito mediante

---

[83] Sobre esses símbolos, vide: FERRAZ JR. *Introdução ao estudo do direito*, p. 32-33.

um ato de prudência. Ela mais se associa à percepção das diferenças, do que propriamente à percepção das igualdades. Para encontrá-la não basta a razão, faz-se necessário fechar os olhos e sentir.

7.6 Sentimento

Como a justiça pressupõe um sentir, é inerente a ela a divergência. Se fosse um mero raciocinar, tudo seria objetivo. Todos concordam sobre o resultado de uma conta aritmética. Mas não há como existir um consenso absoluto sobre as questões humanas. Contudo, esse não é o maior problema da prudência. Aquele que se convence sobre a justiça de uma decisão prende-se emocionalmente à sua própria decisão. Como a decisão sobre a justiça envolve um sentir, quem apresenta um juízo de justiça sensibiliza-se com o próprio juízo. O jurista, ao assumir uma posição sobre a justiça, se sensibiliza, apaixona-se, emociona-se. Consequentemente, ao nos convencermos de que uma decisão é a decisão justa, sentimos uma repulsa por quem afirma o contrário. Disso decorrem duas conclusões: a) a prudência envolve divergência e, muitas vezes, configura uma opinião, de maneira que alguns adotam um juízo sobre a decisão justa, têm uma opinião, e outros adotam outro juízo sobre a decisão justa, têm outra opinião; b) a prudência envolve paixão, de maneira que quanto maior for o sentimento de que uma opinião é a decisão justa, maior é o ódio por quem adota a opinião contrária. Pontuo: a prudência implica divergência e sentimento de ódio entre os divergentes.

Vou dar um exemplo, propositadamente baseado em minha própria história de vida. Numa entidade federativa, o Executivo decidiu indicar na internet o valor que cada servidor recebe em seu contracheque. Há, no caso, valores conflitantes, de um lado os valores relativos ao controle dos gastos públicos, do direito republicano de o cidadão saber desses gastos, do dever republicano de prestar contas aos cidadãos (P1); de outro o valor da privacidade dos servidores públicos (P2). Sobre o assunto, devem ser considerados principalmente os seguintes textos normativos: a regra constitucional do §6º do art. 39, introduzida pela Emenda Constitucional nº 19/98, as regras infraconstitucionais dos arts. 48 e 48-A da Lei de Responsabilidade Fiscal (LC nº 101/00), introduzidas pela Lei Complementar nº 131/09.[84] Surgiram duas

---

[84] Dispõe o §6º do art. 39: "Os Poderes Executivo, Legislativo e Judiciário publicarão anualmente os valores do subsídio e da remuneração dos cargos e empregos públicos". Dispõe o art. 48 da LRF: "São instrumentos de transparência da gestão fiscal, aos quais será dada ampla divulgação, inclusive em meios eletrônicos de acesso público: os planos, orçamentos

posições: 1. os valores concretizados pela publicidade nominal dos vencimentos, mesmo considerando os referidos textos normativos, não têm peso suficiente para afetar de forma tão radical a privacidade dos servidores públicos. A ponderação, ao preconizar nesses termos "P1", não foi correta, vale dizer, não foi justa. A decisão justa exige sim que sejam publicados os valores das remunerações dos cargos públicos, dos vencimentos e de cada vantagem pecuniária; exige também que sejam publicados os valores das despesas com pessoal relativas a cada órgão da Administração, mas não permite a publicação nominal dos vencimentos. E isso porque a concretização de "P1" não pode fazer tábula rasa de "P2"; 2. os valores concretizados pela publicidade nominal dos vencimentos têm sim peso suficiente para afetar, no caso, a proteção à privacidade dos servidores públicos. Ao optar por exercer função pública, o agente constrange-se a uma sensível afetação de sua privacidade, por força, justamente, do caráter público das atividades que exerce.[85]

Eu sou servidor público e sempre considerei correta a primeira posição. Para mim, a publicação nominal é não apenas um desrespeito aos servidores, mas uma violenta afronta a eles. Sempre considerei óbvia

---

e leis de diretrizes orçamentárias; as prestações de contas e o respectivo parecer prévio; o Relatório Resumido da Execução Orçamentária e o Relatório de Gestão Fiscal; e as versões simplificadas desses documentos. Parágrafo único. A transparência será assegurada também mediante: I – incentivo à participação popular e realização de audiências públicas, durante os processos de elaboração e discussão dos planos, lei de diretrizes orçamentárias e orçamentos; II – liberação ao pleno conhecimento e acompanhamento da sociedade, em tempo real, de informações pormenorizadas sobre a execução orçamentária e financeira, em meios eletrônicos de acesso público; III – adoção de sistema integrado de administração financeira e controle, que atenda a padrão mínimo de qualidade estabelecido pelo Poder Executivo da União e ao disposto no art. 48-A". Este preceitua: "Para os fins a que se refere o inciso II do parágrafo único do art. 48, os entes da Federação disponibilizarão a qualquer pessoa física ou jurídica o acesso a informações referentes a: I – quanto à despesa: todos os atos praticados pelas unidades gestoras no decorrer da execução da despesa, no momento de sua realização, com a disponibilização mínima dos dados referentes ao número do correspondente processo, ao bem fornecido ou ao serviço prestado, à pessoa física ou jurídica beneficiária do pagamento e, quando for o caso, ao procedimento licitatório realizado; II – quanto à receita: o lançamento e o recebimento de toda a receita das unidades gestoras, inclusive referente a recursos extraordinários".

[85] Meu interlocutor, em excelente artigo doutrinário, apesar de não ter sustentado a juridicidade da publicidade nominal dos vencimentos, apresentou um argumento favorável a ela: o servidor, pela teoria dos *papéis sociais*, apresenta-se como um *personagem* em interação pública com outros administrados, de modo que sua intimidade e privacidade submetem-se a constrições mais intensas do que em outras relações jurídicas, outros papéis sociais (PIRES. O princípio constitucional da publicidade da Administração Pública: o dever de informar e o direito de proteção à imagem e à intimidade à luz da teoria dos papéis sociais. *Revista da Procuradoria-Geral do Município de Belo Horizonte – RPGMBH*, p. 205-226). De fato, é inerente à situação jurídica de servidor público uma sensível restrição à privacidade. Nada, porém, em minha opinião, justifica a publicidade nominal de vencimentos.

a injustiça da decisão mencionada, o valor da privacidade, positivado no art. 5º, X, da CF/88 ("P2"), impede a publicação nominal (meio "M1" de concretização de "P1"). Essa foi sempre a minha opinião. Muito me surpreendi quando vários juristas de renome defenderam a posição contrária e defenderam-na em obra de doutrina séria, sem nenhuma pretensão advocatória.[86] Ademais, certa vez a questão foi levada a discussão num curso de especialização em direito administrativo. Muitos alunos sustentaram a primeira posição, mas muitos sustentaram a segunda. A discussão chegou num ponto agônico, para uns simplesmente era justo não publicar, enquanto para outros simplesmente era justo publicar. A experiência não revelou apenas que há divergência sobre o que vem a ser justo; ao final do debate, eu me percebi com um sentimento de repulsa pelos que defenderam a posição contrária. Revelo sem nenhum constrangimento, a defesa da posição contrária despertou um verdadeiro sentimento de ódio, um sentimento incontrolável e perigoso.

Poderia dar outros exemplos. Contudo, explicitá-los é deveras complicado, as discussões sobre a justiça envolvem sentimentos negativos entre os contendores, mas o sentimento é dissimulado nas interações sociais. A explicitação de outros exemplos gera o risco de que o diálogo proposto neste estudo cesse, por mais respeito e amizade que exista entre os partícipes. Enfim, após refletir sobre várias situações de minha vida pessoal, concluo: por um lado, é inerente à justiça a divergência; por outro, como ela envolve uma adesão emotiva, é inevitável o sentimento de ódio entre os divergentes. Não apenas as pessoas assumem posições díspares sobre o que é justo, mas, ao considerarem injusta a posição contrária, incontrolavelmente, sentem uma repulsa por quem a adota.

7.7 Legitimidade pelo procedimento

Do exemplo trazido à colação não se extraem apenas as duas características fundamentais dos debates relativos à justiça. Ele, e a escolha foi proposital, refere-se a questões diretamente afetas a meus interesses pessoais. É possível fixar a seguinte regra: quanto maior o envolvimento pessoal na questão debatida, maior a adesão emotiva e, por conseguinte, maior o sentimento de repulsa ou de ódio pelos divergentes. O sentimento de justiça é indissociável do sentimento de injustiça. Mais do que isso: muitas vezes, o sentimento de justiça é uma decorrência direta

---

[86] Dentre tantos, cito MARTINS JÚNIOR. *Remuneração dos agentes públicos*, p. 155-157.

do sentimento de injustiça.[87] A justiça deixa de ser nebulosa quando nos sentimos injustiçados.[88] Eis o grande problema, a divergência sobre o que é justo é comumente o reflexo de um debate sobre questões afetas a interesses pessoais.

Diante disso, retomo a questão proposta: como chegar à decisão justa? Como dizer qual dentre duas ou mais opiniões é a justa? O sociólogo Niklas Luhmann popularizou, a partir de um estudo hermético e denso, a ideia de que a legitimidade de uma decisão é obtida por meio da institucionalização de um procedimento.[89] Todas as pessoas merecem igual respeito. Por isso, não é possível, de plano, afastar a opinião de uns em prol da opinião de outros. A afirmação da justiça fora de um procedimento institucionalizado é a consagração da arbitrariedade e a negação da própria justiça. Impõe-se a realização de um procedimento em que seja garantido aos diretamente interessados o debate sobre a decisão justa. É por meio de um procedimento garantidor do debate entre os divergentes que se chega à justiça. Esse procedimento deve ser regrado, os partícipes devem, necessariamente, respeitar regras racionais disciplinadoras do debate. Dentre essas regras uma é fundamental: exige-se a fundamentação. Segundo Tercio Sampaio Ferraz Jr., todo discurso racional é fundamentável e essa fundamentação repousa em condições que a própria discussão estabelece por meio de um mútuo entendimento.[90] No discurso racional, afirma o jusfilósofo paulista, a ação linguística deve ser capaz de justificar-se.[91] Por certo, o discurso necessário para se chegar à decisão justa dever ser um discurso racional, os partícipes devem motivar suas opiniões sobre a justiça. Donde, justa é a

---

[87]   Santo Agostinho (*Aurelius Augustinus*) ao tentar definir o *tempo* apresentou famosa reflexão: "O que é, por conseguinte, o tempo? Se ninguém mo perguntar, eu sei; se o quiser explicar a quem me fizer a pergunta, já não sei" (*Confissões*, XI, §14, p. 322). Gustavo Zagrebelsky, muito apropriadamente, tomou essa consideração como *premissa* de seu discurso sobre a *justiça* (La idea de justicia y la experiencia de la injusticia. *In*: Zagrebelsky, Gustavo; MARIA MARTINI, Carlo. *La exigencia de justicia*, p. 17). E adiante, com a mesma propriedade, afirmou: "Quizá podemos afirmar que la justicia es una exigencia que postula una experiencia personal: la experiencia, justamente, de la justicia o, mejor, de la aspiración a la justicia que nace de la experiencia de la injusticia y del dolor que de ella deriva" (*Op. cit.*, p. 26).

[88]   Aos que ousam afirmar que a justiça é uma palavra *vazia*, basta serem retirados de suas famílias, postos no cárcere, assistirem à violação de seus mais próximos, tudo sem nenhum motivo plausível, para vê-los, eles próprios, aos prantos, gritarem: injustiça! Deveriam, pois, pensar mais... E a história dá um ótimo exemplo desse tipo de *ironia*: como é de conhecimento de todos, Kelsen foi perseguido pelos nazistas. Deixou a Alemanha em 1933 e a Europa em 1940, refugiando-se nos EUA.

[89]   *Legitimação pelo procedimento, passim.*

[90]   *Direito, retórica e comunicação*, p. 31-32.

[91]   *Idem*, p. 32.

decisão que se sobrepõe no debate racional, é a decisão cuja motivação é a mais satisfatória. Essa conclusão pode até ser frustrante, mas é a única possível: como existem várias opiniões sobre o que é justo, faz-se necessário um procedimento em que essas diversas opiniões possam ser expostas; a opinião que se apresentar mais bem fundamentada, mais convincente, impor-se-á, pelos seus próprios fundamentos, às demais. Em suma, decisão justa é aquela que se sobrepõe pelos seus próprios fundamentos.[92]

7.8 Calibração

Há um problema prático, a contraposição de argumentos pode ser eterna. É preciso pôr um fim ao debate. A eternização da discussão sobre a justiça aniquila a segurança jurídica e, pois, a própria justiça. Daí uma importante regra de calibração do sistema jurídico, a discussão, como regra geral (excepcionalmente essa regra pode ser afastada, acolho a teoria da coisa julgada inconstitucional)[93] vai até o trânsito em julgado. Em princípio, só é válida a decisão jurídica justa, ou seja, a decisão que concretiza o equilíbrio perfeito entre todos os valores juridicizados, considerando-se os pesos abstratos desses valores no sistema normativo vigente e a diretriz fundamental de que a finalidade do sistema é proporcionar a máxima felicidade de todas as pessoas individual e

---

[92] Nesse sentido, afirma Robert Alexy: "A um tal modelo *decisionista* de sopesamento pode ser contraposto um modelo *fundamentado*. Em ambos os modelos o resultado do sopesamento é um enunciado de preferência condicionada. No modelo decisionista a definição do enunciado de preferência é o resultado de um processo psíquico não controlável racionalmente. O modelo fundamento, por sua vez, distingue entre o processo psíquico que conduz à definição do enunciado de preferência e sua fundamentação. Essa diferenciação permite ligar o postulado da racionalidade do sopesamento à fundamentação do enunciado de preferência e afirmar: um sopesamento é racional quando o enunciado de preferência, ao qual ele conduz, pode ser fundamentado de forma racional. Com isso, o problema da racionalidade do sopesamento leva-nos à questão da possibilidade de fundamentação racional de enunciados que estabeleçam preferências condicionadas entre valores ou princípios colidentes" (*Teoria dos direitos fundamentais*, p. 165). Na doutrina brasileira, é de leitura obrigatória a obra de Écio Oto Ramos Duarte (*Teoria do discurso e correção normativa do direito*, 2. ed.). O próprio autor sintetiza sua teoria: "o estudo que se apresenta neste tópico propõe a discussão dos princípios e das regras jurídicas dimensionados num enfoque metodológico a partir de duas teorias — a *teoria da argumentação jurídica* alexyana e a *ética do discurso* habermasiana —, nas quais a obtenção de critérios que assegurem a racionalidade ou correção das normas e decisões jurídicas já não dependerá da consciência individual de um sujeito cognoscente, mas de uma construção consensual-valorativa entre sujeitos interatuantes, sendo que o lugar da demonstração, da objetividade lógico ou científica, passa a ser ocupado pela justificação" (*op. cit.*, p. 69).

[93] Sobre ela *vide*, por todos: DINAMARCO. Relativizar a coisa julgada material. *In*: NASCIMENTO (Coord.). *Coisa julgada inconstitucional*, 2., ed. p. 33-76. *Vide*, em especial, meu *Efeitos dos vícios do ato administrativo*, VIII-5.6.2, p. 301-302, 349-350, XII-4.1, p. 653.

coletivamente consideradas. Mas pode ser que o julgador erre. Como ele é ser humano, é natural que incida em erro. Não é correto dizer que justa é a decisão do magistrado, o direito não é o que o juiz diz. Não adoto a posição dos realistas,[94] os juízes só dizem efetivamente o direito quando acertam na interpretação dos textos normativos. Contudo, por uma questão de necessidade, para a manutenção da paz social e concretização da segurança, o erro do Judiciário é assimilado pelo sistema. Trata-se de uma regra de calibração,[95] a decisão jurisdicional transitada em julgado é aceita como válida, ainda que cientificamente equivocada. Isso não significa que o que era inconstitucional passa a ser constitucional e vice-versa. Não, se novamente provocado, o Judiciário pode rever sua interpretação. Cabe, por isso, à ciência do direito apontar a decisão jurídica correta, mesmo após o erro do Judiciário. Daí a distinção, a decisão é cientificamente incorreta (porque é injusta), mas, se transitada em julgado, é válida (apesar de injusta). A norma apreciada pelo juiz era inválida, suponha-se, mas sua decisão, em decorrência da regra de calibração mencionada, é válida.

Nada há de paradoxal nisto, o sistema considera a decisão injusta que transitou em julgado, justa. Isso porque para que haja justiça faz-se necessário pôr um fim na discussão, ainda que com isso seja escolhida a solução injusta. O trânsito em julgado torna, para o caso concreto, justa a

---

[94] Karl Olivecrona apresenta um bom panorama da orientação realista (*Linguagem jurídica e realidade*, p. 17 *et seq.*). Nesse estudo, cita a lição de Corbin, que bem sintetiza a chamada *teoria da predição*: "Um enunciado de que existe uma relação jurídica entre A e B é uma *predição* sobre o que a sociedade, atuando através de seus tribunais ou de seus órgãos executivos, fará ou não fará a favor de um e contra o outro" (*Op. cit.*, p. 27-28). Noto: pela posição dos realistas que o direito não é uma ciência autônoma e sim um *sub-ramo* da sociologia.

[95] A expressão é de Tercio Sampaio Ferraz Jr. (*Teoria da norma jurídica*, 4. ed., p. 131 *et seq.*). Como expliquei em outra oportunidade: "No sistema jurídico existem regras que possibilitam atribuir validade a normas inválidas, são as chamadas *regras de calibração* e o exemplo mais corriqueiro é a coisa julgada. Perceba-se: a decisão do STF que declara a constitucionalidade de uma lei inconstitucional é válida por força da *regra de calibração*. Válida é a norma judicial, não a norma legal, esta permanece inválida, tanto que nada impede ao STF de rever sua posição e reconhecer a invalidade da norma dantes declarada por ele válida. O magistrado é, no sistema jurídico, o *oráculo do direito*, é o agente competente para dizer a última palavra sobre o jurídico. Se o magistrado interpreta corretamente o direito e chega à decisão exigida pelo sistema, não há incidência da regra de calibração: a validade da norma editada por ele é extraída diretamente da Constituição e não indiretamente desta, quer dizer, e não da regra de calibração. Porém, como todo ser humano, o juiz está condenado ao erro, à falha, quer dizer, a interpretar mal o ordenamento e a não chegar à 'vontade' do sistema jurídico. Se isso ocorre, pelas chamadas regras de calibração, sua decisão é considerada como se fosse a correta, é acatada pelo sistema. Por óbvio, o erro reiterado do magistrado, a necessidade de constante calibração para validar sua decisão, retira-lhe o *prestígio*" (Princípio da moralidade administrativa. *In*: ADRI,; PIRES; ZOCKUN. (Coord.). *Corrupção, ética e moralidade administrativa*, p. 318, rodapé 32).

decisão injusta que fora adotada pelo agente competente. Esse é o papel que o sistema normativo atribui ao magistrado, seu erro é assimilado pelo sistema normativo. Ele é titular da competência para pôr um fim ao conflito, para dizer o direito para o conflito. É, em suma, o agente habilitado e qualificado pelo sistema para ser o oráculo do direito. E o sistema jurídico considera justa a decisão adotada por ele, ainda que essa decisão seja injusta. Claro que essa admissibilidade é relativa. O sistema jamais tolera a injustiça aberrante. Diante de equívocos graves, a regra da coisa julgada pode e deve ser afastada.

Não se deve confundir, uma coisa é a questão apreciada pelo julgador, outra é a decisão do julgador. Com efeito, impende distinguir a norma abstrata ou concreta por ele examinada e a norma por ele editada. Cientificamente, a norma apreciada por ele é válida se for justa. Cabe à ciência do direito apontar qual é a solução correta, qual é a justiça no caso. O julgador pode acertar ou errar, se acertar, proferirá decisão cientificamente correta e justa em todos os sentidos; se errar, adotará a solução injusta e proferirá decisão cientificamente incorreta, mas sua decisão será considerada justa pelo sistema. A norma abstrata ou concreta por ele apreciada, no caso, pode ser inválida, mas a norma jurisdicional é válida. A justiça da decisão, nesse segundo caso, decorre da regra de calibração que considera justa a decisão que põe fim ao conflito, ainda que seja injusta. É possível que o equívoco do julgador seja tão grave, a injustiça seja tão acentuada, que seja mais justo não pôr fim ao conflito e perpetuar a insegurança do que considerar justa a decisão transitada em julgado. Nesse caso, o sistema admite a desconstituição dos efeitos do trânsito em julgado (teoria da coisa julgada inconstitucional).[96]

7.9 Sensibilidade

A possibilidade de os divergentes exporem suas posições num procedimento institucionalizado e a exigência de enunciação da fundamentação conduz ao problema central deste estudo: a decisão. A justiça demanda a escolha entre duas ou mais alternativas, ou seja, exige a ação de decidir. Eis o grande problema: como escolher a alternativa correta? Como decidir de forma justa? É possível aprofundar ainda mais esse tema. Inicio com uma constatação frustrante: ninguém é sempre justo

---

[96] Como bem afirma Cândido Rangel Dinamarco: "não é legítimo eternizar injustiças a pretexto de evitar a eternização de incertezas" (Relativizar a coisa julgada material. *In*: NASCIMENTO (Coord.). *Coisa julgada inconstitucional*, 2. ed., p. 39).

ou injusto. Conseguir vislumbrar qual é a decisão justa exige o que chamei aqui de sensibilidade para as questões humanas. Só alguém sobre-humano conseguiria acertar sempre, o que levou Ronald Dworkin a chamar o juiz que acerta sempre de super-homem.[97] Ninguém acerta sempre, mas uns estão mais habilitados a encontrar a justiça do que outros.

Assinalo: essa sensibilidade é facilitada por alguns fatores. O principal deles, a maturidade. Chamo de maturidade a aptidão para se pôr na posição do outro. Demanda uma abstração, a pessoa tem que abstrair a sua própria situação e tentar se inserir na situação do outro. A inserção total é impossível porque jamais conseguimos nos livrar de nossa própria visão de mundo.[98] Assim, ainda que consigamos nos inserir nas circunstâncias fáticas vivenciadas pelo outro, jamais conseguiremos abstrair totalmente nossa visão de mundo e, por isso, jamais conseguimos assumir totalmente a visão de mundo do outro. Há, pois, vários graus de maturidade: a) é um exercício de maturidade inserir-se nas circunstâncias vivenciadas pelo outro; b) é também um exercício de maturidade, muito mais difícil que o anterior, inserir-se no mundo do outro, na ideologia do outro. Devo observar: a maturidade nada tem a ver com a idade. Na infância, como regra geral, as pessoas encontram mais dificuldade para exercerem a maturidade. Mas isso não significa que não haja crianças dotadas de extraordinária capacidade para o exercício da maturidade e adultos absolutamente imaturos. Quanto mais o ser humano exerce a maturidade, quanto mais ele consegue efetuar essa abstração, mais sensível ele se torna para encontrar a justiça.

Outro fator que facilita a sensibilidade para a justiça é a neutralidade. Quanto mais envolvidos estamos com a questão, ou melhor, quanto mais ela afeta nossos interesses pessoais, mais difícil se torna encontrar a justiça. Por óbvio, o interesse pessoal acaba aliciando o julgador. Ele tende a escolher a opção que lhe é mais favorável. Muito me surpreende que professores renomados, treinados na técnica da interpretação, defendam uma posição que julgo flagrantemente injusta. Minha surpresa é, porém, injustificada, a escolha é coerente. É comum que juristas renomados defendam posições jurídicas que lhe sejam favoráveis. Entre uma escolha que lhes é diretamente favorável e outra que é favorável aos outros, é

---

[97] *O império do direito*, p. 286-287.

[98] Foi Michel Foucault quem revelou isso de forma mais clara: "O que pretendo mostrar nestas conferências é como, de fato, as condições políticas, econômicas de existência não são um véu ou um obstáculo para o sujeito de conhecimento, mas aquilo através do que se formam os sujeitos de conhecimento e, por conseguinte, as relações de verdade" (*A verdade e as formas jurídicas*, 3. ed., p. 27).

perfeitamente compreensível que optem pela primeira opção. Não são inaptos para a hermenêutica, são simplesmente humanos. Enquanto a falta do primeiro fator quase que impossibilita o acerto, a falta do segundo fator dificulta, mas não o impossibilita. É possível que alguém, mesmo estando diretamente envolvido, consiga, tendo elevado grau de maturidade, chegar à decisão justa. Considero que no exemplo que dei, sem negar o caráter provocativo da assertiva — proposital, com o intuito de provocar o raciocínio crítico não apenas do interlocutor, mas do leitor —, minha opinião é a justa, apesar de minha falta de neutralidade. Finalmente, à guisa de conclusão deste item, relembro a regra dantes fixada: quanto menor a neutralidade maior o sentimento de repulsa pelos divergentes.

7.10 Devido processo legal

Feitas essas considerações, é chegada a hora de voltar os olhos para o sistema normativo e evidenciar a sua perfeita adequação à teoria aqui apresentada. Toda decisão de um agente público, seja da Administração Pública, seja do Legislativo, é sempre passível de revisão pelo Poder Judiciário. Trata-se da chamada regra do não afastamento do controle jurisdicional, positivada no inc. XXXV do art. 5º da Constituição da República. O processo jurisdicional é regido pelo *due process of law*.

Os juristas têm dificuldade em compreender essa cláusula. Foi o Ministro Cezar Peluso quem melhor a compreendeu: Devido é aquilo que deve ou precisa ser feito. Uma coisa pode ser devida a título de lei, nesse sentido um ato devido é um ato que o sujeito precisa praticar porque a lei lhe impõe, é devido porque imposto por uma norma jurídica. O processo legal é o processo devido a título da lei. Se "devido" (*due*) se referisse à lei, bastariam as palavras "processo legal", princípio do processo legal, do processo devido a título da lei, em decorrência da lei, em virtude da lei. Destarte, se o "devido" da expressão "devido processo legal" significasse "necessidade de obediência aos ditames legais", a palavra seria pleonástica, equivaleria à palavra "legal". "Devido", para não ser redundante, não pode referir-se à lei. Daí, afirma Cezar Peluso, a melhor tradução para *due process of law* não é "devido processo legal", mas "justo processo da lei".[99] O *due* aí é devido não a título de lei, mas

---

[99] Apenas a título de exemplo, cito os Embargos de declaração no agravo de instrumento nº 548.203-7 AL, relatado pelo Min. Cezar Peluso, julgado pela Segunda Turma do STF em 12.02.2008, *DJ* 041, de 07.03.2008, *RTJ* 204-03/1338.

a título de justiça. O princípio do devido processo legal, portanto, consiste não apenas na obediência aos preceitos legais, mas também a um conjunto de exigências para que um processo seja considerado justo. A humanidade, em determinado momento histórico, elege um conjunto de imposições como necessárias para que se chegue à justiça, são os chamados subprincípios do princípio do devido processo legal, exigências impostas pela humanidade para que um processo seja justo.[100]

Como dantes afirmado, para que haja justiça faz-se necessário um procedimento racional, vale dizer, um procedimento estruturado sobre regras aceitas por todos os partícipes, regras essas que garantam às partes a possibilidade de apresentarem sua opinião sobre a decisão justa e que exijam a explicitação dos argumentos em prol da posição adotada. Perceba-se: um dos princípios basilares do devido processo legal é o contraditório. Garante-se às partes a possibilidade de exporem suas posições e de apresentarem contra-argumentos às posições contrárias. Outro princípio basilar do devido processo legal é a motivação. A decisão jurisdicional é nula se não for motivada. Deve o julgador explicitar não apenas por que adotou determinada posição, mas também por que rejeitou os argumentos contrários.[101] Sentença que não examina as provas ou não afasta os argumentos trazidos pelas partes contrários à decisão final é nula por falta de motivação.

Afirmei que a sensibilidade é facilitada pela maturidade e pela neutralidade. O sistema normativo vigente exige no inc. I do art. 93 da Constituição da República para quem pretende ingressar na magistratura o mínimo de três anos de atividade jurídica. Por trás dessa regra está justamente a busca da maturidade do julgador. A neutralidade é garantida por um importante subprincípio do devido processo legal, a imparcialidade. Muitos juristas confundem impessoalidade com imparcialidade. A impessoalidade impõe-se a todos que exercem função pública, consiste na exigência de que sejam desconsiderados critérios de julgamento exclusivamente vinculados à própria pessoa (pessoais), tais

---

[100] Sobre o tema, *vide* meu O conceito científico de processo administrativo. *Revista de Direito Administrativo – RDA*, p. 369 *et seq.*

[101] O STJ assentou o entendimento de que o julgador não é obrigado a responder todos os argumentos das partes. A título de exemplo: AgRg no Ag nº 1248337, Rel. Ministro Benedito Gonçalves, 1ª Turma, j. 25.05.2010, *DJe* 08.06.2010; REsp nº 839.780/PE, Rel. Mauro Campbell Marques, 2ª Turma, j. 25.05.2010, *DJe* 09.06.2010. Não há, de fato, necessidade de o julgador mencionar todos os dispositivos mencionados pela parte; também seria exagerado anular a decisão porque não se examinou argumentos absolutamente descabidos. Sem embargo, como regra geral, equivoca-se o Tribunal: o *due process of law* exige, ao menos como regra geral, o exame de todos os argumentos trazidos pela parte.

como simpatias ou antipatias, interesses próprios etc. A imparcialidade é a qualidade de quem não é parte, é, pois, a neutralidade psicológica em relação aos fatos. A Constituição só impõe a imparcialidade aos agentes que exercem a judicatura. Assim, o magistrado que testemunhar o fato é impedido de julgar (CPC, art. 409). Jamais pode iniciar o processo, daí a inconstitucionalidade do processo judicialiforme e a não recepção da norma extraída da redação originária do art. 531 do CPP, antes da alteração empreendida pela Lei nº 11.719/08. Perceba-se: a imparcialidade é conceitualmente incompatível com a função administrativa; a Administração Pública é parte, envolvida psicologicamente com as questões postas em litígio. Por isso, não há que se falar em inércia no exercício da função administrativa, a Administração deve iniciar os processos administrativos necessários à concretização do interesse público. Inércia é atributo da jurisdição e o é em decorrência do princípio da imparcialidade. Claro é que o sistema normativo ao exigir três anos de exercício de atividade jurídica para o início da judicatura, e ao impor a imparcialidade, não assegura que o julgador chegue à decisão justa. O sistema limita-se a assegurar às melhores condições possíveis para que o julgador chegue à justiça.

Nenhuma questão pode ser subtraída da análise do Judiciário, porque só o processo jurisdicional é presidido pelo devido processo legal.[102] O sistema impõe apenas ao processo jurisdicional o respeito a todos os valores considerados necessários para se chegar a uma decisão justa. Por isso, somente nele há a observância, além do contraditório, da ampla defesa, da motivação, também impostos ao processo administrativo, da imparcialidade. Somente nele, garantem-se ao julgador os chamados predicativos da magistratura. Sem esses predicativos não se pode dizer que o processo foi, do ponto de vista dogmático, justo. Daí a coerência, por mais que seja respeitado o contraditório, por mais que seja respeitada a impessoalidade, a decisão proferida ao final do processo administrativo sempre pode ser revista pelo Judiciário, regra esta que não encontra exceção no sistema brasileiro vigente.

8 Justiça e arquétipos

Finalmente, é possível retomar o diálogo com meu interlocutor. Ele afirma que a decisão jurídica injusta importa numa contradição

---

[102] Cf. meu O conceito científico de processo administrativo. *Revista de Direito Administrativo – RDA*, p. 369 *et seq.*

performativa. Já apresentei minha discordância quanto a isso. Na esmagadora maioria das vezes, a decisão jurídica injusta não importa numa contradição performativa, esta apenas ocorre quando ela configura a negação expressa ou implícita da pretensão de justiça. E isso se dá somente quando ou há negação textual da própria justiça no texto normativo, possibilidade só admissível no plano teórico, ou há uma injustiça aberrante, vale dizer, a violação do núcleo essencial dos direitos humanos básicos. Quando o conteúdo da norma importa nessa violação, há a negação implícita da pretensão de justiça e, pois, uma contradição performativa; consequentemente descaracteriza-se o direito, a norma sequer ingressa no mundo jurídico, é considerada juridicamente inexistente. Quando há contradição performativa, não há direito, o ato linguístico não é exitoso em decorrência do abuso. A enunciação do direito pressupõe a pretensão de justiça; quando se nega essa pretensão não se enuncia o direito. Pressupõe a pretensão, não a realização. Se a injustiça afetasse a existência jurídica sempre, não haveria direito, mas anarquia.

O direito injusto, ue a injustiça nao é aberrante, é direito existente, mas não é direito válido! Deveras, a enunciação do direito injusto não importa na negação da pretensão de justiça. Não há nenhuma contradição performativa no equívoco do agente normativo. A enunciação da norma inválida não configura, por si, abuso linguístico. A norma jurídica injusta, abstrata ou concreta, geral ou individual, excetuadas as violações ao núcleo essencial dos direitos humanos básicos, pertencem ao sistema normativo, mas não são válidas, contrariam o sistema constitucional vigente. Só é compatível com a Constituição a norma jurídica justa. Dizer que a norma jurídica existe, mas é inválida, não é equivalente a dizer que a norma não existe, pois toda norma existente vincula a comunidade, em decorrência de sua eficácia deôntica.[103] A norma jurídica inválida gera importantes efeitos jurídicos que não podem ser desconsiderados, está absolutamente superada a teoria segundo a qual os atos nulos não produzem efeitos.[104] Há ainda a regra de calibração dantes mencionada, a decisão jurídica injusta transitada em julgado é, como regra geral, considerada justa pelo sistema. Relembro a diferenciação, a norma examinada pelo magistrado que incide em erro de julgamento continua sendo injusta e, pois, criticável pelos cientistas do direito; justa é a norma jurisdicional transitada em julgado que considerou justa a norma injusta. A necessidade de calibração não obsta

---

[103] Cf. meu *Efeitos dos vícios do ato administrativo*, cap. V-3, p. 138-139.

[104] *Idem*, cap. VII e VIII, p. 261 *et seq.*

a existência da ciência do direito! Em suma, não é correto dizer que a injustiça no direito importa numa contradição performativa. Somente a enunciação de uma injustiça aberrante configura abuso linguístico.

Outra divergência deve ser registrada. Não considero conceitualmente correto associar a justiça aos arquétipos. O inconsciente, segundo Carl Gustav Jung possui duas camadas, uma pessoal e uma impessoal. O inconsciente pessoal compreende aquisições derivadas da vida individual e fatores psicológicos que foram reprimidos. Diz Jung, "os conteúdos inconscientes são de natureza pessoal quando podemos reconhecer em nosso passado seus efeitos, sua manifestação parcial, ou ainda sua origem específica".[105] Há, porém, outra camada, a do inconsciente coletivo, que não tem origem em experiências ou aquisições pessoais, é inata, conteúdos que são o mesmo em toda parte e em todos os indivíduos, são idênticos em todos os seres humanos, constituem um substrato psíquico de natureza suprapessoal.[106] Jung chamou os conteúdos do inconsciente coletivo de arquétipos, tipos arcaicos, primordiais, imagens universais que existem desde os tempos mais remotos.[107] Esses conteúdos não são desenvolvidos pelo indivíduo, eles são herdados, são formas preexistentes, inatas ao ser humano.[108]

Pois bem, segundo Luis Manuel Fonseca Pires a justiça estaria "inscrita nos arquétipos do inconsciente coletivo". Se fosse verdade, não haveria tanta divergência, seria fácil chegar à decisão justa. Abstraídas algumas maçãs podres, muitos magistrados são imbuídos da intenção

---

[105] JUNG. *O eu e o inconsciente*, 21. ed., p. 11.

[106] JUNG. *Os arquétipos e o inconsciente coletivo*, 6. ed., p. 15.

[107] *Idem*, p. 16.

[108] Nas palavras de Jung: "O inconsciente coletivo é uma parte da psique que pode distinguir-se de um inconsciente pessoal pelo fato de que não deve sua existência à experiência pessoal, não sendo portanto uma aquisição pessoal. Enquanto o inconsciente pessoal é constituído essencialmente de conteúdos que já foram conscientes e no entanto desapareceram da consciência por terem sido esquecidos ou reprimidos, os conteúdos do inconsciente coletivo nunca estiveram na consciência e portanto não foram adquiridos individualmente, mas devem sua existência apenas à hereditariedade. Enquanto o inconsciente pessoal consiste em sua maior parte de *complexos*, o conteúdo do inconsciente coletivo é constituído essencialmente de *arquétipos*". E logo em seguida: "o *conceito de arquétipo*, que constitui um correlato indispensável da idéia do inconsciente coletivo, indica a existência de determinadas formas na psique, que estão presentes em todo tempo e em todo lugar". E sintetiza, pouco adiante: "Minha tese é a seguinte: à diferença da natureza pessoal da psique consciente, existe um segundo sistema psíquico, de caráter coletivo, não-pessoal, ao lado do nosso consciente, que por sua vez é de natureza inteiramente pessoal e que — mesmo quando lhe acrescentamos como apêndice o inconsciente pessoal — consideramos a única psique passível de experiência. O inconsciente coletivo não se desenvolve individualmente, mas é herdado. Ele consiste de formas preexistentes, arquétipos, que só secundariamente podem tornar-se conscientes, conferindo uma forma definida aos conteúdos da consciência" (*Os arquétipos e o inconsciente coletivo*, 6. ed., p. 53-54).

de decidir "corretamente", querem proferir decisões cientificamente corretas, ou seja, nos termos aqui expostos, justas. Apesar de a maioria estar imbuída desse desiderato, é absolutamente natural haver decisões jurisdicionais divergentes. A justiça não é inata. A decisão justa é aquela que concretiza de forma ótima o balanceamento dos valores juridicizados, tendo por finalidade última a realização individual e coletiva da felicidade de todas as pessoas. Para chegar a essa decisão é necessário sensibilidade para as questões humanas, pois ela decorre da união de dois atos, o de pensar e o de sentir. A decisão justa pressupõe reflexão e sentimento, conhecimento técnico e sensibilidade. Por óbvio, nem todos possuem conhecimento técnico; nem todos possuem sensibilidade. O bom julgador é aquele que além de dedicar a vida ao estudo da ciência jurídica, é dotado de elevada aptidão para a maturidade. A justiça não é inata ao ser humano. Pelo contrário, boa parte da humanidade é incapaz de ser justa por profissão, quando muito consegue ser justa acidentalmente.

Isso não significa que a justiça seja absolutamente dissociada dos arquétipos. Conforme expliquei em outra oportunidade, para que a norma jurídica exista, ela precisa obedecer a certos pressupostos. Um deles já foi aqui apresentado, seu conteúdo não pode concretizar uma injustiça aberrante. Mas, além disso, ela precisa de um mínimo de eficácia ou de recognoscibilidade social. A comunidade, globalmente considerada, deve reconhecer o caráter normativo da norma. Se a esmagadora maioria das pessoas não percebe na norma seu caráter normativo, a norma não existe como norma jurídica. A existência jurídica exige esse mínimo de eficácia.[109] Sustento que o pressuposto da não concretização de intolerável injustiça é no mais das vezes dispensável, quase sempre que se configura a intolerável injustiça, vale dizer, que há a violação do núcleo essencial dos direitos humanos básicos, não há o mínimo de eficácia social.

Comumente, a coletividade não reconhece caráter normativo às normas que concretizam intolerável injustiça.[110] E por que não? Porque a exigência de respeito ao núcleo essencial dos direitos humanos básicos decorre do inconsciente coletivo. Aí sim, incidem os arquétipos. É por isso que afirmo: a enunciação dos direitos humanos básicos é complexa, mas não é difícil sua percepção. Em rigor, todo mundo sabe quais são os direitos humanos básicos. Todo mundo sente quando há

---

[109] Cf. meu *Efeitos dos vícios do ato administrativo*, cap. V-2.4, p. 131-132.

[110] *Idem*, p. 137.

uma violação ao núcleo essencial desses direitos, e sente porque essa violação contraria algo que herdamos de nossos antepassados, algo que nos é inato, a necessidade de respeito a esses valores fundamentais. Uma criança de três, quatro, cinco anos, pode até não ter consciência da antijuricidade de sua conduta e, por isso, ser inimputável do ponto de vista penal, mas dificilmente ataca com um objeto cortante o olho de seu irmãozinho. A criança que fura o olho de seu irmão com uma faca possui uma grave patologia. A ela, por algum motivo, faltam ou não funcionam esses arquétipos.

Pois bem, a relação entre a justiça e os arquétipos limita-se ao plano da existência jurídica. Diz respeito à injustiça intolerável, à violação do núcleo essencial dos direitos humanos básicos. Estamos diante de um arquétipo, justamente quando esse pressuposto de existência é contemptível em decorrência da autonomia de outro pressuposto de existência, o mínimo de eficácia. Quando há a violação do arquétipo, a norma que concretiza a intolerável injustiça é despida do mínimo de eficácia necessário à sua existência jurídica, ela não se configura como norma jurídica.

A relação entre a justiça e os arquétipos situa-se no campo da existência, mas não há plena associação conceitual, pois nem sempre que se configura a intolerável injustiça, configura-se a violação a um arquétipo. Nos termos dantes expostos, em duas situações a não concretização de intolerável injustiça configura-se como pressuposto autônomo, vale dizer, não é acompanhada da falta de um mínimo de eficácia social: quando o consenso sobre a intolerabilidade da injustiça surge posteriormente à edição da norma e quando a intolerabilidade da injustiça for controversa. Nesses dois casos, caracteriza-se a injustiça intolerável, mas não em decorrência da violação aos conteúdos próprios do inconsciente coletivo. No primeiro caso, ao contrário, o inconsciente coletivo, no momento da edição da norma, é plenamente favorável a ela. Isso ocorreu, infelizmente, em muitas circunstâncias históricas. No segundo caso, o inconsciente coletivo simplesmente ignora a questão, nada tem a ver com ela. Cabe ao julgador, nesses casos, efetuar a ponderação dos valores juridicizados e decidir se é justo ou não descaracterizar o deôntico. Mantida a existência da norma, ainda que reconhecida sua invalidade, é bem possível, principalmente no primeiro caso, que o tempo impeça a desconstituição dos seus efeitos normativos. Em suma, a injustiça, como regra geral, além de não configurar uma contradição performativa, não contraria os arquétipos do inconsciente coletivo.

CAPÍTULO III

JUSTIÇA ARQUETÍPICA – INSTINTO, INTUIÇÃO E SENTIMENTO DE JUSTIÇA – A CONSCIÊNCIA DE JUSTIÇA

LUIS MANUEL FONSECA PIRES

1 O diálogo com Ricardo Marcondes Martins e o porquê deste capítulo

Dois caminhos. Finco minhas raízes na filosofia do direito para cuidar da justiça. Embora no primeiro capítulo tenha feito referência brevíssima à física quântica, um pouco mais à psicologia analítica, e mesmo que neste eu me imiscua ainda mais nestas searas, esta legitimação científica é a fundação para a elaboração de uma proposta nitidamente filosófica. O meu interlocutor, Ricardo Marcondes Martins, é enfático: a justiça deve ser — modal coerente à sua abordagem — objeto da dogmática jurídica (Ciência do Direito); mas não poucas vezes discorre com propriedade a respeito de premissas filosóficas que o inspiram.

Sendas diversas parecem justificar a elaboração de discursos que se encaminharam — e devem fazê-lo ainda mais neste e no próximo capítulo — por veredas tão dissímeis. Mas não é o suficiente, é claro, a esclarecer as diferenças. Pois estas existem e não só por termos por principal abordagem campos diversos de análise — a filosofia e a ciência —, mas porque francamente optamos por cuidar, cada qual à sua maneira, de filosofia e ciência na exposição legitimadora de cada entendimento esposado.

Se predominam em minha exposição os elementos filosóficos — a teoria das ideias inatas, primordialmente —, não deixo de procurar — e fazê-lo neste capítulo com ainda mais ensanchas — substratos científicos que me permitam simultaneamente retornar às reflexões filosóficas para afirmar, ao menos em parte (e sei disso, faço-o conscientemente), o que não pode ser comprovado, mas nem por isto deixa de ser, sob o ponto de vista que diviso, rigorosamente lógico, até porque não fosse assim seria arbítrio asseverar, e mais ainda esperar que quem lesse compartilhasse, as ilações que apresento.

A ciência concede-me então o arcabouço que me faculta afirmar com racionalidade o que aspiro filosoficamente sustentar sob a denominação de justiça arquetípica. A proposta de Ricardo Marcondes Martins, mesmo sob divagações filosóficas aqui e acolá — a exemplo do ódio —, justifica o que ele me adiantou, ao me enviar o seu capítulo, denominar sua leitura do tema por justiça deôntica.

Enfim, ainda que predomine em minha fala sobre a justiça a formulação filosófica, há ciência por trás; mesmo que ele centre-se na dogmática jurídica, embrenha-se vez por outra em divagações filosóficas. Temos uma distinção elementar da seara predominante. Mas é ainda por encontros e desencontros nestas intersecções temáticas entre filosofia e ciência — a exemplo do sentimento para a filosofia, da pretensão de correção para ciência jurídica — é que essencialmente divergimos.

A discordância é natural e francamente agradável quando, para usar uma expressão por ele encarecida na introdução de seu primeiro capítulo, promove uma discussão-com. Permite-se a todos — e principalmente ao leitor — refletir por caminhos distintos, e mesmo retomar em uma dialética profícua as próprias convicções pessoais e as ideias preconcebidas sobre este espinhoso tema, a justiça.

Mas a riqueza do diálogo não se encontra em saber com quem se encontra a verdade, se comigo ou com ele, ou mesmo com o leitor.

Pois a minha intelecção sobre a verdade é igualmente transcendente (coerentemente, primordialmente filosófica, pois embora existam proposições as mais variegadas em filosofia que rechaçam a transcendência, é mesmo só na filosofia que posso considerar esta possibilidade), e a do meu interlocutor é discursiva (coerentemente, primordialmente científica, ainda, é claro, que nem toda dogmática jurídica colha esta trilha).

As perspectivas, reafirmo, são distintas. E uma vez mais me encontro com a filosofia platônica em busca de algum esclarecimento a este respeito — como precisamente o faz o filósofo italiano Giovanni Casertano ao esquadrinhar a verdade em Platão, é preciso aspirar à verdade, dar testemunho dela, e sem os discursos esta empreitada soçobra. O mundo racional refere-se à verdade (imutável às ideias), e o mundo sensível à opinião verdadeira e portanto sujeita à persuasão. Se a persuasão é justa, mudamos a nossa opinião verdadeira para outra mais ampla e clara, pois como diz Platão às vezes dizemos a verdade, mas não toda nem de maneira tão perfeitamente clara. A opinião pode sempre mudar. A tarefa é conquistar as opiniões verdadeiras, considerá-las e aperfeiçoá-las, evitar as falsas, pois o conteúdo em si das ideias só se uma divindade o confirmasse é que poderíamos defender ser verdadeiro.[1]

O amor à verdade, diz ainda Platão, a aspiração à verdade, não confere a sua posse plena, pois é uma busca contínua, uma aproximação perene que nos conduz ao seu encontro. Mas a humanidade nunca a alcançará em absoluto. Se para os sofistas a verdade é relativa porque cada homem possui a sua e não a pondera em relação aos outros, a não ser para atender a compromissos necessários à convivência civil — a exemplo de Protágoras —, para Platão a verdade é relativa porque é difícil encontrá-la, e mesmo ao lográ-la enxergamos só em parte, o que nos impõe continuar a procurá-la; e ainda é relativa porque uma vez que nem todos a vislumbram (ao menos em parte), cumpre aos que a viram comunicá-la e persuadir os demais, e esta é então, diz o comentarista aos escritos platônicos, a relação entre verdade e persuasão em sua obra.[2]

Por outra abordagem, inspirada na doutrina aristotélica, Tomás de Aquino propõe-nos entender a verdade com elementos que muito se afinam às considerações platônicas — apesar das conhecidas divergências de pensamento entre o mestre e o discípulo. Para entender a verdade é preciso conceber a Criação. As coisas são inteligíveis porque pensadas por Deus. Em estudo do tomismo por Jean Lauand, "o verdadeiro é o real, na medida em que imita a imagem arquetípica do conhecimento divino".[3]

O que de comum há, e justifica o parêntese que fiz às minhas considerações sobre as diferenças com o meu interlocutor, é que mesmo ao admitir que haja uma verdade, a verdade da justiça, portanto única e

---

[1] *Paradigmas da verdade em Platão*, p. 44, 47, 49, 97, 180, 231.
[2] *Idem*, p. 97, 233, 241.
[3] Tomás de Aquino: vida e pensamento: estudo introdutório geral. *In*: AQUINO. *Verdade e conhecimento*, p. 34.

imutável, entendo-a, em uma figura de ilustração, como se posicionada em certa direção na qual não a vislumbramos por imersos em um negrume absoluto; a razão e indiscutivelmente o discurso, seu instrumento indispensável, são os feixes de luzes que irrompem, e na medida em que se alargam e intensificam o alcance, enquanto ainda avançamos passo a passo, aproximam-nos mais e com melhores condições de sua dimensão. Lançadas as luzes em sentido inverso, tomada outra direção, decerto a volta é maior. Mas posto o feixe luminoso — cujo empenho humano o faz cada vez mais claro e potente — no rumo certo o destino é a pretensão comum, a verdade. Verdade cuja dimensão, extensão de sentido, inapreensível nos primeiros passos, comporta muitas das verdades percebidas pela caminhada. E não me refiro a uma linearidade que poderia sugerir uns à frente dos outros; além das distâncias diferentes do ponto de partida há caminhos paralelos, trajetos parelhos que não raro, quiçá tão lado a lado, os lumes de cada qual se somam e ainda mais facilitam a caminhada. É neste palmilhar ombreado, mas com o mesmo rumo, que as verdades apresentam-se, parecem conflitar, às vezes é mesmo um dos andarilhos a desviar-se, equivocar-se, mas não poucas o direcionamento é correto, apenas a picada é parelha, não comum.

Heinrich Zimmer, renomado mitólogo e indólogo, com outra imagem traduz igual concepção ao dizer que "embora a verdade — esplendor da realidade — seja universalmente uma e a mesma, ela é espelhada diversamente conforme os meios que a refletem".[4]

Acredito que estamos, eu e Ricardo Marcondes Martins, ao menos envidando esforços significativos para irrompermos na escuridão um feixe do fanal que alcance um pouco mais além e ao lado, o que nos permite avançar por sendeiros estreitos, mas — o que reputo o mais importante — parelhos e na direção certa.

Daí porque prosseguirei em meu caminho.

Cuidarei neste capítulo, e porque a discussão-com convoca-me a tanto, de esclarecer as premissas epistemológicas, discorrer com mais profundidade quanto às convicções científicas e filosóficas que animam e norteiam a minha caminhada. Sem mais intensamente compartilhar discursiva e racionalmente com o leitor e o meu interlocutor o que em meu íntimo se enraíza, e não como dogmas, pois estes embrutecem, embotam o ser em completa escuridão, mas como razões que ainda quando não demonstráveis (quando eminentemente filosóficas), não haveria como prosperar proficuamente o nosso diálogo. Seja porque logicamente se

---

[4] *Filosofias da Índia*, p. 19.

sustentam (indispensável, é claro, ainda mais em divagações filosóficas), seja porque se alinham às afirmações da ciência que normalmente são demonstráveis, as razões que nutro são as fontes que alumiam minha leitura — e convidam-me a compartilhá-la — sobre a justiça.

Todavia, na medida em que me deparar com as intersecções entre a justiça arquetípica e a justiça deôntica comprometo-me a tentar esclarecer, ou a reforçar, os argumentos das minhas premissas, pois como há pouco reconheci, as verdades do caminho dependem, por sermos seres de razão, do discurso para as suas legitimações. E nada mais promissor do que um discurso-com a permitir-nos, a mim e ao meu interlocutor, perceber a insuficiência de algumas afirmações, a indispensabilidade de acrescer outros argumentos, pôr à prova algumas afirmações, e talvez o mais difícil, retroceder e expor — com o mesmo compromisso com a razão — as crenças e convicções mais profundas (e por serem crenças e convicções não necessariamente dispensam o discurso da razão) que refletem, como em todos, a direção do caminho eleito.

Por isto, por este vigoroso desafio do diálogo que me impõe o meu interlocutor, dedicar-me-ei, neste capítulo, a cuidar essencialmente de dois temas, a consciência e as razões da justiça. A primeira é indispensável à compreensão — ou a amealharem-se algumas verdades nesta jornada — de quem somos, e sem um mínimo de entendimento a respeito, sem sequer se admitir a necessidade do autoconhecimento, vã seria qualquer empreitada para tratar da justiça. Postas e justificadas as premissas, aí creio poder cuidar, com igual compromisso, das razões da justiça, isto é, a racionalidade que permite conscientizarmo-nos das verdades que a compõem, os motivos de tão diversificadas percepções ao longo da história, e quiçá pela soma de conhecimentos acumulados até então, a profusão ainda mais vasta que hodiernamente encontramos.

Ao final, mas não propriamente no final, como diviso filosoficamente a justiça espero que a meta seja alcançada: o escopo de compartilhar com o meu amigo e com o leitor a perspectiva pela qual compreendo a noção de justiça, sob o modelo de uma justiça arquetípica.

2 Evolução (da consciência) das espécies

Em meu primeiro capítulo afirmo ser a consciência a fonte da justiça. É portanto nos arquétipos do inconsciente coletivo — que servem a todos — que se encontra a justiça, toda a sua plural e escorreita significação, a verdade da justiça — tratada no item precedente — alcançada, gradualmente, por discursos das múltiplas verdades que se colhem com o avançar dos passos sob as luzes da razão. Por comunhão intrínseca entre os arquétipos coletivos e o inconsciente individual foi-me ainda possível propor que a justiça inscreve-se junto à consciência de cada ser humano individualizado, em seu inconsciente, e porquanto se desenvolvem os afetos (por efeitos numinosos), é dizer, porque há a parcial redução do nível mental com a emersão de certo conteúdo em outro supranormal de luminosidade (Carl Gustav Jung), traços da ideia de justiça passam a ser conscientemente incorporados ao discurso da justiça junto à humanidade.

A justiça, portanto, é uma constante — leia-se: eterna, imutável e universal. Propus uma visão monista, mas sob o primado da consciência que provoca a causação descendente de toda a realidade circunstante. Adotei por definição de justiça, nos limites que os feixes do fanal da humanidade podem alcançar (e conforme aqueles que a história passou a confirmar como na direção certa, isto é, apontados para a verdade), o respeito ao que a cada um lhe cabe, e ainda a promoção do bem de modo a reduzir as diferenças de oportunidades. Em mais breves palavras, a justiça é o respeito ao que pertence a cada um e a promoção do bem comum.

Tratar da consciência, destarte, é indispensável à justiça arquetípica. Refletir sobre quem somos é mais do que cumprir a inscrição no templo de Apolo na cidade de Delfos à época da passagem por lá do revolucionário Sócrates. É pressuposto a entendermos, sob a preeminência filosófica da abordagem, o que é a justiça.

Conhecermo-nos — nosso dever, ao menos nos propormos a isto — enquanto seres de razão significa reconhecermo-nos enquanto espíritos, o que o filósofo Henri Bergson expõe com simplicidade quando afirma que dizer espírito é dizer consciência. Para a filosofia bergsoniana, todos os seres vivos, até mesmo plantas e animais, apresentam uma consciência. Diz ele: "a consciência, originalmente imanente a tudo que vive, atenua-se onde não há mais movimento espontâneo e exalta-se quando a vida mantém o rumo da atividade livre", e por isto mais adiante se aventura a concluir que "a vida mental como muito mais ampla que a vida cerebral, a sobrevivência torna-se tão provável que o ônus da prova caberá a quem a nega, muito mais do que a quem a afirma".[5]

Em pleno albor do terceiro milênio, com todos os avanços intelectuais alcançados pela humanidade, a ciência e a filosofia reclamam-se. A filosofia não pode desconsiderar assombrosas descobertas científicas

---

[5] *A energia espiritual*, p. 4, 10, 79.

sobre o ser humano e o cosmos que nos remetem necessariamente à aproximação de nossa origem, da nossa essência e do nosso destino, e a ciência do mesmo modo não pode desconsiderar que se avizinha, intencionalmente ou não, das fronteiras destas sublimes questões filosóficas. A ciência e a filosofia precisam-se.

Em Aristóteles, a filosofia primeira, ou a metafísica, opõe-se à filosofia segunda, ou física, pois é aquela a "ciência" do que se encontra além (acima) das realidades físicas. O que não se constata no mundo físico pertence ao metafísico. É certo que são diversas as definições atribuídas por Aristóteles ao termo filosofia primeira ou metafísica, mas na análise do filósofo italiano Giovanni Reale, eminente autoridade na doutrina aristotélica, a metafísica pode significar: i) a indagação das causas e os princípios primeiros ou supremos; ii) a análise do ser enquanto ser; iii) a perquirição da substância; ou iv) investigar Deus e a substância suprassensível.[6]

No curso da história do pensamento humano esta separação acentuou-se. Filosofia e ciência apartaram-se. Notadamente com René Descartes, que iniciou o rompimento do ensombrecimento legado da Idade das Trevas, a razão retoma seu lugar, revigora-se e prossegue, por ele e outros notáveis pensadores, com a distinção das duas searas distintas, a física e a metafísica. Todavia, o progresso da ciência culminou, a partir da segunda metade do século XIX, por reverter a influência entre filosofia e ciência, para esta sobrepor-se àquela e mesmo comprometer a sua natureza zetética. Miguel Reale recorda que neste período, e ainda com reflexos ao início do seguinte, firmou-se o positivismo na filosofia que lhe dificultou o desempenho de sua função criadora para tornar-se uma teoria metodológico-linguística das ciências. Pura metodologia das ciências, própria enciclopédia aglutinadora dos demais campos científicos do conhecimento humano.[7]

Positivismo e metafísica, materialismo e espiritualismo, ciência, filosofia e religião, qualquer interdição ao diálogo destas informações, ante a realidade cultural e intelectual que nos encontramos com todo o arcabouço filosófico e os progressos científicos logrados, representaria a projeção de luzes em sentido oposto à verdade.

De tal sorte, o que proponho ao leitor e ao meu interlocutor a partir de então é refletirmos sem preconceitos o que a ciência, a partir de Charles Darwin (século XIX), traz-nos em subsídio à especulação filosófica sobre quem somos nós, e o que é a consciência humana.

---

[6] *Introdução a Aristóteles*, p. 37-38.
[7] *Idem*, p. 10 *et seq.*

Claro que no evolver da exposição cuidarei de apresentar e justificar quais as minhas convicções, e primordialmente como e o porquê das premissas que acolho terem se assentado em minha alma. Não o farei por proselitismo, muito menos proclamarei dogmas irracionalmente adotados por móveis personalíssimos. Mas esclarecerei as proposições que acolho exclusivamente por imperiosa necessidade da franqueza que um diálogo com esta natureza impõe-me, e sem a qual, sem o compartilhar, não me pareceria possível discursivamente (o que é indispensável à razão) alcançar a justiça arquetípica.

A preocupação que me move — em coerência com estes esclarecimentos — é referir-me à ciência naquilo que diz respeito à consciência, e o darwinismo, a física quântica e a psicologia analítica serão consideradas com este desiderato, isto é, no que servem a indagar quem somos nós, e o que é a consciência. Mas sempre e em função da estrita pertinência ao escopo deste diálogo, entender-se um pouco mais sobre o fenômeno da justiça.

2.1 O darwinismo e suas lacunas

Em viagem à América do Sul e às ilhas Galápagos no barco HMS Beagle entre 1831 e 1836, Charles Darwin empreendeu vigorosa pesquisa científica com profusas amostras de um cuidadoso observador. Após anos de reflexão e mesmo premido pela necessidade de expor suas ideias antes que Alfred Russel Wallace expusesse sua proposta que apresentava algo similar, Charles Darwin publicou em 1859 a teoria da evolução por meio da seleção natural no livro *A origem das espécies*. Concluíra que todas as espécies descendem de ancestrais comuns, e cada qual depende de suas habilidades para adaptar-se ao ambiente, o que assim se procede pela seleção natural.

Em texto intensamente racional, o notável pesquisador assevera:

> Não poderíamos supor que todas essas variedades e raças já se tenham formado de uma só vez tão perfeitas e úteis como hoje as temos. [...] A explicação reside na capacidade humana de seleção acumulativa: a natureza fornece as variações sucessivas; o homem sabe como levá-las para determinadas direções úteis para ele.[8]

À ilação de que toda a variação, por mínima que se represente, preserva-se desde que contenha alguma utilidade ele denomina de

---

[8] *Origem das espécies*, 4. ed., p. 58.

princípio da seleção natural, é a preservação das variações que são favoráveis e a eliminação das nocivas.[9]

Embora tenha enfrentado o preconceito e a discriminação (e ainda hoje presentes), suas afirmações recolheram durante as décadas seguintes, e cada vez com mais frequência, incontrastáveis validações científicas a confirmarem a tese. Opor à ciência que logra a demonstração textos bíblicos que notoriamente primam pela fábula como recurso comunicativo é negar a razão, recusar-se ao assombroso desafio do autoconhecimento que nos convidam os saberes humanos.

Mas muitas lacunas à compreensão da evolução das espécies ainda persistem.

O princípio da divergência dos caracteres explica que as variedades das espécies diferem menos entre si do que os das espécies genuínas. As variedades são espécies em formação. Como as pequenas diferenças entre as variedades aumentam até se tornarem grandes para caracterizar espécies distintas? Diz Charles Darwin ser talvez o "mero acaso" que faz com que alguma característica diferente dos seus pais apresente-se, e esta seja talvez transmitida aos descendentes em um grau ainda maior. O princípio da divergência postula que as "pequenas diferenças" em princípio sequer podem ser percebidas, e gradualmente aumentam até se tornarem nítidas a permitir distinguir uma raça das outras e mesmo do seu ancestral comum.[10]

Expressivo exemplo é o olho.[11] Mas Charles Darwin confessa hesitar que um órgão tão perfeito como este pudesse formar-se somente pela seleção natural. O desconhecimento de "estágios intermediários" é por ele afirmado, ainda que sustente, em um caso ou outro, a suposta explicação em órgãos homólogos a eventualmente justificar as metamorfoses funcionais. A ausência de "elos de transição" entre as espécies existentes e as extintas, a súbita alteração de grupos inteiros de espécies, são algumas objeções à sua tese por ele francamente admitidas.[12]

---

[9] *Idem*, p. 80, 94.

[10] *Idem*, p. 115, 116, 130.

[11] Outro é o flagelo da bactéria, o seu filamento de locomoção. Pois muitas bactérias apresentam este órgão que impulsiona a célula, e a estrutura do flagelo é formada por cerca de trinta proteínas diferentes, algumas na forma de âncora, outras na de eixo de transmissão, e toda esta elaborada engenharia deixaria de funcionar se uma das trinta proteínas ficasse inativa.

[12] *Origem das espécies*, p. 183, 252. A propósito, é este órgão, o olho, que serve de exemplo à teoria do *Design Inteligente*. Trata-se de um movimento que nasce em 1991 e apoia-se nas deficiências percebidas na teoria evolucionária de Charles Darwin. O seu criador é Phillip Johnson, depois o biólogo Michael Behe deu continuidade, e em seguida o matemático William Dembski compôs novos argumentos.

São estas lacunas que ensejam aos criacionistas a recusa em todo da teoria da evolução das espécies. Inegável equívoco. A insuficiência científica a fragmentos da evolução — por mais relevantes que sejam estes átimos — não faz da integralidade da proposta, robustamente comprovada por recursos posteriormente desenvolvidos, uma falácia (recorde-se que os genes, descobertos por Gregor Mendel, ainda não haviam sido descobertos).

Mas o "mero acaso" também carece de legitimação lógica. O desconhecimento da causa não se explica com o acaso. Seria negar, com a mesma irracionalidade dos adversários ao evolucionismo, a própria metodologia científica. É preciso admitir, portanto, que no darwinismo não há espaço para as lacunas que o próprio Charles Darwin admitiu existirem.

É preciso algo mais. E a ciência, em particular a física quântica, encontrou-o.

2.2 A física e a filosofia – A hipótese Deus

No fim do século XVIII, o matemático e físico francês, Pierre-Simon de Laplace, o Marquês de Laplace, editou um livro sobre a mecânica celeste e em passagem alguma fez menção a Deus. O cientista foi convocado a comparecer perante o imperador Napoleão que lhe indagou da omissão, e ele simplesmente respondeu que não precisava desta hipótese.

Os dogmas religiosos concebidos pela humanidade toldaram-na por séculos à percepção de que ser um ente de razão é assumir e valorizar a própria racionalidade. Mas o encantamento com esta descoberta, estimulada pela filosofia das luzes, arrebatada com a evolução da ciência principalmente desde Isaac Newton, fez por reprovar em qualquer ambiente que se pretenda intelectualizado — em vertiginosa expansão a partir do século XIX e ainda mais iridescente no século seguinte — a hipótese Deus.

A Revolução Francesa, novel paradigma às civilizações ocidentais, é ainda ilustração do fanatismo da racionalidade. Em 1793, na porta do cemitério de Paris afixa-se a inscrição "a morte é um sono eterno". Líderes políticos ateus recusam a possibilidade de Deus, embora a proclamação da Declaração dos Direitos do Homem o admitisse. O corpo de René Descartes, morto há quase um século e meio, é conduzido ao Panthéon como tributo à razão — e franca oposição à religião. Gilbert Romme, integrante da Convenção, propõe um calendário revolucionário:

o ano passaria a ser dividido em doze meses com trinta dias cada, em três etapas de dez dias, e mais cinco ou seis dias complementares. Os meses, em proposta de Fabre D'églantine, deveriam referir-se às estações (vendemiário, brumário e frimário para o outono, nivoso, pluvioso e ventoso para o inverno, germinal, floreal e prairial para a primavera, e messidor, termidor e frutidor para o verão). Nomes de cidades com alusão à religião são alterados, como Saint-Malo que passa a denominar-se Port-Malo. Em 10 de novembro comemora-se a Festa da Liberdade e da Razão em Notre-Dame, e uma mulher vestida com roupas tricolores (vermelho, branco e azul) senta-se no altar e anuncia-se que a catedral passaria a se chamar Templo da Razão.

Desencontros e preconceitos mútuos marcam, ao longo do século XX, a ciência e a religião. Uma crise de fé, da fé humana e da fé divina. A fé em dúvida? Paul Tillich, lembrado pelo consagrado biólogo americano Francis Collins,[13] diz que a dúvida é parte inevitável da crença, "a dúvida não se opõe à fé; é um elemento da fé". O que no curso da história não é bem compreendido. No passado, teólogos dogmáticos interditavam o debate com a ciência em nome das revelações que asseguravam ser portadores; no presente, cientistas dogmáticos agem do mesmo modo ao se recusarem ao debate. Stephen Hawking, conhecido físico britânico, afirma que o universo não precisou de Deus para surgir;[14] refuta um projeto divino porque com a lei da gravidade o universo pode — diz ele — criar a si mesmo a partir do nada, e portanto a criação espontânea é a razão pela qual há alguma coisa onde se diz não haver coisa alguma. Todavia, a associação da teoria da relatividade com a física quântica, como afirmam em número sem fim outros tantos físicos teóricos, não faz prova alguma da inexistência de Deus (como não serve a provar a sua existência).

A mim, e pelas justificativas que ao longo deste capítulo trarei, é mais lógico — movido pela razão — admitir que seja Deus que não precisa do universo para existir.

E não me incursiono pela transcendência do Uno, segundo a célebre proposta de Plotino. A unicidade de Deus em oposição à multiplicidade do nosso mundo fenomênico, embora O afaste de qualidades humanas, de sua identidade física e moral à semelhança do homem, distancia-O por demais porque nem mesmo as virtudes, como o amor e a justiça, podem ser-Lhe atribuídas. Foi por senda parecida que trilhou o

---

[13] *A linguagem de Deus*, 6. ed. p. 42

[14] Em coautoria com MLODINOW. *O projeto grandioso, passim.*

teólogo medieval, Dionísio, o Areopagita, ao afirmar a impossibilidade de dizer os Seus atributos. Deus não seria definido como luz, nem amor, por muito se encontrar distante de nós, Deus seria então escuridão, silêncio, indescritível, incapaz ao nosso alcance.

Uma e outra proposta — os dogmáticos da ciência e os da religião — normalmente suspendem a discussão. Todos perdem. E neste contexto, a lembrança de certa frase de Albert Einstein revigora-se em relevância: "a ciência sem a religião é manca, mas a religião sem a ciência é cega".[15] É preciso, sem preconceitos, dispor-se ao diálogo-com.

Mas em pleno século XXI, em meio às disputas e às indiferenças recíprocas encontram-se cientistas e religiosos, impulsionados por suas fés, exemplarmente alijados do preconceito, que se reencontram sob os contubérnios da razão.

Carl Gustav Jung pressentiu a situação:

> Em primeiro lugar, parece que o erro materialista foi inevitável. Como não se pôde descobrir o trono de Deus entre as galáxias, concluiu-se simplesmente que Deus não existe. O segundo erro inevitável é o psico-loglsmo, se afinal de contas Deus é alguma coisa, deverá ser uma ilusão motivada entre outras coisas pela vontade de poder e pela sexualidade recalcada.[16]

Não se trata, portanto, de invocar a aposta de Pascal,[17] ou se apoiar no frágil argumento ontológico de Santo Anselmo.[18] Mas talvez Tomás

---

[15] Michio Kaku, professor catedrático de Física Teórica na City University, em Nova York, recorda o conflito interno de Albert Einstein sobre a religião ao transcrever trechos da autobiografia dele. Confessava "a extrema dificuldade, ou melhor, impossibilidade de conceber este imenso e maravilhoso universo, incluindo o homem com sua capacidade de ver o passado e o futuro distantes, como o resultado do acaso cego ou da necessidade"; e não se pacificava: "Minha teologia é simplesmente uma confusão" (*Mundos paralelos*, p. 321).

[16] *Psicologia e religião*, 6. ed., p. 90.

[17] Personalidade de destaque no século XVII, Blaise de Pascal aceita ser impossível provar a existência de Deus, então propõe *apostar* nesta hipótese: "Sim, mas é preciso apostar. É inevitável, estais embarcados nessa. Qual dos dois escolhereis então? Vejamos; já que é preciso escolher, vejamos o que vos interessa menos. Tendes duas coisas para perder: a verdade e o bem, e duas coisas a engajar: vossa razão e vossa vontade, vosso conhecimento e vossa ventura, e vossa natureza duas coisas de que fugir: o erro e a miséria. Vossa razão não fica mais ofendida, pois que é preciso necessariamente escolher, escolhendo um ou outro. [...] Pesemos o ganho e a perda escolhendo coroa que Deus existe. Avaliemos esses dois casos: se ganhardes, ganhareis tudo, e se perderdes, não perdeis nada: apostai, pois, que ele existe sem hesitar" (*Pensamentos*, p. 160).

[18] Anselmo de Cantuária, o pai da Escolástica. Como lembra Carl Gustav Jung, para ele os universais encontram-se no *logos* divino, e nele é que está a "prova da existência de Deus". A intenção é provar a existência de Deus a partir da própria ideia de Deus. O conceito de Ser Supremo, de Absoluto, junto ao intelecto implica a sua própria existência. Diz que há um ser

de Aquino, amparado na doutrina aristotélica, mesmo sem respaldo científico, não estivesse sem razão ao dizer que tudo o que se move é movido por outra coisa, e nesta cadeia de causa e efeito em uma série regressiva encontramos o primeiro motor, imóvel, Deus.

E reconhecê-Lo — por meio da razão, sempre — implica perceber uma consciência cósmica, reconhecer-nos como consciências individuais, uma criação rigorosamente harmoniosa, entrelaçada, e portanto com profundos desdobramentos às reflexões filosóficas acerca da justiça.

A hipótese, veremos, pode racionalmente ser considerada.

2.2.1 O biologos (Francis Collins)

Francis Collins, biólogo norte-americano, foi diretor do Projeto Genoma Humano. Assumido por ele no final do ano de 1992, alguns anos mais tarde, no histórico dia 26 de junho de 2000, ao lado do Presidente dos Estados Unidos da América no Salão Leste da Casa Branca, o próprio Bill Clinton anuncia em cobertura ao vivo pela imprensa mundial o mapa da sequência do genoma humano. Disse o Presidente de uma das mais influentes nações do mundo: "hoje estamos aprendendo a linguagem com a qual Deus criou a vida". Francis Collins trabalhara como redator do discurso e propositadamente incluíra a frase lida por Bill Clinton. Mas por que um cientista, um dos mais notáveis biólogos do planeta, incluiria Deus na ciência?

O genoma humano é formado pelo DNA, o código hereditário da vida. O seu "texto" apresenta um total de três bilhões de letras. Nesta descoberta, seria possível desvendar as lacunas do darwinismo às quais me referi ainda há pouco? Francis Collins recusa a abordagem do que denomina "Deus nas lacunas".[19] E com razão. Pois invocar Deus como um dogma às insuficiências do empenho científico é tão inverossímil quanto deixar ao acaso, como o fez Charles Darwin, o que não pode ser

---

realmente existente, em comparação ao qual não se pode pensar outro maior, e que existe de tal modo que sua não existência não pode ser pensada sem se encontrar em contradição; este ser é Deus que "existe" porque é pensado (*Proslogion seu alloquium de Dei existentia*, caps. II e III). Ele esperava estabelecer a ideia de Deus como uma realidade concreta. Carl Gustav Jung critica: "O argumento ontológico não é argumento e nem prova, mas a simples demonstração psicológica de que existe uma classe de pessoas para a qual uma ideia determinada tem eficácia e realidade — uma realidade que, inclusive, rivaliza com o mundo da percepção". Por isto, Carl Gustav Jung desqualifica o argumento ontológico como argumento ou como prova, pois é mero fato psicológico que foi intelectualizado e racionalizado (*Tipos psicológicos*, 3. ed., p. 53-54). Tomás de Aquino rejeitou este argumento, como o faria Immanuel Kant posteriormente.

[19] *A linguagem de Deus*, p. 99.

explicado. A elaboração teórica de Francis Collins que o leva a afirmar a existência de Deus preza a razão. Mas é preciso antes percorrer, ainda brevemente, o caminho da biologia até este marco fundamental da descoberta do genoma humano.

O monge agostiniano Gregor Mendel (1822-1884) leu *A origem das espécies*. Foi ele quem comprovou a hereditariedade por experimentos com ervilhas no jardim do monastério. Supôs que os genes, embora não soubesse de sua existência, deveriam existir, pois por cálculos matemáticos percebeu que era possível controlar as características das gerações seguintes. E apenas trinta e cinco anos depois, poucos meses antes da passagem para o século XX, três cientistas, em pesquisas em locais diferentes e quase ao mesmo tempo, comprovaram o acerto de Gregor Mendel.

Em 1944 as experiências de Oswald T. Avery, Colin M. Macleod e Maclyn McCarty demonstraram ser o DNA, e não as proteínas, que transmite as características hereditárias. A estrutura de hélice dupla e retorcida da molécula de DNA, e a capacidade de conduzir informações pela série de componentes químicos que formam os degraus desta escada, foi descoberta quase uma década depois, em 1953, por James Watson e Francis Crick. Como explica Francis Collins:

> Apesar de a estrutura externa ser formada por uma faixa de fosfatos e açúcares sem variação, a parte interessante está no interior. Os degraus da escada são feitos de combinações de quatro componentes químicos, denominados "bases". Vamos chamá-los (tendo como referência os nomes químicos verdadeiros dessas bases) A, C, G e T. Cada uma dessas bases tem uma forma específica.[20]

Quatro referências possíveis: A-T, T-A, C-G e G-G, sessenta e quatro combinações possíveis destas letras. O genoma humano apresenta, portanto, 3,1 bilhões de letras do código do DNA por 24 cromossomos. No nível do DNA, nós, os humanos, somos 99,9% idênticos. Há um baixíssimo grau de diversidade genética em nossa espécie. Em comparação com os chimpanzés, os humanos são 96% idênticos em DNA.

Mas adverte Francis Collins que a sequência não permite à ciência saber o que é necessário para ser humano. O fato, pois, é que todas as formas de vida estão inter-relacionadas.

Neste contexto, são os estágios intermediários e as lacunas do evolucionismo — recordo, admitidos pelo próprio Charles Darwin —

---

[20] *Idem*, p. 108.

que ensejam as propostas de uma evolução teísta, movimento que trata da evolução pressupondo Deus: admite-se a origem do Universo há quase 14 bilhões de anos, no Big Bang, e que na evolução das espécies os humanos descendem biologicamente dos símios, mas há características próprias que não são explicadas, como a existência da Lei Moral e a busca por Deus, esta última um fator psicológico presente em todas as civilizações e em qualquer época da história da humanidade, pouco importa as formas de expressão da religiosidade ou da representação da divindade (ainda por um ou por muitos deuses).

Francis Collins[21] propõe rebatizar a evolução teísta como "Bios pelo Logos", ou Biologos. Do grego, Bios é "vida", e logos é "palavra" — como diz João[22] no evangelho, "no princípio era o Verbo, e o Verbo era Deus". O biologos é a crença de que Deus é a fonte da vida, que a vida decorre de Sua vontade. Não é "Deus nas lacunas" porque Deus é a resposta às questões da ciência que não são por ela cogitadas, como "O que precede o Big Bang?" "Qual o sentido da vida?" "O que ocorre depois da morte?" Não é o Biologos sequer uma teoria científica porque não pode ser testada, mas Francis Collins, frente à descoberta do elaborado código da vida, afirma a palavra, o logos, de Deus como átimo gerador da vida.

Diante da ciência, do quanto comprovado, desdobra-se a razão para alcançar a causa eficiente deste coordenado e complexo universo biológico provedor da vida. Digo — se tomadas as premissas de Francis Collins por empréstimo — que deste efeito inteligente, o ser humano e o cosmos, há uma causa que o precede, causa-o e o mantém. E é a assombrosa descoberta da elaborada sequência do genoma humano, a precisa exatidão de sua estrutura em escalas microscópicas, tudo a ensejar, em um equilíbrio de máxima exatidão, a única possibilidade de vida humana tal como a conhecemos, o que conduz Francis Collins, sem preconceito, a racionalmente admitir uma causa inteligente na criação.

Um ato de fé, da fé divina enraizada no ser humano, desperta em uns e dormitada em outros, mas que desponta ou ainda mais se intumesce ao se emparelhar com a razão.

2.2.2 A teoria quântica e a consciência

A biologia clássica funda-se no princípio da causação ascendente (todo fenômeno biológico decorre da interação de elementos microscópicos denominados moléculas). Este princípio conduz a um

---

[21] *Idem*, p. 209 *et seq.*
[22] *João*, cap. 1, vers. 1.

determinismo genético porque os genes definem a forma e a função biológica. O acaso e a necessidade, os dois pilares do evolucionismo darwinista, sustentam a produção aleatória de componentes hereditários e a seleção entre as suas variações em razão das modificações do ambiente, o que se conhece por seleção natural.

No entanto, não é o que pensa, como foi visto, Francis Collins. E ainda outros biólogos de reputação mundial, como o inglês Rupert Sheldrake, lembrado pelo físico teórico Amit Goswami,[23] que no início da década de 1980 sugeriu que os programas genéticos de distinção celular são não físicos e não locais, e os denominou de campos morfogenéticos, e são estes campos que comunicam às células as informações. Os seus fundamentos advêm da física quântica, o que a partir de então passarei a considerar.

Mas não pretendo teorizar sobre a física quântica, é claro. Primeiro, por não ser físico, motivo mais do que suficiente a não me arvorar arrogantemente em elaborar qualquer teoria sobre algo que conta com cientistas que dedicam suas vidas a essa ciência. Segundo, porque os físicos teóricos, os que se devotam à teoria quântica, em comum apresentam mais a perplexidade do que as respostas supostamente definitivas e pacíficas a respeito de qualquer abordagem que envolva a física quântica;[24] de fato, parcela das afirmações teóricas logrou comprovação em experiências em laboratório, mas outro expressivo grupo de formulações advém de equações matemáticas que as legitimam, mas sem a constatação fática de suas teses. Além disso, de um modo geral, comprovados ou não os princípios teóricos da física quântica, o pouco consenso — no que é possível alcançá-lo — reside sobre o como acontece, e não o porquê é assim.

De tal sorte, pretendo apropriar-me, às minhas reflexões filosóficas sobre a justiça, do que se tem pacificado na física quântica, e do que serve não como um argumento, mas sim como fundamento às conclusões que amealho a respeito do campo semântico da justiça, a consciência.

Por isto, exclusivamente em compromisso à contextualização da própria ciência com as divagações filosóficas que proponho — na medida em que fraciono a ciência, particularmente me detenho na física quântica, e ainda assim apenas no que diz respeito à relação da consciência com o

---

[23] *Deus não está morto*, p. 120.

[24] Richard Feynman, físico americano dedicado à eletrodinâmica quântica e prestigiado com o Nobel de Física em 1965, em conhecida e constantemente reproduzida frase no meio científico, disse: "penso que posso dizer com segurança que ninguém compreende a mecânica quântica".

quantum —, é que anoto, a seguir, algumas singelas palavras a respeito da física moderna e da teoria unificada.

A física moderna apoia-se em dois pilares, a relatividade geral, de Albert Einstein, que nos fornece a estrutura teórica à compreensão do universo em grande escala (estrelas, galáxias, enfim, o cosmos), e a física quântica, que nos permite entender o universo em escalas menores (moléculas, átomos, elétrons, quarks etc.). Mas apresentam uma contradição. Como esclarece Brian Greene,

> O tecido do espaço-tempo parece integrado, salvo quando examinado com precisão ultramicroscópica. Por isso, a relatividade geral trabalha bem nas escalas maiores de espaço (e de tempo) — que são as escalas que importam para a maioria das atividades astronômicas —, mas se torna incoerente nas escalas menores do espaço (e do tempo). A noção básica de uma geometria suave, de curvas harmoniosas, justifica-se no que é grande, mas dissolve-se sob o impacto das flutuações quânticas quando levada ao que é pequeno.[25]

Embora escoradas em equações matemáticas coerentes, mesmo que parcela das assertivas destes dois segmentos da física fundamente-se em comprovações científicas, a teoria da relatividade pressupõe um plano contínuo, e a física quântica tem por um dos seus alicerces a não localidade, o que as leva a uma aparente aporia. Por isto, atualmente muitos físicos dedicam-se a encontrar uma teoria definitiva, uma "teoria sobre tudo", que compreenda tanto os postulados da relatividade geral quanto os da mecânica quântica. É a teoria das supercordas (ou teoria das cordas), ou teoria M.

Defende-se, sobretudo a partir de 1984 em razão dos trabalhos dos físicos Michael Green e John Schwartzon, que "os componentes elementares do universo 'não' são partículas puntiformes. Em vez disso, são mínimos filamentos unidimensionais, como elásticos infinitamente finos, que vibram sem cessar".[26] As cordas são elementos ultramicroscópicos que compõem partículas e estas os átomos. Desde as primeiras investigações de Gabriele Veneziano e Mahiko Suzuki, no final da década de sessenta do século passado, e o que se conhece por primeira revolução das supercordas (1984 a 1986), e até aos dias atuais (inclusive com

---

[25] Brian Greene é Doutor em Física pela Universidade de Oxford e professor da Faculdade de Física da Universidade de Columbia. Seu livro *O Universo elegante* ficou entre os finalistas ao Prêmio Pulitzer em 2000. A referência que faço encontra-se na p. 151 dessa obra.

[26] GREENE. *O Universo elegante*, p. 156.

respeitáveis cientistas que rejeitam essa teoria), o que se encontra neste segmento é a proposta (ainda não comprovada empiricamente) de que as cordas seriam os elementos indivisíveis a comporem a subestrutura do universo microscópico. São seus diferentes padrões vibratórios, sua amplitude (deslocamento entre o pico e a depressão) e extensão de onda (distância entre um pico a outro) que promovem energias distintas. Esta formulação da essência de uma partícula em cordas é o que permite explicar, por suas vibrações e oscilações ondulatórias, a apuração feita pela física quântica dos saltos descontínuos da matéria e ainda admitir a continuidade macro admitida pela teoria da relatividade.

Nas palavras de Brian Greene:

> O esquema unificado pela teoria das cordas é imponente, mas a sua principal atração é a possibilidade de mitigar as hostilidades entre a força gravitacional e a mecânica quântica. Lembre-se de que o problema de fundir a relatividade geral com a mecânica quântica surge quando o postulado central da primeira — que o espaço e o tempo constituem uma estrutura geométrica suave e curva — confronta-se com o aspecto essencial da última — que tudo no universo, inclusive o tecido do espaço e do tempo, sofre flutuações quânticas cada vez mais turbulentas à medida que as escalas de tamanho vão se tornando menores. Nas escalas de tamanho abaixo do nível de Planck, as ondulações quânticas são tão violentas que destroem a noção de um espaço geométrico suave e curvo, isso significa que a relatividade geral cai por terra. A teoria das cordas suaviza as ondulações quânticas violentas modificando as propriedades do espaço nas menores escalas de distância.[27]

No entanto, o meu foco central — e nele passo a exclusivamente me concentrar —, são as implicações da consciência segundo a física quântica. Interessam-me as ondulações quânticas em nível da escala Planck.[28] Pois as constatações científicas a respeito da atuação da consciência sobre os *quanta* em nada se invalidam pelo fato de a escala precedente ser as cordas. Algo age sobre as vibrações das cordas, e a física quântica, em particular em seu segmento que associa as investigações científicas à ação da mente, traz-me — ao meu objetivo de encontrar gravado na consciência o senso de justiça — valorosas informações. Note-se — e o faço na lembrança de Brian Greene — que a teoria das cordas não elimina a relatividade geral ou a física quântica, ao inverso,

---

[27] *Idem*, p. 174-175.

[28] Segundo Brian Greene, a distância de Planck encontra-se em uma escala abaixo da qual as chamadas "flutuações quânticas" do tecido do espaço-tempo são enormes, o que representa o tamanho típico de uma corda na teoria das cordas (*O Universo elegante*, p. 451).

seu êxito é a "incorporação natural da mecânica quântica e da gravidade em seu esquema".[29]

A minha senda, iniciada logo no primeiro capítulo deste diálogo, orienta-se pela premissa de ser a consciência uma essência estranha — embora relacionada, é evidente — ao corpo, e nesta medida adoto a racionalidade da proposta da física quântica sobre ser ela a causa regente da matéria, o que em tudo se associa ao logos de Deus sustentado por Francis Collins em racional explanação sobre o evolucionismo biológico do ser humano.

Em meio às tormentosas dúvidas que se instalam entre os físicos teóricos, não proponho a incisão da navalha de Occan,[30] mas, ao contrário, porque reconheço a robustez e a harmonia sistemática dos argumentos que prestigiam a consciência na construção da realidade fenomênica, estou convencido de que não há como tratar da justiça sem considerá-la em estrita vinculação à consciência, o que justifica, portanto, melhor a compreender, e para isto a física quântica e a psicologia são inegavelmente saberes indispensáveis.

2.2.2.1 *Quantum* e consciência

A física clássica iniciou-se no século XVII com personalidades como o matemático italiano Galileu Galilei, o astrônomo alemão Johannes Kepler e o matemático inglês Sir Isaac Newton, pois todos preconizaram que por meio de experiências seria possível compreender a natureza, e pela matemática os fenômenos naturais poderiam ser descritos. É o empirismo racional que se apoia em cinco pressupostos que se tornaram os fundamentos da física clássica: i) realidade: o mundo físico existe objetivamente, isto é, existe independentemente de ser observado por qualquer sujeito; ii) localidade: os objetos só podem ser influenciados por um contato direto, não se admitem ações a distância ou sem intermediários que possam produzir algum efeito; iii) causalidade: é a seta do tempo que aponta para uma única direção, e portando a sequência causa e efeito (causa —> efeito) é imarcescível;

---

[29] *O Universo elegante*, p. 415. Há outras implicações impressionantes da teoria das cordas, mas se eu me estendesse a reproduzi-las perderíamos definitivamente nosso foco. Apenas para exemplificar, recordo que as nossas conhecidas três dimensões espaciais e uma temporal sofrem o acréscimo de ainda outras seis dimensões espaciais recurvadas (e ainda alguns propõem mais uma espacial, em um total de dez dimensões espaciais e uma temporal).

[30] A navalha de Occan, em homenagem ao monge inglês do século XIV, Willian de Ockham, é a proposta de adotar-se sempre a explicação mais simples para qualquer problema, por ser ela, hipoteticamente, a melhor, o que levaria a eliminar as demais premissas.

iv) continuidade: afirma-se que na natureza o tecido espaço-tempo é contínuo, é dizer, sem saltos, sem descontinuidade; v) determinismo: tudo se desenvolve de modo preordenado e previsível, o que nos permitiria, se conhecêssemos todas as leis naturais, prever o futuro. Uma destas expressões encontra-se com o Marquês de Laplace que sustentava ser a natureza regida por um conjunto de leis físicas que seriam inevitáveis em sua aplicação, e por isto, e porque se aplicariam às partículas mais ínfimas, e ainda aos seres humanos e aos seus pensamentos, tudo se encontraria determinado de modo irreversível.

Amit Goswami, físico de renome internacional e a quem fiz menção e apresentei ainda em meu primeiro capítulo,[31] identifica, em relação a estes postulados da física clássica, os consequentes cinco princípios do realismo materialista: i) objetividade forte: objetos são independentes e separados da mente (consciência), o que equivale a dizer que o mundo é uma máquina; ii) determinismo causal: não há livre-arbítrio; iii) localidade: pela teoria da relatividade de Albert Einstein a velocidade mais alta na natureza é a da luz, e todas as influências entre objetos materiais fazem-se sentir no espaço-tempo, portanto, são locais porque se movimentam em uma velocidade finita; iv) monismo físico: a intenção de René Descartes ao dividir o mundo em matéria e mente era não atacar a religião sobre o que se referia à mente, mas ter a ciência supremacia sobre a matéria, e assim foi por cerca de duzentos anos até os cientistas começarem a questionar as concepções religiosas — é o monismo materialista, tudo é feito de matéria; e v) princípio do epifenomenalismo: os fenômenos mentais são epifenômenos, fenômenos secundários da matéria, e a mente é uma propriedade do cérebro.[32]

Chegou-se mesmo a afirmar — isto ainda à época do positivismo nascente, no final do século XIX, antes de Albert Einstein, antes da física quântica —, e quem o fez foi William Thomson, presidente da Real Sociedade de Ciências de 1890 a 1895 (e responsável posteriormente por contribuir à criação de um cabo telegráfico transatlântico), que "não há nada de novo a ser descoberto na física a partir de agora, tudo o que resta são medidas cada vez mais precisas", e talvez duas "pequenas nuvens no horizonte da física" poderiam ainda ser admitidas, o que se referia ele às propriedades da luz.

Mas não foi bem assim.

---

[31] Amit Goswami é Ph.D. em física quântica pela Universidade de Calcutá, e professor emérito do departamento de física da Universidade de Oregon, EUA.

[32] *O universo autoconsciente*, p. 33-36.

Muitos físicos, incluindo Isaac Newton, acreditavam que a luz era composta por partículas, e outros diziam ser por ondas, pois em 1801 o físico e médico britânico, Thomas Young, realizou experiências com a luz utilizando um aparelho de fenda dupla que supostamente revelou as propriedades ondulatórias da luz. Todavia, em 1900 o físico alemão Max Planck, agraciado em 1918 com o Prêmio Nobel de Física, desenvolveu uma descrição matemática da luz que o levou a afirmar que era formada por "pacotes discretos de energia",[33] e os denominou de "quanta", originando o termo *quantum*. Max Planck teorizou sobre a energia existir em unidades tal como a matéria, e não como uma onda eletromagnética constante, e sim como energia quantizada, é dizer, em unidades, *quantum*. A matéria apresenta propriedades de partículas e de ondas. Aquelas são objetos localizados, estas são variações propagadas que se apresentam como possibilidades. É a chamada dualidade onda-partícula. Cada objeto quântico é uma função de onda, como explica Amit Goswami: "uma função matemática usada para determinar a probabilidade com que esse objeto será encontrado em determinado local ao ser mensurado".[34] E cada mensuração provoca a alteração da matéria porque passa de uma onda de possibilidade para uma partícula real, o que se chama — esta mudança — de colapso da função de onda.

Em 1905 Albert Einstein, ainda desconhecido funcionário de um escritório de patentes na Suíça, admitiu a ideia do *quantum* e descobriu que a luz era uma partícula de energia discreta, o que explicava seu efeito fotoelétrico. Assim, constatou que a luz era tanto partícula como onda, e a partir de então o conceito de *quantum* passou definitivamente a ser aceito pela maioria dos físicos. Em 1913 o físico dinamarquês Niels Bohr demonstrou que o conceito de *quantum* servia para explicar a própria estrutura do átomo, e em 1924 o francês Louis De Broglie afirmou que mesmo a matéria apresenta propriedades ondulatórias, e foi apenas em 1926 que Erwin Schrödinger apresentou uma formulação matemática da equação de ondas que se associava à teoria quântica.

Werner Heisenberg, nos idos de 1927, elaborou a relação entre as partículas e as ondas que o levou a conclusões sintetizadas no que denominou de princípio da incerteza: quanto mais precisamente a posição de uma partícula é definida, menos exato é o conhecimento de seu

---

[33] William Lagos, tradutor do livro *Mentes interligadas* de Dean Radin, esclarece: "'Discreto', em matemática, significa um número ou valor finito ou contido em um infinito contável, isto é, de probabilidades que se podem calcular; em física, uma entidade ou objeto que toma ou possui esses valores e é descontínuo, isto é, formado por elementos distintos e não conectados entre si, salvo por interfaces" (*Op. cit.*, p. 211, rodapé).

[34] *Deus não está morto*, p. 32.

movimento, e vice-versa. A incerteza, como esclarece Dean Radin "não é devida à nossa ignorância sobre a posição ou o momento (energia) de um fóton ou partícula, mas antes uma limitação fundamental do conhecimento que podemos obter sobre sistemas com propriedades complementares, como ondas e partículas ou posições e momentos".[35] A complementaridade surge na física quântica porque a matemática no princípio da incerteza é "não comutativa" (a equação A x B não equivale a B x A). Um fóton, por exemplo, constituído de uma onda e uma partícula, não pode ser decomposto em partes separadas. Um fóton, afirma Dean Radin na mesma passagem, é "uma 'mistura' das duas". A luz compreende um fluxo de fótons. Portanto, no mundo do *quantum* é impossível mensurar ao mesmo tempo a posição e o *momentum* da partícula.

O princípio da incerteza desafia a noção de causalidade da física clássica porque não se pode saber quais são todas as propriedades encontráveis em uma partícula. No clássico experimento da fenda dupla — referência comum à introdução da física quântica — uma corrente de fótons é projetada sobre uma tela com duas fendas, e do outro lado há uma chapa fotográfica que registra o local em que cada fóton colide. Se uma fenda estiver fechada, a chapa registra uma distribuição precisa de fótons. É o presumido ao se considerar que fótons são partículas individuais. Mas se as duas fendas estiverem abertas, a chapa registra um padrão de interferências com várias faixas de intensidades alta e baixa, o que faz por concluir que os fótons são uma onda. Mesmo que se diminua a intensidade da luz e apenas um fóton de cada vez seja enviado por duas fendas, ainda assim haverá o mesmo padrão de interferências referido, o que permite a ilação de que cada fóton, mesmo separado, atravessa as duas fendas ao mesmo tempo como se cada qual fosse uma onda.

Mas há uma constatação impressionante neste experimento — e aproxima-me da razão das minhas considerações sobre a física quântica junto às reflexões acerca da justiça. Este padrão de interferências só existe quando não há observador. Diante de um observador o fóton se comporta como partícula. É o que se denomina de problema da medição quântica, o fóton só age como onda quando não há observador, pois ao

---

[35] *Mentes interligadas*, p. 211. Dean Radin é mestre em engenharia elétrica e Ph.D em psicologia pela Universidade de Illinois, EUA. Atua no Instituto de Ciência Noéticas no norte da Califórnia, e nas universidades de Princeton, Edinburgh e Nevada; fez parte de pesquisas em um projeto científico para o governo dos Estados Unidos sobre fenômenos psíquicos. Dentre suas atividades científicas, dedica-se ao estudo da "psi", um termo utilizado para designar os fenômenos psíquicos, a exemplo da conexão de mente para mente (telepatia), percepção de objetos ou eventos à distância (clarividência), percepção de eventos futuros (precognição) e interações entre mente e matéria (psicocinese).

olharmos para ele há um colapso e o fóton apresenta-se como partícula. Werner Heisenberg confirmou que a trajetória do elétron só aparece quando a observamos, só ao medir é que o elétron é localizado, portanto o ato de medir reduz o estado ondulatório ao de partícula.

O princípio da incerteza quântica diz que jamais podemos determinar simultaneamente e com absoluta certeza a velocidade e a posição de um objeto, pois o comportamento de objetos quânticos é probabilístico, não existe no domínio material do espaço-tempo, mas fora dele, em um domínio transcendente da realidade.

Conforme Amit Goswami,[36] as ondas de possibilidade quântica espalham-se em potência, e não no espaço e no tempo, os transcendem; mas quando a consciência escolhe entre as possibilidades cria no espaço e no tempo, pelo colapso da onda de possibilidade, um evento descontínuo, o que se conhece, segundo o físico Niels Bohr, por "salto quântico".

Os conceitos da física quântica revolucionaram os da física clássica. Admitem-se a sobreposição (aspecto ondulatório dos objetos quânticos), complementaridade, incerteza, problema de mensuração e entrelaçamento. No estado não observado o objeto quântico não apresenta localização definida, nem no tempo nem no espaço, e muito menos propriedades definidas. A não localidade significa que os objetos quânticos podem ser entrelaçados por meio do espaço e do tempo enquanto não observados. A causalidade, afetada pela teoria da relatividade de Albert Einstein, que havia comprovado que a flecha fixa do tempo é um equívoco, porque espaço e tempo não são absolutos, é definitivamente comprometida pela não localidade quântica.[37] A continuidade também se prejudica porque a teoria quântica indica a relação descontínua. E o determinismo absoluto, por fim, é superado porque a causalidade era o seu pressuposto.

Um aspecto, contudo, deve ser realçado em esclarecimento ao que até a este instante foi exposto: o comprometimento da causalidade diz respeito à sua concepção nos termos da física clássica. Isso não significa que em seu lugar se apresenta o arbítrio, o acaso. O que a física quântica revela é que a relação de causa e efeito não se faz no plano estritamente material, e sim pressupõe a observação — leia-se, desde logo, a consciência — na produção do resultado. A consciência causa o consequente observado.

---

[36] *Evolução criativa das espécies*, p. 40.

[37] A relatividade geral mostrou que espaço e tempo são influenciados pelo observador, mas ainda podem curvar-se em reação à presença da matéria ou da energia. Como explica Brian Greene, são estas distorções no tecido do espaço e do tempo que transmitem a força da gravidade (*O Universo elegante*, p. 20).

Disse o físico Niels Bohr que "quem não se chocar com a teoria quântica, não a compreende". Mas diante do espanto progressivo gerado por esta ciência, embora as divergências teóricas pululem com uma frequência crescente, não obstante o porquê da maioria das constatações e formulações teóricas ainda não encontrarem resposta, um fato é certo: a realidade é criada pelo observador.

Ou como defende o físico laureado com o prêmio Nobel de 1963, Eugene Wigner, a consciência determina a existência.

A livre escolha do sujeito determina a realidade. O princípio da incerteza rechaça o determinismo materialista do Marquês de Laplace, e da mesma forma as proposições filosóficas, tenham ou não cunho teológico, que pretendam sustentar a supressão da liberdade, como as de G. W. Leibniz sob a imagem do Grande Relojoeiro, na qual propõe que haveria uma harmonia preestabelecida, como dois relógios de pêndulo. A relação entre a mônada (espírito) e a matéria (corpo) não seria direta, mas por meio da coordenação destas duas dimensões incomunicáveis haveria uma programação divina, assim, se levanto um braço não é porque a minha vontade espiritual o fez, mas porque as duas dimensões, espírito e corpo, apresentam uma harmonia (coordenação) definida previamente. Os dois relógios — a mônada e a matéria — teriam sido acertados pelo Grande Relojoeiro, Deus.

Definitivamente, não. O primado da consciência e o livre-arbítrio são postulados científicos que não podem mais ser desprezados.

A física quântica constata que os objetos representam-se como ondas de possibilidades e com a interferência de um observador há o colapso e das ondas surge a partícula que se torna realidade. O efeito é produzido por um observador, pela consciência. O colapso quântico de possibilidades é descontínuo. A matéria é ondas quânticas que não se separam da consciência, mas são por ela realizadas.

Esta é a essência da evolução criativa das espécies — o que será visto em seguida — e que legitima reconhecer nela, na consciência, a sede da justiça — o que será tratado mais adiante.

2.2.2.2 A evolução criativa das espécies

Amit Goswami[38] diz que a biologia precisa reconciliar-se com a física quântica e propõe, alicerçado no que foi visto há pouco sobre esta última, o que denomina de evolução criativa das espécies. Sustenta que as novas espécies surgem em decorrência de atos criativos da

---

[38] *Evolução criativa das espécies*, p. 17, 162.

consciência, e esta criatividade biológica, verdadeiros saltos quânticos, colapsa-se instantaneamente. O desenhista da criação, afirma ele, é a consciência quântica, Deus — como se percebe, ao menos com o biologos de Francis Collins a leitura de Amit Goswami encontra ressonância.

Não é a invocação de "Deus nas lacunas" ao evolucionismo darwinista, e sim uma explicação racional diante dos resultados encontrados pela física quântica no decorrer do século XX. Não são derrogações das leis naturais conhecidas, mas o entendimento de outras novas — regentes do mundo subatômico —, e em especial a representação do observador sobre o objeto observado, isto é, a ação da consciência sobre a matéria, que fazem por confirmar e aperfeiçoar a clássica teoria da evolução das espécies.

A presença da vida inteligente, de consciências individuais na Terra, de uma ordem profundamente harmoniosa na natureza — pois mesmo entre os cientistas que sustentam a tendência à entropia é preciso ponderar, a exemplo da hipótese Gaia,[39] a estruturação compensadora e vitalmente vigorosa em todo o universo, pois pequenas alterações de elementos e situações estabelecidas tornariam a existência da vida, ao menos tal como a conhecemos, impossível em nosso orbe —, conduzem-nos a perceber que a consciência detém um papel na criação muito mais relevante do que até o momento pudemos constatar.

Nada místico, mas racionalmente proposto: Deus como organizador objetivo. Da inefável sinfonia cósmica, das leis naturais conhecidas a disciplinarem a vida no planeta (mineral, vegetal, animal e hominal), a razão nos conduz a uma causa inteligente. A par da fauna e da flora, do ciclo vital de nosso orbe e a sua relação com o universo, os registros fósseis em suas lacunas graves na evolução das espécies são explicadas por Amit Goswami como "assinaturas da criatividade biológica".[40] Pois ao lado do ritmo lento da evolução darwinista há uma toada rápida que sequer enseja tempo à formação de fósseis. É o que gera as lacunas. A evolução é como um texto em prosa com pontuações que marcam a descontinuidade, diz Amit Goswami. A criatividade ocorre por saltos quânticos. Em sua constatação: "não há registro fóssil para os estágios intermediários porque não há estágios intermediários"![41]

---

[39] A "hipótese Gaia", proposta por James Lovelock na década de 70 do século passado, decorre da observação por ele feita de que a Terra, ao longo de sua história, manteve mais ou menos sua temperatura média, ao passo que o Sol cada vez se encontra mais quente. Ele propôs a Terra como um organismo vivo. A bióloga Lynn Margulis, posteriormente, apoiou a ideia por pesquisas que refletem o relacionamento simbiótico entre os seres vivos e não vivos do planeta.

[40] *Evolução criativa das espécies*, p. 19.

[41] *Deus não está morto*, p. 127-128, 130.

Se Carl Gustav Jung está correto ao asseverar que "a única forma de existência de que temos conhecimento imediato é a psíquica, [...] a psique existe, e mais ainda: é a própria existência";[42] se a teoria evolucionista apresenta lacunas impossíveis de serem esclarecidas não porque ainda não se ordenaram as fórmulas necessárias ao seu esclarecimento, mas porque a complexidade e abrupta transformação fazem constatar que algumas evoluções[43] ocorrem em átimos; se a física quântica revela uma dimensão de novas leis naturais adequadas ao universo subatômico — nada místico, insisto — que comprovam ser a consciência (o observador) quem afeta e gera a realidade fenomênica, então há uma inteligência suprema que atua e colapsa em saltos quânticos transformações no plano sensível.

Mesmo sem se aperceber da pertinência visionária de sua afirmativa, o piparote de Deus,[44] sugerido por Blaise de Pascal, contém profunda significação científica de acordo com a teoria quântica. A ação criativa de uma consciência cósmica ajusta-se às premissas da mecânica quântica e completam a teoria evolucionista. A perspectiva é que se altera, em vez de uma relação da célula ao cérebro deve ou considerar a ordenação da consciência à matéria.

O padre jesuíta Pierre Teilhard de Chardin, reconhecido pensador do século XX, apoia a evolução das espécies e acredita ser natural considerar Deus não como primeiro Motor físico ou biológico, mas como primeiro Motor psíquico legitimador no ser humano de sua inteligência e liberdade.[45] E a mesma tônica evolucionista sob o primado da consciência encontra-se com o filósofo Max Scheler ao asseverar que os seres vivos não são meros objetos para observadores externos, pois possuem um ser-para-si e um ser íntimo que indicam o "fenômeno psíquico originário da vida".[46] Ou ainda, em data mais remota, uma das proposições de Baruch Spinoza ao investigar a natureza e a origem da mente: "o pensamento é um atributo de Deus, ou seja, Deus é uma coisa pensante".[47]

São os discursos da ciência, da teologia e da filosofia que tomam a consciência por centro regente da vida. Ou nas palavras de Henri

---

[42] *Psicologia e religião*, p. 14.

[43] A evolução do olho, relembro, é o clássico exemplo mencionado.

[44] Disse Pascal: *"Não posso perdoar Descartes; bem quisera ele, em toda a sua filosofia, passar sem Deus, mas não pode evitar de fazê-lo dar piparote para pôr o mundo em movimento; depois do que, não precisa mais de Deus".*

[45] *Psicologia e religião*, p. 76.

[46] *A posição do homem no cosmos*, p. 8.

[47] *Ética*, p. 52.

Bérgson, a "consciência é sinônimo de escolha",[48] o que guarda relevante significado se acolhida a teoria de Amit Goswami sobre a consciência quântica, uma inteligência primária que produz as leis naturais, do macro e do micro universo, e colapsa a realidade cósmica. Em uma palavra, Deus.

Miticamente, nos Gathas, textos atribuídos à autoria de Zaratustra, personagem aglutinadora da religião iraniana entre os séculos VII e VI a.C., Aura-Masda é a principal e soberana divindade, e criou o mundo por seu pensamento.[49] No antigo testamento, na Gênesis, Deus disse, no primeiro dia da criação, "haja luz", e a luz se fez.[50] No novo testamento, em João,

> No princípio era o Verbo, e o Verbo estava com Deus, e o Verbo era Deus. No princípio, ele estava com Deus. Tudo foi feito por meio dele e sem ele nada foi feito. O que foi feito nele era a vida, e a vida era a luz dos homens; e a luz brilha nas trevas, mas as trevas não a apreenderam.[51]

Em meio às distorções feitas pela humanidade ao levar à literalidade expressões inequivocamente simbólicas — e lembre-se que Paulo de Tarso advertia que a letra mata, mas o espírito vivifica,[52] em profundo incentivo à compreensão além das palavras —, as fábulas e parábolas vividas e narradas pelos principais expoentes religiosos da história antecipam, em alguns casos em milênios, a mesma essência que seria anunciada pela física quântica: a consciência cria.

À recusa de que personalidades históricas pudessem, por mitos, lendas e parábolas, sintetizar de modo poético o que a ciência alcançaria só bem mais tarde, calha à lembrança a lúcida advertência de Carl Gustav Jung: "é um preconceito supor que algo nunca pensado possa não ter existência dentro da psique".[53] O inconsciente coletivo e os seus arquétipos são a prova científica do entrelaçamento das consciências. As consciências encontram-se relacionadas e criam a realidade circundante.

Dean Radin diz que a teoria quântica possibilitou a noção de entrelaçamento, o que Albert Einstein recusava e por chiste alcunhou de "ação fantasmagórica à distância".[54] No entanto, Erwin Schrödinger,

---

[48] *A energia espiritual*, p. 11.

[49] ELIADE. *História das crenças e das ideias religiosas – I*, p. 295.

[50] *Gênesis*, cap. 1, vers.1-5.

[51] *João*, cap. 1, ver. 1-5.

[52] *Carta aos Romanos*, cap. 7, vers. 6; *Segunda carta aos Coríntios*, cap. 3, vers. 6.

[53] *Os arquétipos e o inconsciente coletivo*, 6. ed., p. 269.

[54] *Mentes interligadas*, p. 23-24.

agraciado com o Nobel de Física em 1933, e quem primeiro fez menção ao "entrelaçamento", expôs sob este termo a noção de que as conexões entre as partículas apartadas ocorrem "por fora" do fluxo usual do tempo, e portanto as separações que vemos entre os objetos são de certo modo ilusões criadas por nossas percepções. Nestes termos, segundo Dean Radin, evidências laboratoriais indicam que temos a capacidade de perceber informações a distância e influenciar eventos distantes por meio do espaço e do tempo, o que permite concluir que não somos seres isolados, e nossas intenções não estão limitadas às nossas mentes e corpos.[55]

Do quanto vimos até este momento, as implicações destas considerações às especulações filosóficas sobre a justiça são para mim consequência inevitável. Uma Consciência primária simultaneamente causa eficiente e final, a consciência humana como dínamo cocriador de sua realidade sensível, e o entrelaçamento entre estas consciências criadas são elementos que particularmente não vislumbro como dispensá-los se o meu propósito é refletir sobre a justiça.

2.2.3 A hipótese – Deus como Consciência primária e a justiça uma lei natural

Se Francis Collins tem a convicção de que as mínimas distinções do mapa da sequência do genoma, tanto entre as espécies contemporâneas quanto no curso histórico dos seus evolveres, não são simples lacunas às quais a invocação de uma força divina seria uma singela — e equívoca — tentativa malograda de justificação, se as expressivas transmutações biológicas revolucionárias das espécies encontram explicação racional ao repousar no que ele denomina de logos da geração da vida porque nos reportamos a uma causa eficiente inteligente aos efeitos criados, então é mesmo com a física quântica e o primado da consciência, e ainda a

---

[55] *Idem*, p. 180. Utilizando geradores de números aleatórios (RNGs), estes são projetados à aleatoriedade pura, também conhecida como entropia, mas que diminui quando o gerador permanece próximo a grupos engajados em tarefas de atenção focalizadas, comprovando a interferência entre mente e matéria (*Mentes interligadas*, p. 182). O Projeto de Consciência Global (GCP), conduzido por Roger Nelson, expande estes experimentos em uma abrangência global. O evento mais dramático registrado foi o dia 11 de setembro de 2001 no qual a rede de aleatoriedade foi sensivelmente afetada já duas horas antes da explosão do primeiro avião em Nova York. Conforme Dean Radin, as teorias dos campos físicos ou quase físicos incluem a ideia do inconsciente coletivo de Carl Gustav Jung, os campos morfogenéticos do biólogo Rubert Sheldrake e a teoria do campo geomagnético do neurocientista Michael Persinger, e todos estes modelos sustentam a existência de uma memória não local que permeia o espaço e o tempo (*Op. cit.*, p. 244).

psicologia analítica e o entendimento do fenômeno religioso junto aos arquétipos do inconsciente coletivo que se completa a racionalidade da hipótese Deus. Por uma nova perspectiva de relação causal — em virtude da observação consciente, e não por relações mecânicas estritamente associadas ao mundo material —, o "salto quântico" (conforme expressão do físico Niels Bonhr) é o instante da revolução evolutiva, o que torna indispensável a existência de uma Consciência primária, Deus, geradora dos colapsos de função de onda de todo o cosmos e das vidas que o habitam, e explica, por nossas consciências individuais entrelaçadas, a presença arquetípica coletiva da ideia da divindade.

O evento do colapso — a transformação da possibilidade de onda em matéria real — não é explicado pela ciência. Constata-se, é o que faz a física contemporânea. Mas não há explicação do fenômeno (por que é assim?). No âmbito da física quântica, o paradoxo de Wigner, nome atribuído em virtude de quem o teorizou, Eugene Paul Wigner, Nobel de Física em 1963, é significativo às ilações até agora alinhavadas. Eugene Paul Wigner aproxima-se de um semáforo com duas possibilidades, vermelha e verde, e ao mesmo tempo seu amigo aproxima-se do mesmo farol na rua transversal. Os dois escolhem a luz verde. Qual vontade deve prevalecer? Amit Goswami[56] em suas pesquisas em Oregon formulou a mesma resposta que seria encontrada por Ludwig Bass na Austrália e Casey Blood em Nova Jersey: a consciência é uma só. É não local e cósmica. Por trás das individualidades locais de Eugene Paul Wigner e de seu amigo há uma consciência una que escolhe e realiza por eles, o que Amit Goswami denomina de sujeito-consciência unitivo.[57] Uma Consciência primária. "O reino de Deus está dentro de vós", disse Jesus,[58] uma expressão simbólica do que a física quântica permite reconhecer como consciência não local.

Deus, enfim. Uma hipótese da razão. Não um ser movido a paixões, orgulho e egoísmo como no retrato dos deuses do Olimpo, não uma divindade punitiva e acusadora, indiferente à miséria humana, cataclismos, doenças, à violência, mortes prematuras ou intensamente sofridas, à tristeza, ao sofrimento humano, não uma divindade interessada em barganhas e benesses por sacrifícios pessoais, não uma força supostamente preocupada em eleger alguns poucos como seus mandatários e exclusivos detentores do soberano poder do perdão.

---

[56] *Deus não está morto*, p. 78-79.

[57] *O universo autoconsciente*, p. 111.

[58] *Lucas*, cap. 17, vers. 20-21.

Não me refiro, pois, a um Deus antropomórfico. Moldado à semelhança dos homens por não se conseguir imaginar uma referência diferente. Não um Deus bíblico e mitológico sob a literalidade de textos que às claras não tiveram o propósito de serem realistas em suas descrições físicas. Pois como se atribui à fala do Cardeal Barônio em defesa a Galileu Galilei, "a intenção do Espírito Santo é ensinar-nos como se vai para o céu e não como vai o céu". E nas palavras do próprio Galileu Galilei:

> Toda vez que alguém, ao expô-la [As escrituras, o Evangelho], quisesse ater-se sempre ao som literal nu, poderia, errando este alguém, fazer aparecer nas Escrituras não só contradições e proposições afastadas da verdade, mas graves heresias e mesmo blasfêmias. Posto que seria necessário dar a Deus pés, mãos, olhos não menos que afecções corporais e humanas tais como de ira, de arrependimento, de ódio e até certa vez o esquecimento das coisas passadas e a ignorância das futuras.[59]

Por igual é o que se encontra em Santo Agostinho ao confessar as falsas impressões que nutria: "ignorava que Deus é espírito e não tem membros dotados de comprimento e de largura, nem é matéria porque a matéria é menor na sua parte do que no seu todo".[60]

A personificação de Deus, no entanto, sequer é voz comum nas manifestações religiosas. No Tao te ching, de Lao-Tsé, Tao quer dizer o Absoluto, a Divindade, a Essência, a Consciência Invisível, mas nunca uma divindade personalizada. Te é caminho, e Ching significa livro. Então, "o livro que revela Deus". No primeiro poema: "o Insondável (Tao) que se pode sondar". Na doutrina espírita codificada por Allan Kardec, em particular n'O Livro dos Espíritos, à primeira questão, "que é Deus?", responde-se: "Deus é a inteligência suprema, causa primeira de todas as coisas". A pergunta — note-se — não é quem, mas que é Deus.

Faço minhas, portanto, as lições de Blaise de Pascal: "se submetermos tudo à razão, a nossa religião não terá nada de misterioso e de sobrenatural; se violentarmos os princípios da razão, a nossa religião será absurda e ridícula".[61] A razão humana é irrenunciável, sempre. O que denota a pertinência do princípio da razão suficiente de G. W. Leibniz que em seu Discurso de metafísica afirma com propriedade que

---

[59] *Ciência e fé*: cartas de Galileu sobre o acordo do sistema copernicano com a Bíblia, p. 58-59.

[60] *Confissões*, p. 66.

[61] *Pensamentos*, p. 71. Em outro momento ele diz: "Assim, pode-se perfeitamente conhecer que há um Deus sem saber o que ele é".

nada pode ser sem razão, e por isto mesmo o conduz a dizer que Deus é necessário e eterno à existência do ser humano.[62]

As dificuldades de compreender o porquê de fatos e ocorrências são desafios a motivarem o empenho humano ao entendimento — sempre racional — da vida. Buscas à solução da ignorância que todos nós temos, em maior ou menor escala, sobre a nossa origem, a vida e a morte. Reflexões e considerações que se apartam do propósito deste diálogo, mas em nada invalidam a premissa posta, e que é pertinente a este estudo — a existência de Deus.

A percepção do divino faz-se presente em todas as épocas e entre todos os povos, em manifestações as mais diferentes, às vezes plural, outras sob a projeção de uma imagem à semelhança do ser humano, mas sempre a noção de divindade ressoa no íntimo da alma humana. Não é o acaso, acertadamente diz Carl Gustav Jung, que certas ideias ocorrem em qualquer lugar e sempre independentemente da migração ou da tradição, elas não são criadas pelo sujeito, mas simplesmente lhe ocorrem, "irrompem, por assim dizer, na consciência individual".[63] É verdade que ele adverte:

> Incorreria em erro lamentável quem considerasse minhas observações como uma espécie de demonstração da existência de Deus. Elas demonstram somente a existência de uma imagem arquetípica de Deus e, em minha opinião, isso é tudo o que se pode dizer, psicologicamente, acerca de Deus. Mas como se trata de um arquétipo de grande significado e poderosa influência, seu aparecimento, relativamente freqüente, parece-me um dado digno de nota para a 'Theologia naturalis'. Como a vivência deste arquétipo tem muitas vezes, e inclusive, em certo grau, a qualidade do numinoso, cabe-lhe a categoria de experiência religiosa.[64]

Em idêntica percepção, Mircea Eliade, destacado historiador das religiões, conclui que "o sagrado é um elemento na estrutura da consciência, e não uma fase na história dessa consciência".[65] Lembro ainda,

---

[62] *Discurso de metafísica e outros textos*, p. 3, 29. Em outro texto: "a razão última das coisas deve estar em uma substância necessária, na qual o detalhe das mudanças só esteja eminentemente, como em sua fonte: é o que chamamos 'Deus'. [...] Pode-se julgar também que esta 'Substância Suprema' que é única, universal e necessária, não tendo nada fora dela que lhe seja independente, e sendo uma conseqüência simples do ser possível, deva ser incapaz de limites e conter tanta realidade quanto seja possível" (Os princípios da filosofia ou a monadologia. *In*: LEIBNIZ, *Discurso de metafísica e outros textos*, p. 138).

[63] *Psicologia e religião*, 6. ed., p. 9.

[64] *Op. cit.*, p. 64.

[65] *História das crenças e das ideias religiosas – I*, p. 13.

nestes termos, do filósofo Max Scheler ao dizer que o homem, no instante em que se reconhece como tal por meio da consciência do mundo e de si mesmo pela objetivação de sua natureza psíquica, apreende a ideia de um "ser supramundano infinito e absoluto", e por isto a "'consciência do mundo, do si próprio e de Deus' formam uma 'unidade estrutural' ilacerável".[66] O mesmo que seria dito por Johannes Hessen ao expor que a consciência do mundo, a consciência de si próprio e a consciência de Deus formam uma "incindível unidade de estrutura".[67]

Trato, portanto, do arquétipo de uma inteligência suprema, e isto a psicologia analítica não recusa, como o próprio Carl Gustav Jung admite:

> O intelecto humano jamais encontrará uma resposta para esta questão [Deus]. Muito menos pode haver qualquer prova da existência de Deus, o que, aliás, é supérfluo. A ideia de um ser todo-poderoso, divino, existe em toda parte. Quando não é consciente, é inconsciente, porque seu fundamento é arquetípico.[68]

E de fato não me valho das lições de Carl Gustav Jung como "prova" de Deus. Mas como argumento da razão que nos endereça a Ele. Do biologos de Francis Collins às vigorosas aferições e teorizações da física quântica sobre a consciência, a noção de arquétipo coletivo de Carl Gustav Jung é mais um reforço à racionalidade do que poderia em princípio apenas ser considerada, no plano da ciência e da filosofia, uma simples hipótese, Deus. Um princípio causador (em causação descendente) de toda a realidade sensível, orgânica e inorgânica. A física quântica e a psicologia analítica integram-se ao mutuamente se apoiarem e possibilitarem: a) o legítimo reconhecimento de uma consciência universal — criadora dos colapsos quânticos para a física, e existente em arquétipos coletivos para a psicologia analítica;[69] b) o entrelaçamento das consciências individuais — como foi visto no item precedente, sobretudo com as referências a Dean Radin, e que novamente encontra reflexo em Carl Gustav Jung em sua valorosa ciência sobre os arquétipos do inconsciente coletivo.

---

[66] *A posição do homem no cosmos*, p. 85-87, 86.

[67] *Filosofia dos valores*, 5. ed., p. 211.

[68] *Psicologia do inconsciente*, 11. ed., p. 63.

[69] Como diz Amit Goswami: (...) "a causação descendente e divina é o princípio organizador durante períodos de ritmo acelerado. Nesses períodos, Deus intervém, por assim dizer, e cria novas espécies, mas não do zero, e sim a partir das manifestações existentes. Nessa óptica — aqui chamada 'evolução criativa' —, as teorias criacionista e do desígnio inteligente, bem como o darwinismo, ficam válidas, grosso modo. Podem viver juntas — e mais: juntas, podem explicar os dois ritmos da evolução, o rápido e o lento, e as principais idéias das duas teorias são integradas" (*Evolução criativa das espécies*, p. 31).

Se assim o é, o diálogo filosófico sobre a justiça não pode prescindi-Lo. Mas deve pressupô-Lo e partir desta hipótese alcançada pela razão.

Por este prisma, a justiça é criação da Consciência primária, de Deus, uma fonte cósmica que inscreve seus preceitos junto à criação, em cada ser individual, consciências particulares entrelaçadas que comungam do mesmo coletivo inconsciente arquetípico.

Há uma ideia de justiça, portanto, porque é uma das leis naturais, criada por Deus e impressa no inconsciente de todos os seres humanos. O que conduz à objetivação que Johannes Hessen reconhece em uma "verdadeira 'esfera dos valores religiosos', chamada a esfera do 'Santo' ou do 'divino".[70] Objetividade que faria Santo Agostinho dizer que a justiça não pode ser desigual e mutável.[71]

Como adiantei no primeiro capítulo, a humanidade faz escolhas. Define o que quer para ela como justo, o justo direito. De suas percepções sobre a justiça — do quanto alcança e logra acessar dos arquétipos do inconsciente coletivo, em particular da ideia de justiça —, faz escolhas, algumas reproduzem próxima ou até coincidentemente fragmentos da ideia de justiça, outras passam ao largo do modelo ideal, são pálidas e distorcidas sombras da imagem objetiva, eterna e perene da justiça que se encontra à entrada da caverna.

Não se confunde, portanto, a justiça em seu âmbito filosófico como uma das leis naturais que resultam da criação divina — a justiça arquetípica — com a justiça dos seres humanos como produto cultural do que nós definimos e pomos em uma ordem que reconhecemos como jurídica — o justo direito, ou a justiça deôntica, em feliz expressão de Ricardo Marcondes Martins.

Minhas reflexões são sobre a justiça que antecede o direito. A justiça que inspira a idealização do justo direito, e que pode, ou não, realizar-se nele, materializar-se em uma ordem posta, e se o faz ainda pode ou não se efetivar em um caso concreto, promover o direito justo. Há um fio condutor — embora com frequência rompido. Da justiça ao justo direito, deste ao direito justo. Saber o que é justiça, pois, é simplesmente fundamental.

Lei natural porque incrustada na natureza humana ou regente do cosmos, portanto, tal como o ser humano a justiça, uma lei natural enraizada no inconsciente das criaturas, é de origem divina. Por

---

[70] *Filosofia dos valores*, 5. ed., p. 120.
[71] *Idem*, p. 67.

conseguinte, a ideia de justiça é imutável, eterna e perfeita, e a todos hipoteticamente acessível porque em um mesmo arquétipo do inconsciente coletivo de consciências que o comungam porque entrelaçadas.

O que sobreleva em importância ao desfecho deste subitem é mesmo a reafirmação de uma ideia, um modelo ideal de justiça, uma lei natural, gerada por Deus, gravada em suas criaturas, e da qual as frações gradualmente emergem e realizam-se em nós, o que, ao acontecer, produz certo sistema jurídico que pode orgulhar-se de ser um justo direito.

2.2.3.1 O acesso ao inconsciente coletivo, a pretensão de correção e a "injustiça intolerável"

No primeiro capítulo, ao anotar algumas lições de Carl Gustav Jung, eu disse que a relação entre a consciência e o inconsciente individual, e mesmo ainda o inconsciente coletivo, dá-se pelo que se denomina de afeto: certa restrição da consciência, uma diminuição de sua orientação, o que permite, em medida correspondente, a penetração sutil do inconsciente no espaço equivalente. Ora, como este procedimento desenvolve-se em cada qual, ou em comum a sociedade evoluciona, a permuta desta percepção consciente/inconsciente nos arquétipos coletivos depende, sem dúvida alguma, do progresso do autoconhecimento, de cada ser individualizado, da comunidade como um todo.

Neste sentido é que a maturidade social é relevante. Por um processo de descobrimento de si própria, a humanidade percorre uma via de mão dupla, consciência/inconsciência, e na medida em que deixa emergir os conteúdos do arquétipo da justiça, uma lei natural, corresponde-se a realidade fenomênica com a ideia de justiça. Concordo com Ricardo Marcondes Martins quando diz que a sensibilidade é facilitada pela maturidade. E o é, entendo eu, porque o constante processo de autoconhecimento franqueia o acesso aos conteúdos da justiça arquetípica.

No entanto, não posso concordar com o meu interlocutor quando diz que se fosse verdade que a justiça encontra-se inscrita nos arquétipos do inconsciente coletivo "não haveria tanta 'divergência', seria fácil chegar à decisão justa". Pois por ser justamente como expus que há tanta celeuma. Em sua caminhada individual, o ser humano empenha-se por se conhecer. A máxima inscrita no Templo de Apolo, na cidade de Delfos, e que tanto impressionou Sócrates — "conhece-te a ti mesmo" —, nunca foi olvidada porque diuturnamente conclama-nos a realizá-la. A própria psicologia, em estritura síntese que dela faço (e não para obscurecê-la, muito pelo contrário), outra proposta não representa senão dar ao indivíduo a possibilidade de descobrir-se. A maiêutica é o método de investigação socrático: baseia-se no colóquio, na arte de escutar e objetar, no emprego da ironia para abalar as defesas intelectuais. Sócrates jamais fornecia soluções, e a psicologia não se propõe a responder pelo paciente, mas oferece a possibilidade de co-nhecer-se, parir a verdade de dentro de si.

Deste modo, o "todo" da justiça arquetípica não pode mesmo ser alcançado, e sequer as "partes" são singelamente acessíveis, pois como esclarece Carl Gustav Jung:

> É impossível chegar a uma consciência aproximada do si-mesmo, porque por mais que ampliemos nosso campo de consciência, sempre haverá uma quantidade indeterminada e indeterminável de material inconsciente, que pertence à totalidade do si-mesmo. Este é o motivo pelo qual o si-mesmo sempre constituirá uma grandeza que nos ultrapassa.[72]

Termo inalcançável — a justiça arquetípica totalizada —, a re-dução da constrição da consciência e a sublevação de frações do incons-ciente coletivo é mesmo tarefa hercúlea. Átomos, fragmentos da justiça arquetípica chegam-nos ao plano consciente pela maturidade, de cada um de nós individualmente e da sociedade na qual nos inserimos. O acesso às dimensões semânticas da justiça arquetípica é possível, mas gradual. A história e a experiência de vida, particular e do grupo, são plurais, pois sofrem a influência da região (clima e geografia), da cultura e tradições locais, o que maximiza a personalização do auto-conhecimento, e neste contexto diretamente se afeta como se leem as sombras projetadas na parede.

Ou, em outras palavras, o acesso intermitente e circunscrito a fragmentos que compõem a justiça arquetípica sofre — a par da dificul-dade gerada em qualquer interpretação por fragmentos — a influência das sombras que bruxuleiam conforme as culturas pessoal, familiar (ancestral) e social.

A história é indispensável, é certo, enquanto recurso de matura-ção da humanidade a conseguir atingir o seu inconsciente coletivo.

---

[72] *O eu e o inconsciente*, 21. ed., p. 53. Em outra passagem: "quanto mais conscientes nos tornamos de nós mesmos através do autoconhecimento, atuando conseqüentemente, tanto mais se reduzirá a camada do inconsciente pessoal que recobre o inconsciente coletivo. Desta forma, vai emergindo uma consciência livre do mundo mesquinho, susceptível e pessoal do eu, aberta para a livre participação de um mundo mais amplo de interesses objetivos" (*Idem, ibidem*).

Mas a emersão depende do esforço próprio, logrado com o próprio progresso, em experiências frustradas, consequências funestas, mas ainda ao se contemplarem as opções certeiras. De todo modo, o norte que conduz a sociedade a uma mesma aspiração, intuitivamente à mesma ideia de justiça, é a evidência de que embora sob os grilhões ao corpo e os olhos voltados às sombras, há uma justiça ideal (justiça arquetípica) a preencher-nos a alma. O que é natural, ao menos conforme Carl Gustav Jung: "devo admitir que o inconsciente revela às vezes uma inteligência e intencionalidade superiores à compreensão consciente de que somos capazes no momento".[73]

Mas ainda outro ponto que o meu interlocutor oportuniza-me esclarecer refere-se ao que afirmei sobre a não realização da justiça implicar uma contradição performativa.

Neste empenho tomo por empréstimo a divisão dos conceitos práticos de Von Wright, lembrado por Robert Alexy, na qual se encontram três grupos: a) deontológicos: são os conceitos de dever. Proibição, permissão e obrigação. São os conhecidos modais deônticos, o plano do dever-ser; b) axiológicos: são os conceitos de qualificação do que é bom, corajoso, belo, democrático, social, liberal. Referem-se ao valor das coisas, situações e pessoas em seus pensamentos e ações. Por último, c) antropológicos: cuidam da vontade, interesse, necessidade, da decisão e ação. Os três grupos de conceitos envolvem, diz Robert Alexy, as disputas fundamentais tanto na filosofia prática quanto na Ciência do Direito.[74]

Pois bem. No início deste capítulo observei que estamos, eu e Ricardo Marcondes Martins, sob prismas distintos em análise da justiça. Declaradamente incursiono pela filosofia, o que é a justiça e qual a sua fonte independentemente de sua positivação, e ele assenta-se na Ciência do Direito e assume o enfrentamento das consequências segundo esta perspectiva. Eu trato vez por outra da passagem desta lei natural (assim a qualifiquei no subitem precedente), a justiça arquetípica, ao direito, e ele discorre, em alguns momentos, a respeito de considerações metajurídicas — e são estas imbricações que legitimam o nosso diálogo. Não obstante, porque escolhemos veredas diversas é que me valho de termos e noções que mais se encontram no grupo dos conceitos axiológicos, enquanto ele, ainda que use os mesmos símbolos, o faz no campo deontológico. Natural, pois, que os recursos linguísticos por nós utilizados comportem significações adequadas à opção prévia da seara na qual meditamos.

---

[73] *Psicologia e religião*, 6. ed., p. 44.

[74] *Teoria dos direitos fundamentais*, p. 145-146.

Se trato a justiça enquanto elemento da estrutura da consciência, uma ideia gravada no inconsciente coletivo, um arquétipo perene, imutável e universal acessível lenta e constantemente pelo ser humano na proporção em que se conhece, então pretensão de correção, por esta abordagem que elegi, é categoria diversa da que se vale o meu interlocutor porque ele a define como um postulado normativo — necessariamente, um conceito deôntico.

Claro que a expressão "pretensão de correção" é fruto da filosofia analítica. Mas tal como sobre a "verdade", dela tratei no início deste capítulo segundo a perspectiva essencialista, distante, portanto, de leituras historicistas como a verdade errante e constantemente incompleta em Martin Heidegger, ou de sua produção neste mundo pelas "múltiplas coerções" em íntima relação com o poder, como diz Michel Foucault, do mesmo modo cuido — e tomo por empréstimo — da fundamental noção de performativo, tão bem versada por John Langshaw Austin, para divisá-la conforme a teoria das ideias inatas.

Nossos direcionamentos — meu e de Ricardo Marcondes Martins — partem de platôs diversos e refletem em todas as elaborações que formulamos um incomum potencial de significados acerca da expressão pretensão de correção. A sua vinculação ao plano da existência, a consideração do "mínimo de eficácia social", a ênfase à condição de as normas jurídicas serem minimamente aceitas pela sociedade, são propostas legítimas e perfeitamente coerentes, mas se trato do pertencimento da pretensão de correção ao postulado da justiça deôntica.

Todavia, abordo a temática sob o que denominei de justiça arquetípica. Acolho a recomendação cristã de dar a César o que é de César;[75] é fundamental admitir as dissensões — a justiça contempla a tolerância —, compreender que o acesso às ideias demanda íngreme e dificultosa subida ao acesso da caverna, e por isto, neste caminho à procura da verdade, difícil é arvorar-se a ser seu inequívoco intérprete. Indispensável, enfim, o respeito ao direito posto.

Mas respeitá-lo não significa, ao menos sob o prisma da justiça arquetípica, reconhecer a pretensão de correção. Não se a minha referência de justiça reside em um arquétipo no inconsciente comum, e por isto entrelaçado, aos seres humanos. Por este enfoque, se não houver correspondência entre o direito e a justiça (arquetípica), não existe a pretensão de correção.

Não é porque o cidadão francês entendia natural a ferragem dos forçados e a execução no cadafalso à época da Revolução Francesa, ou

---

[75] *Mateus*, cap. 22, vers.15-22, e *Marcos*, cap. 12, vers.13-17.

porque contemporaneamente a Constituição dos Estados Unidos da América admite a pena de morte "sem sofrimento" que se pode falar — insisto, conforme a justiça arquetípica — em pretensão de correção. A voz isolada do notável escritor Victor Hugo em *O último dia de um condenado* não o fazia um homem de vanguarda simplesmente por não comungar da cultura da época, ou por sequer ser integralmente entendido em pleno século XXI, mas porque a capacidade de expansão de sua consciencialidade permitiu-o ter por evidência visionária (ainda em nossos tempos) a brutalidade desta sanção.

Por último, algumas palavras sobre a "injustiça intolerável".

Ricardo Marcondes Martins afirma ser a "injustiça intolerável" a violação ao núcleo essencial dos direitos humanos básicos, e o reconhecimento dos direitos humanos decorre da evolução da espécie humana. O que tomo a liberdade de discordar em sua lição é que a percepção destes direitos resulta da evolução da consciência da espécie humana, é dizer, da capacidade de acesso aos conteúdos dos arquétipos do inconsciente coletivo.

Diz o meu interlocutor que é a imposição da comunidade internacional aos constituintes de todos os Estados que define os direitos humanos básicos, a justiça. Não entendo assim, o que de certo modo é evidente por tudo quanto até então expus. No século XVIII a comunidade internacional admitia a pena de morte pelo Estado com requintes de crueldade; e de ao menos dois séculos anteriores também se aceitava, por consenso comunitário, a escravidão dos negros. A injustiça campeava nestes dois casos não porque atualmente vemos de outro modo e projetamos ao passado a novel qualificação de injusto. A injustiça, nestes exemplos, era presente à época da desumana perpetração da escravidão e das execuções sumárias institucionalizadas. E o era porque o paradigma não é produto cultural do presente. Sempre esteve presente. A justiça gravada nos arquétipos do inconsciente coletivo independe de sua conscientização.

O temário expande-se se deixamos o passado para refletir — em atividade típica de autoconhecimento — divergências contemporâneas. Serve uma, o aborto.

Atenta-se à vida, a uma consciência individual em um corpo em formação, e o pretexto é a liberdade da gestante, liberdade de consciência, de expressão de sua opinião, de agir. Mas contra uma vida. Sobrepõe-se a liberdade — aos defensores do aborto — em justificação da aniquilação de um corpo que desde a sua concepção e desenvolvimento em meio adequado à sua integral formação (no útero) logo apresenta um impulso vital, uma consciência individual em evolução. O aborto é uma "injustiça intolerável" — pouco importaria se o consentisse a comunidade internacional —, e pelos mesmos motivos de tantas outras injustiças, ainda que condescendidas por séculos (como a escravidão), pois é dissonante com a justiça arquetípica — ainda que se precise aguardar o amadurecimento cultural como condição indispensável ao contato com mais esta porção dos arquétipos coletivos da inconsciência, e assim permitir à civilização perceber no futuro os erros praticados no presente ao se ter consentido indistintamente, como é o caso de alguns países que fizeram esta opção, com a morte de uma vida em formação.

Quero acentuar em Carl Gustav Jung:

> O inconsciente coletivo é uma parte da psique que pode distinguir-se de um inconsciente pessoal pelo fato de que não deve sua existência à experiência pessoal, não sendo portanto uma aquisição pessoal Enquanto o inconsciente pessoal é constituído essencialmente de conteúdos que já foram conscientes e no entanto desapareceram da consciência por terem sido esquecidos ou reprimidos, os conteúdos do inconsciente coletivo nunca estiveram na consciência e portanto não foram adquiridos individualmente, mas devem sua existência apenas à hereditariedade. Enquanto o inconsciente pessoal consiste em sua maior parte de "complexos", o conteúdo do inconsciente coletivo é constituído essencialmente de "arquétipos" O "conceito de arquétipo", que constitui um correlato indispensável da ideia do inconsciente coletivo, indica a existência de determinadas formas na psique, que estão presentes em todo tempo e em todo lugar.[76]

Os arquétipos conduzem à realidade transcendente e isto representa impessoalidade. Ainda que em sociedade faça-se coro a esta ou àquela orientação, a justiça arquetípica, perene, imutável e universal, está inscrita em nosso inconsciente coletivo.

3 As razões da justiça

As razões da justiça quer dizer a racionalidade que conduz à conscientização das verdades que a compõem. O racionalismo proposto, e espero tê-lo deixado claro ao longo da exposição, encaminha-nos a uma ideia de justiça, portanto, universal, comum a todos e em qualquer região, imutável e eterna, igual das mais priscas eras de que se tem notícia do ser humano sobre o orbe até o presente enquanto são lidas

---

[76] *Os arquétipos e o inconsciente coletivo*, 6. ed., p. 53.

estas linhas. O que não significa, como em destaque discorri por este capítulo, que haja uma definição singular, restrita, estritamente precisa do que é a justiça. A justiça, mesmo em sua concepção arquetípica, sob um racionalismo transcendente, comporta uma gama de significações ainda por nós, no estágio civilizatório que nos encontramos, inalcançável. Concordo com Vladimir Jankélévitch:

> O ideal não leva em conta as contingências do tempo. A esse respeito, há que distinguir o valor, independente do tempo, e a tomada de consciência do valor, que é um fenômeno histórico e psicológico que se situa num momento dado do tempo. Assim, a justiça existe desde sempre, independentemente dos homens, mas só se é justo num dado momento. [...] Em resumo, o ideal advirá um dia na ótica humana, mas, virtualmente, esse ideal é independente do tempo mesmo que não haja ninguém para reconhecê-lo como tal, a essência subsiste mesmo que nenhuma existência a reconheça. Evidenciamos portanto a ambigüidade do ideal: ele é independente do tempo, mas está ligado à consciência que o descobre.[77]

A constante submersão ao inconsciente coletivo, a frequente emersao de fiagmentos dos arquétipos coletivos, faz perceber (conscientemente) o que pode ser, o que compõe a justiça. Conscientizada se assumida em sociedade, reproduz-se no sistema jurídico, no direito posto, e há então um justo direito — o que se torna fundamental a servir em aplicação ao caso concreto, solucionar conflitos e materializar o direito justo.

As razões da justiça são as capacidades de racionalização que permitem alcançar as verdades que a integram em seu conteúdo arquetípico; as capacidades intelectuais, tal como a lógica, a crítica, o juízo de avaliação, facultam gradualmente perceber e escolher se e em qual extensão será assumida. A racionalidade transcendente funda-se no reconhecimento de que há potencialidades de conhecimento independentes da experiência sensorial. O empírico constitui procedimento indispensável à elaboração do pensamento, franqueia, pela experiência sensível, o próprio desenvolvimento (evolução) do conhecimento, é mesmo condição sem a qual não se progride individual e, por conseguinte, coletivamente, mas a sede da justiça são os arquétipos do inconsciente coletivo, e destes é que luzem a verdadeira justiça.

O reconhecimento da relevância do empirismo à consolidação do conhecimento racionalista não condiciona as categorias a priori do

---

[77] *Curso de filosofia moral*, p. 181-182.

pensamento — e a justiça é uma delas — à própria vivência; e dizer isto, admitir a ideia de justiça, seu caráter transcendente, implica reconhecer a comunhão desta representação entre todas as consciências individuais — pois todo arquétipo é impessoal e comum —, consciências entrelaçadas, nelas igualmente gravadas, em seu nível mais profundo e exatamente em igual extensão, a semântica da justiça. O que tradicionalmente denomina-se "contrato social" encontra, portanto, explicação fundada não em um dado momento histórico, muito menos em uma mera suposição lógica de um acordo em passagem de um estado de natureza para um estado civil, mas sim neste entrelaçamento consciencial entre a espécie humana.

Mas o ser humano não se restringe à razão — o que vale a lembrança de Platão e de Sócrates, em reflexão de France Farago:

> A justiça platônica é um estado interior, uma inclinação da alma, independente de nossos atos e que ainda existiria mesmo quando não agíssemos. A justiça é esta ordenação da alma que ajusta sua complexidade por imitação da ordem inteligível, imitação que tem por princípio a obediência de suas partes inferiores à inteligência contemplativa que, ela mesma, está subordinada ao objeto divino. O ser-justo supõe, portanto, em primeiro lugar, a contemplação, sem a qual ele não pode começar nem subsistir. O único objetivo da existência é realizar em si, depois fora de si, este ideal de justiça. [...] A justiça [para Sócrates] não pode ser senão a revelação, interior à alma, que o seu maior bem reside em sua harmonia com a ordem transcendental do cosmos.[78]

Há mais além da pura razão. Instinto, intuição e sentimento ainda compõem a consciência individual. Há expressões da vida que são sobretudo sentidas, não se raciocina precedentemente que se deve amar a um filho, sente-se.

Max Scheler usa a palavra "espírito" para compreender a "razão", a "intuição" e os "atos volitivos e emocionais" (como a bondade, o amor, o remorso etc.), e um ato especificamente espiritual para ele é o ato de ideação, o que significa "sempre co-apreender a cada vez as qualidades 'essenciais' e as formas de construção do mundo em meio a 'um' exemplo oriundo da região essencial em questão".[79]

A psicologia versa sobre estas funções da alma. Em Carl Gustav Jung, são dois os tipos psicológicos genéricos, o introvertido e o extrovertido (cada indivíduo apresenta os dois mecanismos, embora um seja

---

[78] *A justiça*, p. 27, 40. A autora é professora titular de filosofia nos cursos preparatórios para a École Normale Supérieure.

[79] *A posição do homem no cosmos*, p. 47 *et seq.*

o predominante; são os tipos gerais de atitude), e neles há quatro funções psicológicas básicas: pensamento, sentimento, sensação e intuição. São os tipos funcionais.[80]

A justiça arquetípica, por se referir à espécie humana e ser uma lei natural, não poderia ser conscientizada de outro modo a não ser por meio da razão. Mas ainda o é por instinto, intuição e sentimento. Todas estas expressões da alma humana são recursos fundamentais à eclosão dos fragmentos da justiça arquetípica, do inconsciente coletivo às consciências individuais, e por isto é que me ocuparei delas nos próximos subitens.

3.1 Instinto de justiça

O instinto, para Carl Gustav Jung, é um fenômeno psíquico que se realiza independentemente da participação intencional da vontade, sem uma reflexão que previamente o elabore,[81] é irracional.[82]

O instinto é uma lei natural de preservação e conservação da espécie. Digo "preservar" e à palavra atribuo o sentido de manutenção, sobrevivência, proteção, defesa; falo em "conservar" para representar a propagação, sustentação, continuidade da espécie.

Max Scheler define o instinto a partir do comportamento do ser vivo. Diz que o instinto deve ser condizente com o sentido, isto é, relacionado com o fim do todo do ser vivente, seja para servir a si próprio ou aos outros, deve ainda seguir um "ritmo fixo", ser invariável, referir-se a situações que apresentam uma expressiva significação para a vida da espécie, e não para a experiência particular do indivíduo. Por fim, que ele é "pronto", enfim, "uma forma mais primitiva do ser".[83]

Para Johannes Hessen o "impulso vital" é o que dá vida às plantas. Mas a segunda forma de vida psíquica é o instinto, e só existe nos animais, o que é uma especialização do "impulso vital". Desenvolve-se então a terceira forma de vida psíquica, comportamentos habituais que formam a memória associativa, já existente a partir dos animais.

---

[80] *Tipos psicológicos*, 16. ed., *passim*. A atitude introvertida é a de quem sobrepõe o eu e o processo psicológico subjetivo ao objeto e ao processo objetivo. A extrovertida subordina o sujeito ao objeto, o objeto tem valor preponderante e o sujeito secundário, o processo subjetivo é apêndice supérfluo de fatos objetivos. Dos tipos psicológicos, são para ele racionais o pensamento e o sentimento, e são irracionais a sensação e a intuição.

[81] *Tipos psicológicos*, 16. ed., p. 117, 428-429.

[82] Não me refiro, pois, ao que os estoicos denominavam por *hormé*, pois esta expressão, representativa do instinto de autoconservação, integrava-se, como toda a natureza, à razão.

[83] *A posição do homem no cosmos*, p. 15-22.

A quarta forma de vida psíquica é a inteligência prática porque há um comportamento adequado do ser vivo às situações novas. De todo modo, para este filósofo, algo é certo: "o anímico ou o psíquico são idênticos ao vital; onde quer que exista algo de vivo, existe também algo de psíquico"[84] — ele concordava com Aristóteles que o princípio vital e a psychè iniciam-se com a vida orgânica, nas plantas.

Ressalvo, desta última exposição, apenas a reserva feita sobre o instinto aos animais. Pois negar o instinto é recusar a condição natural à existência da vida humana. Prefiro, por isto, o que diz Carl Gustav Jung e Max Scheller. E ainda Charles Darwin ao asseverar que certas ações habituais tornam-se hereditárias, e portanto a semelhança entre o hábito e o instinto é tão significativa que não há como distingui-los. As modificações da estrutura corporal surgem e desenvolvem-se pelo uso ou o hábito, ou mesmo regridem e até desaparecem pelo desuso, e assim se dá com os instintos. Hábito e seleção natural interferem na formação e desaparecimento dos instintos.[85]

Instinto é coação, como esclarece Carl Gustav Jung:

> Quando falo, nesse ou em outros trabalhos meus, de instinto, entendo o mesmo que comumente se entende por essa palavra: uma "coação" para certas atividades. A coação pode vir de estímulos internos ou externos que soltam o mecanismo psíquico do instinto ou de fatores orgânicos que estão fora da esfera das relações psíquicas de causalidade. "Instinto" é todo fenômeno psíquico que ocorre sem a participação intencional da vontade, mas por simples coação dinâmica, podendo esta nascer diretamente de fonte orgânica, portanto extrapsíquica, ou ser condicionada essencialmente por energias simplesmente liberadas pela intenção voluntária, e, neste caso, com a restrição de que o resultado obtido ultrapasse o efeito intencionado pela vontade.[86]

Mas, se o instinto associa-se à preservação e à conservação da vida, se é uma reação não intencional, irracional, como então se relaciona a algum valor, um arquétipo — a justiça — dependente de racionalidade?

O instinto, natural à condição humana, influi e orienta a razão. Não se edifica em processo racionalizado. Ao contrário, precede-o. Mas insufla, ao se fazer presente, a própria racionalidade. É espontâneo, impulsivo, natural. Alia-se à inteligência humana, à razão, e serve ao bem ou ao mal proceder.

---

[84] *Filosofia dos valores*, 5. ed., p. 200, 199.
[85] *Tipos psicológicos*, 16. ed., p. 185 *et seq.*
[86] *Idem*, p. 428.

Nos primórdios da civilização humana o instinto prevalecia junto ao ser humano. A preservação de sua caça, da sua fêmea, de seus rebentos, da própria vida — sua e dos que com ele conviviam em uma mesma comunidade — contra o agressor estrangeiro são expressões do instinto. A sociedade evoluiu, mas a legítima defesa, latente à humanidade em todos os tempos e em qualquer cultura, representa a racionalização — e legitimação — de um instinto humano insuperável, a preservação. Diante da iminência de uma agressão injusta é natural o instinto de preservação. O gesto de embainhar a espada sob a crença de quem com a espada fere com ela será ferido,[87] ou oferecer a outra face,[88] como propostas de Jesus, ou seguir uma multidão em marcha sem reagir com violência, mesmo sob a saraivada de pancadas com varas, tal como conseguiu Gandhi, são gestos de sublimação do instinto de preservação cujo ingente esforço exigido evidencia a condição natural do instinto de preservação junto à humanidade.

O ser humano faz escolhas em resposta racionalizada às suas necessidades de preservação e conservação. Debuxam símbolos, ima gens, representações do quanto se divisa indispensável à convivência em sociedade (para a proteção de sua caça, de sua fêmea, de sua cria), esboça — por influência de seus instintos — o que deve reger a vida em comunidade, o que lhe parece justiça.

As primeiras impressões da justiça no curso da história são materializações da experiência sensitiva impulsionada pelo instinto. Plutarco assevera que Drácon (século VII a.C.), antigo legislador grego, "havia escrito as suas leis com sangue e não com tinta".[89] A prevalência de uma mesma pena, a morte, para quase todos os delitos, tanto servia a vergastar os culpados por "ociosidade" quanto os que furtavam legumes ou frutas, e ainda os homicidas. Sobrelevava-se o instinto de preservação e conservação ao racionalizar-se o que deveria representar a justiça.

É do instinto que se encontra a iconografia da justiça. Na Grécia antiga, os deuses antropomórficos protagonizavam com Têmis,[90] a

---

[87] *João*, cap. 18, vers. 11.

[88] *Mateus*, cap. 5, vers. 39.

[89] *Vida de Sólon*, p. 68.

[90] Foi também, segundo a *Teogonia* de Hesíodo, mãe das *Horas* e das *Moiras*. Em Ésquilo é mãe de Prometeu. Segundo Junito de Souza Brandão, *Moîra* ou *Aîsa* significa, da origem do verbo *meíresthai*, obter ou ter em partilha, por sorte, e portanto *Moîra* quer dizer lote, quinhão, o que cabe a cada um por destino (*Mitologia grega*. 21. ed. p. 147, v. 1). O destino nunca foi personificado, logo, *Moîra* não se personaliza. O destino é fixo, imutável, nem os deuses podem alterá-lo, embora alguns entendam que era a vontade de Zeus e dos deuses em geral, mas muitas vezes o que parece é que Zeus é seu executor. *Moîra* é o destino individual, a

deusa da justiça e da ordem eterna, mãe das três Horas,[91] os rancores, ressentimentos, a vingança, sentimentos animados pelo egoísmo. Junito de Souza Brandão[92] esclarece que Têmis, do grego Thémis, do verbo *tithénaí*, significa "estabelecer como norma". É a segunda esposa de Zeus. É a regra, a lei divina ou moral, a justiça, o direito, em oposição à lei humana (*lex* ou *ius*, em latim) e a Díke, que se refere ao agir, ao hábito, à justiça enquanto costume que se torna uma regra, uma lei, o direito pelo hábito. Têmis é a deusa das leis eternas, dos deuses. Nêmesis, diz Junito de Souza Brandão,[93] advém do grego Némesis, do verbo *némein*, e significa "distribuir", é a "justiça distributiva", e a função desta divindade é o restabelecimento do equilíbrio quando a justiça não é equânime, quando se ultrapassa o *métron* e configura-se a desmesura, a violência, a *hýbris*. Era Nêmesis quem punia os culpados, e às vezes retratada como uma "deusa da vingança".

Percebe-se, pois, que nem sempre a racionalização do instinto conduz a uma medida capaz de espelhar alguma parcela do arquétipo de justiça. Portanto, nem sempre o direito, sob a inspiração do instinto, é um justo direito. Para o bem — a proteção do filho recém-nascido inspira a licença-gestante —, ou para o mal — a proteção da sociedade contra a sombra do regime opressor que a tiranizava levou os revolucionários franceses a implantar o trágico regime do Terror —, o instinto, em sua elaboração racional, pode conduzir às mais diversas consequências.

Não recrimino, é claro, o instinto. Pois ele é inerente à vida. É o seu afluir que leva às ações elementares de preservação e conservação, tal como o recém-nascido busca no seio de sua mãe o alimento e em seus braços a proteção do frio. O instinto fez-se predominante no passado, mas é — e sempre será — atuante no presente.

Por isto, o instinto inspira o direito. É o instinto de justiça, a elaboração racional de uma experiência oriunda de uma reação física, irracional, simplesmente vital.

"parte" que cabe a cada um neste mundo. Os deuses não podem transgredi-la sob pena de pôr em risco a ordem universal. É a *Moîra* que impede a intervenção de um deus em favor de um herói para salvá-lo quando se encontra em sua hora de morrer. Apolo abandona Heitor, seu herói favorito na hora da morte, embora o auxiliasse antes em diversas vezes. Pode-se falar em uma *Moîra* universal, senhora do destino de todos sobre a terra, e três *Moîras* particulares: *Cloto, Láquesis* e *Átropos*; a primeira é a que fia, puxa o fio da vida; a segunda é a que sorteia o nome de quem vai morrer e enrola o fio da vida, e a terceira a que corta o fio da vida. Vida e morte são inerentes à função de fiar.

[91] A "divisão do tempo", estações, e depois passaram a representar a divisão das horas do dia: Eunômia (disciplina), Irene (paz) e Díke (justiça), e que tinham por função zelar pela vegetação e a ordem em sociedade.

[92] *Mitologia grega*, 21. ed. , v. 1, p. 211.

[93] *Idem*, p. 244.

O instinto, sendo um fenômeno psíquico sem a participação intencional da vontade e que se evolve por simples coação dinâmica, não pode, portanto, representar por si qualquer traço da ideia de justiça. Mas é uma condição inerente à humanidade da qual, frente a tantas ações e reações irracionais, do acúmulo de experiências vivenciadas quanto ao impulsivo modo de o ser humano proceder em sua preservação e conservação, permite racionalizar, avaliar, refletir, em uma palavra, a conscientização.

Mas é preciso cautela. Pois o instinto de preservação e conservação inclina o ser humano ao egoísmo. Preservar-se e conservar-se implicam predomínio do ego. Se o instinto é imanente à condição humana, conhecê-lo, dominá-lo, usufruí-lo sob o crivo da razão são metas indispensáveis à conscientização da justiça arquetípica.

3.2 Intuição de justiça

Carl Gustav Jung[94] define a intuição como a "percepção via inconsciente". Um tipo psicológico, tal como o instinto, igualmente irracional:

> Intuição (vem de intueri = olhar para dentro). Segundo meu ponto de vista é uma função psicológica básica [...]. É a função psicológica que transmite a percepção "por via inconsciente". [...] O específico da intuição é que ela não é sensação dos sentidos, nem sentimento e nem conclusão intelectual, ainda que possa aparecer também sob estas formas. Na intuição, qualquer conteúdo se apresenta como um todo acabado sem que saibamos explicar ou descobrir como esse conteúdo chegou a existir. É uma espécie de apreensão instintiva, não importando o conteúdo.[95]

René Descartes, em seu Discurso do Método, ao propor a dúvida metódica em desconstrução das falsas impressões que podem ser passadas pelos sentidos, reputa a intuição o primeiro passo à racionalização das verdades evidentes. Pelo *Cogito, ergo sum* (Penso, logo existo) não se propõe uma formulação lógica, mas a intuição imediata do ser sobre si mesmo, sobre a sua existência.

Para Max Scheler, a inteligência, que se difere da memória associativa por ser algo novo ao indivíduo, um comportamento que subitamente e independente do número de tentativas precedentes eclode em

---

[94] *Os arquétipos e o inconsciente coletivo*, 6. ed., p. 275.

[95] *Tipos psicológicos*, 16. ed., p. 430-431.

um dado momento, encontra-se até mesmo entre os animais. Mas não por uma atividade consciente e reflexiva, e sim por uma reorganização intuitiva. Não é apenas instinto ou hábito, mas a intuição de uma inteligência prática.[96] Uma inteligência prática — embora irracional.

Admito existir entre os animais uma inteligência rudimentar, incapaz, à evidência, de torná-los seres racionais, dotados de livre-arbítrio e com capacidade de escolha. Mas se o instinto vincula-se à própria preservação e conservação da vida, a intuição é mais sutil, não diz respeito a esta ordem física e material da realidade orgânica.

A intuição é irracional porque irrompe sem prévia racionalização, sem qualquer maturação intelectiva precedente, sem ser elaborada pela consciência como seu constructo. A intuição aflui em um rompante. Percebê-la, considerá-la, ou rechaçá-la são átimos posteriores, aí sim adequados ao processo raciocinativo. Mesmo quem a desconsidera, entende-a própria aos místicos, não está livre de sua presença. A recusa em sua aceitação não faz dela obra de ficção. A intuição é constante e inflacionada junto a artistas e cientistas, mas é comum a qualquer um e perante a mais trivial rotina. De todo modo, mesmo irracional, repousa em uma ordem de ideias, e não na vida orgânica — por isto, mais uma vez, entendo-a exclusiva junto ao ser humano, não nos animais.

G. W. Leibniz faz preciosas reflexões que nos auxiliam a entender — talvez intuir — a intuição:

> Quando o meu espírito compreende ao mesmo tempo e distintamente todos os elementos primitivos de uma noção, tem dela um conhecimento "intuitivo", sempre mui raro, pois a maior parte dos conhecimentos humanos são somente confusos, ou então "supositivos".[97]

Só não os tenho por tão raros. Não percebê-la na diuturnidade de nossas vidas, já o disse, não lhe faz ausente. Nem rara.

A racionabilidade desenvolve-se após prorromper a intuição. A razão toma-a por objeto, alumia, codifica, compreende, mas sempre posteriormente ao seu afluxo. A intuição faz-se na cultura — como se faz o instinto — representada por imagens e lendas, estigmatiza-se em símbolos e histórias, a exemplo, em Esopo no século VI a.C. ou em La Fontaine no século XVII d.C, das não poucas fábulas que retratam noções de justiça.

---

[96] *A posição do homem no cosmos*, p. 30-32.
[97] *Discurso de metafísica*, p. 53.

A intuição, portanto, é irracional. Mas indispensável à razão. O que me faz recordar as reflexões de Carlos Ayres Britto:

> Donde os seguintes comentários de Rajneesh Srhee Baghuann (que foi professor de filosofia da universidade de Jabalpur, vindo a se tornar, como o pseudônimo de Osho, um dos místicos mais influentes da história da Índia): "O intelecto está envolvido com o conhecimento e o desconhecimento, não com a incognoscível. E a intuição trabalha com o incognoscível, com o que não pode ser conhecido. [...] A intuição é possível porque o incognoscível existe. [...] A razão é um esforço para conhecer o desconhecido, e a intuição é a ocorrência do incognoscível. Penetrar o incognoscível é possível, mas explicá-lo não [...] Deixe a razão atuar em seu próprio campo, mas lembre-se de que existem esferas mais profundas". (em *Intuição*: o saber além da lógica. São Paulo: Cultrix, 2001. p. 12-13)[98]

Ou ainda sob a inspiração poética de G. W. Leibniz, "temos todas estas formas no espírito, e as temos desde sempre, porque o espírito exprime sempre todos os seus pensamentos futuros, e já pensa confusamente em tudo o que um dia pensará com distinção".[99]

A intuição serve à nossa percepção de justiça. Não porque — insisto — integre a racionabilidade que permite reconhecer e converter em linguagem a justiça arquetípica. Mas por influir na razão. As nossas capacidades de aproximação e contato, domínio e conscientização dos fragmentos da ideia de justiça com frequência sofrem o impulso originário de uma intuição.

Mas se o instinto, estritamente associado à preservação e à conservação da vida, simboliza-se ora em correspondência e em outras não aos fragmentos do arquétipo de justiça — até porque o egoísmo é uma das inclinações marcantes do instinto —, a intuição, ainda que diga respeito exclusivamente à natureza humana, é igualmente ordenada às duas direções. Intuiu Gandhi a extensão do sentido de *Ahimsa*, a não violência, como vigoroso recurso de resistência à opressão, como também intuiu o médico francês Joseph-Ignace Guillotin o uso da lâmina para decapitar cabeças na execução de condenados durante a Revolução Francesa.[100] A intuição não serve só ao Bem.

A intuição da justiça, portanto, é um fenômeno psíquico irracional, uma eclosão de pensamentos que ao surgirem integram o

---

[98] *O humanismo como categoria constitucional*, p. 85.

[99] *Discurso de metafísica*, p. 56.

[100] Embora o uso da lâmina fosse prática conhecida, o "aperfeiçoamento" do método foi por ele concebido.

procedimento de racionalização. Influi na capacidade de alcance do arquétipo da justiça. Não se sobrepõe ou domina o instinto, mas se associam, implicam-se. Apenas por representar uma característica própria da natureza hominal é que a intuição, diferentemente do instinto, encontra-se mais distante das representações físicas e basais à vida, e presta-se mais eficazmente ao ser humano em sua orientação à conscientização da justiça arquetípica.

Mas ainda assim é preciso algo mais.

3.3 Sentimento de justiça

O sentimento — qualquer sentimento — é mesmo um tipo psicológico racional, como ensina Carl Gustav Jung.[101] Racional porque se elabora. Ser um ente de razão, mesmo nos primórdios da civilização, ainda junto às primeiras comunidades de *homo sapiens*, a partir de suas primevas vivências, pelo suficiente fato de haver a razão enceta instantaneamente a produção de sentimentos.

Sentimentos formulam-se para o bem e o mal. Amor e perdão, ou ódio e ressentimento; caridade e humildade, ou egoísmo e orgulho. Sentimentos laboram-se em imanência à razão. Sentimentos convolam-se (como do ódio ao amor), espargem-se (como o amor e o ódio).

Os sentimentos abstraem-se. Abstração, em Carl Gustav Jung:

> Como uma atividade pertinente a quaisquer funções psicológicas. [...] Sentimentos abstratos são os sentimentos "superiores" ou "ideais". Quanto mais abstrato for um conteúdo, mais irrepresentável será.[102]

Uma palavra plural. Para Moacyr Scliar, sentimento define-se como "um estado de consciência, colorido pelo afeto, desencadeado por estímulos externos ou por memórias que nos levam a um cotejo da situação vivida com normas e ideais que previamente mantínhamos". Difere-se da "emoção" porque esta é mais primitiva, precoce e espontânea, enquanto o sentimento é tardio, sofre a influência da cultura e o modo de vida, aprende-se a tê-lo; a emoção é organicamente detectável por alterações fisiológicas, o que não ocorre com o sentimento, o que faria daquela ser mais pública e este privado; o sentimento convive mais com o pensamento, é mais estável, pode permanecer por toda uma vida, o que não ocorre com a emoção que é necessariamente fugaz.[103]

---

[101] *Tipos psicológicos*, 16. ed., p. 342.
[102] *Tipos psicológicos*, 3. ed., p. 386-387.
[103] *Enigmas da culpa*, p. 43-44, 44-45.

É por meio do sentimento que a sociedade constrói os seus valores — digo, conscientiza-se deles. Pois os valores são necessariamente referidos a um sujeito que sente, como bem diz Johannes Hessen. De tal sorte, o órgão para a apreensão dos valores não é o entendimento, mas o sentimento. A apreensão dos valores é um conhecer e um sentir, a combinação de fatores intelectuais e emocionais, isto é, "todo o conhecimento dos valores assenta numa 'colaboração entre as funções do entendimento e do sentimento'".[104] Ou em Max Scheler, lembrado por Jean-Paul Resweber, o sentimento é a gênese dos valores, e estes estabelecem a inter-relação das essências ideais com a matéria e enraízam-se na personalidade do sujeito.[105]

Talvez estas incômodas dificuldades em traduzir o sentimento possam encontrar explicação em Carl Gustav Jung:

> A faculdade intelectual é incapaz de formular a essência do sentimento em linguagem conceitual uma vez que o pensamento pertence a uma categoria incomensurável com o sentimento, da mesma forma que nenhuma função psicológica básica pode ser expressa exatamente por outra.[106]

Se no instinto e na intuição de justiça, porque o instinto e a intuição são irracionais, momentos precedentes à elaboração racional, é possível corresponderem às projeções da justiça arquetípica ou dela se apartarem, o mesmo não se dá com o sentimento de justiça.

Como o sentimento de justiça é desde logo arquitetado no plano racional, sujeito à razão não só em sua interpretação, mas antes em sua formação, então todo sentimento de justiça guarda correspondência com alguma fração do arquétipo — eterno, imutável e universal — da justiça. O que se assoma em sentimento de justiça expressa, por sua raiz vincada na razão, partículas da própria ideia de justiça.

A máxima sublimação possível ao ser humano, o sentimento de justiça. Sentimentos há muitos. Mas se algum ressuma a justiça, porque se trata de uma essência assomada em seu princípio junto à razão, o significado expressado só pode representar algum trecho da justiça arquetípica. Pode-se até se equivocar, interpretar-se alguma intuição,

---

[104] *Filosofia dos valores*, 5. ed., p. 112, 130, 146.

[105] *A filosofia dos valores*, p. 76. Jean-Paul Resweber diz que Max Scheler aplicou ao domínio dos valores o método fenomenológico da filosofia de Husserl, e chegou à conclusão de que os valores são apreendidos mediante atos de um "sentir intencional" (*Op. cit.*, p. 31).

[106] *Tipos psicológicos*, 3. ed., p. 441.

por exemplo, como se fosse um sentimento de justiça. Mas se não existe o engano, se o que se expressa é pura dimensão do sentimento de justiça, então fragmentos da justiça arquetípica iluminaram-se, emergiram, racionalmente assomaram-se do inconsciente coletivo ao nível consciente no ser humano individual que o logrou, ou da sociedade que o percebeu.

O sentimento de justiça é o recurso por excelência ao acesso à justiça enquanto uma lei natural gravada no inconsciente coletivo. Sentir a justiça é imergir neste arquétipo, buscá-la, percebê-la, fazê-la afluir ao consciente. O sentimento de justiça é a convergência de sua ideia à consciência individual — e na medida em que ocorre a muitos, à consciência social.

Por isto é salutar a lembrança feita por Carlos Ayres Britto de que

> O cérebro humano se manifesta ora como inteligência ora como sentimento, porque as duas coisas juntas são o que ele efetivamente é, também assim o Direito ora se manifesta como justiça da lei (vida pensada) ora como justiça do caso concreto (vida vivida), porque as duas coisas são o que ele efetivamente é. A justiça da lei a ser descoberta pela inteligência (mente, intelecto), a justiça do caso concreto a ser intuída pelo sentimento (alma, coração). [...] Pois não se pode ignorar que o Direito, como ensinava o sergipano Tobias Barreto, "não é só uma coisa que se sabe; é também uma coisa que se sente". Talvez até uma coisa que se sente em primeiro lugar ou com anterioridade em relação à inteligência, pois não se pode esquecer jamais que o próprio substantivo "sentença" vem do verbo "sentir" (é da poetisa Adélia Prado o juízo de que "o olhar amoroso sobre as coisas descobre um sentido atrás daquilo, na perspectiva final do sentido da vida").[107]

Sentir a justiça é tarefa das mais árduas. Antes de tudo é conhecer-se. Descobrir-se. Conscientizar-se de seus instintos e intuições, orientar os sentimentos sobre eles e em si mesmos de modo a permear-se da justiça arquetípica.

O sentimento de justiça não se subordina à ignorância humana. Não há justiça por simples consenso. Desafio maior é entendê-la no presente, senti-la, perceber sobretudo as flagrantes injustiças — as discriminatórias, as violadoras da dignidade humana — que clamam por reparações imediatas, sob pena de ingressarem na história e futuramente serem lidas e comentadas como produto da torpeza humana, injustiças em qualquer tempo.

---

[107] *O humanismo como categoria constitucional*, p. 72-73, 77-78

O que me faz retomar, em ilustração a esta exposição, o tema do aborto. A recusa à vida numa organização biológica em plena formação e com condições eficientes de desenvolvimento,[108] e a pretexto de uma irrestrita eególatra liberdade da mulher, atenta, em qualquer época, ao sentimento de justiça.

O quanto o instinto e a intuição não são suficientes a proporcionar, o sentimento enseja: a justiça arquetípica invade-nos, a lei natural da justiça é-nos acessível. Pelo sentimento os conteúdos da ideia de justiça afloram em nosso consciente, e injustiças — de todo o sempre — podem ser retificadas.

3.3.1 E o ódio?

Outra intersecção em nosso diálogo. Ricardo Marcondes Martins defende, ao narrar passagem de sua vida na qual confessa sentir-se dominado pelo ódio — e que tomo como qualidade de seu caráter, pois a honestidade com o diálogo fala-lhe mais alto a ponto de sujeitar-se a publicamente expor particulares sentimentos comuns a todos nós —, sob o império deste sentimento, defende que a prudência envolve paixão, e quanto mais intenso for o sentimento de uma opinião como sendo a decisão justa tanto maior será o ódio por quem acolher a posição contrária. Prudência para ele implica divergência e sentimento de ódio.

Pedro e Paulo de Tarso, notáveis homens históricos, comprovam que não é assim. O ódio não se associa à justiça. Absortos nas mais profundas reflexões sobre as palavras de Jesus, tornaram-se os protagonistas na difusão do cristianismo. Pedro entre os hebreus, Paulo junto aos gentios. Devotados em absoluto à causa, assumiram o compromisso de perpetuar as lições do mestre nazareno, e não podiam, e com eles os seus inúmeros seguidores, encontrar oposições mais atrozes: difamações, confiscos de bens, prisões, torturas e mortes, e não raro, em vingança, às suas famílias, e indiferentemente se as vítimas eram homens ou mulheres, idosos ou crianças. No entanto, as crucificações e as degolas, o azeite fervente em consumo da carne humana, ou as feras, nas arenas em espetáculos bárbaros, ao trucidarem em vida os perseguidos, não ensejavam entre Pedro, Paulo de Tarso e tantos outros o sentimento de ódio. Quanto mais intensa e expansiva a fé que os movia, ainda que as perseguições intensificassem-se contra

---

[108] Tal como acontece no útero, e situação absolutamente distinta das legítimas pesquisas com células-tronco em que à evidência são labores científicos em um ambiente no qual o desenvolvimento artificial das células nunca conseguiria atingir a formação de um ser humano.

eles, o sentimento de justiça que nutriam alquebrava qualquer reação que se pudesse assemelhar ao ódio. Ao inverso, sentiam compaixão.

A prudência realmente envolve a paixão, mas uma espécie em particular, a compaixão: paixão com o próximo. Levado a Roma, preso e julgado, após anos sob o gládio da justiça do Imperador, enfim Paulo de Tarso é conduzido à pena de decapitação. Mas ele externa compaixão por seu carrasco e por seus juízes. Paulo de Tarso é prudente. Sente compaixão. A justiça que lhe interesse alcançar — sentir — não é condescendente com o ódio, pois depende do perdão e do amor.

É verdade que a humanidade nunca esteve livre do ódio. Não conseguimos aproximar-nos do que Pedro e Paulo de Tarso exemplificaram em vida há dois mil anos. Mas a lição é-nos cara. A justiça arquetípica só encontramos por sentimentos nobres, nunca movidos pelo ódio.

Mas esta incompreensão — minha, do meu interlocutor, da humanidade em geral — é histórica. Empédocles de Agrigento (séc. V a.C.), filósofo pré-socrático, afirmava que o ódio e o amor são imperecíveis e de igual força, e geram o conflito como lei do mundo. Como de seu pensamento comenta Marilena Chauí, "o Amor faz a 'vida florescente' e o Ódio, cruel, faz a separação dos seres errantes".[109] O Amor cria, promove a união; o Ódio desagrega. As clássicas quatro raízes (fogo, terra, água e ar) compõem a multiplicidade móvel do ser, a sua *phýsis*, sua natureza, e o amor e o ódio são as duas forças que unem (amor) ou separam (ódio). O próprio mundo, diz Empédocles, percorre ciclos nos quais ora prevalece o Ódio e a diferenciação no Múltiplo, ora o Amor sobrepõe-se e conduz ao Uno.

Amor e ódio, virtude e vício. Sentimentos, elaborações racionais que se espargem no ser, que compõem a personalidade em um caudal não poucas vezes conflituoso e intensamente obnubilado. Mas não se confundem. Por mais tênues e brumosas as fronteiras entre amor e ódio, justiça e injustiça, e as multifárias virtudes e vícios que se podem relacionar, ainda assim não há intercâmbio entre estes opostos. Não há como conceber — há uma contradição em termos — uma "justiça odiosa".

4 A justiça na evolução em espiral da consciência

Instinto, intuição e sentimento de justiça. Sem a superação dos dois primeiros, mas por se aperfeiçoarem suas elaborações racionais e a

---

[109] *Introdução à história da filosofia*, 2. ed., p. 111.

eles integrar-se o sentimento, e por mutuamente se implicarem, evolui a consciência. E a senda desta evolução dá-se em uma espiral na qual o sentimento de justiça conta com especial significação, pois se esparge sobre o instinto e a intuição e permite ao ser humano e à sociedade, lenta e insistentemente, apreender as razões da justiça arquetípica.

A humanidade nunca se dispensará dos seus instintos. O progresso da sociedade pode ansiar por burilá-los, mas nunca os suplantar. A sobrevivência, o instinto de preservação e conservação, é inerente à condição humana. O que se altera no curso da história diz respeito ao modo como o indivíduo — e a sociedade, por consequência — percebe os seus instintos, conhece-os e os domina, elabora-os racionalmente. O instinto, fenômeno psíquico irracional, é gradual e permanentemente apreendido pela consciência; racionalizado amiúde. Ao se conhecer — em interminável busca —, o sujeito expande sua capacidade de decifrar os instintos, e as representações da justiça, tantas vezes miticamente simbolizadas, passam, com este apuro do autoconhecimento e a consequente lucidez da leitura empreendida, a recender os conteúdos semânticos da justiça arquetípica.

A consciência se espraia. A intuição é igualmente melhor compreendida. Orienta-se o indivíduo, ao racionalizar o instinto e a intuição, e notadamente porque esta última é mais eterizada e abrangente — pois não diz respeito apenas à preservação e à conservação —, a aproximar-se cada vez mais da ideia de justiça. A intuição paradoxalmente eclipsa e enleva o instinto e ambos potencializam o alcance ao arquétipo da justiça. Quanto mais o ser humano encaminha-se — ainda parcimoniosamente — no domínio da razão consciente tanto mais o instinto e a intuição servem eficazmente à formulação empírica do reflexo da justiça ideal.

Mas é realmente o sentimento, por sua gênese com sede na razão, o cerne transformador da consciência de justiça. A apreensão dos significados plurais contidos no arquétipo da justiça bosqueja-se no instinto, percebe-se na intuição, mas se realiza em perfeição no sentimento. A consciência, pois, evolui em cada ser e na sociedade. Em tempos idos, prevalecia o instinto; a razão, ainda insipiente, elaborava símbolos, imagens e mitos sobre a profusão deste fenômeno psíquico irracional. Com o tempo a "percepção via inconsciente", outra manifestação psíquica de ordem irracional, aperfeiçoou-se junto ao ser humano; além da estrita reação à preservação e à conservação da espécie — o instinto —, ainda a intuição enfeixou, por esta maior extensão dos temários relacionados à vida (não só a sobrevivência), atribuições significativas ao progresso da consciência. Instinto e intuição persistem e continuarão presentes. A racionalidade sobre eles é que amadurece, e por conseguinte os lapida com mais esmero. O sentimento de justiça, sublime capacidade humana, imbrica-se com o instinto e a intuição, e paulatinamente se irradia, harmoniosamente afina-se, robustece-se.

A trajetória da consciência dá-se em espiral. Progride em espiral — avança, retrocede, suspende-se, torna a projetar-se avante, mais adiante. Anoto em ilustração ao que afirmo os barbarismos perpetrados pelo regime nazista. As suas práticas não encontraram consenso na comunidade internacional, ao inverso da condescendência de tantos outros incontáveis atos de extermínio e de desqualificação do ser humano praticados no passado que gozaram de fragorosa leniência global, como o consentimento de ver-se e tratar-se a raça negra como objeto. O sentimento de justiça alcançado no século XX despertou de países e pensadores em seu próprio tempo a reprovação contra a insana prática homicida que se difundia.

Neste palmilhar da consciência a palavra cumpre, sem dúvida, papel fundamental. Sem diálogo não se externam as impressões, não se compartilham a racionalidade sobre o instinto e a intuição, não se desdobra o sentimento; a consciência não se acrisola. Por esta perspectiva, é oportuna a lembrança de Jürgen Habermas ao notar que "a moral autônoma e o direito positivo, que depende de fundamentação, encontram-se numa 'relação de complementação' recíproca",[110] e apenas pelo discurso é que se descobrem e partilham-se as razões da justiça.

O que este pensador denomina por princípio do discurso é de inequívoca aplicação aos passos da evolução em espiral da consciência. O princípio do discurso "está fundado nas condições simétricas de reconhecimento de formas de vida estruturadas comunicativamente [...]; nos discursos de fundamentação moral, o princípio do discurso assume a forma de um princípio de universalização".[111]

O que me cumpre acrescentar é que o discurso deve ser visto como recurso à vazão da essência da justiça, e não o seu contrário — e creio ter suficientemente exposto, ao longo deste capítulo, meus argumentos para esta assertiva. A consciência é o paradigma, mas a intersubjetividade — de inequívoca importância à filosofia de Jürgen Habermas, e ainda a Immanuel Kant sob a proposta de autonomia, pois esta depende da universalização — persiste sob a proposta da justiça arquetípica na noção, vista linhas atrás, de consciências entrelaçadas.

---

[110] *Direito e democracia*: entre facticidade e validade, v. 1, p. 141.

[111] *Idem*, p. 143-144.

Em angustiantes reflexões céticas em busca da compreensão da justiça, Jacques Derrida sustenta ser a "desconstrutibilidade" do direito o que torna a desconstrução possível, mas a "indesconstrutibilidade" da justiça do mesmo modo torna a desconstrução possível, pois a desconstrução ocorre, para ele, entre a indesconstrutibilidade da justiça e a desconstrutibilidade do direito. Uma experiência do impossível, afirma. O direito não é justiça, prossegue o filósofo, mas elemento do cálculo. A justiça, no entanto, é incalculável. E por estas assertivas ele diz que não quer a abdicação ético-político-jurídica da justiça, mas a proposta de um movimento no sentido de uma responsabilidade sem limites, incalculável diante da memória. Isto é, "a tarefa de lembrar a história, a origem e o sentido, isto é, os limites dos conceitos de justiça, de lei e de direito"[112] — esta tarefa, a de uma "memória histórica", é o que representa o âmago de sua desconstrução. A responsabilidade frente a uma herança. A busca por uma "memória da justiça".

O que proponho, diante dos argumentos apresentados por toda a extensão desta exposição, é igualmente uma "memória da justiça". Mas não histórica, como em Jacques Derrida. Sugiro uma memória psíquica. A justiça não é posta na história, mas dela se vale a consciência em sucessivas experiências para evoluir-se em uma espiral que traz à tona fragmentos da justiça arquetípica.

Acedo, portanto, à sólida afirmação do filósofo Vladimir Jankélévitch:

> Podemos dizer portanto que o homem vai sempre em frente ("volens nolens"), mesmo quando crê retroceder; com efeito, para afirmar que o passadista está voltado para o passado e o futurista para o porvir, temos de projetar o tempo no espaço, porque o tempo em si é uma constante futurização.[113]

O que o faz concluir, por consequência, que "o futuro é um tempo moral por excelência".[114]

Pois a consciência evolui, e nela é que encontramos o que é a justiça.

---

[112] *Força de lei*, p. 17-18, 30, 36-37.
[113] *Curso de filosofia moral*, p. 137.
[114] *Idem*, p. 141.

CAPÍTULO IV

JUSTIÇA DEÔNTICA

RICARDO MARCONDES MARTINS

1 Introdução

Expus no capítulo II desta obra as linhas mestras do que considero ser uma teoria deôntica da justiça. Ali afirmei: sinto-me habilitado a escrever sobre direito. Abdiquei textualmente da pretensão de escrever sobre filosofia ou sobre religião. Apresentei, ainda que resumidamente, as linhas desta proposta, não apenas um estudo individual sobre a justiça, mas um diálogo com Luis Manuel Fonseca Pires, colega de cátedra na Pontifícia Universidade Católica de São Paulo — ambos somos professores de Direito Administrativo —, juiz de direito em São Paulo e, para minha honra, para minha felicidade, meu amigo.[1]

---

[1] Não no sentido *pós-moderno* de "amigo", perfeitamente retratado pelo que Marcia Tiburi chama de *complexo de Roberto Carlos*: "'Eu quero ter um milhão de amigos' é o famoso verso da linda canção 'Eu Quero Apenas', de Roberto Carlos. Adaptado aos nossos tempos, o verso representa o anseio que está na base do atual sucesso das redes sociais. Desde que Orkut, Facebook, MySpace, Twitter, LinkedIn e outros estão entre nós, precisamos mais do que nunca ficar atentos ao sentido das nossas relações. Sentido que é alterado pelos meios a partir dos quais são promovidas essas mesmas relações". E pouco adiante, desenvolve: "Logo, o paradoxo a ser enfrentado nas redes sociais é que a maior quantidade de amigos é equivalente a amizade nenhuma. A amizade é como o amor, que só se sustenta na promessa de que será possível amar. Por isso, quando se sonha com o amor, ele sempre é desejo de futuro, no extremo, de uma eternidade do amor. O mesmo se dá com a amizade. Um amigo só é amigo se for para sempre. Mas quem é capaz de sustentar uma amizade hoje quando

Confesso que os caminhos trilhados por ele me surpreenderam. Na sua busca pela fonte da justiça, o nobre professor efetuou profundo estudo de teodiceia[2] e concluiu que a justiça está em Deus. Confesso, antes de continuar, que não sou ateu. Acredito! Tenho fé! Digo isso porque é bem provável que ao final deste capítulo o leitor pense o contrário. De fato, o próprio Luis Manuel antecipou, nossas abordagens são distintas. Eu pontuo: são acentuadamente distintas. Tão distintas, que me fez perguntar a mim mesmo: é possível um diálogo? Minha resposta, num primeiro momento, foi negativa. O discurso da teodiceia e o discurso do direito, pensei, jamais constituirão um diálogo, no máximo dois monólogos. Supor aí um diálogo seria vislumbrar dois malucos que falam sozinhos sem perceberem um ao outro. Lembrei-me que essa situação é deveras corriqueira, frequentemente juristas dialogam nesses termos. A explicitação ostensiva dessa situação já valeria a empreitada. Continuei a refletir e a ideia seguinte me causou pavor; estava sendo intolerante. "Graças a Deus", foi a tempo. Será mesmo que é impossível o diálogo com quem adota posição acentuadamente distinta?

Neste derradeiro capítulo tenho dois objetivos confluentes. Primeiro, retomar a teoria que expus para aclará-la e aprofundá-la. Segundo, continuar o diálogo! Nesse intuito, sinto-me livre para discorrer sem reverências excessivas, sem medo de afrontar sensibilidades. E isso porque conheço meu amigo, sei que é alguém incomum, ser humano com

---

se pode ser amigo de todos e qualquer um?" ("Complexo de Roberto Carlos", *Revista Cult* 154/27). Na pós-modernidade a palavra "amigo" foi esvaziada. Aqui ela é utilizada no seu significado "antigo". Nos Capítulos VIII e IX da "Ética a Nicômaco" Aristóteles discorre sobre *verdadeira amizade*, aquela não fundada na utilidade, mas no *bem* (*op. cit.*, 3. ed., p. 240, cap. VIII, §3, 1156b1). Para o filósofo, a amizade é uma *parceria*, no sentido de que o amigo se comporta em relação ao outro como em relação a si mesmo (*idem*, p. 289, cap. IX, §12, 1172a1). Em assonância com Tiburi, o pensador afirma a impossibilidade de se ter "muitos amigos" (p. 245, VIII, §6). Interessante registrar que a amizade, para Aristóteles, importa em *concórdia*, mas esta não significa *consenso de opinião*: "A concórdia também se afigura um sentimento de amizade. Disso resulta que não se trata meramente de consenso de opinião, pois isso pode existir mesmo entre estranhos. Tampouco se qualifica como concórdia o acordo em matéria de juízos científicos a respeito de qualquer assunto, digamos em relação aos corpos celestes, ou seja, concordar acerca dos fatos da astronomia não é vínculo de amizade. Diz-se que a concórdia prevalece num Estado quando seus cidadãos concordam quanto aos seus interesses, adotam as mesmas medidas e implantam suas resoluções comuns" (*idem*, p. 275-276, cap. IX, §6). Com efeito: apesar das discordâncias, estou absolutamente certo da absoluta *concórdia* entre mim e meu interlocutor.

2   Régis Jolivet define *Teodiceia* como "ciência de Deus pela razão" (*Curso de filosofia*, 16. ed., p. 287). E a diferencia da *Teologia*: "A Teodicéia é então uma ciência racional; quer dizer que não recorre senão às luzes da razão natural. Difere por isso da Teologia, que toma por primeiros princípios, não os princípios da razão, mas os dados da Revelação" (*Idem, ibidem*).

qualidades raras. Invoco a liberdade de pensamento, mas ancorada no reiterado respeito. Considero-me um provocador. Em diversas ocasiões, ao provocar as pessoas, deparei-me com a intolerância; provocadas, muitas se negaram a continuar a conversa. Sequer ouviram meus argumentos. Calaram-se numa atitude de infinita soberba. Recuso-me a adotar essa postura. Ao final, é o leitor que julgará se o diálogo entre a teodiceia e o direito foi ou não possível.

2 Dogmática jurídica

Antes de retomar o tema da justiça, vejo-me obrigado a retomar minhas premissas. Afirma Luis Manuel Fonseca Pires que incorro em "indagações filosóficas aqui e acolá". Pouco adiante, diz ele, "dogmas embrutecem, embotam o ser em completa escuridão". De fato, incorro no meu texto anterior em diversas reflexões filosóficas, mas elas não descaracterizam meu estudo como sendo um "estudo dogmático". Se o dogma religioso lança o ser no abismo da escuridão, a dogmática jurídica abre os olhos do ser para o direito. E o que significa dogmática jurídica? "Dogma" vem de *dokein*, que significa ensinar, doutrinar.[3] Tercio Sampaio Ferraz Jr. informa que o pensamento jurídico dogmático desenvolveu-se na Idade Média, por influência da Igreja, tendo por base o princípio da proibição da negação dos pontos de partida das séries argumentativas.[4] Esses pontos são os textos normativos.[5]

O notável jusfilósofo paulista, baseado numa distinção formulada por Theodor Viehweg, distingue questões zetéticas de questões dogmáticas. As primeiras acentuam o aspecto pergunta, de modo que todos os conceitos, premissas, princípios ficam abertos à dúvida, as últimas acentuam o aspecto resposta, de modo que determinados elementos são, de antemão, subtraídos à dúvida. No enfoque dogmático alguns elementos são postos fora de questionamento, mantidos como inatacáveis, insubstituíveis, dominando as respostas, de modo que elas não ponham em dúvida as premissas de que partem. Questões zetéticas têm uma

---

[3] Cf. FERRAZ JR. *Introdução ao estudo do direito*, 5. ed., p. 41. Para Kant *dogma* consiste "numa proposição sintética diretamente derivada de conceitos" (*Crítica da razão pura*, p. 442).

[4] *Função social da dogmática jurídica*, p. 39. Nesse sentido, afirma Arthur Kaufmann: "El dogmático parte de presupuestos que toma sin examen como verdaderos" (*Filosofia del derecho*, 2. ed., p. 48).

[5] Explica Tercio Sampaio: "o pensamento dogmático se liga, em sua própria vinculação, a textos sobre os quais ele dispõe conceitualmente, ou seja, o pensamento dogmático parte de textos — textos vinculantes — os quais só podem ter um sentido através da conceptualização que deles decorre" (*Função social da dogmática jurídica*, p. 40).

função especulativa explícita e são infinitas, questões dogmáticas têm uma função diretiva explícita e são finitas.[6] O direito comporta investigações zetéticas, como a Sociologia Jurídica, a Filosofia do Direito, e dogmáticas, como o Direito Constitucional e Administrativo. Nestas, algumas premissas são, de fato, assumidas como fora de discussão. Um exemplo: a supremacia da Constituição. Nos ordenamentos que adotam o modelo do constitucionalismo, simplesmente não se discute, as normas constitucionais são superiores às demais.[7]

Como já antecipei, principalmente graças a Kelsen, o direito, do ponto de vista dogmático, foi reduzido à dimensão normativa.[8] Contemporaneamente a dogmática jurídica é marcada pela positivação, não no sentido positivista, mas no sentido de que o direito refere-se ao "direito posto", positivado por uma decisão do agente competente.[9] Ademais, a dogmática assenta-se na decidibilidade e, assim, consiste num pensamento tecnológico, tem relevância prática, pois possibilita decisões.[10] O direito, nesses termos, não se confunde com a Filosofia, não é elucubração teórica efetuada pelo mero gosto de pensar, é algo voltado à resolução dos conflitos intersubjetivos. Trata-se de um instrumento de disciplina da conduta. O fundamental é a orientação do agir.

Para Tercio Sampaio Ferraz Jr. a dogmática jurídica articula-se em três modelos básicos: a) dogmática analítica ou Ciência do Direito como teoria da norma; b) dogmática hermenêutica ou Ciência do Direito como teoria da interpretação; c) dogmática da decisão ou teoria dogmática da argumentação jurídica. Pelo modelo analítico, o direito consiste num conjunto de normas jurídicas e a Dogmática importa num conjunto de conceitos, sínteses aglutinadoras dessas normas, apurados pela ligação, recurso analítico de aproximação de conceitos distintos, e pela diferenciação, recurso analítico fundado na decomposição, na separação dos conceitos. O modelo hermenêutico busca o sentido dos preceitos normativos, atentando-se para as consequências das ações. Enquanto a técnica analítica procura soluções a partir das normas, a hermenêutica olha para as normas a partir das situações, a primeira parte do sistema para o mundo circundante, a segunda parte das consequências para o sistema. Finalmente, o terceiro modelo volta-se para a decisão do

---

[6] *Introdução ao estudo do direito*, 5. ed., p. 40-41.

[7] Sobre o tema vide meu *Regulação administrativa à luz da Constituição Federal*, cap. I.

[8] Cf. FERRAZ JR. *Função social da dogmática jurídica*, p. 78.

[9] *Idem*, p. 84-85.

[10] *Idem*, p. 90-91.

conflito.[11] O quadro proposto é aqui assumido integralmente, tomo o direito como conjunto de normas vigentes em determinada comunidade. Interessa-me, enquanto jurista, tão somente saber quais são as normas aplicáveis a dada situação. Vale dizer: as normas (teoria das normas), o sentido (hermenêutica) e qual a decisão a ser adotada (teoria da decisão).

3 Ciência jurídica

Neste lanço, indaga-se se Dogmática Jurídica consiste, de fato, numa Ciência, o que pressupõe saber o que significa "ciência". Valho-me do conceito de Tercio Sampaio Ferraz Jr.: "a ciência é constituída de um conjunto de enunciados que visa transmitir, de modo altamente adequado, informações verdadeiras sobre o que existe, existiu ou existirá".[12] Quer dizer: Ciência é um discurso que tem por desiderato a verdade de suas proposições. "Ciência" e "verdade" possuem uma relação íntima.[13] Como já antecipei, rejeito um conceito imanente ou transcendente de verdade. Adoto um conceito discursivo, quando os envolvidos num diálogo, diante de todos os elementos trazidos à baila, consideram que as objeções levantadas em face de uma proposição foram justificadamente afastadas e, por isso, se convencem de que não há motivo para continuar pondo-a em dúvida, constitui-se, ainda que provisoriamente, a verdade. Esta, por definição, é um estado provisório decorrente da estagnação dos partícipes de uma discussão em face dos argumentos até então apresentados. Conceituada a "ciência" e a "verdade", volto à pergunta: há uma Ciência do Direito?

A restrição do direito à norma foi o grande passo para a viabilidade de uma Ciência do Direito. Configurou-se um objeto próprio; deixa-se, por exemplo, o estudo dos fatos sociais para a Sociologia, da personalidade e dos fatos psicológicos para a Psicologia. Para que haja Ciência, deve haver um campo próprio de investigação, um objeto próprio. No caso do direito, há as normas jurídicas, em vigor numa determinada comunidade. Hans Kelsen foi o grande responsável por esse passo. Surpreendentemente, se por um lado Kelsen tornou possível

---

[11] *Idem*, p. 119 *et seq.* O assunto é também tratado em outra obra do autor: *A ciência do direito*, 2. ed., p. 50 *et seq.* Essa sistematização foi utilizada também em seu *Introdução ao estudo do direito*, 5. ed., p. 83 *et seq.* A dogmática da decisão também é chamada de *dogmática empírica*.

[12] *A ciência do direito*, 2. ed., p. 10.

[13] É a lição de Tercio Sampaio Ferraz Jr.: "A verdade é que toda ciência tem um objeto, mas seja qual for, tanto o objeto quanto a ciência, um problema máximo a envolve, o qual pode ser qualificado como sua questão peculiar. Referimo-nos à alternativa *verdadeiro ou falso*. Uma investigação científica sempre faz frente ao problema da verdade" (*Função social da dogmática jurídica*, p. 85-86).

uma Ciência do Direito ao purificá-lo, restringindo seu estudo às normas vigentes, por outro, ele próprio proclamou a impossibilidade de uma Ciência jurídica. De fato, no famoso Capítulo VIII de sua *Teoria pura do direito*, Kelsen sustenta que toda norma admite várias interpretações e a escolha entre as possibilidades é sempre um ato político, é impossível afirmar que uma interpretação é correta.[14] O final da obra é terrificante, é como se o jusfilósofo, nos primeiros sete capítulos, desse à luz à Ciência do Direito e no último a estrangulasse. Eis aí o que Tercio Sampaio Ferraz Jr. chamou de desafio kelseniano: é possível falar em "verdade hermenêutica"?[15]

Pois bem, o conjunto de normas vigentes numa dada comunidade constitui o objeto da Ciência do Direito. Mas esta só é possível se esse conjunto não for um mero amontoado de normas, uma mera reunião de normas. O que faz do estudo desse conjunto de normas um estudo científico é a pressuposição de um sistema. Eis a famosa lição de Immanuel Kant: "o que torna o conhecimento comum uma ciência é a unidade sistemática".[16] E sistema, no singelo conceito de Juan Manuel Terán, é "um conjunto ordenado de elementos segundo um ponto de vista unitário".[17] No Brasil, coube principalmente a Geraldo Ataliba[18]

---

[14] "A questão de saber qual é, de entre as possibilidades que se apresentam nos quadros do Direito a aplicar, a 'correcta', não é sequer — segundo o próprio pressuposto de que se parte — uma questão de conhecimento dirigido ao Direito positivo, não é um problema de teoria do Direito, mas um problema de política do Direito" (*Teoria pura do direito*, 6. ed., cap. VIII, §46, p. 469). E pouco adiante: "A interpretação jurídico-científica não pode fazer outra coisa senão estabelecer as possíveis significações de uma norma jurídica. Como conhecimento do seu objecto, ela não pode tomar qualquer decisão entre as possibilidades por si mesma reveladas, mas tem de deixar tal decisão ao órgão que, segundo a ordem jurídica, é competente para aplicar o Direito" (*op. cit.*, p. 472). Já ouvi muitos professores dizerem-se kelsenianos. Nunca conheci um que não se contradissesse. Todos eles, frequentemente, afirmam que uma interpretação é, juridicamente, "a correta". De duas, uma: ou não leram o Capítulo VIII ou não eram kelsenianos.

[15] *Introdução ao estudo do direito*, 5. ed., p. 265.

[16] Nas palavras dele: "Por uma *arquitetônica* entendo a arte dos sistemas. Devido ao fato de que a unidade sistemática é aquilo que primeiramente torna o conhecimento comum uma ciência, isto é, faz um sistema a partir de um mero agregado de tais conhecimentos, a arquitetônica constitui a doutrina do elemento científico em nosso conhecimento em geral, pertencendo portanto necessariamente à doutrina do método" (*Crítica da razão pura*, cap. 3, p. 492).

[17] *Filosofia del derecho*, 19. ed., p. 146.

[18] "O caráter orgânico das realidades componentes do mundo que nos cerca e o caráter lógico do pensamento humano conduzem o homem a abordar as realidades que pretende estudar, sob critérios unitários, de alta utilidade científica e conveniência pedagógica, em tentativa do reconhecimento coerente e harmônico da composição de diversos elementos em um todo unitário, integrado em uma realidade maior. A esta composição de elementos, sob perspectiva unitária, se denomina *sistema*. Os elementos de um sistema não constituem o todo, com sua soma, como suas simples partes, mas desempenham cada um sua função coordenada com a função dos outros" (*Sistema constitucional tributário brasileiro*, p. 4).

e Celso Antônio Bandeira de Mello[19] divulgar o estudo sistêmico do direito. E esses dois magnos juristas também difundiram a ferramenta apta a fazer do amontoado de normas jurídicas vigentes numa dada comunidade um sistema, o princípio jurídico.[20] O que faz do amontoado um todo unitário são elementos aglutinadores, estruturantes, chamados por eles de princípios. Estudar o direito como um sistema a partir de princípios, ou seja, estudar o direito como uma verdadeira Ciência, foi um legado transmitido pelos catedráticos da Escola das Perdizes, assim chamada a Escola fundada por eles numa alusão ao bairro em que se encontra a Faculdade de Direito da PUC-SP, a gerações que lhes seguiram.

A observância desses "princípios" — estandartes, elementos estruturantes, núcleos aglutinadores — faz com que uma interpretação seja mais correta que outra. Dessarte, a interpretação mais consentânea aos princípios jurídicos é a interpretação cientificamente correta. A Ciência do Direito tem por objeto as normas jurídicas e por missão apurar a interpretação correta das normas, descobrir a "correta interpretação", indicar a "aplicação correta". Mas a interpretação das normas jurídicas — é fundamental perceber — deve dar-se a partir das próprias normas jurídicas, o sentido e o alcance delas deve ser extraído do contexto linguístico e pelo contexto linguístico em que elas estão inseridas. Essa Ciência é dogmática e não admite negar esse ponto de partida, a compreensão das normas deve dar-se a partir do contexto em

---

[19] "O que importa sobretudo é conhecer o Direito Administrativo como um sistema coerente e lógico, investigando liminarmente as noções que instrumentam sua compreensão sob uma perspectiva unitária" (*Curso de direito administrativo*, 28. ed., cap. I-25, p. 55).

[20] Na lição de Geraldo Ataliba: "Daí porque, à dificuldade da tarefa de se reconhecer os sistemas, principalmente normativos, se acrescentam as de se preservar, mesmo no exame da minúcia mais particular, os princípios mais genéricos informadores de todo o sistema. Isso porquê, os elementos integrantes de um sistema não lhes constituem o todo mediante sua soma, mas desempenham funções coordenadas, uns em função dos outros e todos harmonicamente, em função do todo" (*Sistema constitucional tributário brasileiro*, p. 7). Num trabalho publicado em 1971, Celso Antônio Bandeira de Mello apresentou seu conceito de princípio e difundi-o, a partir daí, à exaustão: "Entende-se por princípio a disposição, expressa ou implícita, de natureza categorial em um sistema, pelo que conforma o sentido das normas implantadas em uma dada ordenação jurídico-positiva". E pouco adiante apresenta um dos trechos mais copiados pela doutrina brasileira: "princípio é, pois, por definição, mandamento nuclear de um sistema, verdadeiro alicerce dele, disposição fundamental que se irradia sobre diferentes normas, compondo-lhes o espírito e servindo de critério para exata compreensão e inteligência deles, exatamente porque define a lógica e a racionalidade do sistema normativo, conferindo-lhe a tônica que lhe dá sentido harmônico" (Criação de secretarias municipais: inconstitucionalidade do art. 43 da Lei Orgânica dos Municípios do Estado de São Paulo. *Revista de Direito Público*, p. 284-285). Sobre esse conceito vide meu *Abuso de direito e a constitucionalização do direito privado*, p. 21-29.

que as normas estão postas. O sistema jurídico é autorreferente ou, mais precisamente, autopoiético. A teoria dos sistemas autopoiéticos, desenvolvida por dois biólogos chilenos, Humberto Maturana e Francisco Varela,[21] foi estendida aos sistemas sociais por Nicklas Luhmann[22] e ao direito por Gunter Teubner.[23] Com efeito, o direito se relaciona com o entorno somente na medida em que os elementos do entorno são juridicizados. Assim, a religião, a política, a filosofia, a sociologia interferem no direito quando motivam a edição de normas jurídicas ou a compreensão destas. A interpretação, ainda que motivada por razões religiosas, políticas, filosóficas ou sociológicas, deve sempre assentar-se no contexto normativo.[24]

---

[21] Enunciaram a teoria numa obra que se tornou clássica: *De máquinas y seres vivos – autopoiesis*: la organización de lo vivo. Assim conceituam as máquinas autopoiéticas: "Las máquinas autopoiéticas son máquinas homeostáticas. Pero su peculiaridad no reside en esto sino en la variable fundamental que mantienen constante. Una máquina autopoiética es una máquina organizada como un sistema de procesos de producción de componentes concatenados de tal manera que producen componentes que: i) generan los procesos (relaciones) de producción que los producen a través de sus continuas interacciones y transformaciones, y ii) constituyen a la máquina como una unidad en el espacio físico. Por consiguiente, una máquina autopoiética continuamente especifica y produce su propia organización a través de la producción de sus propios componentes, bajo condiciones de continua perturbación y compensación de esas perturbaciones (producción de componentes). Podemos decir entonces que una máquina autopoiética es un sistema homeostático que tiene a su propia organización como la variable que mantiene constante" (*Op. cit.*, 6. ed., p. 69).

[22] Luhmann sustenta a superação da dicotomia sistemas abertos e fechados pela teoria dos sistemas autorreferentes: "La teoría de los sistemas autorreferenciales sostiene que la diferenciación de los sistemas sólo puede llevarse a cabo mediante autorreferencia; es decir, los sistemas sólo pueden referirse a sí mismos en la constitución de sus elementos y operaciones elementales (lo mismo en el caso de los elementos del sistema, de sus operaciones, de su unidad). Para hacer posible esto, los sistemas tienen que producir y utilizar la descripción de sí mismos; por lo menos, tienen que ser capaces de utilizar, al interior del sistema, la diferencia entre sistema y entorno como orientación y principio del procesamiento de información" (*Sistemas sociales*: lineamentos para una teoría general, p. 33). Adiante, esclarece: "Los sistemas autorreferenciales, en el nivel de la organización autorreferencial, son *sistemas cerrados*, ya que no admiten otras formas de procesamiento en su autodeterminación" (*Op. cit.*, p. 56). E, após, explica os *sistemas autopoiéticos*: "La autopoiesis no presupone forzosamente que no haya en el entorno ningún tipo de operación como aquellas con las que el sistema se reproduce a sí mismo. En el entorno de los organismos vitales existen otros organismos vitales, y en el entorno de las conciencias, otras conciencias. En ambos casos, sin embargo, el proceso de reproducción propio del sistema es utilizable sólo internamente" (*Idem*, p. 56).

[23] Gunther Teubner assim conceitua os sistemas autopoiéticos: "sistemas que recursivamente producen sus propios elementos gracias a su propia red de elementos" (*El derecho como sistema autopoiético de la sociedad global*, p. 36).

[24] Em coro uníssono, explica Tercio Sampaio Ferraz Jr.: "Nas sociedades mais complexas, o sistema jurídico constitui um subsistema diferenciado, dotado de autonomia, relacionado com os demais — com o político, o religioso, o econômico etc. — e, por isso mesmo, caracterizado por uma ordem auto-substitutiva, isto é: o Direito só pode ser substituído pelo Direito — e não pela política, pela economia ou pela religião, salvo quando estes se

Sendo o direito um sistema autopoiético é vedado ao magistrado proferir uma sentença fundada apenas em teorias religiosas. Não pode absolver um réu simplesmente aludindo a "razões divinas". Meu interlocutor, profundo conhecedor da técnica jurídica, não incide nesse equívoco, suas sentenças são sempre fundamentadas na boa técnica. Feita essa advertência, enfatizo: o magistrado que absolve alguém fundado apenas na crença em Deus comete séria impropriedade. Não estou com isso negando que a religião não interfira no fenômeno jurídico, ainda que inspirado em razões religiosas, o magistrado deve restringir-se ao sistema jurídico, voltar-se para as normas vigentes e compreendê-las à luz das normas vigentes. Poderá considerar inconstitucional determinado preceito do Código Penal, por exemplo, por ofender a proporcionalidade, justificar a absolvição na inexigibilidade de conduta diversa ou até absolvê-lo por inimputabilidade, neste último caso desde que haja base em laudo médico.[25] Se não encontrar "razão jurídica" para absolvição, a condenação impõe-se.

Pois bem, esse é o campo da Ciência do Direito. Apontar quais normas são aplicáveis ao caso (teoria da norma), qual é a correta interpretação das normas jurídicas vigentes (teoria da interpretação) e qual, portanto, a decisão jurídica correta (teoria da decisão). Apontar, enfim, a interpretação correta e, pois, a decisão correta. A metodologia da Ciência do Direito assenta-se nesta premissa, a interpretação das normas deve pautar-se nas próprias normas, a decisão deve fundamentar-se nas normas. As normas devem ser compreendidas no e pelo contexto em que estão inseridas, e a decisão deve ser adotada a partir das normas e consistir na aplicação delas.

Esse incipiente ramo científico enfrenta obstáculos próprios do direito. Herbert L. A. Hart refere-se à perplexidade jurídica: trata-se de "uma situação sem paralelo em qualquer outra matéria estudada de forma sistemática como disciplina acadêmica autônoma".[26] Não há

---

juridicizam. Este caráter autônomo e diferenciado dá ao Direito a sua sistematicidade. [...] Existe, no sistema jurídico, que encadeia normas, instituições, valores, e se relaciona com outros subsistemas sociais, uma exigência de unidade dentro da variabilidade que compete à dogmática regular" (*Função social da dogmática jurídica*, p. 125-126).

[25] Os elementos dogmáticos, observo, fornecem ao magistrado a possibilidade de afastar-se profundamente do texto literal do Código Penal vigente. Para se ter uma noção da magnitude da atuação do intérprete é suficiente a leitura da primorosa monografia de Alice Bianchini, *Pressupostos materiais mínimos da tutela penal*. A autora fornece elementos dogmáticos para um acentuado distanciamento do texto literal da lei penal. O intérprete, nesses termos, mesmo restrito aos elementos normativos e ao contexto desses elementos, possui um *amplo* poder de atuação, tema retomado adiante.

[26] *O conceito de direito*, 3. ed., p. 5.

literatura abundante, observa, dedicada a responder "o que é química" ou "o que é medicina".[27] Escassas linhas são apresentadas ao estudante dessas áreas sobre o objeto de seus campos de investigação. Tudo é diferente no que tange ao direito, rios de tinta já foram gastos para conceituá-lo, dezenas de correntes de pensamento formaram-se. A Ciência do Direito encontra esse primeiro grande obstáculo, muitos que se dedicam ao seu estudo não estão de acordo sobre seu objeto ou sobre sua metodologia. Muitos chegam a negar a própria possibilidade de uma Ciência do Direito. Há, ademais, como se não bastasse a dificuldade gerada pelo primeiro, um segundo obstáculo, mais grave. Aqui invoco uma constatação de minha própria prática docente: grande parte dos que estudam o direito não gostam dele. Buscam uma formação jurídica por não terem encontrado um campo de estudo que lhes agrade, ou porque consideram que o diploma lhes trará prestígio social ou por qualquer outro motivo, excetuado o gosto pelo direito. A situação é para mim tão evidente que eu até formulei uma regra prática, se a pessoa consegue ter prazer ao ler um livro de Dogmática Jurídica nos seus tempos livres, e executar a empreitada pelo mero prazer e não pela obrigação acadêmica ou profissional, está, de fato, na área certa; se não consegue, é mais um, dentre tantos, perdido na ciência jurídica. E o fato de estar perdido na Ciência do Direito não lhe impede que obtenha sucesso profissional. Pode obter extraordinário sucesso na área jurídica, apesar de considerar "chato" o estudo do direito. Não é incomum encontrar grandes advogados, promotores, magistrados e até mesmo ilustres professores universitários que jamais empreenderam ou empreenderão uma leitura de dogmática jurídica por prazer. Muitos se dedicam ao direito, mas, infelizmente, poucos o fazem por prazer. Por consequência, constata-se, ao menos no Brasil, com muita tristeza: o direito não é, ressalvadas exceções pontuais, levado a sério.[28]

Isso não ocorre em outras áreas. Dificilmente alguém consegue terminar o curso de Física, de Química, de Matemática se não gosta dos respectivos campos. Como se explica que alguém não goste de direito e consiga obter sucesso profissional com ele? O direito pode ser utilizado como mera técnica, não ser tratado como ciência, nem como tecnologia,

---

[27] Idem, ibidem.

[28] Em 1983 essa constatação foi explicitada por Celso Antônio Bandeira de Mello e ainda é, nos dias de hoje, absolutamente verdadeira: "Como na área jurídica o estudo do Direito não é sério, ninguém se sente — digamos assim — com urticária diante de certas coisas" (Poder constituinte. Revista de Direito Constitucional e Ciência Política, p. 98-99).

mas como um expediente técnico.[29] Quase sempre, quando um procurador vê diante de si um problema jurídico, não se indaga qual a resposta "juridicamente correta", mas se limita a "procurar" uma doutrina ou jurisprudência que dê base à pretensão do governante. Do mesmo modo, quando um advogado vê-se diante de um problema jurídico também, comumente, não se indaga qual a resposta "juridicamente correta", mas sim se há doutrina ou jurisprudência que fundamente a pretensão de seu cliente.[30] E um magistrado? É comum que o julgador primeiro decida com base em suas convicções pessoais e depois vá atrás de argumentos jurídicos para fundamentar sua decisão. Quer dizer, no quotidiano do direito a Ciência Jurídica é ideal de visionários. Os profissionais do direito, por inépcia ou por costume, não estão acostumados a procurar a interpretação cientificamente "correta".

Li vários livros e artigos de meu interlocutor voltados à dogmática jurídica. Sei que essas assertivas não se aplicam a ele. Luis Manuel Fonseca Pires é Cientista do Direito e dos melhores.[31] Sem embargo, o estudo aqui apresentado por ele, no meu ponto de vista, contribui para a tonificação dos referidos obstáculos à ciência jurídica. Sua teoria contribui, ainda que seja correta, para algo que deve ser combatido: a utilização da técnica jurídica divorciada de bases científicas. A grande

---

[29] Tercio Sampaio Ferraz Jr. distingue o *método* da *técnica*: "Método é um conjunto de princípios de avaliação da evidência, cânones para julgar a adequação das explicações propostas, critérios para selecionar hipóteses, ao passo que técnica é o conjunto dos instrumentos, variáveis conforme os objetos e temas. O problema do método, portanto, diz respeito à própria definição de enunciado verdadeiro" (*A ciência do direito*, 2. ed., p. 11). Em outra oportunidade, distingue a *tecnologia* da *técnica*: a interpretação, a construção e a sistematização dos modelos jurídicos, na dogmática, ao contrário da técnica jurídica, pressupõem a determinação de seus princípios constitutivos na condicionalidade do ordenamento vigente (*Função social da dogmática jurídica*, p. 95). O pensamento técnico limita-se, apenas, a indicar como devem ser feitas as coisas, sem qualquer reflexão sobre suas condições de possibilidade (*A ciência do direito*, 2. ed., p. 55).

[30] Há uma diferença entre a *advocacia criminal* e a *advocacia cível* (não criminal). Somente na primeira, do ponto de vista ético, é permitido ao advogado defender causas contrárias à sua *convicção científica*. Os arts. 20 e 21 do Código de Ética da OAB são mal compreendidos: "O advogado deve abster-se de patrocinar causa contrária à ética, à moral ou à validade de ato jurídico em que tenha colaborado, orientado ou conhecido em consulta; da mesma forma, deve declinar seu impedimento ético quando tenha sido convidado pela outra parte, se esta lhe houver revelado segredos ou obtido seu parecer". "É direito e dever do advogado assumir a defesa criminal, sem considerar sua própria opinião sobre a culpa do acusado". Pensa-se que o advogado tem a prerrogativa de sempre defender os interesses do cliente independentemente de suas convicções científicas. Discordo, isso só é assim na advocacia penal, não na cível.

[31] Destaco as seguintes obras, estudos primorosos de dogmática jurídica: *Controle judicial da discricionariedade administrativa*; *Limitações administrativas à liberdade e à propriedade*; *Regime jurídico das licenças*; *Loteamentos urbanos*: natureza jurídica.

indagação que faço é a seguinte: a justiça é um tema pertinente ao sistema autopoiético do direito? É um tema jurídico? Difundiu-se na doutrina brasileira a resposta negativa: justiça, no direito, seria uma palavra vazia. O discurso de meu interlocutor — no meu ponto de vista, insisto — consagra esse vazio. Em última análise, Deus sempre envolverá uma questão de fé, sua existência, ainda que fundada em relevantes e abundantes argumentos racionais, não é constatada pelos sentidos humanos como se constatam fenômenos físicos no laboratório.[32] A existência divina pressupõe necessariamente uma inferência ou uma indução, e não uma dedução.[33] A questão da justiça, posta nos termos em que foi pelo meu interlocutor, não é juridicizável.

O que me interessa é o direito enquanto conjunto de normas jurídicas vigentes numa dada comunidade e o direito como Ciência, a correta interpretação dessas normas para a correta decisão sobre sua aplicação. Pois bem, eis a indagação fundamental: o tema da justiça é pertinente ao direito enquanto Ciência? A justiça é um tema próprio da Dogmática Jurídica? Minha resposta é afirmativa, mas, antes de

---

[32] Adoto aqui uma posição *parcialmente fideísta*. Conceitua-a Régis Jolivet: "os fideístas sustentam que a existência de Deus não pode ser conhecida pela razão natural, mas apenas pela fé" (*Curso de filosofia*, 16. ed., p. 292). Minha posição é *parcialmente* fideísta, pois não nego a *credibilidade* dos argumentos racionais. Nego apenas que eles provem a existência de forma *cabal*. Por apoiarem-se apenas em *inferências*, exigem a *fé*. Quem não tem fé, não se convence, por mais coerentes que sejam os argumentos apresentados.

[33] Irving Marmer Copi assim explica o *raciocínio dedutivo*: "Um raciocínio dedutivo é válido quando suas premissas, se verdadeiras, fornecem provas convincentes para sua conclusão, isto é, quando as premissas e a conclusão estão de tal modo relacionadas que é *absolutamente impossível* as premissas serem verdadeiras se a conclusão tampouco for verdadeira". E, nestes termos, o *indutivo*: "Um raciocínio indutivo, por outro lado, envolve a pretensão, não de que suas premissas proporcionem provas convincentes da verdade de sua conclusão, mas de que somente forneçam *algumas* provas disso. Os argumentos indutivos não são 'válidos' nem 'inválidos' no sentido em que estes termos se aplicam aos argumentos dedutivos. Os raciocínios indutivos podem, é claro, ser avaliados como melhores ou piores, segundo o *grau de verossimilhança* ou *probabilidade* que as premissas conferiram às respectivas conclusões" (*Introdução à lógica*, 2. ed., p. 35, grifos nossos). A "verossimilhança" decorrente das inferências apresentadas pelos argumentos da teodiceia, por mais forte que seja, sempre será negada pelos que não tenham *fé*.
Uma observação se faz necessária: os avanços científicos, principalmente os apresentados pela *física moderna*, consagraram o raciocínio indutivo na Ciência, mas não o raciocínio indutivo "puro". Segundo Karl Popper, a "lógica da pesquisa científica" obedece ao *método* "quase indutivo": "O processo quase indutivo deve ser visto nos termos descritos a seguir. Teorias de algum nível de universalidade são propostas e dedutivamente submetidas a teste; em seguida, são propostas teorias de nível mais alto de universalidade, por sua vez submetidas a teste, com auxílio das que têm o nível anterior de universalidade; e assim por diante. Os métodos de teste são invariavelmente apoiados em inferências dedutivas, que levam de um nível mais alto para um nível mais baixo; por outro lado, os níveis de universalidade são alcançados, em ordem cronológica, passando-se dos mais baixos para os mais altos" (*A lógica da pesquisa científica*, 17. ed., p. 304). Enfim, sem "alguma dedução" não há Ciência.

expor o que denomino de teoria da justiça deôntica, quero pontuar a divergência com meu interlocutor: a justiça não é um tema divino. É o que farei a seguir.

4 Justiça – Uma virtude humana

Segundo Luis Manuel a justiça é "uma lei natural gerada por Deus e gravada em suas criaturas". Discordo, e não por estar tratando da justiça deôntica. Discordo que a justiça, seja ela qual for, refira-se a algo que tenha a ver com Deus. E assento minha discordância na filosofia de Aristóteles: as virtudes são humanas e não divinas.[34] Elas têm um reverso e não se manifestam de forma absoluta. Por certo, a coragem contrapõe-se à covardia, da mesma forma que a justiça contrapõe-se à injustiça. Ninguém é sempre corajoso, como ninguém é sempre justo. Essas virtudes, típicas do ser humano, podem ser imputadas a Deus? O ser humano tem uma inegável tendência ao antropomorfismo. No Gênesis, 1, 26 e 27, consta que "Deus criou o homem à sua imagem e semelhança".[35] Não há argumento racional que justifique a forma antropomórfica de Deus. Aliás, a razão faz intuir o contrário. A crítica ao antropomorfismo é antiga; dentre os pré-socráticos, Xenófanes de Colofão já a efetuava: "um único deus, entre deuses e homens o maior, em nada no corpo semelhante aos mortais, nem no pensamento".[36] Perece-me sem sentido afirmar que Deus é corajoso. Da mesma forma, não me parece sensato afirmar que Deus é justo. Deveras, Deus não é nem corajoso ou covarde, nem justo ou injusto. Essas são virtudes humanas. Segundo Tercio Sampaio Ferraz Jr., para Aristóteles a justiça seria uma imitação de caráter ascendente pela qual o ser inferior se esforça, com os

---

[34] "As considerações que se seguem servirão também para mostrar que a felicidade perfeita é alguma forma de atividade especulativa. Os deuses, como os concebemos, desfrutam de bem-aventurança e felicidade. Mas que espécie de ações podemos atribuir a eles? Ações de justiça? ...mas não parecerá ridículo imaginá-los celebrando contratos, devolvendo depósitos e fazendo coisas semelhantes? E em seguida ações corajosas, resistindo a terrores e correndo riscos em nome da nobreza de assim agir? Ou realizando ações generosas? ...mas a quem exibiriam sua generosidade? [...] Se examinarmos toda a lista descobriremos que todas as formas de conduta virtuosa parecem insignificantes e indignas dos deuses" (*Ética a Nicômaco*, 3. ed., livro X, §8, 1178b, p. 310-311).

[35] "26. Disse também Deus: Façamos o homem à nossa imagem e semelhança, o qual presida aos peixes do mar, às aves do céu, às bestas, e a todos os répteis, que se movem sobre a terra, e domine em toda a terra. 27. E Criou Deus o homem à sua imagem: fê-lo à imagem de Deus, e criou-os macho e fêmea" (BÍBLIA SAGRADA. Edição ecumênica. p. 2).

[36] Clemente de Alexandria, Tapeçarias, V, 109 in Pré-socráticos, *Fragmentos, doxografia* e *comentários*, p. 72.

meios de que dispõe, para imitar o superior — seria, assim, uma imitação de Deus.[37] Ao imitar Deus e, pois, ao realizar plenamente a justiça, o ser humano não se torna "superior à sua própria humanidade, mas simplesmente realiza essa humanidade".[38] Tenho sérias dúvidas sobre a veracidade dessa assertiva — se a justiça consiste numa "imitação de Deus". Dela, contudo, extraio algo importante para este estudo: a justiça, seja ela qual for, nada tem a ver com Deus, é uma virtude humana. Dito isso, procuremos então a justiça humana, única que existe.

5 Justiça e os três modelos dogmáticos

Acolhida a sistematização proposta por Tercio Sampaio Ferraz Jr., a dogmática jurídica articula-se em três modelos: o analítico, o hermenêutico e o empírico. Referem-se a três teorias ou três campos de investigação jurídica: a teoria da norma, a teoria da interpretação e a teoria de decisão. A justiça deôntica possui aspectos próprios de cada um dos três modelos. Dessarte, há aspectos da justiça deôntica relativos à teoria da norma, concernentes à relação entre a justiça e a existência normativa, outros aspectos relativos à teoria da interpretação, concernentes à relação entre justiça e validade normativa e outros relativos à teoria da decisão, concernentes à relação entre justiça e argumentação normativa. Os dois primeiros campos de investigação da justiça deôntica apoiam-se numa diferenciação fundamental da teoria do direito, desprezada por muitos teóricos, a diferenciação entre os planos da existência e da validade.

6 Existência e validade

Já tratei desse assunto no meu estudo anterior (supra, capítulo II, item 5), mas o considero tão fundamental, tão imprescindível para entender o fenômeno normativo e o tema da justiça, que vou retomá-lo. Espero que com o aprofundamento teórico o assunto se torne mais claro. Ao que tudo indica, a diferenciação foi explicitada por um jurista brasileiro: Francisco Cavalcanti Pontes de Miranda. Antes dele, não havia na Teoria do Direito uma sistematização adequada dos planos do mundo jurídico. Como se sabe, os maiores nomes da Ciência Jurídica, dentre eles Hans Kelsen e Robert Alexy, não perceberam a imprescindibilidade da distinção entre a existência e a validade. Mesmo

---

[37] *Estudos de filosofia do direito*, 3. ed., p. 226-227.
[38] *Idem*, p. 227.

nos dias de hoje, no direito estrangeiro, a diferenciação não se tornou corrente. Trata-se, enfim, de uma significativa contribuição brasileira à Ciência do Direito.

O ponto de partida para compreensão da distinção efetuada pelo notável alagoano é a estrutura da norma jurídica: ela é composta, numa simplificação, de duas partes fundamentais, a hipótese e a consequência (H → C). Na primeira parte, é descrito um fato do mundo fenomênico; na segunda, são previstos efeitos jurídicos, imputados à ocorrência da hipótese. Os fatos do mundo fenomênico que correspondem à descrição da hipótese configuram o suporte fático ou Tatbestand.[39] Pontes de Miranda elaborou sua doutrina dos três planos tendo em vista o suporte fático e não a norma jurídica. Segundo ele, o suporte fático possui três tipos de elementos: os nucleares tornam o suporte fático suficiente, são essenciais para incidência da norma e consequente criação do fato jurídico — sem eles a norma não incide;[40] os complementares tornam o suporte fático eficiente, não integram o núcleo do suporte fático, apenas o complementam — sem eles a norma incide, mas de forma deficiente, é apta a gerar efeitos, mas os efeitos gerados não são válidos;[41] os integrativos, não são integrantes do suporte fático, mas possibilitam a irradiação dos efeitos previstos no consequente normativo — sem eles a norma incide, mas não gera efeitos.[42] Em resumo, os elementos nucleares tornam possível a incidência da norma e, pois, a juridicização[43] do fato do mundo fenomênico, que passa a existir como fato no mundo jurídico; os elementos complementares fazem com a que a incidência seja válida; os elementos integrativos fazem com que os fatos jurídicos produzam efeitos jurídicos.[44] A teoria distingue o mundo fenomênico

---

[39] Segundo Pontes de Miranda, o suporte fático é "aquele fato, ou grupo de fatos que o compõe, e sobre o qual a regra jurídica incide" (*Tratado de direito privado*, t. I, §7, p. 66). Sobre o tema *vide* também MELLO. *Teoria do fato jurídico*: plano da existência, §12, p. 38 *et seq.*

[40] *Tratado de direito privado*, t. I, §9, p. 72-73.

[41] *Tratado de direito privado*, t. IV, §356, p. 35-36.

[42] *Tratado de direito privado*, t. V, §505, p. 33-34; §563, p. 269. Sobre os três tipos de elementos *vide* também: MELLO. *Teoria do fato jurídico*: plano da existência, §12, p. 49 *et seq.*

[43] Pertencem ao vernáculo, nos termos da Lei nº 5.765/71, todos os registros constantes do Vocabulário Ortográfico da Língua Portuguesa, editado pela Academia Brasileira de Letras. O verbo "juridicizar" e seus derivados não constam da quinta edição do referido diploma; é, portanto, um *neologismo* (*op. cit.*, 5. ed., p. 481). O verbo é utilizado por Pontes de Miranda no sentido de tornar jurídico (*Tratado de direito privado*, t. I, §10.5, p. 75).

[44] Nas palavras de Pontes de Miranda: "A falta do elemento do suporte fático, sem o qual o ato jurídico *stricto sensu* ou o negócio jurídico não seria, não se confunde com a falta do elemento do suporte fático, sem o qual o ato jurídico *stricto sensu* ou o negócio jurídico seria porém não valeria, nem, ainda, com a falta do elemento que apenas concerne à eficácia,

do mundo jurídico: o fato do mundo real precisa "entrar" no mundo jurídico. Ele "entra" quando é juridicizado e isso ocorre com a incidência da norma. Quando o fato do mundo fenomênico corresponde à hipótese normativa, há a incidência da norma e o fato se torna jurídico, "entra" no mundo jurídico.[45] Para fins didáticos pode-se representar o mundo jurídico por meio de uma "nuvem". O fato precisaria "entrar na nuvem", entrar no mundo jurídico.

A teoria dos três planos foi sistematizada tendo em vista o fato, e não a norma. Aplica-se, todavia, perfeitamente às normas jurídicas.[46] Como observei em outra oportunidade, a edição de uma norma jurídica é sempre prevista na hipótese de outra norma, a que chamei de norma de produção jurídica.[47] No antecedente desta consta a descrição do fato da edição de uma norma. Trata-se de um fato do mundo fenomênico que também deve ser juridicizado.[48] Por certo, essa juridicização pode não

---

sem o qual, portanto, o ato jurídico *stricto sensu* ou o negócio jurídico poderia ser e valer, posto que não tivesse efeitos, ou algum ou alguns dos efeitos" (*Tratado de direito privado*, t. V, §579.2, p. 102).

[45] Explica Pontes de Miranda: "Ós fatos do mundo ou interessam ao direito, ou não interessam. Se interessam, entram no subconjunto do mundo a que se chama mundo jurídico e se tornam fatos jurídicos, pela incidência das regras jurídicas, que assim os assinalam" (*Tratado de direito privado*, t. I, §2.2, p. 52). E pouco adiante: "Para que os fatos sejam jurídicos, é preciso que regras jurídicas — isto é, normas abstratas — *incidam* sobre eles, desçam e encontrem os fatos, colorindo-os fazendo-os 'jurídicos' (*Idem*, §2.3, p. 52). Noutro volume, complementa: "O mundo jurídico confina com o mundo dos fatos (materiais, ou enérgicos, econômicos, políticos, de costumes, morais, artísticos, religiosos, científicos), donde as múltiplas interferências de um no outro. O mundo jurídico não é mais do que o mundo dos fatos jurídicos, isto é, daqueles suportes fáticos que logram entrar no mundo jurídico. A soma, tecido ou aglomerado de suportes fáticos que passaram à dimensão jurídica, ao *jurídico*, é o mundo jurídico" (*Tratado de direito privado*, t. II, §159.1, p. 221).

[46] Pontes de Miranda reconhece a extensão: "Existir, valer e ser eficaz são conceitos tão inconfundíveis que o fato jurídico pode ser, valer e não-ser eficaz, ou ser, não valer e ser eficaz. As próprias normas jurídicas podem ser, valer e não ter eficácia" (*Tratado de direito privado*, t. IV, §359.1, p. 48).

[47] *Efeitos dos vícios do ato administrativo*, cap. IV-1, p. 105-108.

[48] É o que explica Tárek Moysés Moussallem: "Antes da incidência e sem norma concreta, não há que se falar em fato jurídico. Não há fato jurídico fora de norma jurídica. A aplicação/incidência da norma de produção normativa sobre a linguagem da realidade social tem por conseqüência a produção de uma norma concreta e geral denominada veículo introdutor. Não entendemos por fonte do direito o fato jurídico enunciação-enunciado contido no antecedente do veículo introdutor. Esse fato, sendo jurídico, encontra-se localizado no interior do sistema do direito positivo e, portanto, não pode ser produtor de norma jurídica. Ele pertence à norma jurídica e, como sabemos, norma não cria norma. O fato produtor de normas é o fato-enunciação, ou seja, a atividade exercida pelo agente competente. Falamos em fato-enunciação porque a atividade de produção normativa é sempre realizada por atos de fala. Não podemos denominar o fato enunciação de fato jurídico, pois jurídico é aquele fato que sofreu incidência normativa, que, como dissemos, só sobrevém com o ato de aplicação do direito, transfigurado no seio de uma norma concreta" (*Fontes do direito tributário*, p. 150).

ocorrer e a norma não "entrar" no mundo jurídico ou pode ocorrer de modo deficiente e a norma "entrar", mas ser inválida. Quer dizer, para que a edição de uma norma seja um fato jurídico, ela deve obedecer a certos pressupostos, sob pena de o fato não se juridicizar e, por consequência, a norma não entrar no mundo jurídico. Assim, a existência da norma jurídica diz respeitos a condições impostas pelo sistema à edição das normas jurídicas.[49] Ademais, além de condicionamentos à existência, há, também, condicionamentos à validade. Pode ser que a norma ingresse no mundo jurídico, mas não seja válida, a existência da norma é questão distinta da validade da norma. Esta pressupõe aquela, toda norma válida necessariamente existe, mas a recíproca não é verdadeira, nem toda norma existente é válida.[50]

Se a norma inexistente não existe como norma, qual a utilidade do conceito? A norma inexistente, de fato, não existe no mundo jurídico como norma, mas a aparência de norma pode gerar efeitos jurídicos.

---

[49] Antônio Carlos Cintra do Amaral diferencia a *declaração estatal* da *norma jurídica*. Quando a declaração não observa certos pressupostos, ela não tem o condão de produzir a norma jurídica. Daí sua conclusão: a norma é sempre existente, porque pressupõe uma declaração estatal apta a produzi-la. Nas palavras dele: "Enquanto não há declaração estatal socialmente reconhecível como tal não há ato administrativo. Enquanto não é socialmente reconhecível como tal, não há declaração estatal. [...] A noção de validade, portanto, só se coloca quando existe uma declaração estatal socialmente reconhecível. Nesse momento, cabe verificar se a essa declaração estatal é conferido um sentido objetivo normativo, ou seja, se a ela corresponde um ato administrativo. Vale dizer: se há uma norma reconhecida como válida pelo ordenamento jurídico" (*Teoria do ato administrativo*, p. 54). Concordo com o insigne jurista: norma inexistente não é norma, é fato que parece norma (cf. meu *Efeitos dos vícios do ato administrativo*, cap. XII-2, p. 643-647).

[50] A diferenciação foi explicada com maestria por Celso Antônio Bandeira de Mello: "Para que se possa predicar validade ou invalidade de uma norma encartada em dado Direito Positivo, cumpre antes, lógica e juridicamente, que tal norma exista naquele sistema. Os dois tópicos não podem ser confundidos porque o tema da existência de um ato, de uma norma, diz com sua referibilidade a um dado sistema normativo, concerne a sua 'pertinência' ao sistema no qual se encarta ou se propõe a encartar-se. Uma lei pertence ao Direito Positivo brasileiro (ou inglês, ou francês ou espanhol), porque 'promana' daquele sistema jurídico. Ou seja: é lei brasileira (e não inglesa, francesa ou espanhola) porque se 'radica' no sistema jurídico brasileiro. Este 'promanar', este 'radicar-se', significa que a lei foi produzida com fundamento naquele sistema, o que equivale a dizer, com fundamento (bom ou mau, procedentemente sustentável ou não) na Constituição do País, por ser ela que unifica e dá identidade ao sistema. [...] É certo que enquanto não for expelida do sistema pelos meios previstos como idôneos para tanto, a norma nele permanecerá e produzirá seus efeitos, o que, todavia, não significa que possua atributos de validade. Pode ter nascido em descompasso com norma superior, contradizendo formal ou materialmente preceitos que teria de respeitar. [...] Em suma: a existência de uma norma, sua pertinência a um sistema jurídico, nada prejudica quanto à sua validade ou invalidade" (Leis originariamente inconstitucionais compatíveis com emenda constitucional superveniente. *Revista Trimestral de Direito Público – RTDP*, p. 15).

Nesse caso, ela não existirá como norma, mas existirá como fato jurídico.[51] Na aludida "nuvem", não entrará uma norma, mas um fato. Eis a grande utilidade da distinção: ela permite diferenciar os efeitos jurídicos de uma norma jurídica inválida dos efeitos jurídicos de um fato jurídico que parece norma jurídica. A norma inválida existe como norma no mundo jurídico e, por isso, até que a invalidade seja reconhecida pelo órgão competente e a norma seja retirada pelos meios previstos no sistema, produz os efeitos jurídicos previstos no seu consequente normativo. Esses efeitos também terão existência no mundo jurídico e precisarão ser desconstituídos pelo órgão competente. Tudo é diferente com a norma inexistente, ela não existe e, pois, não produz no mundo jurídico os efeitos previstos no seu consequente, ainda que estes efeitos sejam produzidos no mundo fenomênico. Não há necessidade de manifestação do órgão competente para que ela e seus efeitos sejam retirados do mundo jurídico, pois ela sequer entrou nele. Como não entrou, não produziu os efeitos jurídicos que lhe são próprios. Insisto, o fato decorrente da aparência de norma pode corresponder à hipótese de outras normas jurídicas e, por consequência, gerar efeitos jurídicos — v.g., o dever de responsabilizar o agente que lhe deu origem, o dever de reparar os danos dele decorrentes —; mas esse fato não gerará no mundo jurídico os efeitos da aparente norma, porque ela não entrou no mundo jurídico como norma. Com a norma inválida, tudo é diferente, ela, por existir no mundo jurídico, se for eficaz, gera os efeitos que lhe são próprios. A norma inválida e os efeitos gerados por ela devem ser desconstituídos pelo órgão competente.[52] Enfim, norma inexistente não gera os efeitos que lhe são próprios, norma inválida gera os efeitos que lhe são próprios até que a norma e os efeitos sejam desconstituídos pelo órgão competente.[53]

---

[51] Cf. meu *Efeitos dos vícios do ato administrativo*, cap. XII-2, p. 643-647.

[52] *Idem*, cap. XII-3 e 4, p. 647-651. Tercio Sampaio Ferraz Jr. explica a inexistência nestes termos: "O que a doutrina dogmática quer exprimir com conceito de inexistência é a invalidade da norma, mas uma forma especial de invalidade: a que ocorre em todos os momentos necessários para completar sua inserção no sistema. A norma inexistente é a que, por pressuposto, foi posta com a intenção subjetiva de valer, mas, por um vício gravíssimo, não se considera objetivamente como válida em nenhum momento" (*Introdução ao estudo do direito*, 5. ed., p. 216). A lição é correta, norma inexistente tem a aparência de norma, mas norma não é. Pretendeu-se inseri-la no sistema, mas essa inserção não ocorreu. Trata-se de um fato jurídico que gera efeitos, mas não os efeitos da pretendida norma.

[53] Como esclareci em outra oportunidade, o brocado *quod nullum est nullum producit effectum* consiste num desastroso equívoco: o inválido produz efeitos, até que a invalidade seja reconhecida pelo órgão competente (*Efeitos dos vícios do ato administrativo*, cap. VII-2, p. 263-266).

7 Justiça na teoria da norma – A existência normativa

Diferenciados os planos da existência e da validade, retomo o tema da justiça. A injustiça não desqualifica sempre o deôntico. Não é correto dizer que toda norma injusta não existe no mundo jurídico como norma. Se a injustiça sempre importasse na inexistência jurídica, o direito deixaria de ser um meio de disciplina da conduta. O direito é instrumental, destina-se a orientar a conduta das pessoas, é uma forma eficaz de controle social. Defender a inexistência normativa de toda norma injusta é consagrar o mais radical anarquismo.[54] Sem embargo, é possível que a injustiça desqualifique o deôntico. Nem toda norma injusta é inexistente, mas algumas normas injustas são inexistentes. Apurar quando isso ocorre e por que ocorre, eis o objeto da justiça deôntica próprio da dogmática analítica. A relação da justiça com a existência normativa diz respeito à teoria geral das normas jurídicas, mais precisamente ao tema dos condicionamentos à existência jurídica das normas.

7.1 Pretensão de justiça e contradição performativa

Como afirmei no capítulo segundo (supra, itens 3 e 4), seguindo a teoria de Robert Alexy, o direito pressupõe uma pretensão de justiça. O significado dessa assertiva é bem claro: não se afirma que todo direito injusto não seja direito. A injustiça, ao menos como regra geral, não desqualifica o deôntico, não implica a inexistência da norma. Direito injusto, como regra, é direito existente. Sem embargo, o direito, ontologicamente, pretende ser justo. Quer dizer: não que ele seja, ele pretende ser. Meu interlocutor invoca essa expressão num suposto sentido diverso. Do ponto de vista dogmático, os conceitos jurídicos só têm utilidade se indicam regimes jurídicos.[55] Além de se distanciar de um conceito difundido na Teoria do Direito por Alexy, meu interlocutor enuncia um conceito que, conforme aclararei adiante, não indica nenhum regime jurídico. Pois bem, o direito pressupõe uma pretensão de justiça, não necessariamente a realização da justiça. E como Alexy fundamenta essa pretensão? Ele fundamenta no sentimento de desconforto decorrente da violação da pretensão.

---

[54] Segundo Gian Mario Bravo, por *anarquismo* "se entende o movimento que atribui, ao homem como indivíduo e à coletividade, o direito de usufruir toda a liberdade, sem limitação de normas, de espaço e de tempo, fora dos limites existenciais do próprio indivíduo" (Anarquismo. *In* BOBBIO; MATTEUCCI; PASQUINO (Org.). *Dicionário de política*, 5. ed., v. 1, p. 23).

[55] É o que, com pena de ouro, ensina Celso Antônio Bandeira de Mello: "a utilidade destas sínteses, denominados conceitos jurídicos, reside em que estratificam um ponto de referibilidade de normas, de efeitos de direito" (*Ato administrativo e direito dos administrados*, p. 5).

O magno constitucionalista teutônico supõe uma norma constitucional que afirme a submissão do Estado à injustiça. Quer dizer, uma norma que negue expressamente a pretensão de justiça. Afirma Alexy, com razão: ao lermos essa norma, sentimos um desconforto. E por que o sentimento? A resposta levou-o à teoria dos atos da fala de John Austin. Segundo este, há enunciados linguísticos que nada descrevem ou registram, mas realizam uma ação. Chamou-os de atos performativos. Para que essas ações ocorram, devem ser observados certos pressupostos. A não observância importa num infortúnio linguístico. Há dois tipos básicos de infortúnios: os desacertos ou malogros e os abusos ou defeitos. Pelos desacertos, diante da não observância de certos procedimentos, o ato sequer é realizado. Pelos abusos, diante da não assunção pelos partícipes do ato comunicativo de certos sentimentos, pensamentos ou intenções, o ato é realizado, mas não gera o efeito que lhe é próprio. Editar uma norma jurídica, afirma Alexy, é um ato performativo. Se quem edita a Constituição não é reconhecido como constituinte, a edição simplesmente não acontece, o ato linguístico de editar uma Constituição não se realiza. A edição de uma Constituição é um ato performativo que exige circunstâncias apropriadas. No caso, se editada por quem não é reconhecido como constituinte, haverá um infortúnio linguístico, mais precisamente um desacerto ou malogro. Por outro lado, se quem edita a Constituição é reconhecido como constituinte e o faz pelo procedimento exigido pela comunidade, mas nela introduz um artigo que expressamente nega a pretensão de justiça, o ato de editar a Constituição realiza-se, mas com um defeito linguístico. Nesse caso, a edição da Constituição contradiz algo que é pressuposto: a pretensão de justiça. Há um infortúnio na modalidade de abuso ou defeito. O desconforto decorrente do abuso evidencia que o direito pressupõe uma pretensão de justiça.

Ainda retomando o que expus anteriormente, associei a teoria de Alexy à teoria dos postulados normativos. Estes são pressupostos epistemológicos do sistema jurídico. As condições apropriadas para que um ato performativo se realize, que, se descumpridas, geram os abusos ou desacertos, referem-se, justamente, aos postulados. Para os sistemas que adotam o constitucionalismo, são típicos exemplos de postulados a supremacia e a unidade da Constituição; para qualquer sistema, a segurança jurídica, a razoabilidade, a proporcionalidade, a justiça. Sem esses juízos não é possível compreender o sistema jurídico. Por isso, eles fazem parte do sistema, são elementos normativos, mas independem de positivação. Se positivados, a enunciação tem apenas fins didáticos; revogado o dispositivo, não são retirados do sistema, permanecem implícitos. Se uma norma é introduzida contrariando-os, é considerada não escrita. Os postulados normativos, quando violados expressamente, implicam uma contradição performativa: o enunciado é considerado não escrito. Essa afirmação tem pouca utilidade prática, pois simplesmente não existe exemplo real de violação expressa de postulado normativo. Daí o passo seguinte.

Quando a violação do postulado normativo é implícita, mas inquestionável, também se configura uma contradição performativa. No caso não ocorre a introdução de uma norma segundo a qual o sistema pauta-se na injustiça (violação expressa), mas a introdução de uma norma que pelo seu conteúdo torna-se claro, óbvio, indiscutível, que o sistema pauta-se na injustiça (violação implícita). Daí a pertinência da teoria de Gustav Radbruch, acolhida integralmente por Robert Alexy: a injustiça intolerável desconstitui o deôntico (supra, capítulo II, item 6). Quando o conteúdo da norma importar numa intolerável injustiça, haverá uma negação implícita do postulado da justiça e, pois, da pretensão de justiça. Donde, incorrer-se-á numa contradição performativa e, pois, a norma será considerada inexistente no sistema jurídico. Do exposto é possível concluir: a injustiça, como regra, não importa na inexistência da norma, mas a intolerável injustiça, essa sim, implica a inexistência da norma. Até aqui estou apenas retomando o que foi explicado anteriormente.

O que diz meu interlocutor? Além de afirmar que se não houver correspondência entre o direito e a "justiça arquetípica", não existe pretensão de correção, vai além e afirma que a não realização da "justiça arquetípica" importa numa "contradição performativa". Com todo respeito, não posso concordar com essas assertivas. "Contradição performativa" é uma expressão técnica. Ela não pode ser utilizada em sentido absolutamente diverso do atribuído pelos utentes da língua, sem se incorrer num vício de linguagem. Para explicar isso vou invocar um fato de minha vida pessoal: quando expus um de meus trabalhos acadêmicos, vários professores criticaram-me por rotular a jurisprudência como fonte secundária. Ninguém pode negar a importância das decisões judiciais para a aplicação do direito, os juízes não se limitam a aplicar a letra da lei como se fossem meros computadores. Não é correto supor que o magistrado, quando da edição da norma concreta, não inove no mundo jurídico.[56] Sem embargo, a expressão "fonte secundária" possui

---

[56] A inovação de toda aplicação jurídica foi evidenciada em meu *Efeitos dos vícios do ato administrativo* (cap. III, p. 66 *et seq.*). O tema será retomado adiante.

um significado técnico que não pode ser desconsiderado e, tendo em vista esse significado, mesmo sem desconsiderar a importância da jurisprudência, esta não pode, sob pena de incorrer em grave erro técnico, ser chamada de "fonte primária".[57] Os signos não correspondem aos seus significados por força de uma ligação natural. Vigora o chamado princípio da arbitrariedade dos signos:[58] os signos são unidos aos significados por uma mera convenção. Assim, por exemplo, "cavalo" designa o animal respectivo não porque há ontologicamente uma vinculação entre o signo e o animal, mas porque se convencionou designá-lo por meio desse signo.[59] Daí a questão: se é arbitrário, como

---

[57] É corrente encontrar em manuais dogmáticos a indicação de que a lei e o costume são fontes *diretas* ou *imediatas* e a jurisprudência e a doutrina fontes *indiretas* ou *mediatas*. A título de exemplo: MONTEIRO. *Curso de direito civil*, 32. ed., v. 1, p. 12. Orlando Gomes é mais enfático: "Conceituada, porém, a fonte formal como forma de expressão e do Direito Positivo, só o costume e a lei podem classificar-se, sem controvérsia, sob essa rubrica. Justificam-se, não obstante, referências à jurisprudência e à doutrina pela função colaboradora que exercem na elaboração do Direito. Quando muito, poder-se-ia dizer que desempenham, em relação à lei e ao costume, o papel de satélites" (*Introdução ao direito civil*, 18. ed., §19, p. 39). René David vai ao âmago do problema ao examinar o papel da jurisprudência na *civil law*: "Se nós quisermos analisar a medida que a jurisprudência participa da evolução do direito, é necessário resignarmo-nos a procurar esta função atrás do processo de interpretação, verdadeiro ou fictício, dos textos legislativos". E pouco adiante: "Entre regras de direito jurisprudencial e regras de direito formuladas pelo legislador existem, em todo o caso, duas importantes diferenças. A primeira diz respeito à importância relativa, num dado sistema, de umas e outras. A jurisprudência move-se dentro de quadros estabelecidos para o direito pelo legislador, enquanto a atividade do legislador visa precisamente estabelecer estes quadros. O alcance do direito jurisprudencial é, por isto, limitado, sendo a situação nos países da família romano-germânica, neste aspecto, exatamente o inverso da que é admitida nos países de *common law*. As 'regras de direito' estabelecidas pela jurisprudência, em segundo lugar, não têm a mesma autoridade que as formuladas pelo legislador. São regras frágeis, suscetíveis de serem rejeitadas ou modificadas a todo o tempo, no momento do exame duma nova espécie. A jurisprudência não está vinculada pelas regras que ela estabeleceu; ela não pode mesmo invocá-las, de modo geral, para justificar a decisão que vai proferir" (*Os grandes sistemas do direito contemporâneo*, 4. ed., p. 149-151). Por derradeiro, Tercio Sampaio Ferraz Jr. põe em relevo o aspecto secundário da jurisprudência: "a jurisprudência, no sistema romanístico, é, sem dúvida, 'fonte *interpretativa* da lei, mas não chega a ser fonte do direito" (*Introdução ao estudo do direito*, 5. ed., p. 246).

[58] Nas palavras de Ferdinand de Saussure: "O laço que une o significante ao significado é arbitrário ou então, visto que entendemos por signo o total resultante da associação de um significante com um significado, podemos dizer mais simplesmente: o signo lingüístico é arbitrário" (*Curso de lingüística geral*, 30., ed. p. 81).

[59] Ludwig Wittgenstein é elucidativo: "A palavra 'designar' é empregada de modo mais direto talvez lá onde o signo repousa sobre o objeto que designa. Suponho que as ferramentas utilizadas por A na construção são portadoras de certos signos. Quando A mostra ao ajudante um desses signos, este leva a ferramenta correspondente ao signo". E, logo em seguida, em célebre passagem: "É assim, e de uma maneira mais ou menos semelhante, que um nome designa uma coisa, e que se dá um nome a uma coisa. – Será sempre útil, quando filosofamos, dizermos a nós mesmos: dar nome a algo é semelhante a afixar uma etiqueta em uma coisa" (*Investigações filosóficas*, 4. ed., §15, p. 21-22).

pode funcionar? Funciona por causa da tradição linguística. Essa arbitrariedade assenta-se numa forte tradição, de modo que todos os utentes da língua adotam a mesma convenção (cf. supra, capítulo II, nota de rodapé 24). Dell Hymes chama de competência comunicativa não apenas o domínio do vocabulário e das regras gramaticais de uma língua, mas também suas regras de uso.[60] Não basta para usar uma língua saber os significados das palavras, sua estrutura linguística, faz-se necessário saber o contexto em que a língua é usada, as normas sociais e culturais que definem a adequação da fala. É o que basta para justificar a assertiva: não existem dois significados para a expressão "contradição performativa". Trata-se do efeito dos infortúnios linguísticos decorrentes da enunciação de atos performativos sem observância das circunstâncias exigidas para sua realização.

Vou me valer do próprio exemplo dado pelo meu interlocutor. Suponhamos que o Congresso Brasileiro aprove uma lei que revogue os arts. 124 a 128 do Código Penal, que tipificam a conduta de aborto como crime, e permita a realização do aborto até determinado mês da gravidez. Suponhamos que essa lei seja regularmente votada e aprovada pelo Congresso, sancionada pelo Presidente da República e publicada no Diário Oficial. Suponhamos que a lei não estabeleça prazo de *vacatio legis*, entre em vigor na data da sua publicação e vá-rias pessoas, em face do texto legislativo, realizem aborto. Creio que mesmo meu interlocutor, apesar de sua ferrenha oposição ao aborto, não considere que as pessoas que realizaram aborto durante a vigên-cia dessa lei (supondo que o fizeram antes de qualquer decisão do Supremo Tribunal Federal suspendendo sua eficácia em controle con-centrado de constitucionalidade), devam responder pelo crime de aborto. Apesar de, segundo suas próprias palavras, essa lei violar a "justiça arquetípica", ela não é, creio eu, nem para ele, inexistente juri-dicamente. Enfim, contradição performativa não houve. O ato linguís-tico que a introduziu no mundo surtiu efeitos. A teoria da contradição performativa, enfatizo, resultante da intolerável injustiça, diz respeito a efeitos importantes: a suposta norma não entra no mundo jurídico, é juridicamente inexistente. Quando se diz que o ato normativo consiste numa contradição performativa, afirma-se que ele, ato normativo, sendo ato linguístico, não conseguiu realizar-se como tal. Quer dizer, a suposta

---

[60] *"On communicative competence"*, BLUMFIT, C.; JOHNSON, K. *The communicative approach to language teaching*. Oxford University Press, 1979 *apud* STEFANELLO. *Da competência comunicativa à lingüística-discursiva*: implicações para o ensino e aprendizagem da língua estrangeira, p. 45.

norma, que se pretendeu introduzir no sistema, não foi introduzida. Relembrando meu exemplo: a norma que estabeleceu o dever das sentinelas de atirar nos fugientes da Alemanha Oriental não existia juridicamente e, por isso, quem atirou cometeu homicídio. Dito isso, considero oportuno aprofundar o exame da contradição performativa. Por que ela ocorre?

7.2 Pragmática da injustiça intolerável

A explicação para a contradição performativa gerada pela injustiça intolerável encontra-se na teoria pragmática de Tercio Sampaio Ferraz Jr. Por óbvio, não é possível, neste estudo, expor todos os seus aspectos.[61] Apresentarei alguns conceitos, do modo mais sintético possível, apenas para tornar compreensível a explicação dos efeitos da injustiça no plano da existência jurídica. A emissão de uma norma consiste num ato linguístico em que há o emissor ou o agente normativo e o receptor ou o destinatário normativo, ambos numa situação comunicativa. Toda situação comunicativa é reflexiva: a mensagem enviada de "A" para "B" importa numa reação de "B" para "A".[62] Sempre que comunicamos algo, comunicamos determinada informação (relato) e como essa informação deve ser entendida (cometimento). Assim, por exemplo, ao dizer "feche a porta", não dizemos apenas isso, "feche a porta", mas, dependendo do tom de voz, dizemos "isso é uma ordem" ou "isso é um pedido" etc. Ao comunicar uma mensagem, o partícipe da relação comunicativa comunica o conteúdo da mensagem e como essa mensagem deve ser recebida.[63]

Ao receber uma ordem, o receptor pode ter três tipos de comportamento: a) pode aceitar a ordem; b) pode recusar a ordem; c) pode desconfirmar a ordem.[64] As duas primeiras atitudes são facilmente compreensíveis, mas a terceira precisa ser explicada. Quando alguém

---

[61] A teoria foi exposta por Tercio Sampaio Ferraz Jr. na obra *Teoria da norma jurídica* (4. ed.). Recomenda-se, para quem quiser entender todas as minúcias da teoria pragmática, a leitura de Paul Watzlawick; Janet Helmick Beavin e Don D. Jackson (*Pragmática da comunicação humana*. 21. ed.). Para um resumo da teoria e sua comparação com a teoria pura de Hans Kelsen, *vide* meu Racionalidade e sistema normativo: na teoria pura e na teoria pragmática do direito (*Revista Trimestral de Direito Público – RTDP*, p. 174-208).

[62] FERRAZ JR. *Teoria da norma jurídica*, 4. ed., p. 16; WATZLAWICK; BEAVIN; JACKSON. *Pragmática da comunicação humana*, 21. ed., p. 114.

[63] FERRAZ JR., Tercio Sampaio. *Teoria da norma jurídica*, 4. ed., p. 31; WATZLAWICK; BEAVIN; JACKSON. *Pragmática da comunicação humana*, 21. ed., p. 47-50.

[64] Sobre as três possibilidades: FERRAZ JR. *Teoria da norma jurídica*, 4. ed., p. 39 *et seq.*; *Introdução ao estudo do direito*, 5. ed., p. 183-184; WATZLAWICK; BEAVIN; JACKSON. *Pragmática da comunicação humana*, 21. ed., p. 77-81.

nega a ordem de outrem, aceita a autoridade deste para baixar a ordem; quando alguém desconfirma a ordem de outrem, não nega a ordem, porque sequer aceita a autoridade para dar ordens. Não nega porque desconsidera que recebeu uma ordem; ou até admite que a tenha recebido, mas a desqualifica como tal.[65] Vou dar um exemplo corriqueiro. Se um filho pede ao pai para ir a uma festa e este lhe nega a permissão, o filho pode aceitar a proibição e ficar em casa; pode argumentar com o pai ou pode simplesmente desprezá-lo e ir à festa. Quem se predispõe a argumentar, não cumpre a ordem, mas aceita a autoridade; quem simplesmente despreza a proibição, sequer aceita a autoridade. A diferenciação entre a negação e a desconfirmação é imprescindível para entender o fenômeno do poder: a relação de poder espera a confirmação, se reafirma com a negação e se destrói com a desconfirmação. O poder, para ser mantido, necessita ser eventualmente negado, mas não admite ser desconfirmado. Vou dar outro exemplo, extraído de minha experiência pessoal, para que fique clara essa diferenciação. Certa vez, no exercício da função de chefia, meu superior hierárquico determinou-me que estabelecesse para os meus subordinados um regime de plantão. Fiz, em cumprimento da ordem, uma escala e discriminei o horário de plantão de cada um dos meus subordinados. Se eles cumprissem a determinação, aceitariam a ordem. Poderiam impugná-la, encaminhando-me uma petição, esclarecendo as razões pelas quais iriam descumpri-la. Nesse caso, negariam a ordem, mas confirmariam minha autoridade para emiti-la. O que fizeram? Simplesmente ignoraram a escala, ninguém apareceu no plantão: desconfirmaram o exercício da autoridade. Do ponto de vista pragmático, era inviável punir todos. A desconfirmação da autoridade, enfim, aniquila com a relação de poder.

O discurso normativo envolve uma relação de poder. O agente normativo não pode admitir a desconfirmação, sob pena de perder a autoridade para estabelecer normas. Por isso, o agente normativo desconfirma a desconfirmação, quer dizer, toda desconfirmação é considerada negação.[66] Isso ocorre no nível do cometimento normativo. Um exemplo bem claro é o crime político. O criminoso comumente

---

[65] Nas palavras de Tercio Sampaio Ferraz Jr.: "a diferença entre rejeição e desconfirmação está em que, na primeira, o ouvinte, de certo modo, reconhece o orador como autoridade, para depois recusar a definição, enquanto, na segunda, ele age como se o orador não existisse" (*Teoria da norma jurídica*, 4. ed., p. 57).

[66] Nas palavras de Tercio Sampaio: "ao estabelecer uma norma, o editor, definindo a relação meta-complementar, já predetermina as suas próprias reações às eventuais reações do endereçado, em termos de confirmar uma eventual confirmação, rejeitar uma eventual rejeição e desconfirmar uma eventual desconfirmação" (*Teoria da norma jurídica*, 4. ed., p. 58).

sabe que sua ação é ilícita, tem ciência de violar a lei penal, descumprir a lei. O criminoso político considera que sua ação é uma legítima reação contra os que exercem o poder político, ele não considera que descumpre a lei, pois a qualifica como ilegítima, pensa reagir contra ela. O sistema jurídico, contudo, despreza essa diferença e considera o criminoso político um criminoso comum.[67] E como o sistema normativo efetua essa desconfirmação? O agente normativo impõe uma relação complementar ao endereçado, tudo se passa como se ambas as partes da relação comunicativa estivessem em pé de igualdade; como se ambos, editor e endereçado, estivessem inseridos num equilibrado diálogo

---

[67] Do ponto de vista dogmático o direito brasileiro adota um *critério misto* para conceituar os *crimes políticos*: são os que ofendem a segurança interna ou externa do Estado (critério objetivo) e são cometidos por "motivos ou objetivos políticos" (critério subjetivo). A Lei nº 7.170/83, no art. 1º, arrola os bens jurídicos ofendidos pelos crimes políticos: "I – a integridade territorial e a soberania nacional; II – o regime representativo e democrático, a Federação e o Estado de Direito; III – a pessoa dos chefes dos Poderes da União". O art. 2º exige, além da violação dos referidos bens, a motivação ou objetivos políticos. A doutrina distingue os *crimes políticos puros* ou *próprios*, que têm por objeto apenas a ordem política, dos *impuros* ou *impróprios* que atingem bens ou interesses individuais ou outros bens do Estado. Por todos: MIRABETE. *Manual de direito penal*, 10. ed., v. 1, p. 133-134. No Habeas Corpus nº 73.451/RJ (STF, 2ª. Turma, Rel. Min. Maurício Corrêa, j. 08.04.1997, *DJ*, p. 24868, 06.06.1997) o Min. Sepúlveda Pertence afirmou que, no direito positivo brasileiro, o conceito de crime político é misto, nos termos ora expostos. Na Extradição nº 855/CL (STF, Pleno, Rel. Min. Celso de Mello, j. 26.08.2004, *DJ*, p. 05, 01.07.2005), o Min. Celso de Mello, após diferenciar os crimes políticos absolutos ou puros ou em sentido próprio, que se traduzem em ações que atingem a personalidade do Estado ou que buscam alterar-lhe ou afetar-lhe a ordem política e social, dos crimes políticos em sentido impróprio, que, embora exprimindo uma concreta motivação político-social de seu agente, projetam-se em comportamentos geradores de uma lesão jurídica de índole comum, afirma que em relação aos crimes comuns conexos com os delitos políticos a questão se resolve pelo *critério da preponderância ou prevalência*: "naquelas hipóteses em que o fato dominante — ainda que impregnado por motivação política — constitua, principalmente, infração da lei penal comum, será lícito, a esta Corte, mediante concreta ponderação das situações peculiares de cada caso ocorrente, reconhecer a preponderância do delito comum, para efeito de deferimento do pedido extradicional". Na Extradição nº 1.085 (STF, Pleno, Rel. Min. Cezar Peluso, j. 16.12.2009, *DJe* 67, 16.04.2010), o Min. Cezar Peluso assim se pronunciou sobre esse critério: "o Supremo Tribunal Federal, ao tratar de situações em que se cogita da natureza política ou comum dos delitos, para fins de extradição, tem, constantemente, tratado de forma absolutamente diferenciada os crimes violentos, praticados contra a pessoa, especialmente no que respeita ao direito à vida e à liberdade. Ainda que a finalidade seja política, ou políticos os motivos, tais delitos, especialmente os chamados 'delitos de sangue', vêm sendo, sistematicamente, tratados como comuns, por exacerbarem os limites éticos das lutas pela liberdade e pela democracia". E pouco adiante: "Retira-se da jurisprudência do Supremo, dessa forma, a conjugação de alguns critérios, que vêm norteando a análise dos sempre difíceis casos referentes aos denominados crimes políticos relativos. Na abordagem caso a caso (case by case approach), o Tribunal tem se valido, especialmente, do sistema da preponderância e do critério da atrocidade dos meios, sem deixar de valorar todas as circunstâncias fáticas e jurídicas presentes na situação, com especial relevo para o contexto histórico, político e jurídico em que praticadas as infrações". Quer dizer: homicídio, lesão corporal, tortura, sequestro, ainda que tenham indiscutível motivação política, são tratados como crimes comuns. O sistema simplesmente desconfirma a desconfirmação.

sobre a interpretação da norma, mas esse suposto equilíbrio é imposto pela autoridade.[68] De fato, a autoridade impõe a complementaridade[69] — por isso a relação é metacomplementar — invertendo o ônus da prova. Quer dizer, num diálogo racional vigora a regra de que aquele que afirma deve provar a veracidade de sua afirmação.[70] No discurso normativo, cabe ao destinatário provar que a norma é inválida. Vale dizer, ao menos num primeiro momento, a norma editada pela autoridade é considerada válida (presunção de validade dos atos normativos estatais), cabe ao destinatário impugná-la perante o órgão competente e iniciar a discussão sobre a invalidade. Somente quando reconhecida a invalidade pelo órgão competente, a norma deixa de vincular o destinatário. Com a "inversão do ônus da prova"[71] o sistema desconfirma a desconfirmação e mantém a relação de autoridade.

Apresentados esses conceitos, torna-se possível enunciar o conceito pragmático de validade normativa. Uma norma válida, do ponto de vista pragmático (do ponto de vista sintático, que foi o adotado anteriormente — supra capítulo IV, item 6 —, essa validade mais tem a ver com a existência jurídica do que com a validade jurídica),[72] é uma

---

[68] Paul Watzlawick; Janet Helmick Beavin; Don D. Jackson, diferenciam as *relações simétricas*, baseadas na igualdade, das *relações complementares*, baseadas na diferença. No primeiro caso, os partícipes tendem a refletir o comportamento um do outro. No segundo, o comportamento de um partícipe complementa o do outro. Há dois tipos de relação complementar: um partícipe ocupa uma posição superior, primária ou "de cima" e outro uma inferior, secundária ou "de baixo"; ou um partícipe não impõe a relação complementar ao outro, mas a pressupõe. Na *relação metacomplementar* um partícipe força o outro a ser simétrico (*Pragmática da comunicação humana*, 21. ed., p. 63-64).

[69] Cf. FERRAZ JR. *Teoria da norma jurídica*, 4. ed., p. 43.

[70] Segundo a explicação de Tercio Sampaio Ferraz Jr. o discurso racional assenta-se no dever de prova em face da exigência crítica do ouvinte, é um discurso que "presta contas", que fundamenta o que diz em função da exigência crítica do ouvinte (*Direito, retórica e comunicação*, 2. ed., p. 33). Nas palavras dele: "Um discurso é racional, portanto, na medida em que se submete à regra do dever de prova. A regra do dever de prova nos permite determinar o orador como aquele que, na situação comunicativa, tem o *onus probandi*. O *onus probandi* está submetido a regras que determinam o seu decurso. [...] Falar racionalmente é obedecer a essas regras. Esta obediência é controlada pelo ouvinte, de tal modo que quem fala está obrigado a provar o que diz, na medida da exigência crítica do ouvinte" (*Teoria da norma jurídica*, 4. ed., p. 20).

[71] Eis a explicação de Tercio Sampaio: "Isto significa que o comunicador normativo entra fortalecido na situação, justamente porque ainda que a sua posição ao discursar seja a de orador, ele fica isento do dever de prova pelo que asserta, discutindo-se como se aquela prova já tivesse sido produzida. Há, então, uma inversão peculiar, em que o *onus probanbi* que, num discurso-contra, heterológico, de estrutura dialógica, cabe a quem emite, se transfere para o destinatário, que passa a responder pela sua recusa em receber a informação transmitida ou recusar a exigida" (*Teoria da norma jurídica*, 4. ed., p. 43-44).

[72] Ao mencionar neste estudo a validade normativa, sem especificá-la, refiro-me ao *conceito sintático* e não ao pragmático. A validade sintática é uma relação entre normas que independe do comportamento do destinatário ou do editor. Cf. FERRAZ JR. *Teoria da norma jurídica*, 4. ed., p. 97.

norma que está imunizada às reações do endereçado, de modo que este, se considerá-la inválida, deve impugná-la perante o órgão competente e demonstrar a invalidade (inversão do ônus da prova). Norma válida é, portanto, nesse sentido, a norma cujo aspecto cometimento está definido como metacomplementar e, por conseguinte, está imunizado contra críticas.[73] A relação de validade é uma relação entre normas: "imunização é uma relação entre o aspecto-relato de uma norma e o aspecto-cometimento de outra".[74] Assim, o aspecto-relato de uma norma (N1) imuniza o aspecto-cometimento de outra (N2), ou seja, estabelece que "N2" é proibida, obrigatória ou permitida e, assim, impõe ao cometimento de "N2" a relação metacomplementar, invertendo o ônus da prova. Eis a explicação pragmática para a presunção de validade das normas jurídicas. As normas inválidas (do ponto de vista sintático) vinculam o destinatário, ele pode impugnar a validade, discutir a validade, mas tem o ônus de iniciar a discussão perante o órgão competente.[75] Enquanto este não reconhecer a invalidade (sintática), a norma é considerada válida e qualquer desconfirmação do destinatário é considerada negação da norma.

Quando o relato de "N2" importa numa injustiça intolerável, o relato de "N1" não consegue imunizar o cometimento de "N2". A intolerável injustiça impede a imunização. E por que impede? Porque ela, ao tornar implícita a desconsideração da pretensão de justiça, importa num abuso do exercício da autoridade. Quando o editor enuncia uma norma intoleravelmente injusta, abusa de seu poder de tal forma que o perde e, por conseguinte, não consegue realizar a imunização do cometimento. Consequentemente, não há inversão do ônus da prova e, sem validade pragmática, a norma torna-se juridicamente inexistente, o destinatário não precisa impugná-la perante o órgão competente e obter a desconstituição da validade sintática para que a norma deixe de ser vinculante. A norma não o vincula e isso independente de qualquer declaração estatal. A inexistência normativa, ao contrário da validade normativa (do ponto de vista sintático), não exige a invalidação da norma. O destinatário, se quiser, pode exigir dos órgãos competentes a declaração de inexistência. Norma inexistente, insisto, não gera no mundo jurídico os efeitos que lhe são próprios.

---

[73] Cf. FERRAZ JR. *Teoria da norma jurídica*, 4. ed., p. 107.

[74] *Idem*, p. 108.

[75] Não por outro motivo, afirmei em outra oportunidade que toda norma existente no sistema, válida ou inválida, eficaz ou ineficaz, possui o que chamei de *eficácia deôntica* (*Efeitos dos vícios do ato administrativo*, cap. V-3.1, p. 138-139).

Ademais, como a norma é inexistente, a relação de autoridade se rompe — em decorrência do referido abuso o destinatário pode reagir à execução da norma. Não há a desconfirmação da desconfirmação. Esta não é considerada pelo sistema violação da norma, que sequer se juridiciza. Eis uma importante diferença entre a norma inválida (do ponto de vista sintático) e a inexistente. Se um agente estatal executar a norma inválida (do ponto de vista sintático), restará ao destinatário impugnar a execução perante o órgão competente (administração ou judiciário) e esperar que esse órgão faça cessar a execução. Se o órgão estatal não fizer cessar a execução, nada restará ao destinatário a não ser se submeter a ela. Por isso, afirma-se que em face da norma inválida só é possível a resistência passiva, ou seja, se o destinatário não cumpriu a obrigação que lhe era imposta, nos casos em que a norma dá primazia ao cumprimento voluntário, e a norma for declarada inválida pelo órgão competente, ele não poderá ser sancionado pelo descumprimento. O direito de resistência passiva é a face dogmática do que filosoficamente é chamado de direito de desobediência civil.[76] Tudo é diferente com a norma inexistente: em face de sua execução, o destinatário pode reagir até mesmo com o uso da força. É o que se chama direito de resistência ativa. Se algum agente do Estado pretender executar a suposta norma, o destinatário pode reagir contra a execução, independente de qualquer pronunciamento estatal sobre a inexistência, e pode rebelar-se contra ela até mesmo *manu militare*. O direito de resistência ativa é a face dogmática do que filosoficamente é chamado de direito de revolução.[77]

---

[76] Um dos principais teóricos da desobediência civil foi Henry David Thoreau. O filósofo conclamou, com insuperável brilho, os escravocratas a libertarem seus escravos, em descumprimento da lei: "Estou certo de que se mil, se cem, se dez homens aos quais pudesse nomear — se dez homens honestos apenas — ah, se um homem honesto, neste Estado de Massachusetts, deixando de manter escravos, decidisse realmente retirar-se desta sociedade e fosse por isto encarcerado, isso significaria o fim da escravidão nos Estados Unidos" (*A desobediência civil*, p. 27). A Lei Fundamental Alemã prevê, no art. 20, §4, o *direito fundamental de resistência*: "contra cualquiera que intente eliminar este orden todos los alemanes tienen el derecho de resistencia cuando no fuere posible otro recurso". Esse dispositivo consagra não apenas a resistência passiva, mas também a ativa. É o que se extrai da observação de Arthur Kaufmann: "Que la resistencia deba ser ejercida de manera pasiva o en forma activa (lo que no es lo mismo que violenta), sin violencia o violenta, depende de la idoneidad de los medios y, a su vez, de la intensidad del ataque" (*Filosofia del derecho*, 2. ed. p. 377). Sobre a resistência passiva, vide meu *Efeitos dos vícios do ato, administrativo*, cap. IX, p. 540 *et seq.*

[77] Um dos principais defensores do direito de revolução foi John Locke: "Quem quer que use força sem direito, como o faz todo aquele que deixa de lado a lei, coloca-se em estado de guerra com aqueles contra os quais assim a emprega; e nesse estado cancelam-se todos os vínculos, cessam todos os outros direitos, e qualquer um tem o direito de defender-se e de resistir ao agressor" (*Segundo tratado do governo civil*, 2. ed., §232, p. 125). No direito brasileiro, o direito de resistência ativa à norma inexistente é defendido por Bandeira de Mello. (*Curso de direito administrativo*, 28 ed., cap. VII-177, p. 487).

Tercio Sampaio Ferraz Jr. enuncia dois casos em que ocorre a contradição performativa por força da injustiça da norma. Observa que uma relação de poder baseia-se em dois princípios básicos: a heterologia das partes — uma parte está numa posição superior em relação à outra — e seu mútuo reconhecimento — as partes não se desconsideram.[78] A autoridade desrespeita o primeiro princípio e rompe a relação de autoridade quando revela a autoridade. O poder necessita se camuflar para existir, necessita do que Jean-Claude Passeron e Pierre Bourdieu chamam de violência simbólica: a dissimulação das relações de força que estão em sua base.[79] Quando o agente normativo revela a violência simbólica e explicita a autoridade, derriba a diferença entre ele e o destinatário, incidindo numa "perversão da homologia".[80] Um exemplo seria a admissão pelo agente normativo de que a norma imposta por ele não tem razão de ser. Em termos concretos: "apesar de as infrações não terem sido cometidas, as multas devem ser pagas porque o Estado precisa de dinheiro". A autoridade desrespeita o segundo princípio quando desconsidera o destinatário, impondo-lhe a conduta sem deixar margem para que ele descumpra a norma, configurando a chamada "neutralização do destinatário" — noutras palavras, ela exercita, de plano, a violência. Nesse caso, não há ação do destinatário e reação do agente normativo, mas simplesmente coação do destinatário.[81] Um exemplo seria impor a pena e concretizá-la desde

---

[78] O discurso sobre a justiça. *In: Estudos de filosofia do direito*, 3. ed., p. 287.

[79] Nas palavras deles: "A ação pedagógica é objetivamente uma violência simbólica, num primeiro sentido, enquanto que as relações de força entre os grupos ou as classes constitutivas de uma formação social estão na base do poder arbitrário que é a condição da instauração de uma relação de comunicação pedagógica, isto é, da imposição e da inculcação de um arbitrário cultural segundo um modo arbitrário de imposição e de inculcação" (*A reprodução*: elementos para uma teoria do sistema de ensino, 2. ed., p. 27). E pouco adiante: "A ação pedagógica é objetivamente uma violência simbólica, num segundo sentido, na medida em que a delimitação objetivamente implicada no fato de impor e de inculcar certas significações, convencionadas, pela seleção e a exclusão que lhe é correlativa, como dignas de ser produzidas por uma ação pedagógica, re-produz (no duplo sentido do termo) a seleção arbitrária que um grupo ou uma classe opera objetivamente em e por seu arbitrário cultural" (*op. cit.*, p. 29). Tercio Sampaio Ferraz Jr. estende o conceito a toda relação de poder (*Estudos de filosofia do direito*, 3. ed., p. 60-61).

[80] Cf. FERRAZ JR. O discurso sobre a justiça. *In*: FERRAZ JR. *Estudos de filosofia do direito*, 3. ed., p. 288.

[81] *Idem, ibidem*. Explica Nicklas Luhmann: "La violencia física ejercida intencionalmente contra la gente tiene una conexión con el medio del poder orientado por la acción, en que elimina la acción por medio de la acción y, con esto, excluye una transmisión comunicativa de premisas reducidas de toma de decisiones. Con estas cualidades, la violencia física no puede ser poder" (*Poder*, p. 91). Ao exercer a violência, o poderoso substitui a ação do destinatário pela sua, por isso *coage*. O poder sempre tem a violência como *ultima ratio* porque a realização dela consiste, em rigor, na perda do poder.

já sob a assunção de que o crime seria inexoravelmente cometido. Em termos concretos: "execute-se o patrimônio do sujeito, ainda que ele não tenha descumprido o comando porque ele certamente o descumpriria se lhe fosse dada oportunidade de descumprir".

Nas duas situações apresentadas há, de fato, uma contradição performativa pela intolerável injustiça e isso ocorre justamente pelo abuso da autoridade. A explicitação da violência simbólica ou a utilização desnecessária da violência põem fim à relação de poder. Discordo, porém, que a contradição performativa pela injustiça ocorra apenas nesses casos. Nas duas hipóteses aventadas pelo ilustre filósofo paulista, o abuso está no próprio cometimento da norma. Perceba-se: nesses dois casos, a contradição performativa não ocorre pelo relato em si, mas pela "perversão da homologia" ou pela "neutralização do destinatário". Os vícios ocorrem no próprio cometimento, há um abuso no cometimento (de N2) e diante dele a não imunização do cometimento (de N2) pelo relato da norma imunizante (N1). É, porém, possível que o abuso decorra do aspecto relato. Aliás, são muito mais frequentes contradições performativas que decorram do relato, em si mesmo considerado. A intolerável injustiça não decorre da revelação da violência simbólica ou da neutralização do destinatário, mas do próprio conteúdo do comando, casos em que os vícios decorrem, propriamente, do próprio relato: há um abuso da autoridade na enunciação do relato (de N2) e diante dele a não imunização do cometimento (de N2) pelo relato da norma imunizante (N1). Eis o passo seguinte: quando o relato é viciado a tal ponto de comprometer a imunização do cometimento da norma?

7.3 Conteúdo da injustiça intolerável

Quando o relato de uma norma evidencia a desconsideração da pretensão de justiça, ocorre um abuso do exercício da autoridade, a relação metacomplementar torna-se absurda, e o cometimento não é imunizado. Como já antecipei, a desconsideração da pretensão de justiça é implicitamente efetuada quando se concretiza uma intolerável injustiça. No meu estudo anterior (supra, capítulo II, item 6), apresentei elementos para dar concretude a essa expressão: intolerável injustiça é a violação do núcleo essencial de direitos humanos básicos. Invoquei três elementos para delimitar o conceito. Primeiro: faz-se necessária a violação de um direito humano e não de um direito fundamental. A diferença é dogmática, direitos fundamentais são direitos previstos no texto constitucional, direitos humanos são direitos reconhecidos pela ordem internacional e positivados em tratados e convenções internacionais. Os primeiros dizem respeito ao Direito Constitucional positivo de cada Estado, os outros dizem respeito ao Direito Internacional público. Segundo: faz-se necessária a violação de direitos humanos básicos. Afirmei que todo direito humano (e também todo direito fundamental) está associado à dignidade da pessoa humana, de modo que quanto mais direta for essa relação, mais básico será o direito. A basicidade é inferida a partir de um juízo relacional. Terceiro: não basta a violação, faz-se necessária a violação do núcleo essencial. Adotei a teoria relativa, o núcleo essencial é apurado pelo método da ponderação, tendo em vista a relatividade dos valores. A teoria absoluta do núcleo essencial viola o axioma da relatividade dos valores (tema que retomarei adiante, infra, capítulo IV, subitem 8.7). Nesses termos, considerei ter contribuído, senão para definir a injustiça intolerável, ao menos para delimitar-lhe o conceito.

Meu interlocutor fez-me ver que esse conceito exige ao menos um reparo. Ele invocou o famoso exemplo do aborto: a vida é um direito humano e um direito humano básico; aniquilar com a vida é afetar seu núcleo essencial, logo, concluir-se-ia pelo meu próprio conceito, o aborto sempre importa numa injustiça intolerável. Mas a assertiva, por óbvio, não é verdadeira. Do ponto de vista religioso, todo aniquilamento de um embrião humano é proibido por uma simples razão: ao lado de um embrião sempre há, dizem os religiosos, uma alma. Coerentemente, a Igreja Católica não admite nenhuma excludente a essa proibição. Assim, não importa se a gestante foi engravidada em decorrência de um estupro, não importa até, para tornar mais didático o exemplo, se esse estupro tenha ocorrido com grande sadismo, causando-lhe um sofrimento atroz, não importa se os nove meses de gravidez prolongar-lhe-ão de forma insuportável o sofrimento. O aborto de gravidez decorrente de estupro deve ser proibido porque ao lado do feto há uma alma. O sistema jurídico não acolhe esse entendimento, o Código Penal vigente prevê no inc. II do art. 128 uma causa especial de exclusão de antijuridicidade: "não se pune o aborto praticado por médico se a gravidez resulta de estupro e o aborto é precedido de consentimento da gestante ou, quando incapaz, de seu representante legal". Trata-se do que doutrinariamente é chamado de aborto sentimental, humanitário ou ético. É praticamente pacífico na doutrina e na jurisprudência o entendimento de que a norma é constitucional. Sem embargo, bom relembrar, estamos no campo da existência normativa e não da validade (sintática). Que a norma é existente no mundo jurídico é indiscutível. Em minha opinião e na opinião pacificada essa norma também é válida, mas o tema da relação entre a justiça e a validade será examinado depois (infra, capítulo IV, item 8).

Para os religiosos também não importa que se saiba, de modo inquestionável, que o feto não sobreviverá sequer um minuto depois da gestação por ser anencefálico: o aborto anencefálico deve ser proibido, segundo os religiosos, porque ao lado do feto anencefálico há uma alma. Esse aborto, motivado pela certeza de que o feto nascerá com anomalias que o impossibilitarão de viver, vem sendo chamado de aborto eugenésico ou eugênico. Essa denominação, todavia, também é utilizada para abortos motivados pelo perigo de que o feto nasça com problemas mentais em decorrência de predisposição genética.[82] As situações são inconfundíveis: apenas no primeiro caso, em que a anencefalia é o exemplo mais comum, a morte do feto é certa. Não há dispositivo expresso na lei vigente que permita o aborto de anencéfalo. Muitos defendem que a exclusão da antijuridicidade está implícita no sistema. Foi proposta uma Ação de Descumprimento de Preceito Fundamental (ADPF) para que o STF declare a existência da excludente. A Corte ainda não decidiu de forma definitiva a questão, mas indeferiu a medida liminar e determinou a suspensão dos processos penais em curso.[83]

Os religiosos são radicais: ao lado de todos os milhares de embriões congelados há almas, aguardando um eventual descongelamento, e, por isso, a pesquisa de células-tronco não pode ser permitida. O direito vigente admite a pesquisa desde que sejam embriões inviáveis ou embriões congelados há três anos ou mais (Lei Federal nº 11.105/05, art. 5º). O dispositivo foi questionado na ADI nº 3.510/DF, julgada improcedente pelo STF. Em síntese, a Corte considerou que o sistema jurídico não equipara o embrião ao feto e este à pessoa humana e concluiu pela constitucionalidade da destruição do embrião quando for motivada pela busca da diminuição do sofrimento de muitas pessoas.[84]

---

[82] Por todos: HUNGRIA. *Comentários ao Código Penal*, 4. ed., v. 5, p. 313.

[83] ADPF/DF nº 54, STF, Pleno, Rel. Min. Marco Aurélio, j. 27.04.2005, *DJe*-92, 31.08.2007.

[84] ADI nº 3.510/DF, STF, Pleno, Rel. Min. Ayres Britto, j. 29.05.2008, *DJe*-96, 27.05.2010. Trata-se de um acórdão muito bem fundamentado. Transcrevo algumas partes da ementa: "A escolha feita pela Lei de Biossegurança não significou um desprezo ou desapreço pelo embrião 'in vitro', porém uma mais firme disposição para encurtar caminhos que possam levar à superação do infortúnio alheio. Isto no âmbito de um ordenamento constitucional que desde o seu preâmbulo qualifica 'a liberdade, a segurança, o bem-estar, o desenvolvimento, a igualdade e a justiça' como valores supremos de uma sociedade mais que tudo 'fraterna'. O que já significa incorporar o advento do constitucionalismo fraternal às relações humanas, a traduzir verdadeira comunhão de vida ou vida social em clima de transbordante solidariedade em benefício da saúde e contra eventuais tramas do acaso e até dos golpes

Era e é indiscutível que a norma existe no ordenamento jurídico, o que o STF reconheceu foi sua validade (sintática). Os exemplos são suficientes para evidenciar que a morte do embrião ou do feto não consiste, em si, numa injustiça intolerável, ou seja, numa explicitação da não pretensão de justiça a ponto de se impedir a imunização da relação metacomplementar estabelecida no cometimento normativo e, portanto, o ingresso da norma no mundo jurídico como norma jurídica.

Os exemplos permitem algumas reflexões importantes. Opiniões religiosas devem ser respeitadas. Se a gestante vítima de estupro não quiser abortar, é um direito que lhe cabe. Se a gestante de anencéfalo não quiser abortar, é um direito que lhe cabe. O que não se pode admitir é que opiniões religiosas sejam impostas aos demais. Eis o grande avanço do Estado laico, o respeito por quem não adote as opiniões religiosas dos detentores do poder. Por isso, nas ponderações efetuadas pelos agentes estatais as questões religiosas devem ser abstraídas. Essa regra, reconheço, é difícil de ser cumprida. O julgador, apesar de ter opiniões religiosas, deve abstraí-las quando for realizar uma ponderação jurídica. E numa ponderação jurídica (tema explorado adiante, infra, capítulo IV, subitens 8.2 e 8.5), antecipo, é de obviedade ululante ser incorreto impor à gestante a manutenção de uma gestação cujo resultado seja a certeza de um feto morto. Somente o apego a opiniões religiosas explica o indeferimento da medida liminar pelo STF na ADI nº 3.510/DF, o que demonstra o quanto a religião ainda interfere negativamente na aplicação do direito. Insisto, quem possui a convicção religiosa de

---

da própria natureza. Contexto de solidária, compassiva ou fraternal legalidade que, longe de traduzir desprezo ou desrespeito aos congelados embriões 'in vitro', significa apreço e reverência a criaturas humanas que sofrem e se desesperam. [...] O Magno Texto Federal não dispõe sobre o início da vida humana ou o preciso instante em que ela começa. Não faz de todo e qualquer estádio da vida humana um autonomizado bem jurídico, mas da vida que já é própria de uma concreta pessoa, porque nativiva (teoria 'natalista', em contraposição às teorias 'concepcionista' ou da 'personalidade condicional'). E quando se reporta a 'direitos da pessoa humana' e até dos 'direitos e garantias individuais' como cláusula pétrea está falando de direitos e garantias do indivíduo-pessoa, que se faz destinatário dos direitos fundamentais 'à vida, à liberdade, à igualdade, à segurança e à propriedade', entre outros direitos e garantias igualmente distinguidos com o timbre da fundamentalidade (como direito à saúde e ao planejamento familiar). [...] Mas as três realidades não se confundem: o embrião é o embrião, o feto é o feto e a pessoa humana é a pessoa humana. Donde não existir pessoa humana embrionária, mas embrião de pessoa humana. O embrião referido na Lei de Biossegurança ('in vitro' apenas) não é uma vida a caminho de outra vida virginalmente nova, porquanto lhe faltam possibilidades de ganhar as primeiras terminações nervosas, sem as quais o ser humano não tem factibilidade como projeto de vida autônoma e irrepetível. O Direito infraconstitucional protege por modo variado cada etapa do desenvolvimento biológico do ser humano. Os momentos da vida humana anteriores ao nascimento devem ser objeto de proteção pelo direito comum. O embrião pré-implanto é um bem a ser protegido, mas não uma pessoa no sentido biográfico a que se refere a Constituição".

que não deve abortar, tem todo o direito de não efetuar o aborto. O que não se deve tolerar é que o Estado imponha a todos a convicção religiosa de alguns. E o diálogo com meu interlocutor deixa, para mim, isso bem evidente. Ele afirma que a justiça arquetípica é contrária ao aborto, mas não é contrária à pesquisa de células-tronco. Certamente, e a interpretação é minha, porque a pesquisa de células-tronco não ofende suas crenças, sua fé. Ofende, certamente, as crenças e a fé de outros, convicções alheias, mas convicções que devem ser respeitadas. Para os juristas, não importa, apesar de todo respeito que merecem, essas convicções, essas crenças. Importa os valores jurídicos, os valores de um lado da balança e os valores do outro lado da balança.

Retomarei esse tema adiante (infra, capítulo IV, subitem 8.5). Por ora, quero apenas enfatizar: as normas permissivas do aborto e as normas permissivas das pesquisas de célula-tronco existem no mundo jurídico e isso é inquestionável. Diante disso, não basta dizer simplesmente que injustiça intolerável é a violação do núcleo essencial dos direitos humanos básicos. Acrescento, haverá injustiça intolerável quando essa violação não for racionalmente justificada. A norma que determina o fuzilamento dos fugentes da Alemanha Oriental é racionalmente injustificada, nada justifica, no caso, matar as pessoas que, desarmadas, sem oferecer perigo à sociedade, simplesmente atravessam a fronteira de um Estado. Diante disso, acrescento ao meu conceito: injustiça intolerável, em termos dogmáticos, é a violação racionalmente injustificada do núcleo essencial dos direitos humanos básicos. Esse conceito, como afirmei (supra, capítulo II, subitem 8.1), pode parecer difícil, teoricamente tormentoso, mas na prática ele é de fácil agnição.

7.4 Injustiça intolerável e a consciência coletiva

Afirmei na minha primeira manifestação: na maioria das vezes, as pessoas sabem quando estão diante de uma injustiça intolerável (supra, capítulo II, item 8). Todos sabem que a ordem de um delegado para que o investigador torture alguém é ato inexistente juridicamente, o suposto ato administrativo que autoriza a abertura de uma casa de lenocínio é um ato juridicamente inexistente etc. E por que todos sabem? Por que a injustiça intolerável é, como regra geral, facilmente percebida e intuída? Afirmei que a exigência de respeito ao núcleo essencial dos direitos humanos básicos decorre do "inconsciente coletivo" e nesse campo incidem os "arquétipos". Essa minha assertiva merece reparos. Ela decorreu de uma influência do discurso anterior e, reconheço, de uma reverência ao meu interlocutor. Em quase todas as mesas de debate que participei, constatei muitas vezes este fato: é muito difícil a um jurista pronunciar-se sem atentar para a opinião do outro. Quanto mais importante o outro jurista, maior é a influência da opinião dele sobre os demais partícipes do debate. É evidente que isso obstaculiza a ciência. Não por outro motivo, iniciei esta manifestação afirmando que a faria sem reverências.

Pois bem, após muito refletir reconheço: não considero apropriada a teoria dos arquétipos para explicar a injustiça intolerável. Para Jung os arquétipos são tipos arcaicos, primordiais, ou seja, "imagens universais que existiram desde os tempos mais remotos".[85] Onde Jung vai buscar essas imagens? Nos mitos e nos contos de fada.[86] É até possível justificar a facilidade com que intuímos a injustiça intolerável por meio da teoria dos arquétipos, mas pelo contexto em que ela é apresentada na obra de Jung considero essa justificação perigosa. Há aí o perigo de incidirmos numa incompetência comunicativa (supra, capítulo IV, subitem 7.1), vale dizer, de utilizarmos os signos com significado distinto do atribuído a eles pelos utentes da língua. Pelo pouco que conheço da teoria de Jung parece-me que o conceito por ele atribuído aos arquétipos, à luz dos exemplos que apresenta, não justifica associá-los à reprovação que intuitivamente temos a certas condutas. Logo, prefiro dissociá-los de minha teoria da justiça. Para mim, pois, arquétipos nada tem a ver com a injustiça intolerável. E mais: nossa reprovação à intolerável injustiça não é inconsciente.

A explicação para nossa intuição sobre a injustiça intolerável é dada pelo conceito de consciência coletiva. Trata-se da famosa teoria do sociólogo Émile Durkheim: "o conjunto de crenças e dos sentimentos comuns à média dos membros de uma mesma sociedade forma um sistema determinado que tem vida própria; podemos chamá-lo de consciência coletiva ou comum".[87] Todos nós sabemos, salvo exceções

---

[85] *Os arquétipos e o inconsciente coletivo*, 6. ed., p. 16.

[86] *Idem*, p. 17. Em outra obra: "Na medida em que fazemos parte da psique coletiva histórica, através do nosso inconsciente, é natural que vivamos inconscientemente num mundo de lobisomens, demônios, feiticeiros e tudo mais, porque, antes de nós, em todos os tempos, essas coisas afetaram o mundo violentamente. É assim que também temos parte com os deuses e os demônios, com os santos e os facínoras. No entanto, seria a maior insensatez atribuir-se essas potencialidades, existentes no inconsciente. Por isso é de rigor estabelecer-se a separação mais aguda possível entre o que é de responsabilidade pessoal e o impessoal" (*Psicologia do inconsciente*, 11. ed., p. 84-85).

[87] *Da divisão do trabalho social*, p. 50. O pensador complementa: "Sem dúvida, ela não tem por substrato um órgão único; ela é, por definição, difusa em toda a extensão da sociedade, mas tem, ainda assim, características específicas que fazem dela uma realidade distinta. De fato, ela é independente das condições particulares em que os indivíduos se encontram: eles passam, ela permanece. É a mesma no Norte e no Sul, nas grandes e nas pequenas cidades,

patológicas, quando estamos diante da violação do núcleo essencial de direitos humanos básicos. E o sabemos não por força de nossa consciência individual, mas de nossa consciência coletiva. O pertencimento a uma sociedade nos dá acesso às crenças e sentimentos comuns da coletividade e ela reprova a violação irracional dos direitos humanos básicos. Nós temos consciência dessa reprovação, uma consciência que intuímos e intuímos porque não é propriamente nossa, mas de todos, da coletividade em que estamos inseridos. Eis a explicação do porquê a intolerável injustiça ser quase sempre intuída. Não por causa dos arquétipos, não por causa do inconsciente coletivo, mas, justamente o contrário, por causa do consciente coletivo. Há, porém, uma explicação dogmática para isso.

7.5 Mínima eficácia social

Para que a norma exista no mundo jurídico não basta que ela não concretize uma injustiça intolerável, ela precisa ser minimamente reconhecida pela coletividade como norma jurídica. Se não houver essa mínima recognição, essa mínima eficácia social, a norma não se juridiciza. Kelsen não distinguiu o plano da existência do plano da validade e, por isso, considerou que a mínima eficácia social era condição de validade da norma.[88] Na verdade, com a distinção dos planos, percebe-se: o "mínimo de eficácia social" aludido por Kelsen refere-se não à validade (sintática) da norma, mas à existência normativa. Antônio Carlos Cintra do Amaral, com absoluto acerto, também considera a "recognoscibilidade social" um pressuposto da existência normativa: "há uma declaração estatal; esta é expressa em um texto, que contém uma norma; para que esse texto seja tido como correspondente a uma declaração estatal, é necessário que seja socialmente reconhecível como um texto normativo".[89] Se a comunidade, globalmente considerada,

---

nas diferentes profissões. Do mesmo modo, ela não muda a cada geração, mas liga umas às outras as gerações sucessivas. Ela é, pois, bem diferente das consciências particulares, conquanto só seja realizada nos indivíduos. Ela é o tipo psíquico da sociedade, tipo que tem suas propriedades, suas condições de existência, seu modo de desenvolvimento, do mesmo modo que os tipos individuais, muito embora de outra maneira. A esse título, ela tem, pois, o direito de ser designada por uma palavra especial" (*Idem, ibidem*).

[88] Nas palavras dele: "Uma norma que nunca e em parte alguma é aplicada e respeitada, isto é, uma norma que — como costuma dizer-se — não é eficaz em uma certa medida, não será considerada como norma válida (vigente)" (*Teoria pura do direito*, 6. ed., p. 30). E mais adiante: "a eficácia da ordem jurídica como um todo e a eficácia de uma norma jurídica singular são — tal como o acto que estabelece a norma — condição da validade" (*Op. cit.*, p. 297).

[89] Validade e invalidade do ato administrativo. *In*: CINTRA DO AMARAL. *Comentando as licitações públicas*, p. 23.

não reconhecer a norma como norma, esta não se torna norma. Para que a norma exista no mundo jurídico ela precisa, então, possuir um mínimo de eficácia social.[90]

Há uma explicação pragmática para isso. Nos termos expostos, ao contrário da validade sintática, que é uma relação de compatibilidade da norma com as normas que lhe são superiores no sistema normativo, a validade pragmática decorre de uma relação de imunização do aspecto-cometimento da norma pelo aspecto-relato de outra norma. A validade sintática é uma relação entre as normas superiores e a inferior, a validade pragmática é uma relação entre o cometimento de uma norma e o relato de outra. Mas, do ponto de vista pragmático, não basta que a norma seja válida, ela deve ser efetiva. Efetividade, na teoria de Tercio Sampaio Ferraz Jr., é uma relação de adequação entre o aspecto-cometimento e o aspecto-relato da mesma norma.[91]

---

[90] Esse mínimo de eficácia social pode ser associado ao que Herbert L. A. Hart chama de *aspecto interno da regra*, que a faz um *padrão de comportamento*. Eis sua explicação: "Para tal observador [externo], os desvios de conduta normal por parte de um membro do grupo serão um sinal de que é provável que se seguirá uma reação hostil, e nada mais. O seu ponto de vista será semelhante ao daquele que, depois de ter observado durante algum tempo o funcionamento de um sinal de trânsito numa rua de grande movimento, se limita a dizer que, quando as luzes passam a encarnado, há uma probabilidade elevada de que o trânsito pare. Ele trata a luz apenas como um sinal natural de que as pessoas se comportarão de certos modos, tal como as nuvens são um sinal de que virá chuva. Ao fazer assim, escapar-lhe-á uma dimensão total da vida social daqueles que ele observa, uma vez que para estes a luz encarnada não é apenas um sinal de que os outros vão parar: encaram tal como um sinal para eles pararem, e, por isso, como uma razão para parar em conformidade com as regras que transformam o acto de parar, quando a luz está encarnada, num padrão de comportamento e numa obrigação. Mencionar isso é trazer para o relato o modo por que o grupo encara o seu próprio comportamento. Significa referir-se ao aspecto interno das regras, visto do ponto de vista interno dele" (*O conceito de direito*, 3. ed., p. 99-100, esclarecimento nosso). Quer dizer: a norma é considerada um *padrão de conduta* porque é aceita como norma pela coletividade. Pouco adiante, Hart complementa: "o que o ponto de vista externo, que se limita a regularidades observáveis de comportamento, não pode reproduzir é o modo pelo qual as regras funcionam como regras relativamente às vidas daqueles que são normalmente a maioria da sociedade" (*Op. cit.*, p. 100).
O *mínimo de eficácia social* e a *não concretização de intolerável injustiça*, aqui apresentadas, são o que na teoria de Hart chamam-se *regras de reconhecimento*: regras secundárias do sistema normativo que indicam quando as regras primárias pertencem ao sistema. Nas palavras dele: "A forma mais simples de remédio para a incerteza do regime das regras primárias é a introdução daquilo a que chamaremos uma 'regra de reconhecimento'. Esta especificará algum aspecto ou aspectos cuja existência numa dada regra é tomada como uma indicação afirmativa e concludente de que é uma regra do grupo que deve ser apoiada pela pressão social que ele exerce" (*op. cit.*, p. 104). Observo, contudo, que na teoria de Hart as regras de reconhecimento indicam não apenas quando uma norma existe, mas também quando ela é válida, já que na teoria dele a diferença entre os planos da existência e da validade não é efetuada com rigor. Aliás, já observei que essa não diferenciação é, infelizmente, corrente na teoria do direito.

[91] *Teoria da norma jurídica*, 4. ed., p. 113.

A efetividade pragmática torna mais claro o tema da obediência. A norma pode não ter o mínimo de eficácia social necessário para que ela exista, ou seja, pode ser desprovida de efetividade pragmática e ainda assim ser obedecida. Como afirma Tercio, "uma norma pode ser obedecida tendo em vista outras motivações que não a própria prescrição normativa".[92] E pouco adiante: "um sujeito pode cumprir regularmente um comportamento motivado por vários motivos (hábito, medo, esperteza, razões econômicas, políticas, etc.)".[93] Vou dar um exemplo para facilitar o entendimento: suponhamos que um delegado determine a um investigador a tortura de um preso. Todo mundo sente que essa ordem não é um ato administrativo no sistema jurídico vigente. O ato não ingressa no mundo jurídico como norma, pois não possui um mínimo de eficácia social. Apesar disso, é plenamente possível que o investigador obedeça à ordem e efetue a tortura. O cumprimento da ordem não decorrerá do caráter "normativo" da norma, mas de outro motivo: a reverência ao delegado, a perversão ou sadismo do próprio investigador etc. Não importa o motivo, importa tão somente perceber que o móvel não será o "caráter normativo" porque este não existe.

Por que não existe? Porque o aspecto-relato da norma, o conteúdo da prescrição, é inadequado ao aspecto-cometimento, à relação metacomplementar estabelecida entre o agente normativo e o destinatário. E por que há essa inadequação? Justamente pela injustiça intolerável do relato. Donde, na maioria das vezes, a não concretização de intolerável injustiça é um pressuposto de existência normativa desnecessário. Comumente, nos casos de injustiça intolerável, além da não imunização do aspecto cometimento (de N1) pelo aspecto relato de outra norma (de N2), há também, ao mesmo tempo, uma inadequação entre o aspecto relato e o aspecto cometimento da mesma norma (de N1). Noutras palavras, a não imunização é, quase sempre, acompanhada da inadequação, a invalidade pragmática é acompanhada da inefetividade pragmática. O pressuposto da não concretização de intolerável injustiça torna-se supérfluo (cf. supra, capítulo II, item 6) porque a norma é juridicamente inexistente em decorrência da falta do pressuposto do mínimo de eficácia ou recognoscibilidade social.

Em suma, quando a autoridade abusa do poder e enuncia uma norma cujo relato corresponde a uma injustiça intolerável, o relato é inadequado ao cometimento de tal modo que a norma não é reconhecida

---

[92] *Idem*, p. 114.
[93] *Idem*, p. 119.

como norma pelas pessoas em geral. Diante dessa inadequação e consequente não reconhecimento, a suposta norma não se torna norma jurídica, não se juridiciza, não ingressa no mundo jurídico como norma jurídica. Quando a suposta norma viola a consciência coletiva, a coletividade não a reconhece como norma e ela não se torna norma.

7.6 Autonomia da injustiça intolerável

Expliquei anteriormente que em duas situações o pressuposto da proibição de intolerável injustiça adquire autonomia em relação ao pressuposto do mínimo de eficácia social (supra, capítulo II, item 6). Na primeira, quando a intolerabilidade da injustiça for controversa; na segunda, quando o consenso (ou a "consciência coletiva") sobre a intolerabilidade da injustiça surgir posteriormente à edição da norma. Em ambos os casos, a apuração da inexistência dependerá da ponderação dos valores incidentes quando do exame da norma. Em relação ao primeiro, enunciei uma regra que agora denominarei de primeira lei da intolerável injustiça: "quanto maior for a dúvida sobre a intolerabilidade da injustiça, maior será o peso das razões contrárias a sua caracterização". Essa lei é justificada pelo princípio do *in dubio pro reo*.

Aproveito a oportunidade para aprofundar o tema e apresentar a segunda lei da intolerável injustiça, aplicável ao segundo caso: "quanto mais fraca a consciência coletiva sobre a intolerável injustiça na época da edição da norma, maior o peso das razões contrárias a sua caracterização". "Fraca" aí diz respeito não apenas à comunidade em que a norma é aplicada, mas à comunidade internacional. Tomo como exemplo a Alemanha Nazista: primeiro, faz-se necessário apurar se as leis raciais atentavam contra a consciência coletiva da sociedade alemã, globalmente considerada; segundo, faz-se necessário apurar se as leis raciais atentavam contra a consciência coletiva da comunidade internacional, globalmente considerada. Cumpre distinguir a cultura local da cultura global. Não se devem desconsiderar as particularidades culturais de cada comunidade. Um índio que sempre viveu numa tribo antropófaga, sem contato com outras culturas, dificilmente condenará a antropofagia. Quanto menor — mais dificultoso — for o acesso à cultura global, mais força terá a cultura local. Assim, em relação a uma tribo indígena antropofágica, quando mais contato ela tiver com a cultura europeia (quanto mais sofrer "culturalização"), menos admitida será a antropofagia.

Então, nesses termos, existem dois tipos de fraqueza da consciência coletiva: a fraqueza relativa à consciência local e a fraqueza relativa à consciência global. Quanto maior for o acesso à cultura global, menos força terá a fraqueza relativa à consciência local; quanto menor o acesso à cultura global, mais força terá a fraqueza relativa à consciência local. Estabelecidas essas diferenciações, reitero a segunda lei da injustiça intolerável: "quanto maior a fraqueza da consciência coletiva sobre a intolerabilidade da injustiça no momento da edição da norma, maior será o peso das razões contrárias a sua caracterização". Essa teoria, consoante afirmei (supra, capítulo II, item 6), tem o condão de estimular as pessoas a não concretizar a intolerável injustiça, mesmo quando os detentores do poder ou a comunidade sejam intoleravelmente injustos. Ao saber que poderá ser responsabilizado no futuro, o agente público tem uma razão a mais para descumprir a suposta norma intoleravelmente injusta: a possibilidade de futura responsabilização.

Com isso dou por encerrado o estudo da justiça no campo da dogmática analítica, na teoria geral das normas jurídicas. A norma para existir precisa obedecer a certos pressupostos, um deles é a não concretização de intolerável injustiça. Normas que ofendam, sem justificativa racional plausível, o núcleo essencial de direitos humanos básicos, não existem como normas jurídicas no sistema normativo. Esse é apenas um dos aspectos da justiça deôntica. Passo a examinar outro aspecto, que considero muito mais importante que o ora examinado.

8 Justiça na teoria da interpretação – Validade normativa

O segundo aspecto da justiça deôntica é, do ponto de vista prático, muito mais importante que o primeiro e, do ponto de vista teórico, muito menos estudado. Conforme expus, a norma precisa, para existir no mundo jurídico, obedecer a certos pressupostos. Possuindo um conteúdo (estabelecendo algo) e uma forma (sendo exteriorizada) e observando esses pressupostos, a norma existirá como norma. O sistema jurídico normativo é composto de vários escalões. No ápice estão os postulados normativos (Pn), pressupostos epistemológicos do sistema (cf. supra, capítulo II, item 4), que devem ser observados por todas as normas. Abaixo deles estão as normas constitucionais originárias (Nco), qualificadas pela supremacia e rigidez, impositivas de vários limites, expressos e implícitos, à reforma constitucional.[94] Todas as

---

[94] Sobre a rigidez e a supremacia constitucionais, bem como as limitações expressas e implícitas ao poder de reforma, reporto-me ao meu *Regulação administrativa à luz da Constituição Federal*, cap. 1.

normas constitucionais decorrentes de reforma constitucional (Ncr) — as emendas constitucionais — devem observar essas limitações, dentre elas as chamadas cláusulas pétreas —, razão pela qual estão num escalão abaixo das normas constitucionais originárias. As normas constitucionais revogam as normas constitucionais anteriores[95] e recepcionam as normas infraconstitucionais anteriores desde que materialmente compatíveis: todas as normas infraconstitucionais anteriores (Nia) devem ser materialmente compatíveis com as constitucionais posteriores,[96] sob pena de também serem consideradas revogadas.[97] Todas as normas infraconstitucionais posteriores (Nip) às normas constitucionais devem ser compatíveis formal e materialmente com elas. Costuma-se representar o sistema normativo por meio de uma pirâmide,[98] tendo em vista esses vários escalões normativos. Da hierarquia normativa[99]

---

[95] A *desconstitucionalização* das normas constitucionais anteriores, pela qual elas passam a ter eficácia de leis ordinárias, só ocorre se houver disposição expressa no novo texto constitucional impondo-a. Sobre o tema, *vide*: TEIXEIRA. *Curso de direito constitucional*, p. 244-216; SILVA, *Aplicabilidade das normas constitucionais*, 4. ed., p. 222.

[96] Pela *teoria da recepção* as normas anteriores à Constituição e *materialmente* compatíveis com ela são consideradas "reeditadas". Trata-se de um procedimento *abreviado* de criação do direito, essas normas antigas consideram-se introduzidas quando da promulgação da nova Constituição, pois é esta que lhes dá validade. Explica Hans Kelsen: "A nova ordem recebe, i. e., adota normas da velha ordem; isso quer dizer que a nova ordem dá validade (coloca em vigor) às normas que possuem o mesmo conteúdo que normas da velha ordem. A 'recepção' é um procedimento abreviado de criação de Direito. As leis que, na linguagem comum, inexata, continuam sendo válidas são, a partir de uma perspectiva jurídica, leis novas cuja significação coincide com a das velhas leis. Elas não são idênticas às velhas leis, porque seu fundamento de validade é diferente. O fundamento de validade é a nova constituição, não a velha, e a continuidade das duas não é válida nem do ponto de vista de uma, nem do da outra. Assim, nunca é apenas a constituição, mas sempre toda a ordem jurídica que é modificada por uma revolução" (*Teoria geral do direito e do Estado*, 3. ed., p. 172). Basta a compatibilidade material, sendo irrelevante a incompatibilidade formal. Por todos, afirma Jorge Miranda: "Por isso, o único juízo a estabelecer é o juízo da conformidade (ou da correspondência) material com a nova Constituição, a Constituição actual. Não é qualquer outro: nem qualquer juízo sobre a formação dessas normas de acordo com as novas normas de competência e de forma (as quais só valem para o futuro), nem, muito menos, qualquer juízo sobre o seu conteúdo ou sobre a sua formação de acordo com as antigas normas constitucionais. Não importa que as leis fossem inconstitucionais material, orgânica ou formalmente antes da entrada em vigor da Constituição. Importa apenas que não disponham contra esta" (*Manual de direito constitucional*, 4. ed., t. II, Constituição, §69, p. 283).

[97] Prevalece na doutrina e na jurisprudência pátrias que as normas anteriores à Constituição e incompatíveis com ela são consideradas *revogadas*. Por todos: BARROSO. *Interpretação e aplicação da Constituição*. 4. ed. p. 72-82.

[98] Por todos: CALANZANI. *Metáforas jurídicas*: conceitos básicos de direito através do processo pedagógico da metáfora, p. 111 *et seq.*

[99] Para Tercio Sampaio Ferraz Jr. o sistema normativo brasileiro não tem estrutura piramidal (*Teoria da norma jurídica*, 4. ed., p. 138-139, 148; *Introdução ao estudo do direito*, 5. ed., p. 189). Ele admite, do ponto de vista pragmático, a coexistência de duas cadeias normativas paralelas, fundadas em normas-origem distintas, de modo que as várias cadeias formam uma

extrai-se o conceito de validade (sintática): a norma constitucional originária contrária a um postulado,[100] norma constitucional reformada contrária a um limite imposto ao poder de reforma (os limites são mais amplos que as cláusulas pétreas) e norma infraconstitucional contrária à norma constitucional são inválidas. É, portanto, perfeitamente possível que a norma exista no mundo jurídico e seja inválida, contrarie norma de superior hierarquia. A invalidade (sintática) deve ser reconhecida pelo órgão estatal competente: a norma inválida deve ser invalidada. Enquanto a invalidade não é reconhecida, a norma pode produzir todos os seus efeitos, desde que observadas as condições impostas pelo sistema à eficácia normativa. Produzidos os efeitos previstos, será necessária

---

teia e não uma *pirâmide*, uma cadeia é inválida em relação à outra, mas ambas mantêm-se no sistema. Pela concepção ora adotada, do ponto de vista dogmático aceita-se apenas uma *norma origem*, as demais são consideradas inválidas em relação a ela. Ainda que a invalidade não seja reconhecida pelo órgão competente, ela, cientificamente, subsiste. Ao cientista do direito incumbe apontar a norma constitucional (norma-origem "válida") e indicar a invalidade da norma infraconstitucional (outra norma-origem, incompatível com a norma-origem válida). Para Tercio as normas-origem não são válidas ou inválidas, mas, apenas, efetivas ou não efetivas. Nesse sentido, sua teoria aproxima-se da proposta de Herbert L. A. Hart (*O conceito de direito*, 3. ed., p. 117-121), segundo a qual a regra de reconhecimento não é válida ou inválida, mas tão somente efetiva ou não efetiva. Sem desprestigiá-los, discorda-se: ao pressupor, como preconizado por Kelsen, a *validade* da norma fundamental, considera-se, por decorrência lógica, inválidas todas as normas com ela incompatíveis (*Teoria pura do direito*, 6. ed., p. 273 *et seq.*). Evita-se, assim, a *caotização do sistema*. Daí muitos considerarem a *hierarquia* verdadeiro axioma dos sistemas normativos. Nesse sentido, afirma Paulo de Barros Carvalho: "Sem hierarquia não há sistema de direito, pois ninguém poderia apontar o fundamento de validade das unidades componentes, não se sabendo qual deve prevalecer. Uma regra há de ter, para desfrutar de juridicidade, seu fundamento em outra que lhe seja superior. E isso vale tanto para o direito público como para o direito privado, sem qualquer distinção. Daí ser possível afirmar, peremptoriamente, que o princípio da hierarquia é um axioma" (*Direito tributário, linguagem e método*, p. 216).

[100] A "validade" das normas constitucionais originárias é um problema tormentoso. A boa doutrina há muito reconhece que o poder constituinte originário não é *ilimitado* (cf. *supra*, capítulo II, nota de rodapé 31). Uma norma constitucional originária que atentar contra um postulado deve ser considerada não escrita. O grande problema é: essa norma deve ser considerada inválida. Afirma Jorge Miranda que sim, mas não inconstitucional: "Também nós perfilhamos uma 'axiologia transpositiva que não está na disponibilidade do positivo constitucional ou de que não é titular sem limites o poder constituinte'; e, por conseguinte, temos afirmado a existência de limites transcendentes que correspondem a imperativos de Direito natural, tal como, em cada época e em casa lugar, este se refrange na vida social. Todavia, não cremos que, a dar-se qualquer forma de contradição ou de violação dessa axiologia, estejamos diante de uma questão de inconstitucionalidade; estamos, sim, diante de uma questão que a ultrapassa, para ter de ser encarada e solucionada em plano diverso — no da Constituição material que é adoptada ou no do tipo constitucional ao qual pertence. Precisamente, por estarem em causa limites transcendentes, declarados e não constituídos, no extremo poderá haver invalidade ou ilegitimidade da Constituição. O que não poderá haver será inconstitucionalidade: seria incongruente invocar a própria Constituição para justificar a desobediência ou a insurreição contra as suas normas" (*Manual de direito constitucional*, t. VI, p. 17).

não apenas a correção da norma, mas a correção dos efeitos da norma. A norma pode ser corrigida por diversas formas previstas no sistema (invalidação, redução ou reforma, conversão, convalidação) e seus efeitos podem ser mantidos ou desconstituídos.[101]

Por que esse resumo sobre a teoria da invalidade normativa é pertinente ao presente estudo? A injustiça só impede a existência normativa quando for intolerável. Quando não houver violação, não justificada racionalmente, do núcleo essencial de direitos humanos básicos, vale dizer, quando não houver essa intolerabilidade, a norma existirá. É perfeitamente possível e até bem comum a existência no mundo jurídico de normas injustas. Eis a pergunta: o sistema jurídico é indiferente a essa injustiça? Não, não é. A injustiça da norma faz com que ela seja inconstitucional. Norma injusta é inconstitucional e, portanto, inválida. O tema da invalidade em decorrência da injustiça da norma não é, contudo, um tema da teoria da norma, mas um tema da teoria da interpretação. Deveras, saber se uma norma é, do ponto de vista dogmático, juridicamente injusta (sem que o seja intoleravelmente injusta), é tema da dogmática hermenêutica, da teoria da interpretação normativa. Ja antecipei a dificuldade que envolve o tema e tentei, apesar dela, no estudo anterior, apresentar uma teoria sobre a Justiça no campo da validade normativa. Aproveito para aprofundar e aclarar a teoria ali exposta e inicio por precisar o que vem a ser essa "justiça".

8.1 Justitia ou Diké?

Alguns temas parecem, ao menos num primeiro momento, impenetráveis à razão. A dificuldade em perscrutá-los justifica um expediente que facilita o acesso, a utilização da linguagem metafórica.[102] E a utilização da metáfora atinge seu clímax na linguagem mítica.[103]

---

[101] Sobre o tema, reporto-me ao meu *Efeitos dos vícios do ato administrativo*, cap. VII e VIII, p. 261 et seq.

[102] A título de exemplo, o acesso à ideia da *contemplação*, apresentada por Jean Paul Sartre em *O muro* ou no famoso *Entre quatro paredes*, dá-se pela literatura. O filósofo, por meio dessas *histórias*, apresenta-nos o significado de *contemplar*. Perceba-se a dificuldade de explicar a contemplação sartreana sem o recurso da literatura.

[103] Sobre o tema, por todos, *vide* CASSIRER. *Linguagem e mito*, 4. ed., p. 101 *et seq*. Nas palavras dele: "Se a antiga retórica já reconhecia como um dos principais tipos de metáfora a substituição do gênero pela espécie e da parte pelo todo, ou vice-versa, agora se tem tanto mais visível até que ponto tal classe de metáfora decorre diretamente da essencialidade espiritual do mito. Mas verifica-se aqui, ao mesmo tempo, que, para o próprio mito, se trata no caso de algo muito diferente e muito além de uma simples 'substituição'; que aquilo que, para a nossa reflexão subseqüente, parece ser mera transferência, constitui, para o pensar mítico, na realidade, uma autêntica e imediata identidade" (*Op. cit.*, p. 111).

Como a metáfora é utilizada no mito num grau máximo, a abertura, própria de toda obra de arte,[104] intensifica-se. A abertura proporcionada pela linguagem mítica tem um efeito paradoxal, permite compreender algo que por uma via direta seria incompreensível. Pois bem, a justiça, segundo informa Tercio Sampaio Ferraz Jr.,[105] é associada na mitologia grega à deusa Diké e na mitologia romana à deusa Justitia. Fiz referência a essas duas deusas ao falar da importância da ponderação para alcançar a justiça (supra, capítulo II, subitem 7.5). Creio que é possível extrair muito mais dessa simbologia. Como já antecipei, a deusa grega Diké, filha de Zeus e Themis, é apresentada em pé, de olhos abertos, segurando uma balança, com dois pratos e sem fiel, na mão esquerda e uma espada na direita, os pratos da balança estão em equilíbrio ("íson", donde "isonomia"). A deusa romana Justitia[106] é apresentada sentada, de olhos vendados, segurando uma balança com ambas as mãos, balança essa representada por dois pratos e, no meio, um fiel em posição perfeitamente vertical (*rectum*, donde "direito").

A deusa romana representa melhor a justiça na dogmática hermenêutica do que a deusa grega. O sistema normativo volta-se à proteção de diversos valores. Estes são caracterizados pela implicação recíproca, nenhum valor se realiza sem influir, direta ou indiretamente, na realização de outros.[107] Logo, valores estão sempre em conflito, num eterno entrechoque. Donde, são ínsitos a todo sistema normativo conflitos de interesses. Faz-se necessário obter um equilíbrio, um perfeito ajuste entre os valores tutelados pelo ordenamento normativo e os interesses neles apoiados. Eis a justiça, ela consiste na composição perfeita desses valores e desses interesses. Na linguagem comum, roupa justa é roupa perfeitamente adequada ao corpo, é roupa na medida certa. Na linguagem jurídica, decisão justa é a que realiza a composição valorativa perfeita, na medida certa.

---

[104] Segundo a famosa lição de Umberto Eco: "A impressão de profundidade sempre nova, de totalidade inclusiva, de 'abertura' que nos parece reconhecer sempre em toda obra de arte, funda-se na dúplice natureza da organização comunicativa de uma forma estética e na típica natureza transativa do processo de compreensão. A impressão de abertura e totalidade não está no estímulo objetivo, que por si só é materialmente determinado; e não está no sujeito, que por si só está disposto a todas e a nenhuma abertura: mas na relação cognoscitiva no curso da qual se realizam aberturas suscitadas e dirigidas pelos estímulos organizados segundo a intenção estética" (*Obra aberta*: forma e indeterminação nas poéticas contemporâneas, 9. ed., p. 88).

[105] *Introdução ao estudo do direito*, 5. ed., p. 32-33; *Estudos de filosofia do direito*, 3. ed., p. 236-237.

[106] Como se sabe, as letras "j" e "v" não existiam no latim clássico, nele correspondendo às letras "i" e "u". O valor consonântico gerou um desdobramento fonético que só passou a ser representado por grafia diferente graças a Pierre de la Ramée. De fato, as letras "j" e "v" foram criadas por Ramée, motivo pelo qual são chamadas de *letras ramistas*. Assim, a grafia *Iustitia* ou *Justitia* depende da fidelidade ou não ao latim clássico.

[107] Nesse sentido: REALE. *Filosofia do direito*, 19. ed., p. 189-190.

E por que a deusa romana é um símbolo melhor? Quando dois brigam em torno de algo, quando dois interesses se contrapõem, como descobrir quem tem razão ou qual a medida da razão de cada um, como compor o conflito de forma perfeita? Invoco um exemplo prosaico: suponhamos duas crianças brigando. Não é, por óbvio, utilizando-se, de plano, da violência e, por exemplo, com o uso da força, calando as duas. É evidente que quem vê duas crianças brigando e bate nas duas de modo que ambas parem imediatamente de brigar, põe fim ao conflito, mas não de forma justa. A violência não leva à justiça. Não é com a espada que se obtém a decisão justa. Para chegar a ela, o melhor é escutar ambas as partes. E para não apenas ouvir, mas verdadeiramente escutar, o melhor é vendar os olhos. A venda dos olhos significa exatamente isso: ambas as partes em conflito devem ser escutadas. O Professor Celso Antônio Bandeira de Mello, meu eterno mestre, não fazia entrevistas para escolher quem deveria ingressar em seu programa de pós-graduação. Ele dizia, com uma sabedoria invulgar, que basta olhar para alguém para se ter um pré-juízo, um pré-julgamento e, pois, um pré-conceito. O olhar identifica visões de mundo próximas ou díspares e, consequentemente, prejudica a imparcialidade necessária para um julgamento justo. O julgador que olha vê as vestes humildes ou suntuosas, a maquiagem excessiva, o ar soberbo, arrogante. Quem olha, vê o amigo e o inimigo. Nem sempre as impressões captadas pelo olhar são relevantes, muitas vezes levam a preconceitos impedientes do julgamento justo. A deusa romana não olha, está vendada, ela apenas ouve, ou melhor, escuta. Ela segura a balança com ambas as mãos, ela escuta para bem ponderar os valores conflitantes. Essa ideia de justiça está mais bem representada na deusa romana, mas foi perfeitamente captada por Aristóteles.

8.2 Dialética – O método da justiça

Para Aristóteles, o método tópico[108] refere-se ao silogismo dialético, é um "método que nos capacita a raciocinar, a partir de opiniões de aceitação geral, acerca de qualquer problema que se apresente diante de nós e nos habilita, na sustentação de um argumento, a nos esquivar da enunciação de qualquer coisa que o contrarie".[109] Após,

---

[108] O método é tratado na *Tópica*, obra de Aristóteles pertencente ao *Organon* (Cf. VIEHWEG. *Tópica e jurisprudência*, p. 21). Edson Bini traduziu todo o *Organon* para o português e, afastando-se da orientação corrente, traduziu *Tópica* por *Tópicos* (*Organon*, 2. ed., p. 347).

[109] *Tópicos*, livro I-100a18. *In*: *Organon*, 2. ed., p. 347.

ele conceitua o silogismo como um discurso argumentativo, sendo o silogismo dialético "aquele no qual se raciocina a partir de opiniões de aceitação geral".[110] Pouco adiante, o filósofo esclarece como o método se desenvolve: "se formos capazes de suscitar dificuldades em ambos os lados, discerniremos mais facilmente tanto a verdade quanto a falsidade em todos os pontos".[111] Eis a base da dialética: uma investigação a partir dos argumentos pró e contra uma opinião. Tercio Sampaio Ferraz Jr. enfatiza: "este caráter da dialética que a faz confrontar opiniões, discuti-las, instaurando um diálogo entre elas, corresponde a um procedimento crítico".[112] Enfim, a tópica ou dialética baseia-se no exame crítico de argumentos sobre uma opinião.

Aristóteles apresenta as características do método. Primeiro, ele nem sempre deve ser empregado: "não é necessário submeter a exame todo problema e toda tese, bastando examinar aquele ou aquela que venha a suscitar dúvidas para alguém que necessita de argumentos".[113] De fato, não deve ser empregado para questões óbvias, quando algo é evidente ou impossível para todos, não há sentido na utilização da dialética.[114] Surgem problemas, segundo o filósofo, quando houver "dúvida quanto a alguma coisa ser assim ou não ser assim, em vista de existirem fortes argumentos em ambos os lados".[115] Segundo, o método volta-se para o exame do caso, é um "dialético", nas palavras de Aristóteles, "aquele que observa princípios gerais à luz do caso particular".[116] Terceiro, o método é dogmático: "a dialética procede realmente por interrogação, ao mesmo tempo em que, se visar à demonstração de alguma coisa, se absterá de questões, se não acerca de tudo, ao menos acerca de coisas primárias e princípios particulares".[117]

Esse método aristotélico, chamado de tópica, foi difundido no direito por Theodor Viehweg, conforme já antecipei (supra, capítulo II, subitem 7.1).[118] Trata-se de um modo de pensar voltado para o problema ou, noutras palavras, para a solução, ou decisão, a ser dada à luz do caso concreto. Esse ponto é fundamental, a conclusão não prescinde da

---

[110] *Idem*, livro I-I-100b18, p. 348.

[111] *Idem*, livro I-II, p. 350.

[112] *Estudos de filosofia do direito*, 3. ed., p. 178.

[113] *Tópicos*, livro I-XI, 105a1, p. 360.

[114] *Idem*, livro I-X, p. 357.

[115] *Idem*, I-XI-104b1, p. 359.

[116] *Refutações sofísticas*, XI. In: *Organon*, 2. ed., p. 566.

[117] *Idem*, XI, p. 568.

[118] Sobre a aplicação da tópica à hermenêutica jurídica *vide* a monografia de LEITE. *Interpretação constitucional e tópica jurídica*.

análise do caso. Ademais, consiste num modo de pensar que se funda no exame de argumentos e contra-argumentos ou, noutras palavras, na ponderação dos valores em conflito, efetuada a partir do acurado exame dos argumentos apresentados. Se a tópica exige a apresentação de argumentos, então, por decorrência lógica, ela exige a instauração de um processo em que se garanta às partes em conflito o direito de apresentarem seus argumentos. O procedimento de decisão — consistente no exame acurado dos argumentos apresentados tendo em vista as particularidades do caso — pressupõe a apresentação desses argumentos e, portanto, dá-se ao final de um processo.[119]

Eu prefiro chamá-lo de método da ponderação,[120] por um motivo simples. A tópica jurídica, como já afirmei (supra, capítulo II, subitem 7.1), sofreu severas críticas por não deixar claro o aspecto dogmático do direito. Daí o surgimento dos chamados métodos concretistas, caracterizados por adotarem a premissa de que o texto é o ponto de partida e o limite da interpretação. O próprio Aristóteles nos deu a solução, conforme transcrevi há pouco: as "coisas primárias" e os "princípios particulares" não são questionados, ou seja, o método dialético ou tópico não questiona certas premissas, aceitas como dogmas. A supremacia da Constituição, por exemplo, nos sistemas que adotam o constitucionalismo, não pode ser posta em questionamento. A ponderação jurídica não reduz os textos normativos a meros *topoi*, eles são mais do que simples argumentos. E contra aqueles que afirmam a impossibilidade prática de explicitar a ponderação para toda a aplicação jurídica, o próprio Aristóteles também deu a resposta: não se faz necessário explicitar a ponderação quando a decisão for óbvia (supra, capítulo II, subitem 7.4).[121] Eis, portanto, o método da teoria da justiça.[122]

---

[119] Sobre a diferença entre *procedimento de decisão administrativa ou judicial, procedimento administrativo ou judicial* e *processo administrativo ou judicial, vide* meu *Efeitos dos vícios do ato administrativo,* cap. VI-2 e 4, p. 148-156, 161-176.

[120] Sobre o método da ponderação *vide* duas excelentes monografias: BARCELLOS. *Ponderação, racionalidade e atividade jurisdicional;* BRANCO. *Juízo de ponderação na jurisdição constitucional.*

[121] Afirma nesse sentido Ronald Dworkin: "O direito como integridade explica e justifica tanto os casos fáceis quanto os difíceis; também mostra por que são fáceis. É evidente que o limite de velocidade na Califórnia é de 90 quilômetros por hora, pois é óbvio que qualquer interpretação competente do código de trânsito desse Estado leva a essa conclusão. Assim, para o direito como integridade os casos fáceis são apenas casos especiais de casos difíceis, e a reclamação do crítico é apenas aquilo que o próprio Hércules se daria por satisfeito em reconhecer: que não precisamos fazer perguntas quando já conhecemos as respostas" (*O império do direito,* p. 317). O pensamento do notável jusfilósofo, em especial sua teoria da integridade e do juiz Hércules, será examinado adiante (infra, capítulo IV, subitem 8.6.2).

[122] Afirma com muita felicidade Tercio Sampaio Ferraz Jr.: "Com dupla razão, portanto, é esse [o método dialético de Aristóteles] o método da justiça. Em virtude de sua natureza mesma,

8.3 Equidade

A filosofia de Aristóteles nos fornece outro subsídio importante para compreensão da justiça no plano da validade. Concluiu o nobre pensador que a justiça da norma abstrata, a justiça da lei, é insuficiente. Precisa ser corrigida quando aplicada aos casos concretos. Daí a importância da equidade. Esta, segundo ele, é mais justa que a justiça, é melhor do que ela, apesar de ser também, de certa forma, justiça.[123] A equidade, para Aristóteles, é a "retificação da justiça legal". Nas palavras dele: "a lei é sempre geral; entretanto, há casos que não são abrangidos pelo texto geral da lei".[124] E pouco adiante: "a lei toma em consideração a maioria dos casos, embora não esteja insciente do erro que tal coisa acarreta".[125] Perceba-se: não é que a lei é errada, é simplesmente impossível à lei prever todas as particularidades do caso concreto. A lei é abstrata e, por sê-lo, nem sempre é perfeitamente adequada ao caso concreto. Donde: "quando a lei estabelece uma regra geral e, posteriormente, surge um caso que apresenta uma exceção à regra, será, então, correto retificar o defeito, decidindo como o próprio legislador teria ele mesmo decidido se estivesse presente na ocasião particular".[126] Por isso, prossegue, a equidade não é superior à lei em si, mas ao erro da lei, tendo em vista sua abstração e as particularidades do caso. Daí a natureza essencial da equidade: é a "retificação da lei onde a lei é lacunar em função de sua generalidade".[127] Conclui o aclamado estagirita que aquilo que é por si próprio indefinido só pode ser medido por um "padrão indefinido" e compara a equidade à "régua plúmbea usada pelos construtores de Lesbos", que se flexibiliza ao formato da pedra. O julgamento justo deve, assim, "ajustar-se às circunstâncias do caso".[128] A justiça deôntica no plano da validade tem a ver com essa equidade aristotélica e lida com a difícil relação entre a generalidade da lei e a particularidade do caso concreto.

---

o objeto ético se presta à investigação dialética, pois é portador de uma indeterminação peculiar. Por outro lado, essa indeterminação tem de ser vencida por um levantamento metódico das diversas opiniões sobre a ação ética" (*Estudos de filosofia do direito*, 3. ed., p. 180, esclarecimento nosso).

[123] "A equidade, embora superior a uma espécie de justiça, é, ela mesma, justa: não é superior à justiça ao ser genericamente distinta dela. Justiça e equidade são, portanto, a mesma coisa, sendo ambas boas, ainda que a equidade seja a melhor" (ARISTÓTELES. *Ética a Nicômaco*, 3. ed., livro V-1137b1, p. 172).

[124] *Ética a Nicômaco*, 3. ed., livro V, p. 172.

[125] *Idem*, p. 172-173.

[126] *Idem*, p. 173.

[127] *Idem, ibidem.*

[128] *Idem, ibidem.*

8.4 Igualdade ou justiça geral e igualdade ou justiça particular

A justiça não está na desconsideração da lei, nem na sua aplicação a todo custo. Eis o grande problema: saber quando a lei deve ser afastada e quando deve ser aplicada. No meu estudo anterior aludi à notável contribuição de Humberto Ávila (supra, capítulo II, subitem 7.3). Considero-a tão importante para a compreensão dessa relação entre a lei e o caso concreto que vou retomá-la. Em sua tese de livre-docência, Ávila efetuou profundo estudo dogmático da igualdade no Direito Tributário. Seu estudo, apesar de voltado para o Direito Tributário, pode perfeitamente ser estendido, em linhas gerais, para todos os ramos do direito. Extrairei de sua teoria sobre a igualdade tributária geral e particular os elementos que considero úteis para uma teoria jurídica da justiça no plano da validade.

A lei, segundo o eminente tributarista, estabelece padrões que desconsideram as características pessoais dos destinatários em favor da consideração de elementos médios, presentes na maioria dos casos.[129] A partir dessa constatação, ele apresenta uma dicotomia fundamental: de um lado a igualdade particular, do outro a igualdade geral. A igualdade ou justiça particular ou particularista é a "relação estabelecida entre dois sujeitos, mediante consideração de todas as propriedades particulares que os diferenciam dos demais".[130] Trata-se, diz Ávila, de uma justiça sob medida, cada indivíduo é tratado de acordo com as propriedades particulares de seu caso. A regra abstrata e geral, por definição, ignora certas diferenças, embora não todas. Contudo, no ato de aplicação, as propriedades desconsideradas podem tornar-se relevantes. Daí o fenômeno chamado por Ávila de experiência recalcitrante: "um novo caso revela uma particularidade desconsiderada pelo padrão legal, mas avaliada como importante no momento da aplicação da lei".[131] Tanto é impossível atentar para todas as particularidades dos casos concretos, como é impossível tomar uma decisão a cada novo caso, daí a razão de ser das normas gerais e abstratas.[132] Eis o grande problema: saber quando o padrão deve ser corrigido diante dessas particularidades do caso, ou seja, saber quando deve incidir a equidade de Aristóteles.[133] Daí a concepção particularista

---

[129] *Teoria da igualdade tributária*, p. 78.

[130] *Idem, ibidem.*

[131] *Idem*, p. 79.

[132] *Idem*, p. 80.

[133] *Idem*, p. 81.

da justiça: "justa é a decisão que leva em conta as particularidades dos destinatários; e equânime é a decisão que considera todas as diferenças existentes entre os seus destinatários".[134]

Ela se opõe à igualdade ou justiça geral ou generalista: as leis, como regra, selecionam algumas propriedades, havidas como importantes no momento da edição da lei, e desconsideram outras, consideradas irrelevantes; estabelecem padrões e, com eles, pré-decidem quais diferenças serão consideradas pelo aplicador da norma. Se as leis não fossem simplesmente cumpridas pelos aplicadores, estes poderiam acrescentar às diferenças previstas na lei outras que eles aplicadores considerassem relevantes, gerando incerteza, elevando a falta de previsibilidade. Ademais, os aplicadores, na falta de padrões legais vinculantes, teriam discricionariedade para decidir quais diferenças seriam relevantes, gerando com isso alto grau de arbitrariedade. Se não existissem os padrões legais, observa Ávila, além do sensível aumento da falta de previsibilidade e do grau de arbitrariedade, surgiriam problemas de: a) coordenação, porque cada destinatário estaria livre para sustentar que as particularidades do seu caso demandam um tratamento diferenciado; b) deliberação, pois cada novo caso demandaria uma solução específica exigindo mais tempo para a tomada de decisão; c) custo, tendo em vista a exigência de maior estrutura humana e física para as tomadas de decisão; d) conhecimento, pois os destinatários se sentiriam legitimados para defender a relevância de particularidades que, numa análise acurada, não devessem ser consideradas.[135] Daí a concepção generalista de justiça: "justa é a decisão que leva em conta as características médias dos destinatários; e equânime é a decisão que considera diferenças selecionadas pelo legislador como relevantes, desprezando outras distinções".[136] Essa justiça vale-se da tipificação — por meio da qual alguns elementos da realidade são escolhidos, em detrimento de outros —, do estabelecimento de ficções — em que o legislador cria "verdades jurídicas dissociadas da realidade" — e de presunções — em que o legislador estabelece padrões tendo em vista o que costuma acontecer na realidade. A padronização, sustenta Ávila, é uma espécie de presunção, o legislador trabalha com dados colhidos da normalidade dos casos, selecionando algumas diferenças relevantes em detrimento de outras.[137]

---

[134] *Idem, ibidem.*

[135] *Idem*, p. 81-82.

[136] *Idem*, p. 82.

[137] *Idem*, p. 84. O primeiro elemento da norma jurídica, por isso, é chamado de *hipótese normativa*: trata-se de uma seleção de aspectos da realidade que são considerados relevantes pelo legislador. Nesses termos, afirma Lourival Vilanova: "Os conceitos, quer normativos, quer

Os dois modelos são contraditórios. Envolvem um dilema: privilegiar a justiça particularista e atentar para as particularidades não previstas na lei ou privilegiar a justiça generalista e desconsiderar essas particularidades, cumprindo a lei nos termos em que foi editada? Optar por um tratamento isonômico, em que o destinatário é tratado de modo diferente na medida em que se diferencia dos demais, ou por um tratamento igualitário, em que o destinatário é tratado igual aos outros, mesmo que seja diferente? Humberto Ávila defende o que chama de modelo moderado de igualdade particular procedimentalizada: o modelo particular só deve ser deixado de lado quando impossível ou extremamente oneroso, caso em que é aplicado o modelo geral, mas, mesmo nesse caso, o modelo particular não é abandonado, permanecendo como contraponto, pois os padrões legais devem estar de acordo com a maioria dos fatos reais e devem possuir cláusulas de retorno para os casos de desvio relevante.[138] O modelo exige um exame cuidadoso.

Ele fundamenta seu modelo em normas constitucionais específicas para o Direito Tributário, o que pode levar o leitor apressado a pensar que o modelo apenas se destina a esse campo. Minha leitura da Constituição brasileira vigente me diz o contrário: abstraído o §1º do art. 145 e o §7º do art. 150, referentes à igualdade no âmbito tributário, não extraio do preâmbulo, do inc. I do art. 3º, do *caput* e do inc. I do art. 5º, do *caput* e do inc. VII do art. 170, a busca de uma igualdade formal. A leitura sistemática indica que o texto clama por uma igualdade material não apenas no campo tributário. Assim, há para todo o direito uma "preferência ao tratamento particularizado". O exame particularizado só não é devido quando for impossível ou extremamente oneroso, ou melhor, quando causar problemas de coordenação, deliberação, custo e conhecimento, vale dizer, quando importar mais generalização do que individualização. Nesse caso devem prevalecer os padrões legais.[139]

Os padrões têm uma finalidade simplificadora, eles tipificam o que "normalmente acontece". Indaga Ávila: ao efetuar a tipificação das condutas e ao estabelecer padrões, o legislador pode afastar-se do que normalmente acontece? Não, a justiça individual é sempre um

---

empírico-naturais ou empírico-sociais, são seletores de propriedades. Nem tudo do real tem acolhida no universo das proposições. No campo do direito, especialmente, a hipótese apesar de sua descritividade, é qualificadora normativa do fáctico. O fato se torna fato jurídico porque ingressa no universo do direito através da porta aberta que é a hipótese. E o que determina quais propriedades entram, quais não entram, é o ato-de-valoração que preside à feitura da hipótese da norma" (*As estruturas lógicas e o sistema do direito positivo*, p. 89).

[138] *Teoria da igualdade tributária*, p. 85.

[139] *Idem*, p. 87-88.

parâmetro da justiça geral, na tipificação opta-se por uma justiça geral mediante a consideração de elementos presumidamente presentes na maior parte dos casos.[140] O parâmetro é a relação da hipótese com os fatos concretos. A padronização é, assim, um instrumento para se alcançar a justiça particular na maior parte dos casos. Esse dever de vinculação do padrão à realidade dá-se em dois momentos: a) antes da formação do padrão e b) depois da formação do padrão. A vinculação anterior, diz Ávila, diz respeito à necessidade de um suporte empírico que permita comprovar a correspondência do padrão à maioria dos casos reais.[141] Sem uma base empírica que permita verificar a correspondência da hipótese ao que normalmente ocorre não se atende ao princípio da igualdade geral, ele exige que o padrão esteja vinculado à realidade média dos casos. A vinculação posterior do padrão com a realidade, segundo Ávila, consiste na possibilidade de o destinatário demonstrar a existência de grande discrepância entre o padrão e o caso concreto.[142] O fato concreto funciona como critério de verificação da consistência do padrão e de sua aplicabilidade. Primeiro: funciona como critério de verificação do padrão, pois se houver uma discrepância com muitos casos e não apenas com casos marginais, o próprio estabelecimento do padrão pode ser questionado, tendo em vista sua não correspondência com a média dos casos reais. Nesse caso, considera-se a lei inconstitucional. Segundo: como critério de aplicabilidade do padrão, pois se houver uma excessiva discrepância com um caso marginal, apesar de adequado à média dos casos, o indivíduo pode questionar a aplicação do padrão para o seu caso, apesar de não ser questionável o estabelecimento do padrão para a média dos casos. Nesse caso, a lei é constitucional, mas a aplicação da lei, no caso concreto específico, é inconstitucional.[143] Como se vê, conclui Ávila, toda norma jurídica deve "harmonizar-se com a realidade". Diz ele: essa exigência de vinculação da norma à realidade é controlada pelo princípio da razoabilidade.[144] Normas dissociadas da realidade são inconstitucionais por ofensa à razoabilidade.

Passa então o notável tributarista a examinar os critérios que permitem verificar a ausência de vinculação do padrão à realidade. Enuncia,

---

[140] *Idem*, p. 89.

[141] *Idem*, p. 89-90.

[142] *Idem*, p. 90.

[143] Como sustentei em outra oportunidade, muitas vezes a lei é *constitucional* no plano abstrato, mas *inconstitucional* no plano concreto. A Administração Pública não pode declarar a inconstitucionalidade da lei, mas pode deixar de aplicá-la ao caso concreto (*Efeitos dos vícios do ato administrativo*, cap. III-2.4.3, p. 88-92).

[144] *Teoria da igualdade tributária*, p. 90-91.

então, alguns pressupostos de validade do padrão.[145] 1. Necessidade: o estabelecimento do padrão deve ser necessário, de modo que somente quando for impossível ou extremamente oneroso o exame individual do caso concreto, é válido o estabelecimento do padrão. A padronização, diz Ávila, deve ser uma "necessidade prática da administração" (*eine praktische Bedürfnis der Verwaltung*). 2. Generalidade: a necessidade exige que o legislador considere o "caso padrão", ou seja, aquele que reflete concretamente a média dos casos reais. O padrão deve servir para a maioria, sem a necessidade de ajustes frequentes pelo aplicador. Ou, noutras palavras, a equidade ou correção do padrão deve ser excepcional, evitando-se o custo excessivo da correção contínua.[146] Se a tipificação deve corresponder ao que normalmente acontece, o cotejo entre o tipo e a realidade é um pressuposto de constitucionalidade da própria padronização. 3. Compatibilidade: a padronização deve ser compatível com a igualdade particular, tanto antes da edição da norma quanto posteriormente à edição. Antes: a hipótese normativa deve corresponder a um suporte empírico que reflita a maioria dos casos reais. Depois: o destinatário deve poder demonstrar eventual discrepância entre a hipótese e o caso concreto. 4. Não excessividade: o padrão não pode atentar contra o núcleo essencial dos direitos fundamentais. 5. Ajustabilidade: para evitar a excessividade, o padrão deve permitir o ajuste aos casos concretos. Com efeito, ele pode ser válido no plano abstrato, por corresponder à média dos casos reais, e ser inválido no plano concreto. Nesse caso, o padrão não será aplicado porque provoca efeitos sensivelmente intensos para um destinatário específico, tendo em vista os efeitos produzidos para a média dos destinatários. Donde, toda padronização deve ter cláusulas de abertura ou de equidade (*Härteklauseln*). O sistema jurídico impõe ao legislador o dever de estabelecê-las (*Verpflichtung des Gesetzgebers*). Noutras palavras, a justiça ou igualdade geral deve possuir cláusulas de retorno à justiça ou igualdade particular.

Poder-se-ia indagar: essas cláusulas não põem em xeque os objetivos da padronização? Segundo Ávila as cláusulas de retorno não contrariam os objetivos da padronização justamente porque esta

---

[145] *Idem*, p. 94-114. *O pressuposto da neutralidade* (*op. cit.*, p. 97-104) parece-me restrito à *regulação da atividade econômica* e, pois, não extensivo a uma *teoria geral da igualdade*, razão pela qual deixei de considerá-lo no presente estudo.

[146] Ávila cita a lição de Friederike Jarzyk-Dehne: "na construção de padronizações, o legislador não pode escolher casos atípicos como pano de fundo" (*Pauschalierungen im Steuerrecht*, p. 155 *apud* ÁVILA. *Teoria da igualdade tributária*, p. 95).

só é válida se refletir a média dos casos e, assim, a utilização da cláusula de retorno será, necessariamente, excepcional. Se a cláusula de retorno não for excepcional, o padrão é inválido; se for excepcional, sua utilização não provocará insegurança nem custos demasiados pela óbvia razão de ser excepcional. Os casos em que o padrão é afastado não se reproduzem com facilidade; eles, necessariamente, ocorrem com poucas pessoas e poucas vezes. Ao revés, se todo caso concreto fosse especificamente analisado, sem a utilização de um padrão, a igualdade ficaria comprometida: a pretexto de analisar as diferenças de muitos destinatários, o aplicador terminaria por não investigar as diferenças reais de todos.[147]

A Constituição impõe, segundo Ávila, um modelo moderado de igualdade particular procedimentalizado: particular, porque o destinatário deve ser tratado de modo diferente na medida em que ele se diferencia dos demais e mesmo quando há razões para perseguir a igualdade geral, a particular não é abandonada, permanecendo como contraponto para a generalização; moderado, porque a igualdade particular deixará de ser perseguida quando for impossível ou extremamente custoso fazê-lo; procedimentalizado, porque o padrão só deixará de ser aplicado no caso concreto se as diferenças entre o fato e a hipótese forem substanciais, o que demanda um procedimento de apuração, no qual fique demonstrada e fundamentada essa discrepância.[148]

Tercio Sampaio Ferraz Jr. apresenta uma dicotomia que pode ser associada à apresentada por Humberto Ávila. Para o filósofo paulista a organização do direito compreende duas "ordens tipológicas": o sistema formal e o sistema material. O primeiro organiza o sistema normativo vigente segundo uma relação que vai do genérico ao particular, a partir de graus de generalidade. Delimitam-se assim as competências da autoridade jurídica: normas mais gerais, normas menos gerais, normas específicas. A generalidade refere-se à extensão normativa, sendo genérica a norma que se dirige ao maior número possível de pessoas, e a justiça da ordem está na delimitação das competências da autoridade. O segundo organiza o sistema normativo vigente segundo uma relação que vai do universal ao específico, conforme graus de universalidade. A universalidade aí significa intensão normativa, sendo universal a norma que possui a maior amplitude de conteúdo possível, e a justiça da ordem está na delimitação dos conteúdos normativos conforme princípios

---

[147] *Idem*, p. 106-108.
[148] *Idem*, p. 110.

materiais de inclusão e exclusão.[149] Assim, em termos mais concretos, pelo modelo formal o legislador é competente para editar normas gerais e abstratas, o administrador e o juiz são competentes para editar normas individuais e concretas. A pirâmide de Kelsen segue o modelo formal, os níveis da pirâmide referem-se a competências normativas distintas. Pelo modelo material, há normas que se referem a um valor de modo aberto, outras o concretizam de forma mais específica, outras de forma ainda mais específica. A pirâmide de Canotilho segue o modelo material, os níveis da pirâmide referem-se à abertura semântica das normas.[150] O modelo formal associa-se à igualdade ou justiça geral ou generalista, aplicam-se as normas observando-se rigorosamente as respectivas competências; o modelo material associa-se à igualdade ou justiça particular ou particularista, aplicam-se as normas observando-se as devidas concretizações valorativas.

A justiça deôntica no plano da validade não está na desconsideração da lei. Pelo contrário, a inexistência de padrão ou sua arbitrária desconsideração leva à flagrante injustiça. Não está, também, no cumprimento da lei a todo custo, a aplicação da lei precisa ser calibrada tendo em vista as particularidades do caso concreto, a justiça exige a equidade. Não está nem no modelo generalista nem no modelo particularista, nem no sistema formal, nem no sistema material. Está na associação dos modelos ou sistemas. Essa associação foi efetuada pelo neoconstitucionalismo, pela moderna teoria dos princípios.

---

[149] *Estudos de filosofia do direito*, 3. ed., p. 251-252.

[150] "A articulação de princípios e regras, de diferentes tipos e características, iluminará a compreensão da constituição como um sistema interno assente em princípios estruturantes fundamentais que, por sua vez, assentam em *subprincípios* e *regras constitucionais* concretizadores desses mesmos princípios. Quer dizer, a constituição é formada por regras e princípios de diferente grau de concretização (= diferente densidade semântica). Existem, em primeiro lugar, certos princípios designados por *princípios estruturantes*, constitutivos e indicativos de ideias directivas básicas de toda a ordem constitucional. São, por assim dizer, as travesmestras jurídico-constitucionais do estatuto jurídico-político. [...] Estes princípios ganham concretização através de outros princípios (ou subprincípios) que 'densificam' os princípios estruturantes, iluminando o seu sentido jurídico-constitucional e político-constitucional, formando, ao mesmo tempo, com eles, um sistema interno. [...] Estes *princípios gerais fundamentais* podem, por sua vez, densificar-se ou concretizar-se ainda mais através de outros princípios constitucionais especiais. [...] Os princípios estruturantes não são apenas densificados por princípios constitucionais gerais ou especiais. A sua concretização é feita também por várias *regras constitucionais*". E, pouco adiante, conclui: "Este esquema não se desenvolve apenas numa direção, de cima para baixo, ou seja, dos princípios mais abertos para os princípios e normas mais densas, ou de baixo para cima, do concreto para o abstracto. A formação do sistema interno consegue-se mediante um processo bi-unívoco de 'esclarecimento recíproco' (Larenz). Os princípios estruturantes ganham densidade e transparência através de suas concretizações (em princípios gerais, princípios especiais ou regras), e estas formam com os primeiros uma unidade material (unidade da Constituição). Todos estes princípios e regras poderão ainda obter maior grau de concretização e densidade através da *concretização legislativa e jurisprudencial*" (*Direito constitucional e teoria da Constituição*, 4. ed., p. 1137-1139).

8.5 Princípios materiais e formais – O neoconstitucionalismo

Após a segunda Guerra Mundial o sistema normativo passou a ser considerado uma ordem de valores (supra, capítulo II, subitem 7.1). Creio que todos os valores tutelados pelo ordenamento constam expressa ou implicitamente do texto constitucional.[151] Dessa concepção surgiu um novo conceito de princípio jurídico, os valores positivados foram chamados de princípios. Surgiu uma ambiguidade na Ciência Jurídica: atualmente, chamam-se "princípios" os elementos estruturantes do sistema (supra, capítulo IV, item 3) e chamam-se "princípios" os mandados de optimização ou valores positivados (supra, capítulo II, subitem 7.2). Sem o primeiro conceito não se concebe uma Ciência do Direito; sem o segundo não se compreende a aplicação jurídica.[152] O agente normativo, para editar uma norma, precisa efetuar uma ponderação: identificar o valor a ser concretizado, fazer o sopeso dos valores tutelados e estabelecer um meio de concretização. Por trás de toda regra jurídica (R) existe um valor jurídico (P), as regras concretizam os valores.[153]

A ponderação é exigida para a edição de normas concretas e para a edição de normas abstratas. Utilizando a terminologia de Ávila, para estabelecer padrões, o agente normativo deve ponderar. O próprio constituinte efetua ponderações quando enuncia as regras constitucionais. Como expliquei em outra oportunidade, ao positivar a norma do art. 37, §5º, da CF/88, o constituinte efetuou, no plano abstrato, uma ponderação entre os valores relativos à proteção do erário (P1) e os valores relativos aos direitos fundamentais dos agentes públicos (P2) e optou por concretizar os primeiros, estabelecendo que, como regra, *prima facie*, as ações de ressarcimento ao erário não estão sujeitas a limite temporal.[154] O constituinte originário é dentre os agentes normativos o que possui a competência mais ampla; em rigor, só é restringida pelos postulados normativos. O constituinte derivado, titular do poder de reforma, possui competência mais restrita; deve observar as limitações,

---

[151] Cf. meu *Efeitos dos vícios do ato administrativo*, cap. I-5, p. 35-36.

[152] Cf. meu *Abuso de direito e constitucionalização do direito privado*, p. 21-29.

[153] Cf. meu *Efeitos dos vícios do ato administrativo*, cap. I, p. 30 *et seq.*

[154] *Idem*, cap. X-2, p. 608-612. Conforme aclarado adiante, isso não significa que no caso concreto, independente das circunstâncias, a ação poderá ser proposta. É possível que diante do tempo decorrido, da dimensão do dano, da diminuta culpa do agente, a perseguição judicial do ressarcimento seja obstada (*Idem, ibidem*).

expressas e implícitas, impostas pelo constituinte originário. Como todo agente normativo, o legislador também efetua ponderação quando edita as normas legislativas, mas além de ponderar os valores tutelados e observar as circunstâncias fáticas do momento da edição, deve atentar para as ponderações efetuadas pelo constituinte. O agente normativo, seja o constituinte, seja o legislador, mesmo no plano abstrato, possui um caso concreto diante de si: as circunstâncias fáticas do momento em que a norma é editada.[155] Ele, no plano abstrato, efetua a ponderação considerando os demais valores do sistema e as respectivas circunstâncias fáticas e faz uma prognose do caso concreto em que a norma será efetivamente aplicada. As circunstâncias fáticas da edição não se confundem com as circunstâncias fáticas da aplicação. A edição de toda norma abstrata, enfatizo, exige uma ponderação.

Nesses termos, o legislador é um mero executor do programa constitucional. Sua função é concretizar os valores positivados expressa ou implicitamente no texto. Deve dar concretude aos princípios constitucionais. Esses são os traços básicos do chamado neoconstitucionalismo: todas as normas jurídicas estão interligadas tendo em vista a concretização dos valores constitucionais. Configura-se, então, o sistema material referido por Tercio Sampaio Ferraz Jr. e a pirâmide apresentada por Canotilho. Não há liberdade legislativa, mas apenas discricionariedade legislativa. O controle jurisdicional da atividade legislativa é muito mais enfático do que se supunha no constitucionalismo, não basta a mera compatibilidade com o texto da Constituição para que a lei seja válida, ela deve refletir a correta ponderação dos valores constitucionais. Acerta Humberto Ávila quando afirma que se exige uma vinculação anterior do padrão à realidade: a prognose legislativa é controlável pelo Judiciário. Ademais, como diz Ávila, o padrão não pode violar o núcleo essencial dos direitos fundamentais, o que significa que ele deve atentar para os demais valores constitucionais. Nesses termos, o legislador deve editar leis que concretizem o programa constitucional e, portanto, tutelem os valores constitucionais; deve, para tanto, efetuar a correta ponderação desses valores, atentando para os pesos que eles possuem no plano constitucional (o constituinte efetuou ponderações que devem ser observadas) e para as circunstâncias fáticas do momento da edição da lei; deve, também, efetuar a prognose do caso concreto efetivo em que a lei será aplicada.

---

[155] Cf. meu As normas gerais de direito urbanístico. *Revista de Direito Administrativo – RDA*, p. 76; *Efeitos dos vícios do ato administrativo*, cap. III-1.3, p. 69.

No caso concreto efetivo, outra ponderação deverá ser realizada,[156] agora pelo aplicador da lei, pela Administração ou pelo particular e, quando provocado, pelo Judiciário. Toda norma abstrata é *prima facie*: deve ser confirmada no caso concreto. Há, assim, implícita em toda norma abstrata, seguindo a terminologia de Ávila, uma cláusula de retorno, que garante a vinculação posterior do padrão à realidade. O aplicador da lei pode deixar de aplicá-la se os valores opostos ao valor concretizado por ela forem mais pesados no caso concreto. Assim, a regra legislativa concretiza um valor (P1); é possível que no caso concreto, outro valor (P2) seja mais pesado que "P1", de tal modo que a concretização de "P1" nos termos fixados no plano abstrato seja afastada. O aplicador, porém, não tem diante de si apenas "P1" e "P2", o valor concretizado pela regra legislativa e o valor contraposto a ela. Se a ponderação no caso concreto fosse apenas entre "P1" e "P2", o sistema normativo restringir-se-ia ao sistema material e ao modelo da justiça particular. Como antecipei, o sistema é uma combinação do sistema material com o sistema formal, da justiça particular com a geral. As competências normativas não podem ser desprezadas. Daí a importância dos princípios formais.

Os princípios formais fundamentais garantem o respeito às competências normativas. Eles estabelecem um peso adicional ao valor concretizado pela regra, tendo em vista a competência para editá-la. Assim, há um princípio formal que dá primazia às ponderações constitucionais (Pfc), outro que dá primazia às ponderações legislativas (Pfl), outro que dá primazia às ponderações administrativas (Pfa), outro que dá primazia às ponderações privadas (Pfp). Não há um princípio formal que dá primazia às ponderações jurisdicionais porque na função jurisdicional não há discricionariedade, ela não se presta a introduzir novas concretizações no sistema, mas a verificar o acerto das concretizações efetuadas pelos demais agentes normativos e corrigi-las quando equivocadas. Editada uma lei, o peso do valor concretizado por ela (P1) é acrescido de um peso adicional, decorrente de "Pfl". Assim,

---

[156] A necessidade de *ponderação* no plano concreto e, pois, da vinculação do padrão às circunstâncias do caso torna compreensível o surpreendente final do famoso conto "*Diante da lei*" de Franz Kafka. Um camponês passa a vida toda tentando, obstinadamente, "entrar na lei". Ao final, depois de anos de tentativas frustradas, o homem indaga ao guarda, pouco antes de morrer, por que ninguém mais do que ele pretendeu entrar, ao que o guarda responde: "ninguém podia pretender isso, porque esta entrada era somente para ti; agora vou fechá-la" (*A colônia penal e outros contos*, p. 84-85). A aplicação do direito demanda uma construção específica para cada caso concreto. Claro que essa construção, nos casos fáceis, permanece implícita — a ponderação só se explicita quando não for óbvia —, o que não infirma a assertiva: o ato de aplicação jurídica é individualizado.

diante de uma lei, a Administração não efetua a ponderação entre "P1" e "P2", mas entre "P1 + Pfl e P2". Quer dizer, a lei só deixará de ser aplicada se o valor oposto tiver no caso concreto peso superior à soma do peso do valor concretizado por ela com o peso do princípio formal que dá primazia às ponderações do legislador.

Darei dois exemplos: o primeiro relativo ao controle prévio da vinculação do padrão, o segundo relativo ao controle posterior. O Tribunal Constitucional Alemão examinou a constitucionalidade de uma lei da Baviera que proibia a instalação de novas farmácias se já houvesse farmácias instaladas no local e considerou-a inconstitucional em decorrência do equívoco da prognose legislativa: o setor farmacêutico não exigia esse tipo de intervenção estatal.[157] Nesse caso, o próprio padrão é inválido, a ponderação estabelecida no plano abstrato é equivocada. Suponha, contudo, uma lei que determine, em tutela do meio ambiente, que os proprietários de veículos automotores instalem um filtro sob pena de apreensão do veículo. Entre o princípio material de proteção do meio ambiente (P1) e os princípios materiais relativos aos direitos dos proprietários de veículos automotores (como propriedade e livre circulação "P2"), no plano abstrato, o legislador optou pela concretização de "P1" e editou uma regra legislativa (P1 + Pfl). Pois bem, no plano concreto, o agente administrativo vê-se diante de uma ambulância sem o filtro. Ao ponderar o princípio de proteção à saúde (P3) e o princípio de proteção ao meio ambiente (P1), constata que, no caso concreto, "P3 > P1 + Pfl", ou seja, diante da ponderação das circunstâncias fáticas e jurídicas efetuada à luz do caso concreto, ainda que não haja exceção prevista na lei, a apreensão do veículo não deve ocorrer quando se trata de ambulância. No caso, o agente deve adotar as medidas administrativas necessárias ao cumprimento da norma, sem apreender o veículo; dependendo do caso, impõe-se até a propositura de ação judicial para constranger o proprietário, mediante astreinte, a instalá-lo. Ao contrário do primeiro exemplo, o padrão não é inválido, a ponderação no plano abstrato foi correta; inválida é a aplicação da lei no plano concreto.

---

[157] *BVERFGE 7, 377 (Apothekenurteil), In*: SCHWABE (Org.). *Cinqüenta anos de jurisprudência do Tribunal Constitucional Alemão*, p. 593-596. Sobre essa decisão *vide* o estudo de MENDES. Controle de constitucionalidade: hermenêutica constitucional e revisão de fatos e prognoses legislativos pelo órgão judicial. *Revista dos Tribunais*, p. 22-23. Nas palavras dele: "Resta evidente que, para afirmar a inconstitucionalidade do modelo legislativo consagrado, teve o Tribunal que infirmar a prognose estabelecida pelo legislador, quanto à possibilidade de uma multiplicação dos estabelecimentos farmacêuticos em razão da ausência de uma regulação restritiva. A manifesta inconsistência do prognóstico estabelecido pelo legislador ressaltava que a decisão adotada não protegia o interesse público, contendo, portanto, restrição incompatível com o livre exercício de atividade profissional" (*Op. cit.*, p. 23).

Por força dos princípios formais, na dúvida sobre o acerto da ponderação efetuada, a decisão do agente competente deve ser mantida. Alexy dá um exemplo didático: há dúvida se a *cannabis* faz, de fato, mal à saúde ou não. Na dúvida, a decisão do legislador de proibi-la deve ser mantida pelo Tribunal.[158] O aclamado constitucionalista enuncia então a segunda lei da ponderação: "quanto mais intensa for uma intervenção em um direito fundamental, tanto maior deve ser a certeza das premissas que sustentam a intervenção". Consequentemente, quanto maior for a certeza sobre os pressupostos de fato da prognose legislativa, maior será o peso do princípio formal que dá primazia à ponderação legislativa. Essa lei também é aplicável ao administrador, considerando a decisão administrativa sobre interditar (ou demolir) um prédio que ameaça ruir, maior peso terá o princípio formal que dá primazia às ponderações administrativas quanto mais certeza houver sobre a possibilidade de ruína.[159]

Estabeleci uma relação entre os princípios formais fundamentais, que chamarei para fins didáticos de lei das competências normativas: "Pfc tem mais peso que Pfl, que tem mais que Pfa, que tem mais peso que Pfp".[160] Donde, Pfc > Pfl > Pfa > Pfp. A razão é evidente, todos os agentes normativos devem observar as ponderações do constituinte; a Administração deve observar as ponderações constitucionais e legislativas; o particular deve observar as ponderações constitucionais, legislativas e administrativas. Estabeleci também uma relação entre "Pfl" e "Pfa", que para fins didáticos chamarei de lei da discricionariedade administrativa: "quanto maior for a completude normativa, maior será o peso do princípio formal que dá primazia às ponderações legislativas; e quanto menor for a completude normativa, maior será o peso do princípio formal que dá primazia às ponderações administrativas".[161]

Antes de avançar este estudo, examinarei um caso difícil, o aborto. De um lado, há valores favorecidos pela proibição (proteção da vida do feto — "P1"); de outro, há valores favorecidos pela liberação do

---

[158] *Epílogo a la teoría de los derechos fundamentales*, p. 83-91. Segundo informa Alexy, no *BVerfGE* 50, 290 (332), o Tribunal Constitucional Alemão decidiu: "La incertidumbre sobre los efectos de una ley en un futuro incierto no puede eliminar la competencia del Legislador para proferir una ley, aun cuando ésta sea de gran transcendencia" (*op. cit.*, p. 91). E no julgado *BVerfGE* 50, 290 (332): "la falta de certeza por sí misma no puede ser suficiente para fundamentar la existencia de un margen legislativo para hacer pronósticos, margen que escape al control de constitucionalidad" (*Idem*, p. 92).

[159] Sobre o tema, *vide* meu *Efeitos dos vícios do ato administrativo*, cap. VI-9.4, p. 232.

[160] Cf. meu *Abuso de direito e constitucionalização do direito privado*, p. 42-44.

[161] *Idem*, p. 42; *Efeitos dos vícios do ato administrativo*, cap. VI-5.4, p. 182. A *incompletude normativa* é, portanto, apenas um *indício de discricionariedade*.

aborto (liberdade da mulher, inibição ao aumento da pobreza, inibição ao desenvolvimento da pessoa humana em condições adversas — "P2"). O legislador brasileiro, no plano abstrato, considerou que "P1" é mais pesado que "P2" (P1 > P2) e proibiu o aborto, tipificando-o como crime (CP, arts. 124 a 127), ressalvados apenas dois casos, quando há perigo de morte da gestante e quando a gravidez decorre de estupro (CP, art. 128). O Judiciário, se provocado, ao examinar a ponderação legislativa, deve apurar se: a) "P1" é de fato mais pesado que "P2" e justifica a tipificação da conduta, impondo-se a declaração de constitucionalidade da lei; b) "P1" não é mais pesado que "P2", impondo-se a declaração de inconstitucionalidade da lei; c) o fato de "P1" ser ou não mais pesado que "P2" é questão típica do pluralismo político, quer dizer, depende do juízo de cada um, impondo-se, por força do princípio formal que dá primazia às ponderações legislativas, a declaração de constitucionalidade da lei. Meu interlocutor defende a primeira solução e parece defender que na falta da tipificação haveria uma omissão inconstitucional do legislador, pois, segundo ele, a justiça arquetípica exige a proibição. Defendo o contrário, considero correta a segunda posição ("b"). A tipificação da conduta, para mim, é inconstitucional. Aqueles que têm convicção religiosa contrária ao aborto devem, evidentemente, ter o direito de não realizá-lo. Não é isso o que se discute. Discute-se se essa posição deve ser imposta aos demais. O assunto, no meu ponto de vista, envolve uma grande hipocrisia, os defensores da proibição fecham os olhos para tudo o quê ocorre após o nascimento da criança indesejada, desprezam o fato de que comumente ela não terá o amor de uma família e crescerá sem condições adequadas a seu pleno desenvolvimento. Fecham os olhos para a injustiça social gerada pela proibição, pois as grávidas pobres, sem acesso às boas clínicas privadas que atendem clandestinamente as grávidas ricas, ficam sujeitas ao aborto realizado sem o cuidado adequado. Por força de uma convicção religiosa, acabam prejudicando não apenas a gestante, mas o próprio nascituro. Abstraída a questão religiosa, examinadas apenas as circunstâncias fáticas e jurídicas, parece-me indiscutível, a justiça deôntica proíbe a criminalização do aborto.[162] A ponderação

---

[162] Para um bom panorama sobre o enfrentamento do aborto pelo Judiciário e Legislativo de diversos países — Estados Unidos, França, Itália, Alemanha, Portugal, Espanha e Canadá —, vide o magistral estudo de SARMENTO. Legalização do aborto e Constituição. *Revista de Direito Administrativo – RDA*, p. 43-82. O eminente constitucionalista, após estudo jurídico sério, concluiu: "Ao longo deste estudo, sustentou-se que tanto a vida do nascituro como os direitos fundamentais à saúde, à privacidade, à autonomia reprodutiva e à igualdade da mulher são interesses constitucionalmente relevantes, que merecem ser devidamente

legislativa deveria ser invalidada pelo Judiciário porque é, mesmo no plano abstrato, incorreta.

Com isso eu chego ao tema mais tormentoso da justiça deôntica. Afirmo que, no exemplo do aborto, "P2" tem mais peso que "P1" e, mais do que isso, tem mais peso que "P1 + Pfl", e não por força de minha opinião, mas sim por força do correto exame do sistema normativo vigente. A justiça deôntica consiste na correta ponderação das circunstâncias fáticas e jurídicas, considerando-se os princípios formais e, pois, as competências estabelecidas no sistema, bem como a diretriz de que o sistema é construído para que as pessoas sejam, todas elas, o máximo possível, felizes. Trata-se do tema mais tormentoso do direito: como justificar que do ponto de vista científico uma interpretação é correta e outra é incorreta?

8.6 Interpretação correta

Justa, no plano da validade, é a decisão que efetua a ótima ponderação dos valores constitucionais. A decisão resultante de uma ponderação equivocada não é juridicamente inexistente, mas é juridicamente inválida. Com efeito, toda norma jurídica injusta é inconstitucional, salvo — considerando a falibilidade humana — a norma jurisdicional transitada em julgado (cf. supra, capítulo II, subitem 7.8). Nesse caso, a norma injusta passa a ser considerada justa pelo sistema por uma necessidade de pacificação social, trata-se de uma calibração do sistema. Contudo, enfatizo: justa será a norma concreta, a norma jurisdicional, não a norma abstrata, considerada erroneamente justa pelo

---

protegidos. Defendeu-se, também, que a solução legislativa dada ao aborto pelo vetusto Código Penal, em 1940, não ponderou adequadamente estes bens constitucionais em jogo, pois não atribuiu peso nenhum, ou praticamente nenhum, aos referidos direitos fundamentais da gestante. Parece-nos que seria bastante razoável adotar no Brasil solução semelhante àquela perfilhada por grande parte dos países europeus, que legalizaram a realização do aborto voluntário no trimestre inicial de gestação, mas, por outro lado, criaram mecanismos extra-penais para evitar a banalização desta prática, relacionados à educação sexual, ao planejamento familiar e ao fortalecimento da rede de proteção social voltada para a mulher. Uma solução desta espécie, na nossa opinião, não conflitaria com a Constituição, mas a promoveria, de forma mais adequada e racional, os seus princípios e valores. [...] De qualquer forma, uma constatação parece inafastável: um sistema tão repressivo como o nosso dá lugar a um número enorme de abortos clandestinos que põem em risco a vida e a saúde da mulher, sem proteger, na prática, o interesse contraposto na manutenção da vida pré-natal. Assim, não só a Constituição, mas também a moral e a racionalidade nos indicam que é preciso reformar a lei, tornando-a mais compatível com o ideário de um Estado laico e pluralista, que, sem negligenciar da proteção da vida dos nascituros, leve também a sério os direitos das mulheres, porque, afinal de contas, são eles também direitos humanos" (*Op. cit.*, p. 82).

julgador. Ressalvada essa hipótese, a norma injusta é inconstitucional e, portanto, inválida. O que nos leva ao tormentoso problema: do ponto de vista científico há uma interpretação correta que justifique a justiça? Com efeito, a justiça deôntica no plano da validade exige enfrentar o chamado desafio kelseniano.[163] Como acentuei, nesse campo a justiça diz respeito à teoria da interpretação.[164] Duas teorias permitem enfrentar o desafio, a teoria do legislador racional e a teoria da interpretação criativa. Passo a um rápido exame de ambas.

8.6.1 Teoria do legislador racional

No plano fenomênico o exercício da função legislativa gera um resultado caótico. Como bem lembrado por Paulo de Barros Carvalho, é próprio do regime democrático que o legislador não seja um Cientista do Direito.[165] O parlamento deve representar a sociedade; de preferência, todas as minorias da sociedade. Assim, pertencem a um parlamento democrático não apenas juristas, mas médicos, agricultores, donas de casa, pastores, etc. Ademais, é perfeitamente possível que o parlamentar vote um diploma legislativo sem ter noção da matéria que está votando.[166] Outrossim, os projetos não costumam ser elaborados pelos mesmos assessores. Disso tudo resultam muitas normas ambíguas, vagas, antinômicas, do ponto de vista meramente sintático, um

---

[163] A expressão é de FERRAZ JR. *Introdução ao estudo do direito*, 5. ed., p. 265.

[164] Ao contrapor o modelo analítico com o modelo hermenêutico, também chamado de teleológico, afirma Tercio Sampaio Ferraz Jr.: "Enquanto a atitude analítica procura soluções olhando as situações a partir das normas, a atitude teleológica visa o mesmo objetivo, olhando as normas a partir das situações. Como exemplo, podemos mencionar o uso de regras jurisprudenciais que permitem ver, nas próprias situações, certas exigências conforme critérios de justiça e de eqüidade. Assim, em nome da busca de uma solução mais eqüitativa para um conflito, é possível reinterpretar um elemento do conteúdo de uma norma não à letra, mas num sentido alargado ou restrito, conforme as exigências da decisão justa" (*Função social da dogmática jurídica*, p. 149).

[165] *Curso de direito tributário*, 14. ed., p. 4-5.

[166] Essa foi a conclusão de Pedro Estevam Alves Pinto Serrano, em primoroso trabalho: "o desvio de poder legislativo, no que se refere às leis gerais e abstratas, comporta duas modalidades: (i) o desvio de finalidade legislativa, quando ocorrente estipulação de meio legal inadequado em face dos fins constitucionais que presidem a competência legislativa discricionária; (ii) o desvio de poder por vício causal, quando a medida legal se revelar inadequada, contraditória ou irrazoável em relação aos fins a que ela própria se destina. A modalidade subjetiva do desvio de poder administrativo é insuscetível de ser aplicada na atividade legislativa genérica e abstrata, devido a intangibilidade da motivação do legislador, pela Jurisdição, nas leis desta natureza" (*O desvio de poder na função legislativa*, p. 138). Concordo, a *modalidade subjetiva* do *desvio de poder* é inaplicável à função legislativa, a lei não poder ser declarada inconstitucional apenas com fundamento no móvel espúrio do legislador (cf. meu *Efeitos dos vícios do ato administrativo*, cap. II-3.5, p. 55-56).

verdadeiro caos normativo.[167] O fato, no entanto, é absolutamente irrelevante para a Dogmática Jurídica.

O direito pressupõe que o agente normativo seja dotado de qualidades que tornam o amontoado de normas um perfeito sistema, eis o que ficou conhecido como teoria do legislador racional. Trata-se de uma pressuposição que não admite questionamento, um dogma, vale dizer, um ponto de partida subtraído da discussão. Carlos Santiago Nino discrimina nove qualidades que são dogmaticamente imputadas ao legislador: a) unicidade, apenas uma vontade edita todas as leis; b) imperecibilidade, o legislador é considerado eternamente vivo; c) consciência, o legislador é sempre consciente das normas que edita; d) onisciência, o legislador conhece todas as questões fáticas; e) operatividade, o legislador jamais edita normas que careçam de aplicabilidade; f) justiça, o legislador sempre edita normas justas; g) coerência, o legislador jamais se contradiz; h) omnicompreensibilidade, o legislador tudo prevê, jamais deixa de regular uma situação; i) precisão, o legislador é sempre unívoco, não incorre em ambiguidades.[168]

Os princípios de interpretação constitucional referidos pelos constitucionalistas bem refletem a ideia do legislador racional: a) princípio da unidade, pelo qual o sistema constitucional deve ser interpretado de forma a evitar contradições; b) princípio do efeito integrador, segundo o qual na solução de problemas jurídico-constitucionais deve dar-se primazia a soluções que favoreçam a integração política e social; c) princípio da máxima efetividade, segundo o qual a uma norma constitucional deve ser atribuído o sentido que maior eficácia lhe dê; d) princípio da concordância prática ou da harmonização, o qual impõe a coordenação e combinação dos bens jurídicos em conflito de forma a evitar o sacrifício de uns em relação aos outros; e) princípio da força normativa da Constituição, pelo qual na solução de problemas jurídico-constitucionais deve dar-se prevalência aos pontos de vista que contribuem para uma eficácia óptima da lei fundamental.[169]

Ao pressupor que as normas obedecem a esses princípios, o jurista transforma o amontoado caótico de normas num sistema. Ele reformula

---

[167] É o que conclui Paulo de Barros Carvalho: "Ponderações desse jaez nos permitem compreender o porquê dos erros, impropriedades, atecnias, deficiências e ambigüidades que os textos legais cursivamente apresentam. Não é, de forma alguma, o resultado de um trabalho sistematizado cientificamente" (*Curso de direito tributário*, 14. ed., p. 5).

[168] *Introducción al análisis del derecho*, 11. ed., p. 328-329. *Vide* também: FERRAZ JR. *Introdução ao estudo do direito*, 5. ed., p. 281-282.

[169] Por todos: CANOTILHO. *Direito constitucional e teoria da Constituição*, 4. ed., p. 1186-1189.

o conjunto normativo por meio de sensíveis correções, pressuposições, adendos. A teoria, é mister reconhecer, permite ao intérprete modificar sensivelmente as normas enunciadas pelos agentes normativos. Tudo se passa, no entanto, como se houvesse apenas a "descrição do direito vigente", tal como ele teria sido pensado pelo suposto legislador racional.[170] A teoria, observa Santiago Nino, "permite à dogmática reformular o direito positivo adequando-o a determinados ideais",[171] mas não é empregada de forma cínica pelos juristas; pelo contrário, seu emprego é feito com honestidade científica.[172]

Essa teoria permite enfrentar o desafio kelseniano: existe uma interpretação cientificamente correta, é a interpretação mais adequada às exigências racionais impostas ao sistema normativo vigente. Assim, por exemplo, uma interpretação é mais correta do que outra porque atribui a uma regra constitucional uma maior eficácia (máxima efetividade); ou uma interpretação é melhor do que outra porque atribui uma maior eficácia global ao conjunto de normas constitucionais (concordância prática); ou ainda, apenas para que fique claro, uma interpretação é melhor do que outra porque efetua uma mais perfeita combinação entre os valores constitucionais, impedindo desnecessariamente o sacrifício de uns para a realização de outros. Em suma, não é indiferente ao intérprete — e isso do ponto de vista científico — optar entre uma interpretação ou outra. A interpretação correta é a que faça o sistema o melhor sistema possível.

8.6.2 Teoria da interpretação criativa

Segundo Ronald Dworkin, há três tipos básicos de interpretação, a interpretação da conversação, procura descobrir a intenção do orador ao dizer o que ele diz; a interpretação científica consiste numa metáfora em que se procura descobrir o que os dados "falam" ao cientista, do mesmo modo que uma pessoa fala com outra; ambas não se confundem com o que o filósofo chama de interpretação criativa, gênero abrangente da interpretação artística e da interpretação de uma prática social, nesta última incluído o direito.[173] O aclamado jurista norte-americano baseia sua teoria na interessantíssima comparação da interpretação de

---

[170] *Introducción al análisis del derecho*, 11. ed., p. 329.
[171] *Idem*, p. 328.
[172] *Idem*, p. 329.
[173] *O império do direito*, p. 61-62.

um texto normativo com a interpretação de uma obra de arte.[174] Quem se põe a interpretar uma peça de Shakespeare não se prende ao que pensava o dramaturgo ao escrever a peça. De fato, é tolice, acrescento, supor que a única interpretação para *O Castelo*, de Kafka, seja o que o próprio Kafka tinha em mente ao escrever a obra. Por outro lado, quem interpreta uma obra artística não pretende substituí-la por outra. Diz Dworkin: "a interpretação de um texto tenta mostrá-lo como a melhor obra de arte que pode ser".[175] Alude ele à grave coação do texto: todas as palavras devem ser consideradas e nenhuma pode ser modificada para fazer do texto a melhor obra de arte; ao intérprete não é dado reescrever a peça ou mudar alguma personagem para que a obra se torne melhor. Por meio dessa comparação, Dworkin afasta a teoria da *voluntas legislatoris*, pela qual interpretar o texto normativo é tentar descobrir o que o agente tinha em mente ao editá-lo,[176] e adota a premissa dos métodos concretistas, pela qual o texto é o ponto de partida e o limite da interpretação (supra, capítulo II, subitem 7.1). Para Dworkin a interpretação criativa é construtiva, preocupa-se essencialmente com os propósitos e não com a causa, mas os propósitos do intérprete "é uma questão de impor um propósito a um objeto ou prática, a fim de torná-lo o melhor exemplo possível da forma ou do gênero aos quais se imagina que pertençam".[177] E pontua: "toda interpretação tende a tornar o objeto o melhor possível".[178]

---

[174] O direito como interpretação. *In*: TEIXEIRA; OLIVEIRA (Org.). *Correntes contemporâneas do pensamento jurídico*, p. 14-41.

[175] *Idem*, p. 19.

[176] Sobre a *voluntas legis* e a *voluntas legislatoris vide*: ENGISCH. *Introdução ao pensamento jurídico*, 8. ed., p. 165-204. Na nota de rodapé nº 10 ele adota a *teoria subjetiva* com *temperamentos*: "Continuo a considerar a teoria subjetivista como correcta, dentro de certo âmbito, no sentido de que aquilo que o legislador quis por maneira determinável e cara como proibido, obrigatório, permitido, etc., e como querido o declarou, tem de ser tomado como conteúdo da sua argumentação" (*op. cit.*, p. 202). Já me deparei com ilustres professores universitários que, sem nenhum constrangimento, afirmam que Engisch adota a teoria objetiva. Certamente não estão habituados a leituras atentas. Discordo do notável jurista, a teoria subjetiva da interpretação ou a teoria da *voluntas legislatoris* não merece acolhida nem com temperamentos. Merece, nesse ponto, registro o abalizado escólio de Carlos Maximiliano: "Com a promulgação, a lei adquire vida própria, autonomia relativa; separa-se do legislador; contrapõe-se a ele como um produto novo; dilata e até substitui o conteúdo respectivo sem tocar nas palavras; mostra-se, na prática, mais previdente que o seu autor. [...] Logo, ao intérprete incumbe apenas determinar o sentido *objetivo* do texto, a *vis ac potestas legis*; deve ele olhar menos para o passado do que para o presente, adaptar a norma à finalidade humana, sem inquirir a vontade inspiradora da elaboração primitiva" (*Hermenêutica e aplicação do direito*, 16. ed., §35, p. 30-31).

[177] *O império do direito*, p. 63-64.

[178] *Idem*, p. 65.

A interpretação criativa assenta-se num princípio fundamental, o princípio da integridade. Segundo Dworkin, ele biparte-se: há um princípio legislativo (legislativo aí se refere não propriamente ao editor de leis, mas ao editor de normas abstratas) pelo qual deve o legislador tornar o conjunto de leis "moralmente coerente", e um princípio jurisdicional (jurisdicional aí se refere não propriamente ao juiz, mas ao editor de normas concretas), pelo qual deve o juiz considerar a lei tanto quanto possível coerente nesse sentido.[179] O princípio da integridade corresponde à teoria do legislador racional, pressupõe que o editor de normas abstratas observe ao editá-las o dever de compor um sistema moralmente coerente[180] e pressupõe que o aplicador das normas abstratas, vale dizer, o editor de normas concretas, assuma as normas abstratas como um sistema moralmente coerente. Impende observar: o "legislador racional", para Dworkin, deve ser justo. A justiça está associada ao princípio da integridade: "a integridade exige que as normas públicas da comunidade sejam criadas e vistas, na medida do possível, de modo a expressar um sistema único e coerente de justiça e equidade na correta proporção".[181]

A integridade faz com que o sistema normativo apresente-se como um "romance em cadeia". Trata-se de uma famosa metáfora utilizada por Dworkin para explicar a interpretação jurídica: supõe o filósofo que um grupo de romancistas se proponha a escrever um romance em série, sendo que a cada autor caiba escrever um capítulo. O autor recebe o capítulo escrito pelo antecessor e deve escrever a continuação da história, sem desconsiderar o texto até então apresentado. Espera-se que cada romancista leve a sério a empreitada e escreva seu capítulo de modo que o romance, globalmente, tenha a melhor qualidade possível. Sua tarefa é, enfim, "fazer do texto o melhor possível".[182] Perceba-se: os textos normativos, da mesma forma que os capítulos anteriores no "romance em cadeia", efetuam uma grande coação sobre o intérprete, eles não podem ser desconsiderados. O intérprete deve adotar a

---

[179] *Idem*, p. 213.

[180] Dworkin, seguindo uma tradição comum na teoria do direito, utiliza o signo moral no sentido de justiça. Sobre a diferença entre ambos, *vide* meu Princípio da moralidade administrativa. *In*: ADRI; PIRES; ZOCKUN (Coord.). *Corrupção, ética e moralidade administrativa*, p. 310.

[181] *O império do direito*, p. 264. E mais adiante reitera: "O princípio legislativo da integridade exige que o legislador se empenhe em proteger, para todos, aquilo que vê como seus direitos morais e políticos, de tal modo que as normas públicas expressem um sistema coerente de justiça e eqüidade" (*Op. cit.*, p. 266).

[182] *Idem*, p. 275-280.

interpretação que torne o conjunto de textos normativos um sistema mais perfeito possível ("mostrar o que é interpretado em sua melhor luz"), mas sem transformá-los em outros textos.

A teoria de Dworkin possibilita uma Ciência Jurídica: dentre duas interpretações, uma é mais correta do que outra. Por certo, dentre duas possíveis interpretações uma é sempre mais adequada a ver o conjunto normativo como um sistema perfeito. Há uma diferença entre pôr em prática essa interpretação criativa e obter o resultado "correto". O intérprete deve buscar a solução correta — a solução que dê ao objeto interpretado "a melhor luz" —, mas buscar a interpretação correta não significa obtê-la. Dworkin reconhece a dificuldade dessa busca e enuncia a teoria do juiz Hércules. Para acertar sempre, para sempre chegar à decisão correta, o juiz teria que ser herculeo: "dotado de talentos sobre humanos e com um tempo infinito a seu dispor".[183] A decisão do magistrado, por isso, fica sujeita à crítica científica (supra, capítulo II, subitem 7.8). Há uma interpretação correta, mas não é fácil chegar a ela.

A propósito, algumas observações fazem-se necessárias. A interpretação correta não é aquela mais afinada às crenças do julgador; ela não despreza a coação dos textos: "uma interpretação é mais satisfatória se mostrar um menor dano à integridade que sua rival".[184] Mas não basta perseguir a simples compatibilidade sintática com os textos vigentes. O intérprete deve atentar para as "opiniões da comunidade", para o "consenso social". Por outro lado, nem sempre as opiniões da maioria devem prevalecer, é possível que a equidade exija o enfrentamento do consenso.[185] O intérprete deve procurar o sentido

---

[183] "O direito como integridade, então, exige que um juiz ponha à prova sua interpretação de qualquer parte da vasta rede de estruturas e decisões políticas de sua comunidade, perguntando-se se ela poderia fazer parte de uma teoria coerente que justificasse essa rede como um todo. Nenhum juiz real poderia impor nada que, de uma só vez, se aproxime de uma interpretação plena de todo o direito que rege sua comunidade. É por isso que imaginamos um juiz herculeo, dotado de talentos sobre-humanos e com um tempo infinito a seu dispor. Um juiz verdadeiro, porém, só pode imitar Hércules até certo ponto" (DWORKIN. *O império da lei*, p. 294).

[184] DWORKIN, *op. cit.*, p. 295.

[185] DWORKIN, *op. cit.*, p. 299. Foi o que defendi em meu *Efeitos dos vícios do ato administrativo*, cap. VI-4.4.4.2, p. 173. Peço vênia para transcrever o que ali sustentei: "Se houver um consenso social — ou seja, um entendimento adotado pela maioria esmagadora das pessoas —, há, por causa do postulado da razoabilidade, uma forte razão *prima facie* em favor da adoção dessa solução. Na ausência de um consenso social, pelo princípio da separação de Poderes, conforme examinado a seguir —, há uma forte razão *prima facie* em favor da decisão adotada pelo agente competente, considerada razoável. Não basta, todavia, que a decisão seja razoável, ela deve ser *justa*. Tanto a decisão do agente quanto o consenso social podem ser eventualmente afastados pela ponderação. Além de obedecer ao postulado da

e o alcance do texto normativo que o faça o "melhor possível", tendo em vista o conjunto normativo vigente (deve considerar os pesos dos outros princípios materiais), as competências estabelecidas (os pesos dos princípios formais), a necessidade de observância do consenso social (razoabilidade) e a necessidade de observância da justiça, entendida aqui como a busca da solução mais harmônica com o ideal de realização máxima da felicidade de todos. Além de compatível com os textos, a interpretação deve ser a mais compatível com o sistema valorativo extraído dos textos. Isso deve ser enfatizado: é bem possível que haja duas interpretações compatíveis com o texto, mas não é tão corrente que haja duas interpretações equivalentes quanto à busca do melhor ajuste dos valores jurídicos. Se houver, mesmo assim a solução jurídica será uma só, pois, nesses casos — de duas interpretações compatíveis com o texto e equivalentes em relação à ordem objetiva de valores constitucionais — configura-se a discricionariedade e o sistema jurídico acolhe como "certa" a opinião do agente competente (supra, capítulo II, subitem 7.3).[186]

A norma válida, do ponto de vista sintático, quer dizer, a norma compatível com a Constituição, é a que resulta da ponderação correta. A ponderação pressupõe interpretação, a verificação dos valores a serem concretizados e apuração da importância, do peso, desses

---

razoabilidade, a ponderação deve obedecer ao postulado da justiça. Se o magistrado, por exemplo, ao examinar a ponderação efetuada pelo legislador ou pelo administrador, entender que o consenso social — ou, na sua falta, a opinião do agente competente — é contrária à justiça, deverá reformar a decisão. Enfatiza-se: há uma razão *prima facie* em favor da razoabilidade, entendida como não-violação do consenso social; ou, em outras palavras, há forte razão em favor da decisão obediente ao consenso social ou, na falta deste, da decisão do agente competente — o legislador ou o administrador público. Essa razão não é definitiva; se outra solução se apresentar mais justa, de modo a afastar os pesos adicionados pela razão *prima facie*, a decisão razoável poderá ser afastada. Em suma, a razoabilidade gera uma forte razão em favor do consenso social ou, na falta deste, da opinião do agente competente; essa razão não é absoluta; deve ser afastada se considerada injusta".

[186] Como afirmei em outra oportunidade: "Se existem várias opiniões sobre como concretizar da melhor forma possível um princípio jurídico, cada pessoa tem apenas uma opinião de como fazê-lo. A não-existência de consenso social importa na existência de várias opiniões; porém, obviamente, cada pessoa tem apenas um entendimento. Como afirmado, nesses casos o sistema jurídico opta pelo entendimento do agente competente: não se admite qualquer entendimento, mas somente o entendimento do agente competente. Disso decorre não ser correto dizer que para o sistema jurídico existem duas soluções possíveis, pois o sistema opta pela decisão do agente competente" (*Efeitos dos vícios do ato administrativo*, cap. VI-5.8, p. 186). Faço apenas um adendo: não basta a inexistência de consenso social para que o sistema eleja a opinião do agente competente como a correta. Faz-se necessária, ainda, a inexistência de valoração objetiva. Quer dizer, nesses casos a escolha entre uma valoração em vez de outra não pode ser imposta a todos, independente da opinião de cada um, pois se trata de uma escolha própria do *pluralismo político*.

valores, no plano abstrato e no plano concreto. No campo da dogmática hermenêutica, a justiça diz respeito à ponderação correta dos valores jurídicos. A injustiça refere-se ao resultado equivocado — cientificamente errado — da ponderação jurídica.[187] A norma injusta (com a ressalva da norma calibrada, cf. supra, capítulo II, subitem 7.8) é uma norma inválida e sua invalidade assenta-se na sua falta de razoabilidade ou proporcionalidade e, pois, na sua inconstitucionalidade.

8.7 Justeza

Para a física clássica a natureza é regida pelo princípio da causalidade, tudo funciona como uma máquina precisa, engenhosa; por força disso os cientistas consideravam possível enunciar leis rígidas sobre o funcionamento da natureza. Sabendo-se os fatos, saber-se-iam, de modo inexorável, suas consequências. A título de exemplo, cito as leis de Newton: pela primeira (princípio da inércia), um ponto material está em repouso ou em movimento retilíneo e uniforme; pela segunda (princípio fundamental), a resultante das forças aplicadas a um ponto material é igual ao produto de sua massa pela aceleração que ele adquire; pela terceira (princípio da ação ou reação), a toda força corresponde outra de mesma intensidade e direção, mas de sentido oposto.[188] Ora, segundo essas leis, dada a força empreendida sobre um corpo em repouso e sua massa, sabe-se, de forma inexorável, qual será sua velocidade; o efeito, a velocidade, decorre da força, é causado por ela. A física sempre consistiu no paradigma de Ciência, razão pela qual, nas chamadas ciências humanas, buscaram-se modelos semelhantes a ela. Foi o que fez Hans Kelsen: ele aplicou à Ciência do Direito os fundamentos epistemológicos das ciências naturais, com a devida adaptação. Substituiu o princípio da causalidade pelo princípio da imputação, ao invés da consequência decorrer do fato, ela é imputada ao fato pela vontade humana.[189] Efetuada a substituição do ser pelo dever ser, tudo o mais permaneceu igual: ocorrido o fato previsto na norma

---

[187] A invalidade pode decorrer da não realização da ponderação (*falta de ponderação*), da incorreta consideração dos valores incidentes (*déficit de ponderação*) ou da incorreta apuração do peso dos valores incidentes (*desproporção da ponderação*). Pode decorrer também da desconsideração dos princípios formais. Não há espaço aqui para explorar os aspectos dogmáticos dos vícios da ponderação. Sobre o tema, vide meu *Efeitos dos vícios do ato administrativo*, cap. VI, p. 197 *et seq.*

[188] RAMALHO JR.; FERRARO; SOARES. *Os fundamentos da física*, 5. ed., v. 1, p. 142.

[189] Causalidade e imputação. *In*: KELSEN. *O que é justiça?*, 3. ed., p. 323-348.

abstrata deve ser, de forma inexorável, a consequência prevista. Antes do neoconstitucionalismo acreditava-se que a aplicação do direito deveria dar-se, sempre, pela subsunção: ao constatar que os fatos do mundo fenomênico correspondem a alguma hipótese normativa, impunha-se a aplicação dos feitos previstos. Seguindo o modelo da física clássica, os juristas acreditavam que, quando as circunstâncias eram conhecidas, poder-se-ia afirmar, com absoluta certeza, quais efeitos deveriam ser imputados.

Os físicos perceberam o erro: a natureza não se assemelha a uma máquina e nem sempre obedece ao princípio da causalidade. Einstein descobriu que as leis de Newton só funcionam para o mundo que enxergamos; em relação às grandes velocidades, como a da luz, elas não se aplicam: a massa é função da velocidade.[190] A partir da teoria da relatividade de Einstein, os cientistas passaram a afirmar que tudo no mundo físico é relativo a um observador.[191] Por outro lado, não só no macrocosmo, no movimento dos corpos celestes, a teoria clássica fracassa; apurou-se que no microcosmo, no movimento das partículas subatômicas, as equações de Newton também não se ajustam. Em 1927, Heinsenberg enunciou o chamado princípio da incerteza ou da indeterminação: é impossível determinar com precisão a posição e o momento de uma partícula.[192] Essa descoberta foi revolucionária, pois o princípio não afirma que a indeterminação decorre da insuficiência do conhecimento científico, afirma que ela está na própria natureza.[193] A

---

[190] RUSSELL. *Abc da relatividade*, p. 34; EINSTEIN. *A teoria da relatividade especial e geral*, p. 42-44.

[191] Essa *relatividade* do conhecimento em decorrência da teoria de Einstein é analisada de forma extraordinariamente didática por John Gribbin (*Fique por dentro da física moderna*, p. 60-61). Na Filosofia do Direito, é de obrigatória leitura a obra clássica de Goffredo Telles Jr. (*O direito quântico*, 6. ed., p. 271 *et seq.*). Concluiu o magno jusfilósofo: "Um conhecimento só é conhecimento verdadeiro quando relacionado a um *sistema de referência*. Todo conhecimento verdadeiro é relativo. Todo conhecimento verdadeiro depende do *sistema de referência* a que acha associado" (*Op. cit.*, p. 285).

[192] Sobre o princípio da incerteza, *vide*: EISBERG; RESNICK. *Física quântica*, p. 97-102. Para uma explicação para leigos, *vide*: GRIBBIN. *Fique por dentro da física moderna*, p. 102-105.

[193] Explicam Hugh D. Young e Roger A. Freedman: "Podemos ser levados a supor que obteríamos uma precisão mais elevada usando detectores mais sofisticados de posição e momento linear. Verificou-se que isso é impossível. Para detectar uma partícula, o detector teria de *interagir* com ela, e essa interação produziria inevitáveis perturbações no movimento da partícula, introduzindo uma incerteza em seu estado inicial. Por exemplo, fazendo incidir sobre a partícula fótons com comprimentos de onda muito curtos para localizá-la melhor, o momento linear mais elevado h/λ faria a partícula sofrer um recuo maior, produzindo maior incerteza no movimento linear. Uma análise mais detalhada dessas experiências hipotéticas mostra que as incertezas que descrevemos são fundamentais e intrínsecas. Elas *não* podem ser evitadas *mesmo em princípio* com o aperfeiçoamento da técnica experimental, por mais sofisticada que ela seja" (*Física IV*: ótica e física moderna, 12. ed., p. 224-225, grifos do original).

partir daí, as bases gnosiológicas do conhecimento científico mudaram substancialmente, não é verdade que a natureza apoia-se no princípio da causalidade, o mundo quântico lida com probabilidades.[194] Para os físicos, dados os fatos, nem sempre é possível afirmar, previamente, no plano abstrato, as consequências.

As ciências humanas sofreram o impacto dessas descobertas. Demorou, mas os juristas reconheceram a insuficiência da subsunção para a aplicação do direito. Se nem na natureza é possível, no plano abstrato, afirmar, sempre, de forma inexorável, as consequências dos fatos, como poderia ser possível no mundo jurídico afirmar, sempre, no plano abstrato, de modo inexorável, as consequências jurídicas que devem ser impostas aos fatos. É natural que muitos juristas não consigam entender a mudança, ela foi substancial. A aplicação do direito exige a combinação da subsunção com a ponderação.[195] Toda imputação efetuada no plano abstrato é efetuada *prima facie*, deve ser confirmada à luz do caso concreto. O chamado neoconstitucionalismo nada mais é do que a adaptação da Ciência Jurídica aos atuais postulados epistemológicos das ciências naturais.

Há um pressuposto filosófico por trás disso, a relatividade dos valores.[196] Como eles são relativos, não é possível afirmar no plano abstrato, numa prognose do caso concreto, com absoluta certeza, qual é o valor que irá prevalecer. Diante das circunstâncias fáticas, é possível que o resultado da ponderação dos valores efetuada no plano abstrato

---

[194] Registro a explicação de Eisberg e Resnick: "O princípio da incerteza nos dá a justificativa fundamental de por que a mecânica quântica se expressa na forma de probabilidades, e não de certezas. Por exemplo, considere a investigação de um oscilador harmônico em algum estado de energia típico. Para que saibamos realmente que o sistema está em um estado particular, devemos fazer uma medida de sua energia. A medida necessariamente perturba o sistema de uma forma que não pode ser completamente determinada, de modo que não é surpreendente que não possamos prever com certeza aonde a partícula será encontrada quando fizermos uma medida de sua posição. Na mecânica clássica, mesmo que a energia do sistema seja microscópica, podemos fazer a medida da energia, e qualquer outra medida, sem perturbar o sistema. Assim, a mecânica clássica diz que podemos prever exatamente onde a partícula será encontrada em uma medida subseqüente, caso o desejemos. Mas, quando aplicada a sistemas microscópicos, a mecânica clássica está errada. Não só é impossível prever a partir da mecânica clássica exatamente onde uma partícula em um sistema microscópico estará em uma medida subseqüente, como também é impossível prever precisamente, a partir dessa teoria, as probabilidades relativas de encontrar a partícula em várias posições, como encontramos no exemplo 5-6. A mecânica quântica nos permite fazer previsões precisas a respeito dessas probabilidades relativas, porque ela leva em conta quantitativamente o fato fundamental da vida do mundo microscópico – o princípio da incerteza" (*Física quântica*, p. 187).

[195] Reporto-me ao meu *Abuso de direito e constitucionalização do direito privado*, cap. 1.

[196] Sobre as características dos valores e dentre elas a *relatividade*, vide meu *Efeitos dos vícios do ato administrativo*, cap. VIII-5.6, p. 298-306.

seja afastado. Nesse lanço, calha à fiveleta o seguinte paralelo: as regras da física clássica são funcionais para os fenômenos enxergados pelos nossos olhos, só não funcionam no macro e no microcosmo; no direito a subsunção continua a resolver boa parte dos problemas jurídicos. Como já enfatizei várias vezes, quando a ponderação leva a um resultado óbvio, não precisa ser explicitada (supra, capítulo II, subitem 7.4 e capítulo IV, subitem 8.2). Tercio Sampaio Ferraz Jr. chama essa justiça dependente da ponderação de justeza. Desde Aristóteles, diz ele, a justiça sempre foi encarada como um conceito relacional, o "agir justamente" exige equilíbrio entre valores em conflito, um ato de pesar, daí o símbolo da balança.[197]

Immanuel Kant, em seu *Fundamentos da metafísica dos costumes*, afirmou a existência de um valor absoluto, as pessoas, ao contrário das coisas, são "fins em si mesmos", algo que não pode ser usado como meio.[198] Por isso, as coisas têm um valor relativo, mas as pessoas têm um valor absoluto. A filosofia de Kant, afirma Tercio Sampaio, permite uma releitura do tema de justiça: ao lado da justiça como justeza, decorrente de uma ponderação ou sopeso de valores, haveria uma justiça como "senso do justo", que independeria da ponderação ou

---

[197] Ato de julgar e senso de justiça. *In*: FERRAZ JR. *Estudos de filosofia do direito*, 3. ed., p. 302.

[198] Nas palavras dele: "Mas supondo que haja algo *cuja existência em si mesma* possua um valor absoluto, algo que, como *fim em si mesmo*, possa ser fundamento de determinadas leis, então nele estaria o fundamento de um possível imperativo categórico, digamos, da lei prática. Agora eu afirmo: o homem, e em geral todo ser racional, existe como *fim em si mesmo, não só como meio* para qualquer uso desta ou daquela vontade; em todas as suas ações, deve, não só nas dirigidas a si mesmo, como também nas dirigidas aos demais seres racionais, ser considerado sempre *ao mesmo tempo como fim*". E pouco adiante: "Os seres cuja existência não assenta em nossa vontade, mas na natureza, têm, contudo, se são seres irracionais, um valor meramente relativo, como meios, e por isso se denominam *coisas*; por outro lado, os seres racionais se denominam *pessoas*, porque a sua natureza os distingue já como fins em si mesmos, isto é, como algo que não pode ser usado meramente como meio, e, portanto, limita nesse sentido todo capricho (e é um objeto do respeito). Estes não são, pois, meros fins subjetivos, cuja existência como efeito de nossa ação, tem um valor *para nós*, sendo porém *fins objetivos*, isto é, coisas cuja existência é em si mesma um fim, e tal fim, que em seu lugar não pode pôr nenhum outro fim para o qual deveriam elas servir de meios, porque sem isto não haveria possibilidade de achar em parte alguma qualquer coisa *com valor absoluto*; mas se todo valor fosse condicionado e, portanto contingente, não poderia encontrar-se para a razão nenhum princípio prático supremo. Se, pois, existir um princípio prático supremo e um imperativo categórico em relação à vontade humana deverá ser tal que pela representação do que é fim necessário para todos, porque é *fim em si mesmo*, constitua um princípio *objetivo da vontade* e, portanto, possa servir de lei prática universal. O fundamento deste princípio é este: *a natureza racional existe como fim em si mesma*". E pouco adiante pontua: "O imperativo prático será, pois, como segue: *age de tal modo que possas usar a humanidade, tanto em tua pessoa como na pessoa de qualquer outro, sempre como um fim ao mesmo tempo e nunca somente como um meio*" (*Fundamentos da metafísica dos costumes*, p. 78-79). Um ótimo estudo sobre a contribuição de Kant no campo da ética é dado por Fabio Konder Comparato (*Ética*: direito, moral e religião no mundo moderno, p. 287-304).

do sopeso.[199] Deveras, a premissa kantiana é invocada por parte dos constitucionalistas no tema da dignidade da pessoa humana. Segundo alguns, a dignidade seria um valor absoluto e, portanto, não passível de ponderação.[200] Essa premissa levou parte dos constitucionalistas a defender a existência de um núcleo duro, intangível, nos direitos fundamentais, posição chamada de teoria absoluta do núcleo essencial dos direitos fundamentais. No que diz respeito ao núcleo essencial, sustentam alguns, não haveria que se falar em ponderação (supra, capítulo II, item 6). Aí a justiça não diz respeito à justeza, mas ao senso de justo. Tercio Sampaio dá um exemplo corrente: nas demandas sobre o fornecimento de remédio considerado importante para salvar a vida do autor, o magistrado defere o remédio independente das circunstâncias; não examina o custo do remédio, o fato de que o fornecimento pode implicar a falta de recursos para o fornecimento de outros remédios etc. O magistrado não pondera, não busca a justeza, em decorrência de um "senso de justiça", nada justifica que ele deixe o autor morrer.[201]

Discordo, sem desprestigiar todos que pensam de forma diversa, de que haja valores absolutos e, portanto, de que haja uma justiça que independe de ponderação. A justiça é sempre justeza. Kant cometeu, a meu ver, o erro de considerar que a objetividade valorativa importa na absolutez valorativa. Concordo que os valores podem ser objetivos (supra, capítulo II, subitens 7.1 e 7.5), quer dizer, em muitos casos a decisão valorativa deve ser imposta a todos, independentemente da opinião de cada um, independentemente das diferentes visões de mundo, do pluralismo político. Noutros termos: nem toda valoração é subjetiva, dependente do pluralismo. Isso não quer dizer que os valores sejam absolutos, mesmo a valoração objetiva depende da análise do caso, do entrechoque com os demais valores. Em suma, a valoração pode ser objetiva, mas isso não significa que os valores sejam absolutos.

---

[199] Ato de julgar e senso de justiça. *In*: FERRAZ JR. *Estudos de filosofia do direito*, 3. ed., p. 302-305.

[200] Expõe Michael Kloepfer a posição que chama de *tradicional*: "De acordo com a opinião preponderante na doutrina, toda a intervenção na dignidade da pessoa humana jusfundamentalmente protegida traduz, simultaneamente, uma violação ao direito fundamental, de modo que uma justificação não seria possível. Isso tem sido deduzido por meio da interpretação literal da 'intangibilidade' da dignidade da pessoa humana, assim como por meio da interpretação teleológica de sua especial proteção pelo art. 79, inciso 3, da LF, e de sua qualificação como valor supremo. Especialmente da cláusula da intangibilidade deixar-se-ia inferir uma pretensão de validade absoluta que afastaria a dignidade humana da pessoa humana do modelo corrente da ponderação do processo de argumentação jusfundamental" (Vida e dignidade da pessoa humana. *In*: SARLET (Org.). *Dimensões da dignidade*: ensaios de filosofia do direito e direito constitucional, p. 165-166).

[201] Ato de julgar e senso de justiça. *In*: FERRAZ JR. *Estudos de filosofia do direito*, 3. ed., p. 305.

Vislumbrar no fornecimento estatal de remédios uma questão de senso do justo e não de justeza configura grave equívoco. Foi o que concluiu o brilhante constitucionalista Luís Roberto Barroso em estudo de mão e sobremão. Após justificar a imprescindível necessidade de ponderação para resolver o problema,[202] ele assentou com pena de outro alguns parâmetros: 1. no âmbito de ações individuais, a atuação jurisdicional deve ater-se a efetivar a dispensação dos medicamentos constantes das listas elaboradas pelos entes federativos; 2. a alteração das listas pode ser objeto de discussão no âmbito de ações coletivas.[203] O controle da lista deve obedecer a alguns parâmetros: 2.1. o Judiciário só deve determinar a inclusão, em lista, de medicamentos de eficácia comprovada e não de medicamentos experimentais e alternativos; 2.2. o Judiciário deve dar preferência a substâncias disponíveis no mercado nacional e a estabelecimentos situados no país e, dentre estes, os conveniados ao SUS; 2.3. o Judiciário deve optar por medicamento genérico, de menor custo; 2.4. o Judiciário deve considerar se o medicamento é indispensável à manutenção da vida, efetuando um juízo ponderativo. Mesmo no fornecimento de medicamentos, portanto, a justiça, insisto, diz respeito à justeza e não ao senso de justo.

---

[202] Observou, de plano, o aclamado constitucionalista: "Alguém poderia supor, a um primeiro lance de vista, que se está diante de uma colisão de valores ou de interesses que contrapõe, de um lado, o direito à vida e à saúde e, de outro, a separação de Poderes, os princípios orçamentários e a reserva do possível. A realidade, contudo, é mais dramática. O que está em jogo, na complexa ponderação aqui analisada, é o direito à vida e à saúde de uns *versus* o direito à vida e à saúde de outros. Não há solução juridicamente fácil nem moralmente simples nessa questão" (*Da falta de efetividade à judicialização excessiva*: direito à saúde, fornecimento gratuito de medicamentos e parâmetros para atuação judicial, p. 4).

[203] Como bem observa Luís Roberto Barroso: "Um dos fundamentos para o primeiro parâmetro proposto acima, como referido, é a presunção — legítima, considerando a separação de Poderes — de que os Poderes Públicos, ao elaborarem as listas de medicamentos a serem dispensados, fizeram uma avaliação adequada das necessidades prioritárias, dos recursos disponíveis e da eficácia dos medicamentos. Essa presunção, por natural, não é absoluta ou inteiramente infensa a revisão judicial" (*op. cit.*, p. 30). A presunção aludida pelo autor decorre do aqui mencionado *princípio formal que dá primazia às ponderações legislativas*. Pouco adiante, Barroso, pontua: "a impossibilidade de decisões judiciais que defiram a litigantes individuais a concessão de medicamentos não constantes das listas não impede que as próprias listas sejam discutidas judicialmente" (*Idem, ibidem*). Faço só um adendo: não me parece correto que o magistrado simplesmente extinga a ação judicial individual quando for pleiteado o fornecimento de medicamento não constante da lista; o magistrado deve oficiar ao Ministério Público para que proponha, se for o caso, a ação coletiva cabível. Considero integralmente aplicável aqui o §3º do art. 9º da Lei nº 7.347/85. Não pode o promotor simplesmente arquivar o ofício, caso entenda pelo não ajuizamento da ação coletiva, deverá propor o arquivamento ao Conselho Superior do Ministério Público. A título de controle, deve o promotor informar ao juízo oficiante a propositura da ação ou o arquivamento proposto pelo Conselho. Se o promotor não propuser a ação ou submeter o arquivamento ao conselho, considero possível que o magistrado, em analogia ao art. 28 do Código de Processo Penal, oficie ao Procurador-Geral para que este adote as providências que julgar cabíveis.

Aliás, é incorreto supor que a dignidade é um valor absoluto. Não existem valores absolutos e, por isso, mesmo a dignidade deve ser ponderada.[204] Dou o seguinte exemplo: é inquestionável que o sistema carcerário brasileiro, salvo algumas exceções pontuais, ofende a dignidade da pessoa humana; se esta fosse um valor absoluto, não haveria outra solução senão a imediata soltura de todos os presos. Certamente não há quem defenda essa solução, o princípio da dignidade da pessoa humana exige que os governantes empreendam radical reforma do sistema carcerário e sejam responsabilizados pela omissão governamental, mas não determina a soltura imediata de todos os presos. Como qualquer reforma, por mais eficiente que seja, demora um tempo, o direito admite a temporária violação da dignidade.[205] Esse exemplo é suficiente para demonstrar que nem a dignidade é um valor absoluto. A justiça no plano da validade, enfim, sempre consiste numa justeza e, por conseguinte, depende sempre da ponderação.

Posto isso, a norma juridicamente injusta é aquela resultante de uma ponderação incorreta, que não leva em conta adequadamente os princípios incidentes, sejam os princípios materiais ou os formais, não apura corretamente os pesos dos respectivos princípios ou não faz o sopeso correto. Norma juridicamente injusta, ao contrário da norma intoleravelmente injusta, existe no mundo jurídico, mas é inconstitucional, é sintaticamente inválida. Dito isso, reconheço que a teoria da justiça no campo da dogmática hermenêutica oferece resultados menos precisos do que a teoria da justiça no campo da dogmática analítica. Ela não fornece elementos teóricos suficientes para delimitar de modo preciso

---

[204] Nesse sentido, doutrina Michael Kloepfer: "Cabe fazer oposição, contudo, ao entendimento segundo o qual o art. 1º, inciso I, da LF, normativa um valor jurídico absoluto e imune a qualquer ponderação. Mesmo de acordo com a interpretação do Tribunal Constitucional Federal, na base da dignidade da pessoa humana não está a imagem de um indivíduo que pode concretizar-se de forma ilimitada e independentemente de outros titulares de direitos fundamentais. Pelo contrário, o Tribunal Constitucional Federal compreende cada qual como um cidadão relacionado e vinculado à comunidade, ressaltando, portanto, também aspectos comunitários-sociais e realizando simultaneamente, com isso, uma ponderação, sem todavia designá-la expressamente como tal" (Vida e dignidade da pessoa humana. *In*: SARLET (Org.) *Dimensões da dignidade*: ensaios de filosofia do direito e direito constitucional, p. 168). No mesmo sentido, afirma Robert Alexy: "O princípio da dignidade humana pode ser realizado em diferentes medidas. O fato de que, dadas certas condições, ele prevalecerá com maior grau de certeza sobre outros princípios não fundamenta uma natureza absoluta desse princípio, significando apenas que, sob determinadas condições, há razões jurídico-constitucionais praticamente inafastáveis para uma relação de precedência em favor da dignidade humana" (*Teoria dos direitos fundamentais*, p. 113-114).

[205] Dei esse exemplo em meu *Efeitos dos vícios do ato administrativo*, cap. VIII-5.6.2, p. 301.

e objetivo a justiça. A saída é frustrante, a decisão justa é a mais bem fundamentada e, pois, é a solução apresentada num processo obediente ao devido processo legal. Mas essa "frustração" não é exclusiva da seara jurídica: a decisão justa, enquanto decisão cientificamente correta, como toda "verdade científica" (supra, capítulo II, item 1 e capítulo IV, item 3), é a decorrente da estagnação dos partícipes de uma discussão em face dos argumentos até então apresentados. Toda decisão sobre a justiça jurídica é, tal qual toda verdade científica, ontologicamente, provisória — ela permanece constantemente sujeita à crítica da comunidade científica e, portanto, à demonstração de que não é a decisão justa ou cientificamente correta.

9 Justiça na teoria da argumentação – Decodificação normativa

Seguindo a sistematização proposta por Tercio Sampaio Ferraz Jr., examinei a justiça no campo da dogmática analítica, na teoria da norma, e concluí que a norma intoleravelmente injusta, entendida como aquela que, sem justificativa racional plausível, viola o núcleo essencial dos direitos humanos básicos, não existe no mundo jurídico. Após, examinei-a no campo da dogmática hermenêutica, na teoria da interpretação, e concluí que a norma injusta, entendida como a decorrente de uma ponderação incorreta, viola o texto constitucional e, apesar de existir no mundo jurídico, é inválida. Resta examinar a justiça no campo da dogmática empírica, na teoria da decisão. Na dogmática analítica, o tema da justiça está associado ao campo da existência jurídica; na dogmática hermenêutica, ao campo da validade jurídica; na dogmática empírica, ao campo da argumentação jurídica. Deveras, justiça na teoria da decisão é um argumento.

9.1 Modos canônicos de agenciamento do poder

No campo dogmático o direito é considerado o conjunto de normas vigentes num dado meio (supra, capítulo II, item 2 e capítulo IV, item 3). A norma consiste numa situação comunicativa que envolve uma relação de poder entre o editor e o destinatário. Nessa situação, podem ser destacados os seguintes elementos: agente (A), que edita a norma; paciente (B), destinatário da norma; código, arranjo ou estrutura de comunicação, conhecido por "A" e "B", que permite a comunicação entre ambos; e norma, mensagem ou comando emitido por

"A".[206] Código consiste em "qualquer articulação de símbolos gerais, estabelecida por convenção explícita ou implícita, e que se destina a representar e transmitir uma mensagem entre a sua fonte e o ponto de destino (A transmite a B a mensagem X conforme o código Y que, se comum a A e B, será entendida)".[207] Quando o código é unívoco, ele é chamado de forte; quando é ambíguo ou equívoco, é chamado de fraco. Forte e fraco, portanto, são conceitos relacionais, quanto mais preciso o significado, mais forte; quanto menos preciso, mais fraco.[208]

O fundamental para compreender a relação comunicativa é perceber que ela jamais é unilateral, é sempre reflexiva: a mensagem enviada de "A" para "B" importa numa reação de "B" para "A" (supra, capítulo IV, subitem 7.2). Segundo Isaac Epstein existem três modos canônicos de agenciamento do poder. 1) Pelo primeiro, chamado de modo normal, como o agente quer que o paciente cumpra a ordem, ele edita um comando unívoco, emite uma mensagem no código forte. Diante de uma ordem emitida no código forte, a reação do paciente, dentro da relação de poder, é interpretá-la (decodificá-la) num código fraco. Dou um exemplo didático: quem atravessar com veículo automotor o sinal vermelho deve ser multado (código forte); está implícito na norma que o comando restringe-se a locais movimentados, quando não há risco de assaltos, e não é aplicável quando o condutor transporta um grave doente ao hospital (código fraco). Ao decodificar o código forte num código fraco, o paciente da relação de poder enfrenta o exercício do poder. 2) Pelo segundo, chamado de modo inverso, o agente edita um comando equívoco, emite uma mensagem no código fraco.[209] Nesse caso, o destinatário, desorientado, enfrenta o exercício do poder buscando a

---

[206] Cf. EPSTEIN. *Gramática do poder*, p. 17-18.

[207] FERRAZ JR. Justiça material como código fraco na comunicação normativa. *In*: FERRAZ JR. *Estudos de filosofia do direito*, 3. ed., p. 252. Umberto Eco assim define *código*: "o sistema que estabelece 1) um repertório de símbolos que se distinguem por oposição recíproca; 2) as regras de combinação desses símbolos; 3) e, eventualmente, a correspondência termo a termo entre cada símbolo e um dado significado" (*A estrutura ausente*: introdução à pesquisa semiológica. 7. ed. p. 16). Hanno Beth e Harry Pross explicam: "Cuando se ordena un repertorio de signos conforme a determinadas reglas que permiten la reproducción de un estado de cosas hablamos de *codificación*. Como *código* figura un repertorio regular de signos, en la teoría de la información y en la semiótica el *cifrado* de signos con ayuda de otros signos (alfabeto morse, escrituras secretas, etc.). Así que la interpretación de los signos no es asunto exclusivo de la percepción subjetiva, sino comprensión del significado que el signo tiene en un código" (*Introducción a la ciencia de la comunicación*, p. 129).

[208] Por todos: EPSTEIN. *Gramática do poder*, p. 88-96.

[209] Menciona Epstein outra forma de modo inverso, além da edição de norma equívoca: sucessão de edição e revogação de normas unívocas (*Gramática do poder*, p. 21).

univocidade do comando, resta-lhe interpretar (decodificar) o código fraco num código forte. Dou um exemplo didático: Os arts. 216 e 219 do Código Penal, hoje revogados, respectivamente, pelas Leis nº 12.015/09 e nº 11.106/05, previam, ao tipificar os crimes de atentado ao pudor mediante fraude e rapto violento ou mediante fraude, o elemento normativo do tipo "mulher honesta", evidente exemplo de código fraco. A jurisprudência fixou o entendimento de que a honestidade aí era a relativa ao "aspecto sexual" e, nesse sentido, não era "mulher honesta" apenas a que tinha uma "vida sexual promíscua".[210] Decodificou-se o código fraco num código forte. 3) Finalmente, pelo terceiro, chamado de modo paradoxal, o agente leva a ambiguidade ao limite e enuncia uma ordem paradoxal. Paradoxo é uma "contradição que resulta de uma dedução correta a partir de premissas coerentes".[211] Diante de uma ordem paradoxal, afirma Epstein, a única saída possível é um idioleto denominado, na falta de melhor palavra, de "esquizofrenês".[212] O modo paradoxal é patológico e, felizmente, difícil de ser exemplificado.

Expostos esses conceitos, é possível retomar ao tema da justiça. A divisão da dogmática nos modelos analítico, hermenêutico e empírico é efetuada apenas para fins didáticos. Por evidente, há uma íntima relação entre eles. A propósito, relembro que a invalidade sintática da norma pressupõe sua existência. O modo paradoxal pode ser associado à teoria da justiça no campo da dogmática analítica. De fato, sempre que

---

[210] Apenas a título de exemplo: "Mulher honesta não é somente aquela cuja conduta, sob o ponto de vista da moral sexual, é irrepreensível, senão também aquela que ainda não rompeu com o mínimo da decência exigido pelos bons costumes. Só deixa de ser honesta a mulher francamente desregrada, aquela que, inescrupulosamente, *multorum libidine patet*, ainda que não tenha descido à condição de autêntica prostituta" (TJRJ – AC – Rel. Octávio Stucchi – *RJTJSP* 9/578). Ou ainda: "Mulher honesta não é só aquela cuja conduta se assemelha à de uma religiosa, ou que tenha um padrão moral irrepreensível, mas aquela que convive com os padrões normais da sociedade, só deixando de sê-lo a rameira ou a mulher francamente desregrada e de muitos leitos" (TJMG – AC – Rel. Maurício Delgado – *JM* 104/314). Hoje a discussão está superada, os dispositivos foram revogados.

[211] WATZLAWICK; BEAVIN; JACKSON. *Pragmática da comunicação humana*, 21. ed., p. 169. Existem três tipos de paradoxos: os *lógico-matemáticos* ou *antinomias*, surgem nos sistemas formalizados, como a lógica e a matemática; as *definições paradoxais* ou *antinomias semânticas*, não surgem nos sistemas formalizados, mas promanam de algumas incoerências ocultas na estrutura de níveis do pensamento e da linguagem; e os *paradoxos pragmáticos*, *injunções paradoxais* e *predições paradoxais*, surgem nas interações em desenvolvimento (*op. cit.*, p. 170 *et seq.*). Um exemplo de antinomia é o paradoxo de Russell: "a classe de todas as classes que não são membros de si mesmas". Um exemplo de *definição paradoxal* é o paradoxo do mentiroso: "eu estou mentindo". Exemplos muito comuns de paradoxos pragmáticos são: "tens de amar-me", pedido de um namorado; "quero que me domines", pedido de uma mulher a um esposo passivo; "não sejas tão obediente", pedido dos pais aos filhos excessivamente dependentes (*Idem*, p. 171-181).

[212] *Gramática do poder*, p. 21-22, 71.

o editor normativo enunciar um comando paradoxal, enunciará uma norma juridicamente inexistente. Nesses casos — que são, tendo em vista o aspecto patológico, raríssimos —, o agente normativo edita uma ordem intoleravelmente injusta e, portanto, juridicamente inexistente (supra, capítulo IV, item 7). Pontuo: as normas editadas num código paradoxal são juridicamente inexistentes. A reação do destinatário deve ser a desconfirmação do exercício da autoridade e para tanto, se for necessário, pode até usar a força (supra, capítulo IV, subitem 7.2). Assim, do ponto de vista jurídico, a reação do destinatário da norma paradoxal não deve ser o "comportamento esquizofrênico" aludido pelos estudiosos desse tipo de comunicação, como, *v.g.*, cumprir todas as ordens de forma literal, abstendo-se de qualquer juízo crítico,[213] mas a desconsideração do aspecto normativo da norma, recebendo-a como juridicamente inexistente. Nesse campo patológico a justiça não aparece, propriamente, como argumento, pois a argumentação, em rigor, não se instaura.

9.2 Metacódigo

A justiça como argumento não aprece propriamente no modo paradoxal, pois nele não se instaura a argumentação sobre a validade da norma, a qual é juridicamente inexistente. Ao revés, o tema aparece no modo normal e no modo inverso. Impende perguntar: a justiça é um código fraco ou um código forte? Tercio Sampaio Ferraz Jr. afirma que no sistema formal ela é um código forte e no sistema material um código fraco.[214] Relembro que o sistema formal associa-se à igualdade ou justiça geral ou generalista, enquanto o sistema material associa-se à igualdade ou justiça particular ou particularista (supra, capítulo IV, subitem 8.4). No primeiro, baseado no cumprimento da lei, a justiça está na segurança e na igualdade, as normas são estabelecidas antes dos fatos e aplicam-se a todos indistintamente; no segundo, baseado na decisão à luz do caso concreto, a justiça está na equidade e na isonomia, as decisões são tomadas tendo em vista as particularidades de cada

---

[213] Esse é um dos possíveis comportamentos gerados pela comunicação paradoxal, segundo WATZLAWICK; BEAVIN; JACKSON. Nas palavras deles: "Essa pessoa poderá escolher o que os recrutas depressa descobrem ser a melhor reação possível ante a lógica desconcertante — ou a ausência de lógica — na vida militar: obedecer a qualquer e a todas as ordens, em forma completamente literal, e abster-se, manifestamente, de qualquer pensamento independente" (*Pragmática da comunicação humana*, 21. ed., p. 197).

[214] Justiça material como código fraco na comunicação normativa *In*: FERRAZ JR. *Estudos de filosofia do direito*, 3. ed., p. 254-257; *Introdução ao estudo do direito*, 5. ed., p. 368.

caso, perde-se a segurança para evitar a injustiça de tratar igualmente situações desiguais. O primeiro modelo — "cumpra-se a lei a todo custo" — é associado ao código forte, enquanto o segundo — "a lei é um mero topoi" — é associado ao código fraco. Ocorre que, como visto, ambos os modelos são insuficientes para a correta compreensão do direito. Na verdade, o sistema assenta-se na combinação dos modelos, não se cumpre a lei a todo custo, mas não se ignora a lei no exame das particularidades do caso. Na combinação dos modelos a decisão jurídica pressupõe a ponderação, mas nesta devem ser considerados os pesos dos princípios formais (supra, capítulo IV, subitem 8.5). Afastados o sistema formal e o material, assentado que o sistema normativo consiste numa combinação de ambos, retomo a pergunta: a justiça no sistema jurídico é um código fraco ou um código forte?

Para responder a essa pergunta deve-se pressupor que a decodificação do destinatário não é efetuada apenas pelo contraexercício do poder. Conforme expliquei, a codificação e a decodificação refletem um eterno jogo de poder entre o agente normativo e o destinatário da norma. O agente exerce o poder pelo comando, pela codificação, e o destinatário reage ao exercício pela decodificação. É óbvio que a decodificação pode decorrer do mero contraexercício do poder, basta lembrar que a maioria dos profissionais do direito exercem a profissão sem preocupação científica (supra, capítulo IV, subitem 3). Assim, é comum que um advogado proponha uma decodificação não porque acredita que essa seja a verdade científica, mas porque a decodificação é do interesse de seu cliente. Estou aqui tratando o direito não como mera técnica, mas como Ciência, e oxalá um dia todos os operadores do direito o tratem do mesmo modo. Pois bem, interessa-me aqui a decodificação baseada numa crença científica, o destinatário efetua a decodificação da norma na busca da interpretação cientificamente correta (supra, capítulo IV, subitem 8.6).

A decodificação efetuada com esse intuito, dependendo do caso, pode tanto decodificar um código forte em um código fraco como decodificar um código fraco em um forte. Noutras palavras, a norma jurídica pode ser editada em termos imprecisos e a interpretação correta pressupor sua decodificação em termos precisos, ou ser editada em termos precisos e a interpretação correta pressupor sua decodificação em termos imprecisos. Insisto, a justiça, entendida como a correta ponderação dos valores constitucionais, considerados os princípios materiais e formais, fundamenta tanto a decodificação de códigos fortes em fracos como a decodificação de códigos fracos em fortes. Posso "argumentar" tanto que é "injusta" a aplicação literal de uma norma codificada em termos precisos como a codificada em termos imprecisos. É injusto punir aquele que atravessa o sinal vermelho porque quer chegar ao hospital a tempo de salvar o passageiro, como é injusto não punir o crime cometido contra uma mulher sob a alegação de que ela não é virgem. Se a justiça pode exigir a decodificação de códigos fortes em fracos e fracos em fortes, ela, em si, não é um código forte nem um código fraco. E falo "pode exigir" e não "exige" porque a decisão correta pode consistir na aplicação do código forte nos termos em que ele foi codificado ou no fraco nos termos em que ele foi codificado. A justiça não é um código forte ou um código fraco, mas um critério para a decodificação.

Com efeito, ela é um metacódigo. A metalinguagem, termo proposto por Alfred Tarski,[215] é o nome dado para a linguagem cujo objeto é outra linguagem. Segundo Roman Jakobson a função metalinguística focaliza o código: as sentenças equacionais que fornecem informação apenas a respeito do código lexical do idioma possuem estrita função metalinguística.[216] A justiça é um critério para a decodificação normativa e, nesse sentido, não é nem um código forte nem um código fraco, mas um metacódigo.

9.3 Legitimidade

Com absoluto acerto, Tercio Sampaio Ferraz Jr. considera a justiça um "código de ordem superior" — por isso, digo eu, um metacódigo — "doador de sentido ao universo jurídico"; ela "confere ao direito um significado no sentido de razão de existir".[217] De fato, a justiça é um metacódigo que confere sentido à codificação e à decodificação normativa. Como toda realização humana, o direito não existe por si mesmo. Essa é a premissa básica da teoria teleológica do Estado: o fim do Estado é seu elemento conceitual.[218] O Estado é um instrumento das pessoas, existe para que as pessoas sejam o máximo possível felizes. No passado, seguindo a doutrina tradicional, afirmei que o fim do Estado é o bem comum;[219] hoje, em assonância com a doutrina mais atualizada, revejo:

---

[215] Cf. informa CHALHUB. *Funções da linguagem*, 11. ed., p. 52.
[216] *Lingüística e comunicação*, 24. ed., p. 127.
[217] *Introdução ao estudo do direito*, 5. ed., p. 366.
[218] Por todos: DALLARI. *Elementos de teoria geral do Estado*, 19. ed., §59, p. 101.
[219] Para Dalmo de Abreu Dallari: "O Estado, como sociedade política, tem um fim geral, constituindo-se em meio para que os indivíduos e as demais sociedades possam atingir seus respectivos fins particulares. Assim, pois, pode-se concluir que o fim do Estado é o bem comum, entendido este como o conceituou o Papa João XXIII, ou seja, o conjunto de todas

o fim do Estado é a felicidade das pessoas.[220] Se esse é o fim do Estado, por decorrência lógica, esse é o fim de todo agir estatal. Toda norma jurídica, em última análise, assenta-se na busca da felicidade. Como afirmei anteriormente, a justiça é a composição perfeita dos valores jurídicos, tendo em vista a máxima felicidade de todas as pessoas. Assim, o sentido do direito é ditado pela justiça e o sentido desta é a máxima felicidade das pessoas.

O metacódigo da justiça, ao atribuir um sentido ao direito, confere-lhe legitimidade. Não basta que o direito seja válido, ele deve ser legítimo, no sentido de "ter sentido", estar de acordo com a "pretensão de justiça", com o "anseio de obtenção da máxima felicidade de todos". Além dos conceitos dogmáticos de existência, validade e eficácia, há o conceito, também dogmático, de legitimidade. É importante assinalar: a norma não é posta por que o agente competente simplesmente quer. A essência do direito não está na vontade do poderoso ou na vontade da maioria. A razão de ser das normas e, pois, do direito é a justiça e, pois, a felicidade das pessoas.

Tercio Sampaio afirma que a "carência de sentido torna a vida insuportável".[221] Não é simples truísmo. Como bem diz Viktor E. Frankl, "a busca do indivíduo por um sentido é a motivaçao primária em sua vida".[222] Segundo nos informa o psicólogo, nos campos de concentração era comum que os judeus "fossem para o fio", expressão por meio da qual se aludia ao método usual de suicídio pelo toque no arame farpado eletrificado em alta tensão.[223] Este era o grande dilema dos prisioneiros, encontrar uma razão para não "ir para o fio". O enfrentamento desse dilema levou Frankl ao que ele chama de logoterapia, a busca da pessoa pelo sentido.[224] De fato, precisamos de um "sentido". Obedecer

---

as condições de vida social que consintam e favoreçam o desenvolvimento integral da personalidade humana" (*Elementos de teoria geral do Estado*, 19. ed., p. 91). Segui sua doutrina em meu *Efeitos dos vícios do ato administrativo* (cap. I-4, p. 33-34; cap. VI-6.1, p. 191-192).

[220] Concordo integralmente com Emerson Gabardo: "A dignidade é o ponto de partida para a justificação dos fins do Estado. O ponto de chegada é o 'desenvolvimento da personalidade', que compreende, necessariamente, a idéia de felicidade como determinante essencial da atuação do Estado. Um modelo de Estado social que garanta direitos fundamentais precisa superar a noção de dignidade rumo à de felicidade, a partir de uma idéia de sobreposição e não de abandono, pois não é possível, do ponto de vista jurídico-político, aceitar a idéia de um ser humano indigno, porém feliz" (*Interesse público e subsidiariedade*, p. 331).

[221] Justiça material como código fraco na comunicação normativa. *In*: FERRAZ JR. *Estudos de filosofia do direito*, 3. ed., p. 253.

[222] *Em busca de sentido*, 25. ed., p. 124.

[223] *Idem*, p. 32-33.

[224] *Idem*, p. 124. Nas palavras dele: "a logoterapia, de fato, confronta o paciente com o sentido de sua vida e o reorienta para o mesmo". E pouco adiante: "para a logoterapia, a busca de sentido na vida da pessoa é a principal força motivadora no ser humano" (*Idem, ibidem*).

ao direito sem uma razão plausível é algo insuportável. Não à toa, o direito ilegítimo geralmente é alvo de insurreições.

Ocorre que, conforme conclui Hannah Arendt, no presente momento histórico, a humanidade perdeu o sentido do "sentido", vivemos uma época dominada pelo animal *laborans* em que o produto das atividades humanas é sempre visto como um objeto de consumo.[225] Na trilogia de atividades proposta pela filósofa — agir, trabalho e labor — a justiça referia-se à ação, era o resultado de um agir com sentido, ou seja, da busca do equilíbrio.[226] Na Era Moderna, ocorreu a progressiva perda do sentido da ação, com o domínio, num primeiro momento, *do homo faber*: a ação passa a significar um fazer e o produto da ação passa a ser um produto do trabalho, a fabricação de bens de uso. Estes não se confundem com bens de consumo, o produto do trabalho tem uma independência própria, ele não se estraga se não for usado, ele dura.[227] O direito enquanto justiça (*jus*) reduziu-se a um direito enquanto lei (*lex*).[228] O sentido é substituído pela finalidade ou utilidade. É substituído, mas não assimilado: "sentido tem relação com a valia das coisas, com sua dignidade intrínseca".[229] Num segundo momento, porém, ocorreu a progressiva absorção da ideia de trabalho pela ideia de labor, os bens de uso tornaram-se bens de consumo.[230] Eis a tragédia da sociedade de consumo, os bens não são produzidos para durar, mas para serem consumidos e, com isso, acabam perdendo sua

---

[225] "Esta radical perda de valores dentro do limitado sistema de referência do *homo faber* ocorre quase automaticamente assim que ele se define, não como o fabricante de objetos e construtor do artifício humano que também inventa instrumentos, mas se considera primordialmente como fazedor de instrumentos e 'especialmente (um fazedor) de instrumentos para fazer instrumentos', que só incidentalmente também produz coisas. Se é possível aplicar neste contexto o princípio da utilidade, deve referir-se basicamente não a objetos de uso, e não ao uso, mas ao processo de produção. Agora, tudo o que ajuda a estimular a produtividade e alivia a dor e o esforço torna-se útil. Em outras palavras, o critério final de avaliação não é de forma alguma a utilidade e o uso, mas a 'felicidade', isto é, a quantidade de dor e prazer experimentada na produção ou no consumo das coisas" (*Da condição humana*, 10. ed., p. 321-322). O *princípio da felicidade* há pouco enfatizado é, no pensamento da filósofa, visto como algo negativo, a consagração da sociedade do consumo sobre a sociedade da produção. Em assonância com a filósofa, Gilles Lipovetsky chama o presente momento histórico de *era do vazio* (*A era do vazio*, *passim*.) e também critica a *sociedade do hiperconsumo* (*A felicidade paradoxal*: ensaio sobre a sociedade de hiperconsumo, *passim*).

[226] ARENDT. *Da condição humana*, 10. ed., p. 219.

[227] *Idem*, p. 151. A filósofa dá um exemplo didático: um sapato é próprio do trabalho e não do labor, é um bem de uso e não um bem de consumo.

[228] FERRAZ JR. *Introdução ao estudo do direito*, 5. ed., p. 24-25.

[229] *Idem*, p. 372. Daí, afirma o filósofo, é possível dizer que o "trabalho dignifica o homem", ainda que tenha um "valor relativo para a sociedade". A finalidade do trabalho não se confunde com seu sentido.

[230] *Idem*, p. 26-29.

utilidade. O direito também se torna um objeto de consumo, normas são produzidas para serem consumidas. Constantemente são editadas novas leis, não por que sejam necessárias, mas para que novos livros sejam vendidos, novos cursos realizados, novas ações sejam propostas, enfim, para que o consumo do direito se mantenha. Além de perder o sentido, o direito perde também a utilidade. É evidente que isso deve ser combatido, por mais que o combate seja inglório. Deve-se não apenas resgatar a utilidade do direito, mas o seu sentido. E esse resgate será efetivado quando os operadores do direito passarem a tratá-lo, seriamente, como uma Ciência.

9.4 Metacódigo forte

Afirmei que a justiça não é um código forte ou um código fraco, mas um metacódigo, um critério para a decodificação de códigos fortes e códigos fracos. É possível, contudo, examinar o metacódigo em si mesmo, independente da codificação ou decodificação em que ele é aplicado. Antes da aplicação do critério de avaliação, o critério precisa ser elaborado, estabelecido. Noutras palavras, é possível examinar não a justiça da mensagem, mas a justiça propriamente dita. Sob esse viés, Tercio Sampaio Ferraz Jr. enuncia dois modelos de justiça, tendo em vista a distinção efetuada por Sérgio Buarque de Holanda,[231] com base nos estudos da antropóloga Margaret Mead:[232] a justiça da organização social presidida pela prestância e pela rivalidade e a justiça da organização social presidida pela competição e pela cooperação.[233]

A organização presidida pela prestância e rivalidade é própria de sociedades pouco desenvolvidas, assenta-se não na busca do bem comum, mas no dano e no benefício que alguém pode fazer a outrem. O exercício do poder, nesse tipo de organização, não está associado à função — entendida como dever de tutelar o interesse alheio manejando poderes necessários para se desincumbir desse dever —,[234] o poder é exercido em proveito de quem o detém. A rivalidade, diferente da competição, consiste numa disputa por aquilo que cada um é, e não pelo

---

[231] *Raízes do Brasil*, 26. ed., *passim*.

[232] *Cooperation and competition among primitive people*. New York, 1937. p. 16 *apud* HOLANDA. *Raízes do Brasil*, 26. ed., p. 60.

[233] Justiça material como código fraco na comunicação normativa. *In*: FERRAZ JR. *Estudos de filosofia do direito*, 3. ed., p. 257.

[234] Por todos: BANDEIRA DE MELLO. *Curso de direito administrativo*, 28. ed., cap. I-55, p. 72.

que pode obter.[235] As posições sociais são fixadas em decorrência do prestígio pessoal, naturalmente variável e instável. Como o exercício do poder não é presidido pela impessoalidade, esse tipo de organização valoriza vínculos afetivos, o favorecimento de familiares e amigos e a perseguição de inimigos. Justo aí é retribuir a lealdade, injusto é sofrer traição. Típico exemplo desse modelo é o fenômeno brasileiro que ficou conhecido pelo nome de coronelismo.[236] Nesse tipo de organização, a justiça é, em si, um código fraco. A definição do que é justo e do que é injusto depende de critérios imprecisos, decorrentes de virtudes personalistas. Dessarte, o "justo" depende da misericórdia, magnanimidade e caridade do poderoso. A codificação formal nesse sistema tem pouca relevância, bastando lembrar uma famosa frase que se popularizou entre nós: "aos amigos tudo, aos inimigos a lei".

A organização presidida pela competição e cooperação é própria de sociedades desenvolvidas, assenta-se na busca do bem comum. O exercício do poder está conceitualmente vinculado à função, todo poder é instrumental, só existe na medida necessária para o cumprimento do dever de satisfazer o interesse público.[237] Jamais é exercido no proveito de quem o detém, mas no interesse alheio, donde toda atuação do poderoso deve ser presidida pela impessoalidade. Os papéis sociais são definidos não em decorrência do prestígio social, mas da capacidade, vale dizer, da formação profissional, da aprovação em concursos públicos etc. Vínculos afetivos são irrelevantes no exercício da função. Nesse tipo de organização, a justiça é, em si, um código forte. A definição do que é justo e do que é injusto dá-se a partir de ritos institucionalizados. Os critérios de justiça material são dominados pela codificação formal,[238] por mais que seja possível afastar a aplicação da lei no caso concreto, toda decisão sobre o que é justo apoia-se nos textos normativos. Trata-se de algo fundamental, nenhuma discussão sobre a justiça nos sistemas jurídicos desenvolvidos dá-se à margem do direito positivo. Mesmo o afastamento da aplicação da lei (P1 + PF) decorre de uma ponderação de valores constitucionais; ponderação que, necessariamente, deve levar em consideração todos os pesos dos

---

[235] Cf. FERRAZ JR. Justiça material como código fraco na comunicação normativa. *In*: FERRAZ JR. *Estudos de filosofia do direito*, 3. ed., p. 258.

[236] Sobre ele *vide*, por todos, o extraordinário estudo de LEAL. *Coronelismo, enxada e voto*, 3. ed.

[237] Nesse sentido: BANDEIRA DE MELLO. *Curso de direito administrativo*, 28. ed., cap. I-55, p. 72. *Vide* também meu *Efeitos dos vícios do ato administrativo*, cap. II-1, p. 37-40.

[238] Cf. FERRAZ JR. Justiça material como código fraco na comunicação normativa. *In*: FERRAZ JR. *Estudos de filosofia do direito*, 3. ed., p. 258.

princípios formais (P2 > P1 + PF), vale dizer, todas as competências estabelecidas no sistema. O justo resulta não da "opinião" do poderoso, mas da ponderação dos valores constitucionais. A codificação formal é a base do sistema.

É de evidência solar que o sistema normativo vigente consagra o modelo de competição e cooperação e, assim, um código forte de justiça. Contudo, não raro, o modelo de prestância ou rivalidade mantém-se à sombra do sistema vigente, funcionando de modo paralelo. É o que Agustín Gordillo chamou de moral paralela.[239] Cabe à dogmática jurídica não fechar os olhos, numa atitude hipócrita, para essa situação. Deve enfrentá-la com veemência. Como regra geral, os cargos em comissão e as funções de confiança não são preenchidos no Brasil com base nos critérios de justiça enquanto código forte. Os superiores hierárquicos simplesmente escolhem seus amigos ou aqueles a quem devem favores políticos. Os critérios são os da justiça enquanto código fraco. Isso ocorre, a meu ver, em decorrência de uma equivocada compreensão dogmática da confiança exigida para a nomeação. Prevalece o entendimento de que se trata de uma confiança "subjetiva", quando na verdade, por óbvio, o sistema exige uma confiança "objetiva",[240] não a confiança de que a pessoa jamais trairá o nomeante, de que fechará os olhos para todos os seus atos de corrupção; mas a confiança de que a pessoa exercerá bem a função. Como a confiança é objetiva, ela deve ser compartilhada, necessariamente, por todos da sociedade — diante dos atributos do nomeado, sua formação, sua capacitação, seu prestígio profissional, todos confiam que ele bem exercerá a função. Efetuada a correta interpretação dos critérios para nomeação dos cargos em comissão e as funções de confiança, a nomeação, hoje, comumente, presidida por uma justiça de código fraco passa a ser presidida por uma justiça de código forte.

O direito disciplinar é outro bom exemplo de funcionamento paralelo do modelo de prestância ou rivalidade. As regras disciplinares, no funcionalismo público, costumam, por um lado, não ser impostas aos amigos dos superiores hierárquicos; por outro, são rigorosamente aplicadas aos inimigos. As regras permanecem vigentes, mas não são impostas à generalidade dos servidores. Quando um servidor incomoda, por não fechar os olhos à corrupção alheia, as regras, ineficazes para

---

[239] *La administración paralela*, p. 74-78.

[240] Sobre o tema, *vide* meu Regime estatutário e Estado de Direito. *Revista Trimestral de Direito Público – RTDP*, p. 145-146.

todos, tornam-se eficazes para ele.[241] Quer dizer: a justiça de código fraco utiliza a justiça de código forte em seu favor. O único que, na doutrina, tentou enfrentar essa situação, foi Agustín Gordillo, em seu clássico *La administración paralela*. Verdadeiro suspiro isolado em relação a uma prática disseminada e vergonhosamente tolerada pelos juristas. A utilização indevida do direito disciplinar, segundo a arguta observação do jurista argentino, só é possível porque são introduzidas regras abstratas excessivas, irreais, insensatas, cujo único destino prático é a violação e o desconhecimento por quase todo o mundo.[242] Diante disso, todos descumprem e, como todos descumprem, elas não são aplicadas; mas permanecem vigentes, para, quando se fizer necessário, à luz dos valores da justiça enquanto código fraco, vale dizer, dos interesses pessoais do poderoso, serem aplicadas. A solução dogmática está na releitura das próprias regras abstratas. A impossibilidade de exigir que todos as cumpram indica sua inconstitucionalidade. A solução do problema é dada pela dogmática hermenêutica: conforme afirmei em outra oportunidade, a aplicação conjunta do princípio da determinação legal dos pressupostos da punibilidade e da regra da razoabilidade às avessas retira a discricionariedade do superior hierárquico na imputação de faltas disciplinares;[243] e a possibilidade de propositura de ação judicial para constranger a administração a aplicar o direito disciplinar retira a discricionariedade do superior hierárquico na imposição de sanções disciplinares.[244] Efetuada a correta interpretação do direito disciplinar, sua aplicação deixará de ser presidida por uma justiça de código fraco para ser presidida por uma justiça do código forte.

---

[241] Isso foi bem retratado por Agustín Gordillo: "El uso que el parasistema hace del sistema reside, entre otras cosas, en que el aparato formal del Estado concurre con su mecanismo de sanciones para castigar no al que meramente viola el sistema, que casi todo el mundo lo hace, sino en verdad al que transgrede el parasistema" (*La administración paralela*, p. 99). E pouco adiante: "Es que algunas de las normas, en este mundo de ideas y de pensamientos, no se hacen para ser cumplidas. Ellas cumplen ocasionalmente una función muy distinta, que es la de sostener al paraderecho y al metalenguaje, para ser aplicadas sólo cuando aparece un infractor a esas normas no escritas por oficiales; dicho de otro modo, el sistema está presente como la amenaza de coacción para quien transgreda el parasistema, caso en el cual se le aplicarán sanciones no por la violación que importa (la del parasistema), sino por la violación que no importa (la del sistema)" (*Op. cit.*, p. 100). O parassistema aludido pelo autor nada mais é do que o sistema presidido pela prestância e rivalidade, aludido por Tercio Sampaio. O poderoso vale-se das regras formais para exercer o poder de forma pessoal: punir aqueles que não lhe são fiéis. A justiça do direito disciplinar é, no mais das vezes, antes da instauração do processo disciplinar, ou melhor, antes da imputação formal, a *justiça de código fraco*.

[242] *Idem*, p. 101.

[243] Cf. meu *Efeitos dos vícios do ato administrativo*, cap. XI-3.1.1, p. 618-624.

[244] *Idem*, cap. XI-3.4, p. 637.

10 Sentimento de justiça

Examinei a justiça nos três campos da dogmática jurídica, na dogmática analítica ou teoria da norma a justiça refere-se a um dos pressupostos de existência das normas jurídicas, sendo inexistente a norma intoleravelmente injusta, entendida como a norma que viola, sem justificativa racional plausível, o núcleo essencial dos direitos humanos básicos; na dogmática hermenêutica ou teoria da interpretação a justiça refere-se à interpretação e aplicação das normas jurídicas, sendo inválida a norma injusta, entendida como a norma não resultante de uma ponderação correta dos valores constitucionais; na dogmática empírica ou teoria da decisão a justiça refere-se ao metacódigo que dá sentido à codificação e decodificação normativa. O estudo dogmático da justiça, contudo, não é completo sem o exame de algo que diz respeito aos três campos, a íntima relação entre a justiça e o sentimento.

Relembro que a justiça é uma virtude humana (supra, capítulo IV, item 4). O ser humano não é só razão, muito pelo contrário, é razão e emoção. Não é possível compreender as virtudes humanas — expressão que nos termos explicados anteriormente é pleonástica — sem atentar para o lado emotivo. Ninguém possui apenas sentimentos positivos nem apenas sentimentos negativos, não há ser humano que somente ame, nem ser humano que somente odeie. O ser humano é razão e sentimento, e o sentimento humano é um compósito de amor e ódio. Pois bem, a justiça, como virtude humana, é razão e sentimento, sentimento de amor e sentimento de ódio.

Em relação aos sentimentos positivos, eu e meu interlocutor concordamos. Observo que ambos citamos a mesma passagem do Min. Carlos Britto (supra, capítulo II, subitem 7.5 e capítulo III, subitem 3.3), na qual este afirma que a decisão jurídica não é apenas algo que se sabe, mas algo que se sente. Encontrar a justiça, de fato, exige sensibilidade para as questões humanas (supra, capítulo II, subitem 7.9). Não discordo de Luis Manuel quando este afirma que muitas vezes a justiça é encontrada por meio da intuição (supra, capítulo III, subitem 3.2), para bem decidir não basta conhecer o sistema normativo vigente (identificar os princípios materiais e formais), o sopeso dos valores jurídicos exige sensibilidade. A justiça está, de fato, associada a esse sentimento positivo de conseguir se colocar no lugar do outro e atentar para as particularidades da situação vivenciada por ele. Em relação aos sentimentos negativos, divergimos. Como a "justiça arquetípica" não é uma justiça humana, mas uma "justiça divina", seria, de fato, um contrassenso associá-la a sentimentos ruins. Luis Manuel acusa-me, então, de "incompreensão": "só encontramos a justiça por sentimentos nobres, nunca movidos pelo ódio" (supra, capítulo III, subitem 3.3.1). Fundamentarei minha discordância na teoria da retribuição.

11 Retribuição

Afirmei que a Justitia, a deusa romana, melhor representa a justiça deôntica do que a Diké, a deusa grega (supra, capítulo IV, subitem 8.1). Argumentei que para alcançar a justiça deôntica devem-se ponderar os valores jurídicos, e essa ponderação exige escutar os argumentos das partes em conflito, sem preconceitos, sem prévios julgamentos. Por um lado, não se pondera com a espada, com o uso da força; por outro, escutar as partes sem olhar para elas possibilita uma maior neutralidade, fator que muito contribui para apurar o equilíbrio perfeito entre os valores conflitantes (supra, capítulo II, subitem 7.9). Até este momento de minha exposição Diké foi simplesmente desprezada. Não vou desdizer tudo que afirmei, mas devo reconhecer: a justiça não é adequadamente representada nem apenas pela Justitia nem apenas pela Diké, mas por uma deusa que englobe ambas. Reconheço a complexidade do tema, a justiça é "estar sentado, sem segurar espada, com os olhos vendados", mas é também "estar em pé, segurando espada, com olhos abertos". É alguém que ama, mas é alguém que odeia, uma associação de ambas as imagens. Se fecharmos os olhos para a Diké, compreenderemos apenas parcialmente (e, portanto, de forma equivocada) o que chamamos de justiça. É chegado o momento de olharmos para a espada.

Vou me valer de um exemplo inspirado nas aulas do professor Tercio Sampaio Ferraz Jr., ministradas no programa de Pós-Graduação *stricto sensu* da PUC-SP. Imaginemos que ao se dirigir a seu automóvel, estacionado num logradouro, um casal encontre crianças riscando o veículo, de ponta a ponta. O homem, formado em direito, logo percebe, ao olhar para as crianças, que seria inviável qualquer reação jurídica para obter a reparação do dano. Propor uma ação de ressarcimento em face dos pais das crianças seria, praticamente, inútil, pois é certo que eles não tenham patrimônio a ser executado.[245] Resolve, então, entrar no carro com sua esposa e ir embora sem nada fazer. Ela, sem formação

---

[245] Afirmo que se trata de crianças para afastar, inclusive, a possibilidade de sujeitá-las a medidas socioeducativas. Segundo o art. 112 da Lei nº 8.069/90 as medidas socioeducativas são aplicadas apenas aos adolescentes, pessoas, nos termos do art. 2 do mesmo diploma, com idade de doze a dezoito anos.

jurídica, fica revoltada: isso é injusto! Considero um exemplo perfeito para mostrar o seguinte: o sentimento de justiça clama pela retribuição. Quando alguém comete uma ação injusta e não sofre nenhuma retribuição, configura-se uma injustiça. Todos nós sentimos isso.

Sobre a retribuição, Tercio Sampaio Ferraz Jr. apresenta a interessante dicotomia enunciada pelo mitólogo Walter Burkert: existe o modelo vertical e o modelo horizontal de retribuição.[246] O vertical baseia-se na etimologia da palavra grega *timoros* — "o vingador"; *timoria* — "vingança ou pena"; *timoreo* — "eu vingo, eu puno"; *tima-oros* "é uma construção que exprime a conservação da honra, de uma satisfação que visa a repor um status ofendido".[247] Burkert observa que entre os chipanzés da Tanzânia é comum que algumas fêmeas arranquem o filhote da mãe e o devorem, apesar de as mães sofrerem com isso e tentarem evitar o ato, o grupo nada faz para ajudá-las; a questão resolve-se quando as fêmeas canibais tornam-se mães e sofrem a vingança da mãe, de quem devoraram o filho.[248] O modelo vertical de retribuição parece fundar-se num antepassado pré-humano. Sustenta Burkert que o ser humano carrega muito de sua origem animalesca, somos biologicamente compelidos a uma reação violenta diante de uma agressão violenta.[249]

Nossa razão choca-se com esse nosso antepassado animalesco. Daí o surgimento do modelo horizontal, baseado na etimologia da palavra grega *poine*, "indenização negociada como compensação de um dano".[250] Aquele que sofre o dano deve aceitar a compensação oferecida, por isso a negociação. Burkert apoia-se num estudo de Karen Blixen (*Out of Africa*, de 1937) sobre o comportamento dos Kikuyus do Quênia. Segundo ela, esses africanos não admitem uma retribuição por vingança, mas apenas por negociação, por pior que seja o dano, ele deve

---

[246] BURKERT, Walter. '*Vergeltung*' *zwischen Ethologie und Ethik*, Mayo Miesbach Druckerei und Verlag, 1994 *apud* FERRAZ JR. Justiça como retribuição: da razão e da emoção na construção do conceito de justiça. *In*: FERRAZ JR. *Estudos de filosofia do direito*, 3. ed., p. 232-235.

[247] FERRAZ JR. Justiça como retribuição: da razão e da emoção na construção do conceito de justiça. *In*: FERRAZ JR. *Estudos de filosofia do direito*, 3. ed., p. 235.

[248] Cf. FERRAZ JR., *idem*, p. 234.

[249] A *hierarquia*, diz Burkert, advém também de nosso passado pré-humano. Do ponto de vista racional, nada indica que estar no alto é melhor do que estar embaixo. Ocorre que para os primatas estar no topo da árvore é melhor do que estar embaixo porque lá conseguem obter mais facilmente a comida e refugiar-se dos predadores. Conclui: "a consciência e os sentimentos de inferioridade e de superioridade no eixo vertical constituem uma parte de nossa herança biológica" (*A criação do sagrado*: vestígios biológicos nas antigas religiões, p. 116).

[250] FERRAZ JR. Justiça como retribuição: da razão e da emoção na construção do conceito de justiça. *In*: FERRAZ JR. *Estudos de filosofia do direito*, 3. ed., p. 234.

sempre ser indenizado.[251] A razão impede o comportamento animalesco, ao invés da reação violenta, busca-se a negociação pela compensação. Esse modelo horizontal de retribuição pertence exclusivamente ao gênero humano.[252]

Ocorre que nossa razão não consegue (por mais que reconhecer isso seja penoso para alguns) abafar totalmente nossos instintos, nossa natureza animalesca. No que tange à retribuição, a Justitia simboliza o modelo horizontal e a Diké o modelo vertical. Mas a justiça, insisto, não é só razão. Por mais que nosso direito penal tenha se afastado do modelo vertical, do "olho por olho, dente por dente", e se aproximado do modelo horizontal, ainda assim permanece um substrato da verticalidade. No sistema penal brasileiro vigente, quem mata não morre, a pena imposta ao homicídio é a de reclusão de 6 a 20 anos (art. 121 do CP). Muitos defendem que a pena tenha apenas função preventiva e ressocializadora e não retributiva.[253] Contudo, a pena sem caráter retributivo é injusta.[254] Basta fazer uma abstração para perceber isso, suponha-se ser possível obter a certeza de que um criminoso, que por dolo matou os filhos de alguém, jamais voltará a delinquir. É justo que a ele não seja imposta uma pena, tendo em vista a desnecessidade de prevenção e ressocialização? Por meio do direito substituímos a reação violenta da vítima por uma reação estatal, a qual pressupõe a observância do devido processo legal e o respeito a todos os princípios do direito penal, dentre eles o da estrita legalidade, mas não despreza a necessidade biológica de uma retribuição. O desprezo pela necessidade de uma resposta implica o risco, perigoso, de o direito deixar de funcionar como um sistema de controle social. A razão, enfim, instaura o sistema horizontal, mas não suprime totalmente o sistema vertical. O sistema horizontal controla, por meio da institucionalização, o sistema vertical.

O fim do nazismo fornece um ótimo exemplo da necessária relação entre o sistema horizontal e o vertical. A humanidade viu-se diante

---

[251] Cf. FERRAZ JR. *Estudos de filosofia do direito*, 3. ed., p. 233.

[252] Exemplo máximo de negação do instinto é o sublime aforismo de Marco Aurélio, segundo o qual a melhor maneira de se vingar é não se assemelhar ao inimigo (*Meditações*, livro sexto, VI, p. 53).

[253] Uma exposição completa de todas as teorias sobre os fins da pena é apresentada por MOLINA; GOMES. *Direito penal*: parte geral, v. 2, p. 657-706.

[254] Oswaldo Henrique Duek Marques, com absoluto acerto, afirma: "Sem prejuízo das propostas dessas teorias preventivas progressistas, não pode ser afastada da pena sua função de veicular e canalizar a demanda primitiva por vingança, demanda essa que traduz uma realidade do inconsciente coletivo" (*Fundamentos da pena*, p. 109).

da problemática imposição de uma pena aos nazistas. Não me refiro a todos os nazistas, mas àqueles que cometeram as piores atrocidades. Um bom exemplo é Amon Goeth, comandante do campo de concentração de Plaszow, muitíssimo bem representado no filme de Steven Spielberg, "*Schindler's List*".[255] Suponhamos que Amon Goeth fosse submetido ao sistema de retribuição horizontal vigente no Brasil e fosse condenado, por todos os crimes que cometera, a cumprir trinta anos de reclusão (é o limite máximo de cumprimento de pena privativa de liberdade admitido, nos termos do art. 75 do Código Penal). Dificilmente, creio, a humanidade toleraria que ele, trinta anos após a consumação (isso se não obtivesse livramento condicional, o que é pouco provável) de seus bárbaros crimes, perambulasse livremente pelas ruas. Tenho absoluta certeza que muitos teriam ofendido, de forma insuportável, seu senso biológico de retribuição. O sistema horizontal, ao substituir e controlar o sistema vertical, não pode desprezá-lo.

Às vezes preferimos fechar os olhos para a natureza humana. O diretor dinamarquês Lars Von Trier bom retrata essa natureza no filme Dogville [256] Durante todo o filme, a personagem Grace sofre maldades absurdas e mostra-se absolutamente inverossímil na reação que tem diante delas; ao final, seu comportamento violento a torna humana. Poucos são os que condenam a atitude final e praticamente ninguém aplaude sua passividade. A atitude cristã de "dar a outra face", além de ir contra a natureza humana, atenta contra nossa consciência sobre a justiça. Dar a outra face não é uma resposta justa. Meu interlocutor associou várias vezes a doutrina de Mahatma Gandhi ao princípio cristão de "dar a outra face". Faço uma leitura diferente, a teoria da não violência nada tem a ver com esse princípio. Tratou-se de uma doutrina política de enfrentamento do poder. Conforme expus, a melhor forma de acabar com o poder é desconfirmando-o (supra, capítulo IV, subitem 7.2). Gandhi percebeu isso como ninguém, sua doutrina não pregava o enfrentamento direto do poder, pois a negação o fortalece, mas uma eficaz desconfirmação.[257] A justiça exige a retribuição e esta só

---

[255] SPIELBERG, Steven. *Schindler's List*. Universal Pictures do Brasil, 1993.

[256] TRIER, Lars von. *Dogville*. Lions Gate Entertainment, California Filmes, 2003.

[257] Cito considerações do próprio Gandhi, que justificam a análise ora efetuada: "A não violência não pode ser definida como um método passivo ou inativo. É um movimento bem mais ativo que outros e exige o uso das armas. A verdade e a não-violência são, talvez, as forças mais ativas de que o mundo dispõe. [...] A não-violência, em sua concepção dinâmica, significa sofrimento consciente. Não quer absolutamente dizer submissão humilde à vontade do malfeitor, mas um empenho, com todo o ânimo, contra o tirano. Assim um só indivíduo, tendo como base esta lei, pode desafiar os poderes de um império injusto para salvar a

é corretamente compreendida se atentarmos para nossa natureza. Eis o modelo de justiça que proponho, um modelo real, não ilusório, que não nega o que o ser humano é. Enfim, um modelo de justiça próprio para os homens.

12 Justo silêncio

Durante minha Graduação, muitos professores, seguindo um costume na Faculdade de Direito da PUC-SP, faziam seminário, punham os alunos para debater um assunto polêmico. Confesso que odiava essas aulas de seminário. Muitos alunos não estudavam a matéria, não prestavam atenção nas aulas e ouvi-los era, no mínimo, muito enfadonho. Após me formar, iniciei minha atividade docente como assistente num renomado curso de especialização. A atividade de professor-assistente consistia, principalmente, em presidir as aulas de seminário. Por dever do ofício, refleti sobre a atividade e em pouco tempo percebi o quanto estava errado em desprezá-la. Como bem explica Hannah Arendt, por mais que estudemos, estamos presos a nossa própria visão de mundo.[258] Por isso, é fundamental escutar o outro e tentar compreender a visão de mundo dele. Somente ouvindo o outro com seriedade conseguimos "olhar sobre o mesmo mundo do ponto de vista do outro" e com isso "ver o mesmo em aspectos bem diferentes e freqüentemente opostos" em relação ao que víamos antes. As aulas de seminário, percebi, eram imprescindíveis para se chegar à verdade científica. Daí a importância deste projeto, o diálogo é fundamental para se chegar à justiça.

Sempre disse aos meus alunos, há dois grandes vícios que devem ser evitados: o primeiro é não participar do seminário. Ao não

---

própria honra, a própria religião, a própria alma e adiantar as premissas para a queda e a regeneração daquele mesmo império" (SIMÕES JR. *O pensamento vivo de Gandhi*, p. 70-71). Parece claro a todas as luzes, a doutrina da não violência consiste num belo exemplo de movimento político de desconfirmação do poder.

[258] Peço vênia para transcrever a reflexão da aclamada filósofa: "Nessa incessante conversa os gregos descobriram que o mundo que temos em comum é usualmente considerado sob um infinito número de ângulos, aos quais correspondem os mais diversos pontos de vista. Em um percuciente e inexaurível fluxo de argumentos, tais como apresentados aos cidadãos de Atenas pelos sofistas, o grego aprendeu a intercambiar seu próprio ponto de vista, sua própria 'opinião' — o modo como o mundo lhe parecia e se lhe abria (*dokeí moi*, 'pareceu-me, donde *dóksa*, ou 'opinião') — com os de seus concidadãos. Os gregos aprenderam a *compreender* — não a compreender um ao outro como pessoas individuais, mas a olhar sobre o mesmo mundo do ponto de vista do outro, a ver o mesmo em aspectos bem diferentes e freqüentemente opostos" (O conceito de história: antigo e moderno. *In*: ARENDT. *Entre o passado e o futuro*, 5. ed., p. 82-83).

revelar a sua visão de mundo, priva os demais de escutá-la e, portanto, de exercitarem esse importante exercício de ver o assunto sobre um diferente olhar. De fato, ao não participar, o aluno priva os demais de aprenderem com ele. O segundo vício é tentar impor a opinião aos demais. Após revelar sua opinião, o aluno deve calar-se. Não faz sentido repeti-la insistentemente, numa tentativa arrogante de convencer os demais a pensarem como ele. Pior do que se calar é não respeitar a opinião dos outros.

Participei do diálogo com meu interlocutor e expus o que penso sobre a justiça. Com isso, creio, não incidi no primeiro vício. Resta agora calar-me para não incidir no segundo. Ainda que meu amigo tenha algo a acrescentar, e deixo-o absolutamente livre para fazê-lo, antecipo que não tenho mais nada a dizer sobre o assunto. Qualquer nova manifestação minha seria apenas a reiteração do que expus e, portanto, a incidência no vício apontado. Longe de pretender dizer a última palavra sobre a justiça, espero ao menos ter, de alguma forma, fomentado novas reflexões sobre ela.

CAPÍTULO V

LABIRINTOS DO ÓDIO

LUIS MANUEL FONSECA PIRES

1 Amizade

Que amizade é esta?

A que Cícero se refere, em um discurso laudatório, mas vez por outra reticente ao condicioná-la a "um entendimento perfeito em todas as coisas, divinas e humanas",[1] que amizade pode haver se a intolerância ou a supressão do diálogo — por desentendimentos sobre as coisas divinas e humanas... — encontram seu espaço? A afinidade e o compromisso vocacionado ao bem — em lembrança de Aristóteles... — igualmente são preocupações em Cícero, o que demonstra ser preciso vigiarmo-nos das armadilhas do ego, sutis e gradualmente envolventes, não raro por nós exclusivamente engendradas (sem a necessidade de influências exteriores), e que nos levam a impor restrições em nossas relações de amizade.

No percurso do último capítulo de Ricardo Marcondes Martins, envolvido eu em uma cuidadosa leitura naturalmente exigida de seu texto, pois se plasma nele um pensamento marcado pelo rigor científico e incomum vigor lógico — a propósito, características comuns em sua produção dogmática —, passei a anotar, aqui e acolá, alguns breves

---

[1] *Sobre a amizade*, p. 35.

apontamentos que a sua redação suscitou-me. Particularmente, afirmações que me são atribuídas e entendo distorcidas do que formulei a respeito da justiça arquetípica, e por isto reclamam, diante da proposta que no início por nós foi anunciada, reclamam pensar e continuar a dialogar sobre a justiça — o que não significa, à evidência, que o tema possa ser exaurido, mas deve, ainda ao se problematizarem os velhos problemas, ao menos coerentemente se concluir a problematização assumida.

Não nutrimos, eu e meu interlocutor, uma amizade reticente. Queremo-la sincera, mutuamente disposta às intervenções, é dizer, edificada sob o diálogo. Por isto, a conclusão de Ricardo Marcondes Martins acrescida da peremptória assertiva que não haveria nada mais a ser dito — ainda que eu pudesse, como o faço, usar a palavra para algo mais completar, para que não se encerrasse a conversa atribuindo-se dizeres que não foram ditos sobre a justiça arquetípica — de outro modo não posso perceber a não ser como um desabafo, resultado natural de uma profícua exposição sobre a justiça dogmática. Afinal, a "base da estabilidade e da constância que buscamos na amizade é a sinceridade: com efeito, sem ela, nada é estável".[2] A sincera amizade, sabemos eu e ele, não interdita o diálogo.

Portanto, farei novamente o uso da palavra. Mas para brevíssimas anotações do que me pareceu serem atribuições de sentidos incorretas à proposta da justiça arquetípica. De todo modo, ao final, o diálogo permanecerá vivo, seja com o meu interlocutor, seja com quem é o destinatário destas impressões com que eu e Ricardo prazerosamente compartilhamos, o leitor.

2 Nossas crenças

Literalmente afirmei que apresento "uma proposta nitidamente filosófica" (capítulo III, item 1). Há indiscutíveis intersecções entre a justiça arquetípica e a justiça deôntica, mas no que esta trata do plano da existência da justiça, dos seus postulados zetéticos. Não há, por isto, qualquer risco — e meu interlocutor, embora inicialmente o afirme, depois ressalva que eu mesmo não cometeria este erro — de religião e direito (posto – dogmático) confundirem-se. Asseverei que se deve acolher à recomendação cristã de dar a César o que é de César.[3] Fiz

---

[2] *Op. cit.*, p. 81.
[3] *Mateus*, cap. 22, vers.15-22, e *Marcos*, cap. 12, vers.13-17.

questão de enfatizar que é fundamental aceitar as diferenças porque a justiça contempla a tolerância, portanto, enquanto em ascensão íngreme da caverna é indispensável o respeito ao direito posto (capítulo III, subitem 2.2.3.1).

Não se confunde, portanto, a justiça em seu âmbito filosófico e por isto definida como uma das leis naturais que resultam da criação divina — a justiça arquetípica — com a justiça dos seres humanos que é produto cultural do que a sociedade define e dispõe em uma ordem que se reconhece como jurídica — o justo direito, ou a justiça deôntica, em feliz expressão de Ricardo Marcondes Martins.

Minhas reflexões são sobre a justiça que antecede o direito. A justiça que inspira a idealização do justo direito, e que pode, ou não, realizar-se nele, materializar-se em uma ordem posta, e se o faz ainda pode ou não se efetivar em um caso concreto, promover o direito justo. Há um fio condutor — embora com frequência rompido, ou olvidado de como bem poderia ser usado tal o fio de Ariadne. Da justiça ao justo direito, deste ao direito justo. Saber o que é justiça, pois, é simplesmente fundamental.

Propus pensarmos — para conhecermos — a justiça que precede o direito. A justiça em sua raiz filosófica que é a inspiração — instinto, intuição e sentimento (capítulo III, item 3) — à elaboração e reelaborações da justiça posta, pois só em correspondência entre elas — o que ocorre em fragmentos — é que se nos permite dizer que há um justo direito (capítulo I, item 4).

O enleio pode dar-se de qualquer perspectiva. Ricardo Marcondes Martins diz que "os religiosos são radicais: ao lado de todos os milhares de embriões congelados há almas, aguardando um eventual descongelamento e, por isso, a pesquisa de células-tronco não pode ser permitida". Mas nem todos os religiosos, nem todas as religiões opõem-se à pesquisa com células-tronco. Não me opus e discorri a respeito. Mas se exemplos de cientistas religiosos são necessários a comprovar não ser bem assim como acredita meu amigo, sirvam-nos Nicolau Copérnico, Johannes Kepler, Galileu Galilei e Isaac Newton.

Fundamentalistas, portanto, somos nós, os seres humanos. Independentemente de nossas crenças. Não necessariamente os religiosos, ou os ateus.

Não proponho, enfim, que a convicção religiosa derrogue o direito posto; apenas, e não me parece pouco, que a percepção da Consciência Divina — independentemente da religião por qual Ela se manifeste à pessoa, ou mesmo sem depender de qualquer religião humana, só do religar-se a Deus —, movida pela razão, apresente-nos outra proposta de justiça, a exemplo do que afirma o magistrado Weimar Muniz de Oliveira:

> Há uma justiça imanente que paira, solene, sobre a natureza humana e sobe o direito legislado de todos os povos. Dela, todo homem se acha impregnado, por sua consciência. É em razão disso, que todo homem tem noções exatas do bem e do mal, independentemente do grau de instrução que possa ter. No amálgama dessas noções, têm influência os costumes, a educação familiar e os exemplos que o homem pode presenciar, aqui e alhures, ontem e hoje. (...) Esse caminhar lento, mas inevitável e constante, ocorre como imposição imperativa das próprias leis, físicas e morais, que governam os planos da vida. Há, sim, uma Justiça Transcendental, que humaniza, dia a dia, a justiça dos homens, pálido reflexo da primeira, e tão menos pálido quanto mais se caminha na história da humanidade, e tanto mais pálido, ou tenebroso, quanto mais se recua nas páginas da mesma história humana.[4]

Crenças, temo-las todos. A justiça dogmática e a suficiência da razão humana é uma crença. A minha, sem nada desvirtuar como deve ser aplicado o direito posto, expus nos capítulos precedentes.

Visões diferentes, os sentidos de nossos signos também se afetam. Meu interlocutor disse não existirem dois significados para a expressão "contradição performativa". Ferdinand Lassalle na Prússia de 1863 deveria considerar que outro sentido não poderia haver para a palavra "Constituição" a não ser a de um simples texto que se presta aos "fatores reais do poder". O "existencialismo" de Søren Kierkegaard[5] ao dizer que na Bíblia não se convida a amar a multidão, mas ao próximo, um indivíduo, uma categoria cristã na qual se erige a própria religiosidade, em nada se assemelha ao "existencialismo" materialista de Jean-Paul Sartre.

Nossas crenças — acredito na justiça arquetípica tal como meu amigo crê na justiça dogmática — não nos isentam de dúvidas, isto é certo. Diz Carl Gustav Jung:

> O homem que apenas crê e não procura refletir esquece-se de que é "alguém" constantemente exposto à "dúvida", seu mais íntimo inimigo, pois onde a fé domina, ali também a dúvida está sempre à espreita. Para o homem que pensa, porém, a dúvida é sempre bem recebida, pois ela lhe serve de preciosíssimo degrau para um conhecimento mais perfeito e mais seguro.[6]

---

[4] *A filosofia do direito além da terceira dimensão*, p. 135-136.
[5] *O conceito de angústia*, p. 30.
[6] *Interpretação psicológica do dogma da trindade*, p. 12.

Indispensável, e tenho profunda convicção de que o mesmo sentimento aninha-se na alma do meu interlocutor, é o respeito pela crença do outro, a necessidade do diálogo como recurso por excelência à edificação de nossas fés — divinas e humanas — e ao exercício da razão em incessante procura de onde, num questionamento filosófico, encontra-se a justiça.

3 Virtudes e heróis

Segundo Ricardo Marcondes Martins, a justiça não pode ser uma lei natural gerada por Deus e gravada em suas criaturas — afirmação por mim feita (capítulo III, subitem 2.2.3) — porque as virtudes são humanas, não divinas.

Então, virtude é poder, como diz André Comte-Sponville, "uma força que age, ou que pode agir".[7] A virtude em Aristóteles, na qual se apoia meu interlocutor, encontra-se necessariamente enlaçada à felicidade e propugna o equilíbrio como recurso à sua realização.

E assim igualmente me parece ser. Em momento algum me distanciei da humanidade das virtudes. São humanas enquanto somos nós os responsáveis por seu desenvolvimento. A liberdade — o livre-arbítrio como consectário da razão — imputa-nos a responsabilidade do que fazemos de nossas virtudes em potência, de como as convertemos em ato. A justiça é criação da Consciência Primária, Deus, mas é inscrita em cada criatura humana, o que nos torna consciências individuais entrelaçadas por comungarmos do mesmo arquétipo do inconsciente coletivo. Por conseguinte, somos individual e socialmente responsáveis pelo que dela, a justiça em nós, fazemos.

A origem é divina, a realização é humana. A ascensão em espiral da justiça (capítulo III, item 4) — instinto, intuição e sentimento — é de nossa integral responsabilidade. Por isto a necessidade de percebê-la, de realizá-la — faculdade, sempre — num justo direito.

Confundir a responsabilidade com a origem da ideia de justiça, depositar no ser humano a suposta capacidade exclusivamente autossuficiente de perceber quais seriam as "injustiças intoleráveis", significa recusar os sem números de exemplos históricos que testemunham a frustração das teses materialistas. Eichmann, demonstra Hannah Arendt, só sentia a "consciência pesada" quando não atendia às ordens que lhe

---

[7] *Pequeno tratado das grandes virtudes*, p. 7.

transmitiam.[8] Era a virtude da obediência: "Ele nunca tinha nutrido ódio aos judeus, e nunca desejou a morte de seres humanos. Sua culpa provinha de sua obediência, e a obediência é louvada como virtude".[9] À época, na Alemanha, diversas entidades disputaram a honra de fundar museus e bibliotecas antissemitas[10] — as "virtudes" deveriam ser ostentadas de modo que servissem de exemplos.

Na ambiência essencialmente filosófica a que me propus a justiça deve ter outra dimensão. Pois com razão indaga Hannah Arendt: "A justiça exige que o acusado seja processado, defendido e julgado, e que fiquem em suspensas todas as questões aparentemente mais importantes — 'Como pôde acontecer uma coisa dessas?' e 'Por que aconteceu?', 'Por que os judeus?' e 'Por que os alemães?'".[11]

Uma justiça estritamente dogmática não responde a estas questões. Mesmo em busca da comunidade internacional em reparo às tacanhas leituras feitas por esta ou aquela noção, ainda assim continuaríamos a deparar-nos com expressivos exemplos da impossibilidade da origem das virtudes junto à humanidade. Conte-se a escravidão. Nem mesmo Platao e Aristóteles, gênios, visionários, sensíveis à alma humana, perceberam a injustiça intolerável que grassava sob a uníssona condescendência de todo o mundo conhecido de então.

Conte-se outro, a tortura como instrumento da justiça. Há conhecidos casos que perpassam *Vigiar e punir* de Michel Foucault, mas destaco o que é objeto de discurso, entre 1770 e 1777, do humanista italiano Pietro Verri em *Observações sobre a tortura*. Em pesquisa escorada em documentos históricos, em especial um processo criminal, narra ele o "processo dos untores" que ocorreu nos idos de 1630. À época Milão encontrava-se submetida ao controle do Reino da Espanha, e de lá chegou a notícia de que a peste estaria sendo deliberadamente disseminada por pessoas que esfregavam um óleo mortífero nas paredes das casas. Apesar de alguma resistência inicial da população em aceitar a inverossímil tese noticiada pelos médicos, com a avassaladora difusão da peste que ceifava quase novecentas vidas por dia e chegou a exterminar mais da metade da população local, a teoria conspiratória passou a ser considerada. A vingança era desejada. O ódio tomou a população. A "justiça" deveria ser feita. Foi então que uma mulher prontificou-se a

---

[8] *Eichmann em Jerusalém*, p. 37.

[9] *Op. cit.*, p. 269.

[10] *Op. cit.*, p. 49.

[11] *Op. cit.*, p. 15.

contar uma cena que julgou "suspeita". Havia visto um comissário do serviço sanitário, Guglielmo Piazza, com um papel na mão esquerda e parado em frente a uma casa, ele havia olhado para aquela habitação e apoiou-se na parede. Uma amiga dela foi chamada e reafirmou a "atitude estranha". Foi o suficiente à prisão de Guglielmo Piazza e sua submissão ao barbarismo da tortura — posteriormente estendida a Gian Giacomo Mora, no afã inquisitório de algum comparsa ser identificado.

A referência a este caso faço em ilustração do que era monoliticamente enraizado por todas as nações tidas como civilizadas, a tortura era um indispensável recurso da justiça. De modo que a crítica feita mais de um século depois do fato ainda se apresentava, como reconhecia Pietro Verri, como uma luta contra "a veneranda tradição da antiguidade".[12]

As virtudes são humanas, portanto, enquanto nossa a responsabilidade de as alcançarmos e as concretizarmos em seus significados, produzirmos em nós o efeito numinoso de redução do nível mental com a emersão dos conteúdos da ideia de justiça em outro nível supranormal de luminosidade. Mas as suas inscrições no inconsciente humano são expressão divina.

Precisamos, pois, ser heróis. No mais adequado sentido atribuído pelas representações mitológicas do termo. Como diz Joseph Campbell, "O herói, por conseguinte, é o homem ou mulher que conseguiu vencer suas limitações históricas pessoais e locais e alcançou formas normalmente válidas, humanas. As visões, ideias e inspirações dessas pessoas vêm diretamente das fontes primárias da vida e do pensamento humanos".[13]

Se os heróis não são imortais como os deuses, mas apresentam uma condição sobre-humana, como diz Mircea Eliade,[14] acrescento que o voltar-se à nossa origem, à criação é o destino do herói humano. A busca por nossa "origem nobre", expressão de Junito de Souza Brandão,[15] enquanto não assumida nos impede de entendermos o que é a justiça.

Ainda Junito de Souza Brandão diz que o herói tem que superar grandes obstáculos, arriscar, não raro a própria vida, em busca da

---

[12] *Observações sobre a tortura*, p. 7. Em outra passagem: "Mas se poderia ainda dizer que os tempos mudaram e que ela foi um excesso resultante do grau extremado dos males públicos, e que não há de constituir a regra. Todavia, creio que, hoje, a prática penal continua sendo orientada pelos mesmos livros que eram consultados em 1630 e, baseado neles, parece-me fácil reconhecer que a tortura é realmente um suplício infernal" (*Op. cit.*, p. 77).

[13] *O herói de mil faces*, p. 28.

[14] *História das crenças e das ideias religiosas*, p. 273, v. 1.

[15] *Mitologia grega*, p. 17-19, v. 3.

"metade perdida".[16] É o "caráter de combatente" que distingue os deuses dos heróis.[17] Como afirma este pensador:

> A função essencial do mito do herói é desenvolver a consciência do "ego" individual, para que se dê conta de sua própria força e fraqueza, o que lhe servirá de respaldo para as grandes e duras tarefas que terá pela frente. Quando o indivíduo superou a prova inicial e entra na fase madura da vida, o mito do herói perde sua importância. A morte simbólica do herói converte-se, por assim dizer, na consecução da maturidade.[18]
>
> Ser herói é voltar-se, religar-se à criação — independentemente de qualquer religião. É perceber que a justiça inscrita junto à consciência e sujeita ao desenvolvimento por afetos (efeitos numinosos) dá-se em uma espiral constante de instintos, intuições e sentimentos (capítulo III, item 3 e capítulo III, item 4) que depende do desejo de realização das virtudes — tão humanas, neste sentido — em direção ao Primeiro Motor, nossa causa final, a "metade perdida".

4 Caminhos à verdade

Caminho ao final. Da minha fala neste capítulo, não de qualquer pretensão de verdade absoluta. Mas com uma palavra de amor. Pois o meu interlocutor disse que a atitude cristã de "dar a outra face" é contra a natureza humana, à nossa consciência sobre a justiça.

Mas indago se o ciclo do ódio, autorreferente, que se pereniza no oriente médio, pode alcançar a "justiça" ("justiça odiosa")? Se a reação norte-americana de invadir um país estrangeiro e sumariamente liquidar um inimigo público, autor de insanas ações terroristas, se esta reação tão ufanada pela sociedade americana de fato expressa — no âmbito filosófico a que me propus — alguma justiça?

São labirintos do ódio. Ódio, um dédalo invencível no qual a humanidade continuará submersa enquanto com ele não romper. No filme Dogville de Lars Von Trier, mencionado por meu interlocutor, não acredito em uma reação uniformizada do público de satisfação com o comportamento violento de Grace. Decepção, angústia e repulsa são sentimentos possíveis. Pois o ódio é o cadinho das mais torpes expressões do ser humano. O ódio obnubila, entorpece pela ignorância.

---

[16] *Op. cit.*, p. 37.

[17] *Op. cit.*, p. 42.

[18] *Op. cit.*, p. 72, v. 3.

Em outro momento comentei sobre a verdade da justiça (capítulo III, item 1). O destino idealizado — a verdade, a ideia de justiça — depende dos feixes de luzes que irrompem com o negrume que nos envolve. Necessitamos emergir da ignorância que franqueia o ódio. Luzes — a razão humana que orienta o nosso palmilhar — precisam recair sobre os caminhos à verdade da justiça. São os caminhos do amor.

Afirmei que a humanidade nunca se dispensará dos seus instintos (capítulo III, item 4). O progresso os burila, não os elimina. A sobrevivência, o instinto de preservação e conservação, é inerente à condição humana. A consciência expande-se. A intuição orienta-nos. Ao racionalizarmos o instinto e a intuição deitamos luzes. Intuição paradoxalmente eclipsa e enleva o instinto, e elas espargem o acesso aos arquétipos da justiça. Mas só com o sentimento é que se dá a evolução em espiral da justiça. Sentimento de amor, nossos caminhos.

Nos discursos sobre o amor de Platão com Sócrates diz-se: "Que bom seria, Agaton, se a sabedoria fosse o tipo de coisa que pudesse fluir daquele entre nós que dela estivesse mais repleto, para aquele que dela estivesse mais vazio mediante nosso mero contato mútuo, como a água que flui através da lã da taça mais cheia para a mais vazia".[19]

Não é possível, sabe Sócrates. A sabedoria é uma constante que devemos individualmente realizar — pois assim são as virtudes humanas... E o aprendizado do amor com a lição de Jesus de "dar a outra face" não significa, como afirmei (capítulo III, subitem 3.1), amesquinhar-se perante o algoz, mas compreendê-lo como ser humano, e portanto à reação violenta são possíveis outras opções, ainda enérgicas, mas fundadas no amor. Mahatma Gandhi, igualmente por mim mencionado em diversas outras passagens, reage com amor. Conta-se que certa vez ele foi procurado por um indiano que tivera seu filho de cinco anos assassinado por um paquistanês. O indiano clamava por justiça, estava tomado pelo ódio, queria vingança. Mas queria ouvir o conselho daquela grande alma. Gandhi não titubeia. Seu conselho: adote um órfão de cinco anos, mas é preciso ser uma criança paquistanesa.

Diz Fedro, neste banquete, que não há forma de virtude mais respeitada entre os deuses do que aquela que provém do amor.[20] Virtude sempre humana enquanto dever herculeamente assumido de apreender por si só a justiça. Aristófanes, ao tomar a palavra, diz "cada um de nós não passe de uma 'metade que combina' de um ser humano inteiro, mas vez que todos exibem, como peixe chato, os vestígios de ter sido cortado em dois; e cada um se mantém à procura da metade que

---

[19] *O banquete*, p. 38.

[20] *Op. cit.*, p. 45.

combina".[21] Uma busca por integridade que ele chama de amor.[22] Mas a estendo à "metade perdida" perseguida pelo herói, a sua origem divina. O caminho para este destino, em última análise, é o amor. Profundamente inspirado é o discurso de Agaton:

> É ele [o amor] que expulsa as hostilidades e atrai a intimidade; é ele que nos aproxima em reuniões como esta; nas festas, danças e oblações é ele o nosso líder; é o estimulador de nossa brandura e aquele que suprime a selvageria; é generoso, jamais mesquinho; gracioso, amável; digno de ser contemplado pelos sábios, digno de ser admirado pelos deuses; cobiçado pelos que dele não partilham, entesourado pelos que dele partilham; pai da magnificência, ternura, elegância, graças, saudade, anelo; solícito com os bons, indiferente com os maus; no trabalho penoso e no medo, no beber e no discurso o nosso mais confiável piloto, combatente de marinha, guardião e preservador; ornamento da ordem de deuses e seres humanos; o mais nobre e o melhor condutor, que todos deveriam seguir, unindo-se musicalmente aos seus hinos, unindo-se a ele na canção que ele entoa que encanta o pensamento de todo deus e de todo ser humano.[23]

Mas me encaminho ao final deste fraterno encontro com as palavras de Sócrates: "alguém ama algo ainda não disponibilizado e de que não é ainda possuidor".[24]

De outro modo não pode ser. Se nos turva a alma compreender que a verdade da justiça só pode ser alcançada pelo amor é porque decerto ainda bem pouco sabemos sobre a justiça arquetípica. Ansiamos por justiça por tanto que nos falta. E continuaremos carentes enquanto o ódio for seriamente considerado como alternativa. A opção pelos caminhos do amor, não nos vassalos da violência. O amor é crítico, repreende, educa, e se necessário, confina. Mas com misericórdia. Pois se vê no outro a mesma essência humana contida em si. O amor compreende, é claro que reage, mas com respeito. O amor reprova as injustiças, mas reforma com compaixão porque sabe que há limites à intensidade e às formas de punição. O amor repara, mas renova, e perdoa. O amor é o nosso fio de Ariadne, nossos caminhos, em busca da justiça.

Afinal, como diz Paulo de Tarso, só o amor regozija-se com a verdade.[25]

---

[21] *Op. cit.*, p. 61.

[22] *Op. cit.*, p. 63.

[23] *Op. cit.*, p. 69-70.

[24] *Op. cit.*, p. 74.

[25] *Primeira epístola aos Coríntios*, cap. 13.

REFERÊNCIAS

ACADEMIA BRASILEIRA DE LETRAS. *Vocabulário ortográfico da língua portuguesa*. 5. ed. São Paulo: Global, 2009.

AGOSTINHO, Santo. *Confissões*. Tradução de J. Oliveira Santos e A. Ambrósio de Pina. São Paulo: Nova Cultural, 1996.

AGOSTINHO, Santo. *Confissões*. Tradução J. Oliveira e A. Ambrósio de Pina. 24. ed. Petrópolis: Vozes, 2009.

ALEXY, Robert. *Conceito e validade do direito*. Tradução de Gercélia Batista de Oliveira Mendes. São Paulo: Martins Fontes, 2009.

ALEXY, Robert. Derecho injusto, retroactividad y principio de legalidad penal: la doctrina del Tribunal Constitucional Federal alemán sobre los homicidios cometidos por los centinelas del Muro de Berlín. Tradução de A. Daniel Oliver-Lalana. *Doxa – Cuadernos de Filosofía de Derecho*, Alicante, n. 23, p. 197-230, 2000. Disponível em: <http://www.cervantesvirtual.com/portal/DOXA/cuadernos.shtml>. Acesso em: 28 nov. 2005.

ALEXY, Robert. Direitos fundamentais no Estado constitucional democrático. *Revista de Direito Administrativo*, Rio de Janeiro, v. 217, p. 55-CI66, jul./set. 1999.

ALEXY, Robert. *El concepto y la validez del derecho*. Traducción de Jorge M. Seña. 2. ed. Barcelona: Gedisa, 2004.

ALEXY, Robert. *Epílogo a la teoría de los derechos fundamentales*. Traducción de Carlos Bernal Pulido. Madrid: Colegio de Registradores de la Propiedad, Mercantiles y Bienes Muebles de España, 2004.

ALEXY, Robert. La crítica de Bulygin al argumento de la corrección; Sobre la tesis de una conexión necesaria entre derecho y moral: la crítica de Bulygin. *In*: ALEXY, Robert; BULYGIN, Eugenio. *La pretensión de corrección del derecho*: la polémica sobre la relación entre derecho y moral. Bogotá: Universidad Externado de Colombia, 2001. p. 53-84, 95-115. (Serie de Teoría Jurídica y Filosofía del Derecho, v. 18).

ALEXY, Robert. *Teoría de los derechos fundamentales*. Traducción de Ernesto Garzón Valdés. 1. ed. 3. reimp. Madrid: Centro de Estudios Políticos Constitucionales, 2002.

ALEXY, Robert. *Teoria dos direitos fundamentais*. Tradução de Virgílio Afonso da Silva. São Paulo: Malheiros, 2008.

AMBOS, Kai. *Direito penal*: fins da pena, concurso de pessoas, antijuridicidade e outros aspectos. Tradução de Pablo Rodrigo Alflen da Silva. Porto Alegre: Sergio Antonio Fabris, 2006.

ARENDT, Hannah. *Da condição humana*. Tradução de Roberto Raposo. 10. ed. Rio de Janeiro: Forense, 2004.

ARENDT, Hannah. *Eichmann em Jerusalém*. Tradução de José Rubens Siqueira. São Paulo: Companhia das Letras, 1999.

ARENDT, Hannah. O conceito de história: antigo e moderno. *In*: ARENDT, Hannah. *Entre o passado e o futuro*. Tradução de Mauro W. Barbosa. 5. ed. São Paulo: Perspectiva, 2005. p. 69-126.

ARISTÓTELES. *Ética a Nicômaco*. Tradução de Edson Bini. 3. ed. Bauru: Edipro, 2009.

ARISTÓTELES. *Ética a Nicômaco*. Tradução de Mário da Gama Kury. 4. ed. Brasília: Ed. UnB, 2001.

ARISTÓTELES. *Organon*. Tradução de Edson Bini. 2. ed. Bauru: Edipro, 2010.

ATALIBA, Geraldo. *Sistema constitucional tributário brasileiro*. São Paulo: Revista dos Tribunais, 1968.

AUSTIN, John. L. *Cómo hacer cosas con palabras*. Traducción de Genaro R. Carrió e Eduardo A. Rabossi. Barcelona: Paidós, 1971.

ÁVILA, Humberto. *Teoria da igualdade tributária*. São Paulo: Malheiros, 2008.

ÁVILA, Humberto. *Teoria dos princípios*: da definição à aplicação dos princípios jurídicos. 9. ed. São Paulo: Malheiros, 2009.

BANDEIRA DE MELLO, Celso Antônio. *Ato administrativo e direito dos administrados*. São Paulo: Revista dos Tribunais, 1981.

BANDEIRA DE MELLO, Celso Antônio. Criação de secretarias municipais: inconstitucionalidade do art. 43 da Lei Orgânica dos Municípios do Estado de São Paulo. *Revista de Direito Público*, São Paulo, ano 4, v. 15, p. 284-288, jan./mar. 1971.

BANDEIRA DE MELLO, Celso Antônio. *Curso de direito administrativo*. 28. ed. São Paulo: Malheiros, 2011.

BANDEIRA DE MELLO, Celso Antônio. Leis originariamente inconstitucionais compatíveis com emenda constitucional superveniente. *Revista Trimestral de Direito Público – RTDP*, São Paulo, v. 23, p. 12-23, 1998.

BANDEIRA DE MELLO, Celso Antônio. Poder constituinte. *Revista de Direito Constitucional e Ciência Política*, São Paulo, n. 4, p. 69-103, jan./jun. 1985.

BARCELLOS, Ana Paula de. *Ponderação, racionalidade e atividade jurisdicional*. São Paulo: Renovar, 2005.

BARROSO, Luís Roberto. *Da falta de efetividade à judicialização excessiva*: direito à saúde, fornecimento gratuito de medicamentos e parâmetros para atuação judicial. Disponível em: <http://www.lrbarroso.com.br/pt/noticias/medicamentos.pdf>. Acesso em: 28 ago. 2011.

BARROSO, Luís Roberto. *Interpretação e aplicação da Constituição*: fundamentos de uma dogmática constitucional transformadora. 4. ed. São Paulo: Saraiva, 2001.

BASTOS, Celso Ribeiro. *Hermenêutica e interpretação constitucional*. 2. ed. rev. e ampl. São Paulo: Celso Bastos; Instituto Brasileiro de Direito Constitucional, 1999.

BEAVIN, Janet Helmick; WATZLAWICK, Paul; JACKSON, Don D. *Pragmática da comunicação humana*. Tradução de Álvaro Cabral. 21. ed. São Paulo: Cultrix, 2010.

BERGSON, Henri. *A energia espiritual*. Tradução de Rosemary C. Abílio. São Paulo: Martins Fontes, 2009.

REFERÊNCIAS | 257

BERNAL PULIDO, Carlos. *El principio de proporcionalidad y los derechos fundamentales*. 3. ed. Madrid: Centro de Estudios Políticos y Constitucionales, 2007.

BIAGI, Cláudia Perotto. *A garantia do conteúdo essencial dos direitos fundamentais na jurisprudência constitucional brasileira*. Porto Alegre: Sergio Antonio Fabris, 2005.

BIANCHINI, Alice. *Pressupostos materiais mínimos da tutela penal*. São Paulo: Revista dos Tribunais, 2002.

BÍBLIA SAGRADA. Tradução do Padre Antônio Pereira de Figueiredo. Rio de Janeiro: Barsa, 1974. Edição ecumênica.

BITTAR, Eduardo C. B. *Curso de filosofia aristotélica*. Barueri: Manole, 2003.

BOLLER JR., Paul F.; GEORGE, John. *They Never Said It*: a book of fake quotes, misquotes, and misleading attributions. New York: Oxford, O.U.P., 1989.

BOROWSKI, Martin. *La Estructura de los derechos fundamentales*. Traducción de Carlos Bernal Pulido. Bogotá: Universidad Externado de Colombia, 2003. (Serie de Teoría Jurídica y Filosofía del Derecho, n. 25).

BOURDIEU, Pierre; PASSERON, Jean-Claude. *A reprodução*: elementos para uma teoria do sistema de ensino. Tradução de Reynaldo Bairão. 2. ed. Rio de Janeiro: Francisco Alves, 1982.

BRANCO, Paulo Gustavo Gonet. *Juízo de ponderação na jurisdição constitucional*. São Paulo: Saraiva, 2009.

BRANDÃO, Junito de Souza. *Mitologia grega*. 15. ed. Rio de Janeiro: Vozes, 2009. v. 3.

BRANDÃO, Junito de Souza. *Mitologia grega*. 21. ed. Rio de Janeiro: Vozes, 2009. v. 1.

BRAVO, Gian Mario. Anarquismo. *In*: BOBBIO, Norberto; MATTEUCCI, Nicola; PASQUINO, Gianfranco (Org.). *Dicionário de política*. Tradução de Carmen C. Varrialle *et al.* 5. ed. Brasília: Ed. UnB; São Paulo: Imprensa Oficial do Estado, 2000. v. 1, p. 23-29.

BRITTO, Carlos Ayres. *O humanismo como categoria constitucional*. Belo Horizonte: Fórum, 2007.

BURKERT, Walter. *A criação do sagrado*: vestígios biológicos nas antigas religiões. Tradução de Vitor Silva. Lisboa: Edições 70, 1996.

CALANZANI, José João. *Metáforas jurídicas*: conceitos básicos de direito através do processo pedagógico da metáfora. Belo Horizonte: Fórum, 2009.

CAMPBELL, Joseph. *O herói de mil faces*. Tradução de Adail Ubirajara Sobral. São Paulo: Pensamento, 2007.

CANOTILHO, José Joaquim Gomes. *Direito constitucional e teoria da Constituição*. 4. ed. Coimbra: Almedina, 2000.

CARVALHO, Paulo de Barros. *Curso de direito tributário*. 14. ed. São Paulo: Saraiva, 2002.

CARVALHO, Paulo de Barros. *Direito tributário, linguagem e método*. São Paulo: Noeses, 2008.

CASERTANO, Giovanni. *Paradigmas da verdade em Platão*. Tradução de Maria da Graça Gomes de Pina. São Paulo: Loyola, 2010.

CASSIRER, Ernst. *Linguagem e mito*. Tradução de J. Guinsburg e Miriam Schnaiderman. 4. ed. São Paulo: Perspectiva, 2003.

CHALHUB, Samira. *Funções da linguagem*. 11. ed. 7. reimpr. São Paulo: Ática, 2003.

CHARDIN, Pierre Teilhard de. *Em outras palavras*. Tradução de Márcia Valéria Martinez de Aguiar. Martins Fontes: São Paulo, 2006.

CHAUÍ, Marilena. *Introdução à história da filosofia*. 2. ed. São Paulo: Companhia das Letras, 2002.

CÍCERO, Marco Túlio. *Sobre a amizade*. Tradução de João Teodoro d'Olim Marote. São Paulo: Nova Alexandria, 2006.

CINTRA DO AMARAL, Antônio Carlos. *Teoria do ato administrativo*. Belo Horizonte: Fórum, 2008.

CINTRA DO AMARAL, Antônio Carlos. Validade e invalidade do ato administrativo. *In*: CINTRA DO AMARAL, Antônio Carlos. *Comentando as licitações públicas*. Rio de Janeiro: Temas & Idéias, 2002. p. 17-31.

COLLINS, Francis S. *A linguagem de Deus*. 6. ed. Tradução de Giorgio Cappelli. São Paulo: Gente, 2007.

COMPARATO, Fabio Konder. *Ética*: direito, moral e religião no mundo moderno. São Paulo: Companhia das Letras, 2006.

COMTE-SPONVILLE, *Pequeno tratado das grandes virtudes*. Tradução de Eduardo Brandão. São Paulo: WMF Martins Fontes, 2009.

CONFÚCIO. *Os Analectos*. Tradução de Simon Leys. São Paulo: Martins Fontes, 2005.

COPI, Irving Marmer. *Introdução à lógica*. Tradução de Álvaro Cabral. 2. ed. São Paulo: Mestre Jou, 1978.

COULANGES, Fustel. *A cidade antiga*. São Paulo: Martins Fontes, 2004.

CUNHA, Antônio Geraldo da. *Dicionário etimológico nova fronteira da língua portuguesa*. 2. ed. 17. reimpr. Rio de Janeiro: Nova Fronteira, 2005.

DALLARI, Dalmo de Abreu. *Elementos de teoria geral do Estado*. 19. ed. São Paulo: Saraiva, 1995.

DARWIN, Charles. *A origem das espécies*. 4. ed. Tradução de Eugênio Amado. Belo Horizonte: Itatiaia, 2002.

DAVID, René. *Os grandes sistemas do direito contemporâneo*. Tradução de Hermínio A. Carvalho. 4. ed. São Paulo: Martins Fontes, 2002.

DERRIDÁ, Jacques. *Força de lei*. Tradução de Leyla Perrone-Moisés. São Paulo: Martins Fontes, 2007.

DESCARTES, René. *Discurso do método*. São Paulo: Nova Cultural, 1999.

DIAS, Maria Berenice. *Manual das sucessões*. São Paulo: Revista dos Tribunais, 2008.

DIMOULIS, Dimitri. *Positivismo jurídico*: introdução a uma teoria do direito e defesa do pragmatismo jurídico-político. São Paulo: Método, 2006.

DINAMARCO, Cândido Rangel. Relativizar a coisa julgada material. *In*: NASCIMENTO, Carlos Valder do (Coord.). *Coisa julgada inconstitucional*. 2. ed. Rio de Janeiro: América Jurídica, 2002. p. 33-76.

DUARTE, Écio Oto Ramos. *Teoria do discurso e correção normativa do direito*. 2. ed. reimpr. São Paulo: Landy, 2010.

REFERÊNCIAS | 259

DURKHEIM, Émile. *Da divisão do trabalho social.* Tradução de Eduardo Brandão. São Paulo: Martins Fontes, 1995.

DWORKIN, Ronald. O direito como interpretação. *In*: TEIXEIRA, Anderson Vichinkeski; OLIVEIRA, Elton Somensi de (Org.). *Correntes contemporâneas do pensamento jurídico.* Barueri: Manole, 2010. p. 14-41.

DWORKIN, Ronald. *O império do direito.* Tradução de Jefferson Luiz Camargo. São Paulo: Martins Fontes, 2003.

ECO, Umberto. *A estrutura ausente*: introdução à pesquisa semiológica. Tradução de Pérola de Carvalho. 7. ed. São Paulo: Perspectiva, 2007.

ECO, Umberto. *Obra aberta*: forma e indeterminação nas poéticas contemporâneas. Tradução de Giovanni Cutolo. 9. ed. São Paulo: Perspectiva, 2005.

EINSTEIN, Albert. *A teoria da relatividade especial e geral.* Tradução de Carlos Almeida Pereira. 6. reimpr. Rio de Janeiro: Contraponto, 1999.

EISBERG, Robert; RESNICK, Robert. *Física quântica.* Tradução de Paulo Costa Ribeiro *et al.* Rio de Janeiro: Elsevier, 1979.

ELIADE, Mircea. *História das crenças e das ideias religiosas.* Rio de Janeiro: Zahar, 2010.

ENGISCH, Karl. *Introdução ao pensamento jurídico.* Tradução de J. Baptista Machado. 8. ed. Lisboa: Calouste Gulbenkian, 2001.

EPSTEIN, Isaac. *Gramática do poder.* São Paulo: Ática, 1993.

ESSER, Josef. *Principio y norma en la elaboración jurisprudencial del derecho privado.* Traducción de Eduardo Valenti Fiol. Barcelona: Bosch, 1961.

FARAGO, France. *A justiça.* Barueri: Manole, 2004.

FARIA, Ernesto. *Dicionário latino-português.* Belo Horizonte: Garnier, 2003.

FERRARO, Nicolau Gilberto; RAMALHO JR., Francisco; SOARES, Paulo Antônio de Toledo. *Os fundamentos da física.* 5. ed. São Paulo: Moderna, 1988. v. 1. Mecânica.

FERRAZ JR., Tercio Sampaio. *A ciência do direito.* 2. ed. São Paulo: Atlas, 1980.

FERRAZ JR., Tercio Sampaio. *Direito, retórica e comunicação.* 2. ed. São Paulo: Saraiva, 1997.

FERRAZ JR., Tercio Sampaio. *Estudos de filosofia do direito.* 3. ed. São Paulo: Atlas, 2009.

FERRAZ JR., Tercio Sampaio. *Função social da dogmática jurídica.* São Paulo: Max Limonad, 1998.

FERRAZ JR., Tercio Sampaio. *Introdução ao estudo do direito.* 4. ed. São Paulo: Atlas, 2003.

FERRAZ JR., Tercio Sampaio. *Introdução ao estudo do direito*: técnica, decisão, dominação. 5. ed. São Paulo: Atlas, 2007.

FERRAZ JR., Tercio Sampaio. Prólogo. *In*: COELHO, Fábio Ulhoa. *Para entender Kelsen.* São Paulo: Max Limonad, 1997. p. 13-20.

FERRAZ JR., Tercio Sampaio. *Teoria da norma jurídica.* 4. ed. Rio de Janeiro: Forense, 2002.

FOUCAULT, Michel. *A verdade e as formas jurídicas.* Tradução de Roberto Cabral de Melo Machado e Eduardo Jardim Morais. 3. ed. Rio de Janeiro: NAU, 2002.

FRANKL, Viktor E. *Em busca de sentido.* Tradução de Walter O. Schlupp e Carlos C. Aveline. 25. ed. São Leopoldo: Sinodal; Petrópolis: Vozes, 2008.

FREEDMAN, Roger A.; YOUNG, Hugh D. *Física IV*: ótica e física moderna. Tradução de Cláudia Santana Martins. 12. ed. São Paulo: Addison Wesley, 2009.

GABARDO, Emerson. *Interesse público e subsidiariedade*. Belo Horizonte: Fórum, 2009.

GALILEI, Galileu. *Ciência e fé*: cartas de Galileu sobre o acordo do sistema copernicano com a Bíblia. Tradução de Carlos Arthur R. do Nascimento. 2. ed. São Paulo: UNESP, 2009.

GARCÍA-PABLOS DE MOLINA, Antonio; GOMES, Luiz Flávio. *Direito penal*: parte geral. São Paulo: Revista dos Tribunais, 2007. v. 2.

GOMES, Orlando. *Introdução ao direito civil*. 18. ed. Rio de Janeiro: Forense, 2001.

GOMES, Orlando. *Sucessões*. 9. ed. Rio de Janeiro: Forense, 2000.

GORDILLO, Agustín A. *La administración paralela*. Madrid: Civitas, 1997.

GOSWAMI, Amit. *A física da alma*. Tradução de Marcello Borges. São Paulo: Aleph, 2005.

GOSWAMI, Amit. *Deus não está morto*. Tradução de Marcello Borges. São Paulo: Aleph, 2008.

GOSWAMI, Amit. *Evolução criativa das espécies*. Tradução de Marcello Borges, São Paulo: Aleph, 2009.

GOSWAMI, Amit. *O universo inconsciente*. 2. ed. Tradução de Marcello Borges. São Paulo: Aleph, 2008.

GREENE, Brian. *O Universo elegante*. Tradução de José Viegas Filho. São Paulo: Companhia das Letras, 2001.

GRIBBIN, John. *Fique por dentro da física moderna*. Tradução de Thomas A. S. Haddad. São Paulo: Cosac & Naify, 2001.

HÄBERLE, Peter. *Constitución como cultura*. Traducción de Ana María Montoya. Bogotá: Instituto de Estudios Constitucionales Carlos Restrepo Piedrahita, 2002. (Temas de Derecho Público, v. 66).

HÄBERLE, Peter. *Pluralismo y Constitución*: estudios de teoría constitucional de la sociedad abierta. Traducción de Emilio Mikunda. Madrid: Tecnos, 2002.

HABERMAS, Jürgen. Verdade e justificação: a virada pragmática de Richard Rorty. *In*: HÄBERLE, Peter. *Verdade e justificação*: ensaios filosóficos. Tradução de Milton Camargo Mota. São Paulo: Loyola, 2004. p. 227-265.

HART, Herbert L. A. *O conceito de direito*. Tradução de A. Ribeiro Mendes. 3. ed. Lisboa: Calouste Gulbenkian, 2001.

HESÍODO. *Os trabalhos e os dias*. São Paulo: Iluminuras, 2008.

HESSE, Konrad. *Elementos de direito constitucional da República Federal da Alemanha*. Tradução de Luís Afonso Heck. Porto Alegre: Sergio Antonio Fabris, 1998.

HESSEN, Johannes. *Filosofia dos valores*. Tradução de L. Cabral Moncada. Coimbra: Almedina, 2001.

HESSEN, Johannes. *Filosofia dos valores*. Tradução L. Cabral de Moncada. 5. ed. Coimbra: Armênio Amado, 1980.

HESSEN, Johannes. *Teoria do conhecimento*. Tradução de João Vergílio Gallerani Cuter. 2. ed. São Paulo: Martins Fontes, 2003.

REFERÊNCIAS | 261

HOBBES, Thomas. *O Leviatã*. Tradução de João Paulo Monteiro e Maria Beatriz N. da Silva. São Paulo: Martins, 2008.

HOLANDA, Sérgio Buarque de. *Raízes do Brasil*. 26. ed. 17. reimpr. São Paulo: Companhia das Letras, 2003.

HUNGRIA, Nelson. *Comentários ao Código Penal*. 4. ed. Rio de Janeiro: Forense, 1958. v. 5.

HURD, Heidi M. *O combate moral*. São Paulo: Martins Fontes, 2003.

JAKOBSON, Roman. *Lingüística e comunicação*. Tradução de Izidoro Blikstein e José Paulo Paes. 24. ed. São Paulo: Ática, 2007.

JANKÉLÉVITCH, Vladimir. *Curso de filosofia moral*. Tradução de Eduardo Brandão. São Paulo: Martins Fontes, 2008.

JOLIVET, Régis. *Curso de filosofia*. Tradução de Eduardo Prado de Mendonça. 16. ed. Rio de Janeiro: Agir, 1986.

JUAN MORESO, José. *La Constitución*: modelo para armar. Madrid: Marcial Pons, 2009.

JUNG, Carl Gustav. *Interpretação psicológica do dogma da trindade*. Tradução de Dom Mateus Ramalho Rocha. 8. ed. Petrópolis: Vozes, 2011.

JUNG, Carl Gustav. *O eu e o inconsciente*. Tradução de Dora Ferreira da Silva. 21. ed. Petrópolis: Vozes, 2008.

JUNG, Carl Gustav. *Os arquétipos e o inconsciente coletivo*. Tradução de Maria Luiza Appy e Dora Mariana R. Ferreira da Silva. 6. ed. Petrópolis: Vozes, 2008.

JUNG, Carl Gustav. *Psicologia do inconsciente*. Tradução de Maria Luiza Appy. 16. ed. Petrópolis: Vozes, 2005.

JUNG, Carl Gustav. *Psicologia e religião*. 6. ed. Tradução de Dom Mateus Ramalho Rocha. Petrópolis: Vozes, 1999.

JUNG, Carl Gustav. *Sincronicidade*. Tradução de Dom Mateus Ramalho Rocha. Petrópolis: Vozes, 1999.

JUNG, Carl Gustav. *Tipos psicológicos*. Tradução de Lúcia Mathilde Endlich Orth. 3. ed. Petrópolis: Vozes, 2009.

KAFKA, Franz. *A colônia penal e outros contos*. Tradução de Torrieri Guimarães. Rio de Janeiro: Ediouro, [199-].

KAKU, Michio. *Mundos paralelos*. Tradução de Talita M. Rodrigues. Rio de Janeiro: Rocco, 2007.

KANT, Immanuel. *Crítica da razão prática*. Tradução de Valério Rohden. São Paulo: Martins Fontes, 2003.

KANT, Immanuel. *Crítica da razão pura*. Tradução de Valerio Rohden e Udo Baldur Moosburger. São Paulo: Nova Cultural, 1999.

KANT, Immanuel. *Fundamentos da metafísica dos costumes*. Tradução de Lourival de Queiroz Henkel. Rio de Janeiro: Ediouro, [199-].

KARDEC, Allan. *O livro dos espíritos*. Tradução de Evandro Noleto Bezerra. Brasília: Federação Espírita Brasileira, 2009.

KAUFMANN, Arthur. *Filosofía del derecho*. Traducción de Luis Villar Borda e Ana María Montoya. 2. ed. 1. reimpr. Bogotá: Universidad Externado de Colombia, 2002.

KELSEN, Hans. *A ilusão da justiça*. Tradução de Sérgio Tellarolli. 3. ed. São Paulo: Martins Fontes, 2000.

KELSEN, Hans. *O problema da justiça*. Tradução de João Baptista Machado. 4. ed. 2. tiragem. São Paulo: Martins Fontes, 2003.

KELSEN, Hans. *O que é a justiça?*. Tradução de Luís Carlos Borges. 3. ed. São Paulo: Martins Fontes, 2001.

KELSEN, Hans. *Teoria geral do direito e do Estado*. Tradução de Luís Carlos Borges. 3. ed. 2. tiragem. São Paulo: Martins Fontes, 2000.

KELSEN, Hans. *Teoria pura do direito*. Tradução de João Baptista Machado. 6. ed. Coimbra: Armênio Amado, 1984.

KIERKEGAARD, Søren. *O conceito de angústia*. Tradução de Álvaro Luiz Montenegro Valls. Petrópolis: Vozes, 2010.

KLOEPFER, Michael. Vida e dignidade da pessoa humana. *In*: SARLET, Ingo Wolfgang (Org.). *Dimensões da dignidade*: ensaios de filosofia do direito e direito constitucional. Porto Alegre: Livraria do Advogado, 2009. p. 145-174.

LAO TSE. *Tao Te Ching*: o livro que revela Deus. Tradução de Huberto Rohden. São Paulo: Martin Claret, 2003.

LAUAND, Luiz Jean. Tomás de Aquino: vida e pensamento: estudo introdutório geral. *In*: AQUINO, Tomás de. *Verdade e conhecimento*. Tradução de Luiz Jean Lauand e Mário Bruno Sproviero. São Paulo: Martins Fontes, 2002. p. 1-80.

LEAL, Victor Nunes. *Coronelismo, enxada e voto*. 3. ed. Rio de Janeiro: Nova Fronteira, 1997.

LEIBNIZ, G. W. *Discurso de metafísica e outros textos*. Tradução de Tessa Moura Lacerda. São Paulo: Martins Fontes, 2004.

LEITE, George Salomão. *Interpretação constitucional e tópica jurídica*. São Paulo: Juarez de Oliveira, 2002.

LIPOVETSKY, Gilles. *A era do vazio*. Tradução de Therezinha Monteiro Deutsch. Barueri: Manole, 2005.

LIPOVETSKY, Gilles. *A felicidade paradoxal*: ensaio sobre a sociedade de hiperconsumo. Tradução de Maria Lúcia Machado. São Paulo: Companhia das Letras, 2007.

LOCKE, John. *Dois tratados sobre o governo civil*. Tradução de Júlio Fischer. São Paulo: Martins Fontes, 2005.

LOCKE, John. *Segundo tratado do governo civil*. Tradução de Anoar Aiex e E. Jacy Monteiro. 2. ed. São Paulo: Abril Cultural, 1978. (Os Pensadores).

LOSANO, Mario G. *Sistema e estrutura no direito*: das origens à escola histórica. Tradução de Carlo Alberto Dastoli. São Paulo: Martins Fontes, 2008.

LOSANO, Mario G. *Sistema e estrutura no direito*: o século XX. Tradução de Luca Lamberti. São Paulo: Martins Fontes, 2010.

LUHMANN, Niklas. *Legitimação pelo procedimento*. Tradução de Maria da Conceição Côrte Real. Brasília: Ed. UnB, 1980.

LUHMANN, Niklas. *Poder*. Traducción de Luiz Mónica Talbot e Darío Rodríguez Mansilla. Barcelona: Anthropos; México: Universidad Iberoamericana, 1995.

REFERÊNCIAS | 263

LUHMANN, Niklas. *Sistemas sociales*: lineamentos para una teoría general. Traducción de Silvia Pappe y Brunhilde Erker. Rubí: Anthropos; México: Universidad Iberoamericana; Santafé de Bogotá: CEJA, Pontificia Universidad Javeriana, 1998.

MANUEL TERÁN, Juan. *Filosofia del derecho*. 19. ed. México: Porrúa, 2007.

MARCO AURÉLIO. *Meditações*. Tradução de Alex Marins. São Paulo: Martin Claret, 2002.

MARQUES, Oswaldo Henrique Duek. *Fundamentos da pena*. São Paulo: Juarez de Oliveira, 2000.

MARTINS JÚNIOR, Wallace Paiva. *Remuneração dos agentes públicos*. São Paulo: Saraiva, 2009.

MARTINS, Ricardo Marcondes. A norma *iusfundamental*. *Revista Brasileira de Direito Constitucional – RBDC*, São Paulo, v. 4, p. 526-576, jul./dez. 2004.

MARTINS, Ricardo Marcondes. *Abuso de direito e constitucionalização do direito privado*. São Paulo: Malheiros, 2010.

MARTINS, Ricardo Marcondes. As normas gerais de direito urbanístico. *Revista de Direito Administrativo – RDA*, Rio de Janeiro, v. 239, p. 67-87, jan./mar. 2005.

MARTINS, Ricardo Marcondes. *Efeitos dos vícios do ato administrativo*. São Paulo: Malheiros, 2008.

MARTINS, Ricardo Marcondes. O conceito científico de processo administrativo. *Revista de Direito Administrativo – RDA*, Rio de Janeiro, v. 235, p. 321-381, jan./mar. 2004.

MARTINS, Ricardo Marcondes. Princípio da moralidade administrativa. *In*: ADRI, Renata Porto; PIRES, Luis Manuel Fonseca; ZOCKUN, Maurício (Coord.). *Corrupção, ética e moralidade administrativa*. Belo Horizonte: Fórum, 2008. p. 305-334.

MARTINS, Ricardo Marcondes. Racionalidade e sistema normativo: na teoria pura e na teoria pragmática do direito. *Revista Trimestral de Direito Público – RTDP*, São Paulo, n. 47, p. 174-209, 2004.

MARTINS, Ricardo Marcondes. Regime estatutário e Estado de Direito. *Revista Trimestral de Direito Público – RTDP*, São Paulo, n. 55, p. 139-155, 2011.

MARTINS, Ricardo Marcondes. *Regulação administrativa à luz da Constituição Federal*. São Paulo: Malheiros, 2011.

MATURANA ROMESÍN, Humberto; VARELA G., Francisco. *De máquinas y seres vivos*: autopoiesis: la organización de lo vivo. 6. ed. Buenos Aires: Lumen; Editorial Universitaria, 2004.

MAXIMILIANO, Carlos. *Hermenêutica e aplicação do direito*. 16. ed. Rio de Janeiro: Forense, 1997.

MELLO, Marcos Bernardes de. *Teoria do fato jurídico*: plano da existência. 12. ed. São Paulo: Saraiva, 2003.

MENDES, Gilmar Ferreira. Controle de constitucionalidade: hermenêutica constitucional e revisão de fatos e prognoses legislativos pelo órgão judicial. *Revista dos Tribunais*, São Paulo, ano 88, n. 766, p. 11-28, ago. 1999.

MIRABETE, Julio Fabrini. *Manual de direito penal*. 10. ed. São Paulo: Atlas, 1996. v. 1.

MIRANDA, Jorge. *Manual de direito constitucional*. 4. ed. Coimbra: Coimbra Ed., 2000. t. II. Constituição.

MIRANDA, Jorge. *Manual de direito constitucional*. Coimbra: Coimbra Ed., 2001. t. VI. Inconstitucionalidade e garantia da Constituição.

MONTEIRO, Washington de Barros. *Curso de direito civil*. 32. ed. São Paulo: Saraiva, 1994. v. 1.

MONTORO, André Franco. *Introdução à ciência do direito*. 22. ed. São Paulo: Revista dos Tribunais, 1994.

MOUSSALLEM, Tárek Moysés. *Fontes do direito tributário*. São Paulo: Max Limonad, 2001.

MÜLLER, Friedrich. *Métodos de trabalho de direito constitucional*. Tradução de Peter Naumann. 2. ed. São Paulo: Max Limonad, 2000.

MÜLLER, Friedrich. *O novo paradigma do direito*: introdução à teoria e metódica estruturantes do direito. Tradução de Dimitri Dimoulis *et al*. São Paulo: Revista dos Tribunais, 2007.

MÜLLER, Friedrich. *Teoria estruturante do direito I*. Tradução de Peter Naumann e Eurides Avance de Souza. São Paulo: Revista dos Tribunais, 2008.

NEVES, Marcelo. *Teoria da inconstitucionalidade das leis*. São Paulo: Saraiva, 1988.

NIETZSCHE, Friedrich Wilhelm. *A genealogia da moral*. Tradução de A. A. Rocha. Rio de Janeiro: Ediouro, [19--].

OLBRECHTS-TYTECA, Lucie; PERELMAN, Chaïm. *Tratado da argumentação*: a nova retórica. Tradução de Maria Ermantina Galvão. São Paulo: Martins Fontes, 2002.

OLIVECRONA, Karl. *Linguagem jurídica e realidade*. Tradução de Edson L. M. Bini. São Paulo: Quartier Latin, 2005.

OLIVEIRA, Walter Muniz de. *A filosofia do direito além da terceira dimensão*. Goiânia: Feego, 2004.

ORTEGA Y GASSET, José. *Historia como sistema*. Madrid: Espasa-Calpe, 1971.

PAIVA, Marcelo Whately (Org.). *O pensamento vivo de Voltaire*. São Paulo: Martin Claret, 1989.

PASCAL, Blaise. *Pensamentos*. Tradução de Mario Laranjeira. São Paulo: Martins Fontes, 2005.

PERLINGIERI, Pietro. *O direito civil na legalidade constitucional*. Tradução de Maria Cristina De Cicco. Rio de Janeiro: Renovar, 2008.

PIRES, Luis Manuel Fonseca. *Controle judicial da discricionariedade administrativa*: dos conceitos jurídicos indeterminados às políticas públicas. Rio de Janeiro: Elsevier, 2009.

PIRES, Luis Manuel Fonseca. *Limitações administrativas à liberdade e à propriedade*. São Paulo: Quartier Latin, 2006.

PIRES, Luis Manuel Fonseca. *Loteamentos urbanos*: natureza jurídica. São Paulo: Quartier Latin, 2006.

PIRES, Luis Manuel Fonseca. O princípio constitucional da publicidade da Administração Pública: o dever de informar e o direito de proteção à imagem e à intimidade à luz da teoria dos papéis sociais. *Revista da Procuradoria-Geral do Município de Belo Horizonte – RPGMBH*, Belo Horizonte, ano 3, n. 5, p. 205-226, jan./jun. 2010.

PIRES, Luis Manuel Fonseca. *Regime jurídico das licenças*. São Paulo: Quartier Latin, 2006.

REFERÊNCIAS | 265

PLATÃO. *A república*. Tradução de J. Guinsburg. São Paulo: Perspectiva, 2006.

PLATÃO. *Górgias*. Tradução de Edson Bini. Bauru: Edipro, 2007.

PLATÃO. *O banquete*. Tradução de Edson Bini. Bauru: Edipro, 2010.

PLUTARCO. *Vida de Sólon*. Tradução de Delfin Ferreira Leão. Lisboa: Relógio D'Água, 1999.

PONTES DE MIRANDA, Francisco Cavalcanti. *Tratado de direito privado*. Campinas: Bookseller, 1999/2000. t. I, II, IV e V.

POPPER, Karl R. *A lógica da pesquisa científica*. Tradução de Leonidas Hegenberg e Octanny Silveira da Mota. 17. ed. São Paulo: Cultrix, 2010.

POPPER, Karl R. A lógica das ciências sociais. *In*: POPPER, Karl R. *Lógica das ciências sociais*. Tradução de Estevão de Rezende Martins *et al*. 3. ed. Rio de Janeiro: Tempo Brasileiro, 2004. p. 13-34.

POPPER, Karl R. Conhecimento e formação da realidade: a busca por um mundo melhor. *In*: POPPER, Karl R. *Em busca de um mundo melhor*. Tradução de Milton Camargo Mota. São Paulo: Martins Fontes, 2006. p. 13-49.

PRÉ-SOCRÁTICOS. Fragmentos, doxografia e comentários. Seleção de textos José Cavalcante de Souza. São Paulo: Nova Cultural, 1996. (Os Pensadores).

PRODI, Paolo. *Uma história da justiça*. Tradução de Karina Jannini. São Paulo: Martins Fontes, 2005.

PROSS, Harry; BETH, Hanno. *Introducción a la ciencia de la comunicación*. Traducción de Vicente Romano. Barcelona: Anthropos, 1990.

RADBRUCH, Gustav. Arbitrariedad legal y derecho supralegal. *In*: RADBRUCH, Gustav. *Relativismo y derecho*. Traducción de Luis Villar Borda. Bogotá: Temis, 1999. p. 25-42.

RADBRUCH, Gustav. Cinco minutos de filosofía del derecho. *In*: RADBRUCH, Gustav. *Relativismo y derecho*. Traducción de Luis Villar Borda. Bogotá: Temis, 1999. p. 70-74.

RADIN, Dean. *Mentes interligadas*. Tradução de William Lagos. São Paulo: Aleph, 2008.

RAMÍREZ-ESCUDERO, Daniel Sarmiento. *El control de proporcionalidad de la actividad administrativa*. Valencia: Tirant lo Blanch, 2004.

RAWLS, John. *Justiça como equidade*. Tradução de Cláudia Berliner. São Paulo: Martins Fontes, 2003.

REALE, Giovanni. *Introdução a Aristóteles*. Lisboa: Edições 70, 1997.

REALE, Miguel. *Filosofia do direito*. 19. ed. 3. tiragem. São Paulo: Saraiva, 1999.

REALE, Miguel. *Introdução à filosofia*. 4. ed. São Paulo: Saraiva, 2007.

RECASÉNS SICHES, Luis. *Introducción al estudio del derecho*. México: Porrúa, 1970.

RESWEBER, Jean-Paul. *A filosofia dos valores*. Tradução e nota de apresentação Marina Ramos Themudo. Coimbra: Almedina, 2002.

RICOEUR, Paul. *O justo*. Tradução de Ivone Benedetti. São Paulo: Martins Fontes, 2008. 2 v.

RIGAUX, François. *A lei dos juízes*. Tradução de Edmir Missio. São Paulo: Martins Fontes, 2003.

ROBLES, Gregorio. *Introducción a la teoría del derecho*. 6. ed. Barcelona: Debate, 2003.

ROUSSEAU, Jean-Jaques. *Do contrato social*. Tradução de Lourdes Santos Machado. São Paulo: Nova Cultural, 1999.

RUSSELL, Bertrand. *Abc da relatividade*. Tradução de Maria Luiza X. de A. Borges. Rio de Janeiro: Jorge Zahar, 2005.

SANTIAGO NINO, Carlos. *Introducción al análisis del derecho*. 11. ed. Barcelona: Ariel, 2003.

SARLET, Ingo Wolfgang. *Dignidade da pessoa humana e direitos fundamentais na Constituição Federal de 1988*. Porto Alegre: Livraria do Advogado, 2001.

SARMENTO, Daniel. Legalização do aborto e Constituição. *Revista de Direito Administrativo – RDA*, Rio de Janeiro, v. 240, p. 43-82, abr./jun. 2005.

SARTRE, Jean Paul. *Entre quatro paredes*. Tradução de Alcione Araújo e Pedro Hussak. 4. ed. Rio de Janeiro: Companhia das Letras, 2008.

SARTRE, Jean Paul. *O muro*. Tradução de H. Alcântara Silveira. 20. reimpr. Rio de Janeiro: Nova Fronteira, [199-].

SAUSSURE, Ferdinand de. *Curso de lingüística geral*. Tradução de Antônio Chelini, José Paulo Paes e Izidoro Blikstein. 30. ed. São Paulo: Cultrix, 2008.

SCHELER, Max. *A posição do homem no cosmos*. Tradução de Marco Antônio Casanova. Rio de Janeiro Forense, 2003.

SCHMIDTZ, David. *Os elementos da justiça*. Tradução de William Lagos. São Paulo: Martins Fontes, 2009.

SCHWABE, Jürgen (Org.). *Cinqüenta anos de jurisprudência do Tribunal Constitucional Alemão*. Tradução de Beatriz Hennig *et al*. Montevideo: Konrad-Adenauer-Stiftung, 2005.

SCLIAR, Moacyr. *Enigmas da culpa*. Rio de Janeiro: Objetiva, 2007.

SERRANO, Pedro Estevam Alves Pinto. *O desvio de poder na função legislativa*. São Paulo: FTD, 1997.

SILVA, José Afonso da. *Aplicabilidade das normas constitucionais*. 4. ed. São Paulo: Malheiros, 2000.

SIMÕES JR., José Geraldo. *O pensamento vivo de Gandhi*. Rio de Janeiro: Ediouro, 1985.

SPINOZA, Benedictus de. *Ética*. Tradução de Tomaz Tadeu. Belo Horizonte: Autêntica, 2009.

STEFANELLO, Carla Marli Adiers. Da competência comunicativa à lingüística-discursiva: implicações para o ensino e aprendizagem da língua estrangeira. Dissertação (Mestrado) – Instituto de Filosofia e Ciências Humanas da Universidade de Passo Fundo, Passo Fundo, 2007. 150 f.

SUPREMO TRIBUNAL FEDERAL. *Crime de racismo e anti-semitismo*: um julgamento histórico do STF. Brasília: Brasília Jurídica, 2004.

TEIXEIRA, José Horácio Meirelles. *Curso de direito constitucional*. Rio de Janeiro: Forense Universitária, 1991.

TELLES JR., Goffredo. *O direito quântico*. 6. ed. São Paulo: Max Limonad, 1985.

TEUBNER, Gunther. *El derecho como sistema autopoiético de la sociedad global*. Traducción de Manuel Cancio Meliá e Carlos Gómez-Jara Díez. Lima: ARA, 2005.

THOREAU, Henry David. *A desobediência civil*. Tradução de Sergio Karam. Porto Alegre: L&PM, 1997.

TIBURI, Marcia. Complexo de Roberto Carlos. *Revista Cult*, São Paulo, ano 14, n. 154, p. 27, fev. 2011.

VERRI, Pietro. *Observações sobre a tortura*. Tradução de Federico Carotti. São Paulo: Martins Fones, 2000.

VIEHWEG, Theodor. *Tópica e jurisprudência*: uma contribuição à investigação dos fundamentos jurídico-científicos. Tradução de Kelly Susane Alflen da Silva. Porto Alegre: Sergio Antonio Fabris, 2008.

VILANOVA, Lourival. *As estruturas lógicas e o sistema de direito positivo*. São Paulo: Max Limonad, 1997.

VILLEY, Michel. *Filosofia do direito*: definições e fins do direito: os meios do direito. Tradução de Márcia Valéria Martinez de Aguiar. São Paulo: Martins Fontes, 2008.

VOLTAIRE. *O preço da justiça*. Tradução de Ivone Castilho Benedetti. São Paulo: Martins Fontes, 2006.

WITTGENSTEIN, Ludwig. *Investigações filosóficas*. Tradução Marcos G. Montagnoli. 4. ed. Bragança Paulista: Ed. Universidade São Francisco; Petrópolis: Vozes, 2005.

ZAGREBELSKY, Gustavo. La idea de justicia y la experiencia de la injusticia. *In*: ZAGREBELSKY, Gustavo; MARTINI, Carlo Maria. *La exigencia de justicia*. Traducción y presentación de Miguel Carbonell. Madrid: Trotta, 2006. p. 15-50.

ZIMMER, Heinrich. *Filosofias da Índia*. Compilado por Joseph Campbell. Tradução de Nilton Almeida Silva, Cláudia Giovani Bozza e Adriana Facchini de Cesare. 4. ed. Rio de Janeiro: Palas Athena, 2008.

ÍNDICE DE ASSUNTO

página

A

Abstração
- Conceito.. 141
Alma
- Funções.. 133
- Tipos (psicológicos).................... 133, 134
Amor
- Conceito.. 145, 254
Arquétipos
- Papel.. 131
Atos performativos (enunciados linguísticos)
- Conceito.. 168, 169
- Postulados normativos...................... 169
Auditório universal
- Conceito.. 45

B

Biologia clássica
- Evolucionismo darwinista................ 108
- Origem.. 107
Biologos
- Biologos de Francis.................... 117, 124
- Conceito.. 107

C

Ciência
- Conceito.. 153
- Objeto.. 153
Ciência do direito
- Conceito.. 153, 158

página

- Interpretação das normas.................. 157
Compaixão
- Conceito.. 145
Conhecimento
- Aprendizado empírico........................ 34
- Conceito.. 33
Consciência
- Conceito.. 120, 147
- Deus.. 120
- Física quântica.................................... 121
- Inconsciente coletivo........................ 124
- Salto quântico...................................... 121
Consciência humana
- Consciência primária.................. 120, 121
Contradição performativa
- Abuso da autoridade.......................... 179
- Conceito.................. 50, 169-172, 178, 248
- Poder.. 178
Contrato social
- Conceito.......................... 20, 21, 133
- Estado
- - Conceito.. 20

D

Deus
- Conceito.......................... 103, 104, 105
- Grande Relojoeiro.............................. 116
Direito
- Ciência jurídica
- - Conceito.. 65
- - Crise.. 67

	página
- - Pureza metodológica	17
- Conceito	21, 40, 157, 226
- - Equívoco kelseniano	65, 66
- Modelo formal	17
- Objetivo	14
- Participante (visão)	27
- Pretensão de correção	14
Direito justo	
- Conceito	25, 41
Direito natural	
- Conceito	17
Direito objetivo	
- Conceito	16
Dogmática jurídica	
- Conceito	151, 153
- Modelos	
- - Dogmática analítica	152, 161-189
- - Dogmática da decisão	152, 153, 161
- - Dogmática hermenêutica	152, 161
- Princípio da proibição da negação	151

E

Emoção
- Conceito ... 141
Espécies
- Evolução criativa ... 116
Equidade
- Conceito ... 25, 26, 197
Expressão linguística performativa
- Infortúnios linguísticos ... 51, 52
- Teoria dos infortúnios de Austin ... 52

F

Física clássica
- Princípio da incerteza ... 114
- Princípios ... 112
- Pressupostos ... 111, 112
Física quântica
- Conceito ... 109, 115
- Criatividade ... 117
- Escala Planck ... 110
- Princípio da incerteza quântica ... 115
- Relação de causa e efeito ... 115
  Ver também Justiça
Funcionalismo público
- Direito disciplinar ... 236

	página
G	
Genoma humano	
- Código do DNA	106
- Conceito	105, 106
H	
Herança	
- Conceito	49
- Riqueza	49
Homem	
- Historicismo	34
- Vida	34
Homem natural	
- Conceito	20
Homem selvagem	
- Conceito	21
- Maldade	21
Humano	
- Concepção relativista da moral	16
- Maldade intrínseca	16

I

Ideação
- Conceito ... 133
Ideias
- Conceito ... 31
Inconsciente coletivo
- Conceito ... 119, 124, 126, 131
Injustiça
- Arquétipo ... 61
- Intolerabilidade ... 61
- Norma
- - Influências ... 57
- Uso desatado do poder ... 62
Injustiça intolerável
- Autonomia ... 188
- Conceito ... 60, 130, 131
- Consciência coletiva ... 183, 184, 185
- Conteúdo ... 179
- - Aborto ... 180-182
- - Células-tronco ... 183, 247
- Contradição performativa ... 172, 179
- Mensagem
- - Autoridade ... 175
- - Comunicação ... 172
- - Ordem
- - - reações ... 172, 173

ÍNDICE DE ASSUNTO | 271

página

- Mínima eficácia social 185-188
Injusto
- Conceito..19
Instinto
- Conceito..134
- Consequência 138
- Egoísmo..140
- Papel (direito) 137
Inteligência
- Conceito..138
Inteligência prática
- Conceito..135
Interpretação jurídica
- Conceito..216
Intuição
- Conceito.............................138, 139, 140
Intuição da justiça
- Conceito..140

J
Juridicização
- Conceito..163
Justiça
- Afeto..37
- Arquétipo
- - Definição....................34, 36, 37, 87-93
- - Direito injusto 88
- Aspectos normativos 72
- - Princípio da confiança legítima 72
- - Princípio da estabilidade...................72
- - Princípio da supremacia do interesse
  público..72
- Calibração 81, 82
- - Magistrado....................................82, 83
- Conceito..............................18, 19, 22, 24,
                    28, 69, 70, 98, 130, 161, 238
- - Etimologia..68
- Conhecimento
- - Conceito 44
- Consciência 31, 126
- - Física quântica..................................35
- - Objetos quânticos 36
- - Papel..35
- Consciência primária.................120, 121,
                                        125, 249

página

- Contradição performativa 168-172
- - Antropológicos................................128
- - Axiológicos 128
- - Deontológicos 128
- Crime
- - Conceito 38
- Devido processo legal
- - Conceito 85, 86, 87
- Direito
- - Relação 57
- Discricionariedade
- - Conceito 70, 71
- Espécies 19
- Existência normativa
- - História 57, 58
- - - fórmula de Radbruch.................58, 59
- - - nazismo..............................57, 58, 67
- Filosofia 30
- Fonte 40
- História..136
- - Têmis (grego Thémis)
- - - conceito 137
- Ideias inatas (Platão) 30, 31, 33
- - Mito da caverna 33, 37
- Inconsciente 37
- Inconsciente coletivo 126
- Inconsciente individual.....................126
- Indesconstrutibilidade 148
- Intuição...140
- Legitimidade pelo procedimento 79,
                                                          80
- Modelos dogmáticos 152, 153, 162
- Objeto
- - Alma 32
- Papel 21
- Ponderação (método)
- - Conceito 68, 73, 75
- - Princípios (espécies).....................68, 69
- Postulado normativo 54, 55
- - Enunciação 55
- - Violação..55
- Psicologia 30
- Prática da justiça 24
- Pretensão de justiça 169-172
- Razões...131

	página
- Sensibilidade	83, 84, 85
- Sentimento	77-79, 143, 238
- Significação objetiva	29
- Subjetividade	73, 74, 75, 76
- Validade normativa	64
- - Ciência do direito	67
- - História	64
- - Nazismo	67

Justiça arquetípica
- Conceito ... 129, 134, 140
- Consciência
- - Espécies ... 97
- Criação divina ... 125
- Sentimentos nobres ... 145

Justiça deôntica
- Conceito ... 149
- Decodificação normativa ... 226
- - Agenciamento do poder ... 227
  Legitimidade ... 231, 232, 233, 234
- - Metacódigo ... 229, 230
- - - metacódigo forte ... 234, 235
- Dogmática analítica ... 152, 161-189, 226
- Dogmática da decisão ... 152, 153, 161
- Dogmática hermenêutica ... 152, 161, 226
- Igualdade
- - Geral ... 198, 199, 200, 201, 202
- - Particular ... 198, 199, 200, 201, 202
- Interpretação correta ... 211, 212
- Justeza ... 219-226
- - Valoração subjetiva ... 223
- Neoconstitucionalismo ... 205-211
- Objeto ... 167
- Sentimento de justiça
- - Retribuição ... 240, 241
- Teoria da interpretação
  criativa ... 214-219
- - Princípio da integridade ... 216
- - Tipos básicos ... 214
- Teoria da justiça deôntica ... 161
- Teoria do legislador racional ... 212-214
- Teoria dos atos da Fala ... 168
- Validade normativa ... 195-197, 204
  Ver também Dogmática jurídica

Justiça e justo (noções)
- Historicismo ... 13

	página

Justiça legal
- Conceito ... 25

Justiça natural
- Conceito ... 25

Justiça platônica
- Conceito ... 133

Justo
- Conceito ... 19, 24, 25

Justo direito
- Conceito ... 27, 28, 41
- Normas gerais e abstratas ... 28
- Ordem positiva ... 27, 28

L
Lei
- Religião ... 15

M
Maiêutica
- Conceito ... 127

Metalinguagem
- Conceito ... 231

Moral
- Participante (moral) ... 27

O
Ódio
- Conceito ... 144, 145, 252

P
Pacto social
- Conceito ... 19, 20

Princípio do discurso
- Conceito ... 147

Propriedade individual
- Conceito ... 21

Q
Quanta (*quantum*)
- Conceito ... 113

Questões dogmáticas
- Conceito ... 151

Questões zetéticas
- Conceito ... 11, 151
- Direito
- - Investigações ... 152

ÍNDICE DE ASSUNTO | 273

página

R

Racionabilidade
- Conceito 139
Revolução Francesa
- Conceito 102
- Festa da Liberdade e da Razão 103
- Política 102

S

Sagrada aliança do Sinai
- Conceito 16
- Heresia
- - Origem 16
- - Processo penitencial 16
- História 16
- Jesus Cristo 16
- Juridicização da consciência 16
Seleção natural (espécies)
- Darwinismo 100
- Princípio da seleção natural 101
- - Conceito 101
- Princípio da divergência 101
Sentimento
- Conceito 141
- Conscientização 142
Sistema
- Conceito 154
Sistema jurídico
- Conceito 63

página

Sociedade
- Conceito 20
Sobrevivência
- Conceito 146

T

Teodiceia
- Conceito 150
Teoria das supercordas
- Conceito 109, 110

U

Universo (criação)
- Física quântica 103
- Teoria da relatividade 103

V

Validade
- Conceito 56
- Teoria dos três planos 56
Validade normativa
- Conceito 175, 189-192
- Dialética 194, 195
- Direito de resistência ativa 177
- Equidade 197
- Linguagem metafórica 192, 193
- Relação de normas 176
Verdade
- Conceito 44
- Ontologia 43, 44

ÍNDICE ONOMÁSTICO

página

página

A

Agostinho, Santo 122

Agrigento, Empédocles de 145

Alexy, Robert 14, 27, 48, 55, 59, 62, 63, 68, 76, 81, 128, 162, 167, 169

Aquino, Tomás de 95

Arendt, Hannah 233, 243, 249, 250

Aristóteles 15, 24, 25, 99, 135, 161, 195, 196, 197, 198, 222, 245, 250

Ataliba, Geraldo 154

Austin, John Langshaw 129, 168

Avery, Oswald T. 106

Ávila, Humberto 71, 198, 201, 202, 203

B

Bandeira de Mello, Celso
Antônio 61, 69, 155, 167, 194

Barroso, Luís Roberto 224

Bass, Ludwig 121

Bastos, Celso Ribeiro 54

Behe, Michael 101

Bergson, Henri 98, 119

Bittar, Eduardo C. B. 24

Blixen, Karen 240

Blood, Casey 121

Bohr, Niels 113, 115, 116, 121

Bourdieu, Pierre 178

Brandão, Junito de Souza 137, 251

Bravo, Gian Mario 167

Britto, Carlos Ayres 74, 140, 143, 238

Burkert, Walter 240

C

Campbell, Joseph 251

Cantuária, Anselmo de (Santo) 104

Carlos, Roberto (cantor) 149

Carrió, Genaro R. 51

Carvalho, Paulo de Barros 212

Chardin, Pierre Teilhard de 118

Chauí, Marilena 32, 33, 145

Cintra do Amaral, Antônio
Carlos 165, 185

Clinton, Bill (presidente) 105

Collins, Francis 105, 106, 107, 108, 117, 120, 124

Colofão, Xenófanes de 161

Comparato, Fábio Konder 15, 16, 22, 23

Comte, Auguste 17, 35, 249

Copérnico, Nicolau 247

Copi, Irving Marmer 160

Coulanges, Fustel de 15

Crick, Francis 106

Cristo, Jesus 22, 24

D

Darwin, Charles 99, 100, 101, 105, 106

De Broglie, Louis 113

página		página

Dembski, William 101

Derrida, Jacques 148

Descartes, René 35, 99, 102, 112, 138

Diké (deusa grega) 76, 239

Dinamarco, Cândido Rangel 83

Dionísio (o Areopagita) 104

Durkheim, Émile 184

Dworkin, Ronald 214, 216, 217

E

Einstein, Albert 104, 109, 112,
113, 115, 119, 220

Eliade, Mircea 123, 251

Epstein, Isaac 227

Esser, Josef 67

F

Farago, France 133

Ferraz Jr., Tércio Sampaio 11, 22,
46, 48, 80, 82, 151, 153, 154,
156, 161, 172, 173, 175, 178,
186, 203, 206, 212, 222, 226,
229, 234, 239

Feynman, Richard 108

Foucault, Michel 84

G

Galilei, Galileu 111, 122, 247

Gandhi, Mahatma 22, 23, 24,
136, 140, 242, 253

Goeth, Amon 242

Gomes, Orlando 49

Gordillo, Agustín 237

Goswami, Amit (Ph.D.) 18, 35,
108, 112, 115, 116,
117, 119, 121

Green, Michael 109

Greene, Brian 109, 110, 115

Guillotin, Joseph-Ignace 140

H

Häberle, Peter 67

Habermas, Jürgen 45, 147

Hart, Hebert L. A. 59, 63, 157

Hawking, Stephen 103

Heidegger, Martin 129

Heisenberg, Werner 113, 115, 220

Hesse, Konrad 67

Hessen, Johannes 134, 142

Hobbes, Thomas 16, 17, 19

Holanda, Sérgio Buarque de 234

Hugo, Victor 130

I

Iustitia (deusa romana) 76
Ver também Justitia

J

Jakobson, Roman 231

Jankélévitch, Vladimir 132, 148

Johnson, Phillip 101

Jolivet, Régis 150, 160

Jung, Carl Gustav 30, 35,
76, 77, 89, 90, 104, 118, 119,
120, 122, 126, 128, 131, 133, 134,
135, 138, 141, 142, 184, 248

Justitia (deusa romana) 76, 193,
39, 241

K

Kafka, Franz 215

Kaku, Michio 104

Kant, Immanuel 21, 147, 154, 222

Kardec, Allan 122

Kaufmann, Arthur 177

Kelsen, Hans 17, 49, 55, 64,
80, 152, 153, 162, 219

Kepler, Johannes 111, 247

Kloepfer, Michael 225

L

La Fontaine 139

Lagos, William 113

Lao-Tsé 122

**Laplace, Pierre-Simon de (Marquês
de Laplace)** 102, 112, 116

Lauand, Jean 95

Leibniz, G. W. 116, 122, 139, 140,

Locke, John 20, 34, 177

Lovelock, James 17

Luhmann, Niklas 80, 156

página

M

Macleod, Colin M. 106
Manuel Terán, Juan 154
Maquiavel, Nicolau 16, 17
Martins, Ricardo Marcondes 12, 24,
96, 125, 129, 144, 245,
246, 247, 249
Marx, Karl 34
Maturana, Humberto 156
McCarty, Maclyn 106
Mead, Margaret 234
Mendel, Gregor 102, 106
Montoro, André Franco 48
Müller, Friedrich 67

N

Neves, Marcelo 56, 57
Newton, Isaac 102, 111, 112, 247
Nietzsche, Friedrich 69

O

Olbrechts-Tyteca, Lucie 43, 45
Olivecrona, Karl 82
Oliveira, Weimar Muniz de 248
Ortega y Gasset, José 34

P

Pascal, Blaise de 118, 122
Passeron, Jean-Claude 178
Peluso, Cezar 85
Perelman, Chaïm 43, 45
Persinger, Michael 120
Piazza, Guglielmo 251
Pires, Luis Manuel Fonseca 47, 61,
89, 149, 151, 159
Planck, Max 113
Platão 19, 23, 32, 95, 133, 250, 253
Pontes de Miranda, Francisco
Cavalcanti 162
Popper, Karl 44, 45, 160
Prodi, Paolo 16

R

Rabossi, Eduardo A. 51
Radbruch, Gustav 58, 169

página

Radin, Dean 114, 119, 120, 124
Rawls, John 25
Reale, Miguel 17, 40, 99
Resweber, Jean-Paul 142
Ricoeur, Paul 25
Rigaux, François 57, 58, 59
Robles, Gregorio 49
Romme, Gilbert 102
Rousseau, Jean-Jacques 20

S

Saussure, Ferdinand de 51
Scheler, Max 118, 133, 134,
135, 138, 142
Schmidtz, David 48, 50
Schmitt, Carl 58
Schrödinger, Erwin 119
Schwartzon, John 109
Scliar, Moacyr 141
Serrano, Pedro Estevam Alves
Pinto 212
Shakespeare, William 215
Sheldrake, Rupert 108, 120
Siches, Luis Recaséns 26
Simônides 23
Sócrates 19, 126, 127, 133, 253
Spielberg, Steven 242
Spinoza, Baruch 118
Suzuki, Mahiko 109

T

Tarski, Alfred 231
Tarso, Paulo de 144
Tarso, Pedro 144, 254
Teixeira, José Horácio Meirelles 55
Teubner, Gunter 156
Thomson, William 112
Thoreau, Henry David 177
Tiburi, Marcia 149
Tillich, Paul 103
Trier, Lars Von 242

V

Varela, Francisco 156
Veneziano, Gabriele 109

	página
Verri, Pietro	251
Viehweg, Theodor	67, 151, 195
Vilanova, Lourival	49
Villey, Michel	13

W

Wallace, Alfred Russel	100
Watson, James	106

	página
Wigner, Eugene Paul	116, 121
Wright, Von	128

Y

Young, Thomas	113

Z

Zagrebelsky, Gustavo	34
Zimmer, Heinrich	96

Esta obra foi composta em fonte Palatino Linotype, corpo 10
e impressa em papel Offset 75g (miolo) e Supremo 250g (capa)
pela Edelbra Gráfica Ltda.
Erechim/RS, março de 2012.